세계
여성의
역사

WHO COOKED THE LAST SUPPER? : THE WOMEN'S HISTORY OF THE WORLD

인류를 지탱해온 '위대한 절반'의 사라진 흔적을 찾아서

세계 여성의 역사

로잘린드 마일스 지음 신성림 옮김

피피에

자신의 역사를 갖지 못하던
세계의 모든 여성을 위하여

여성은 존재하며 역사를 만든다.

― 메리 리터 비어드(Mary Ritter Beard)

일러두기

이 책에 나오는 외국 인명과 지명은 원칙적으로 한글맞춤법표기법에 따랐다. 단, 해당 언어의 표기 원칙을 찾을 수 없는 경우에는 현지 발음을 따랐다.

머리말

최후의 만찬은 누가 차렸을까? 만일 남자 요리사가 차렸다면 열광하는 추종자를 잔뜩 거느린 성인이 되어 그를 기념하는 축일이 생기지 않았을까? 이런 물음은 어린 시절부터 나를 괴롭혀왔다. 이 세상 다른 것들 모두가 마찬가지였지만, 세계사 전체가 남성들만의 것처럼 보였기 때문이다. 초등학교 역사 교과서의 '인류의 태동' 편을 보면, 원시인이 미래를 향해 의미 있는 발걸음을 내디딜 때 여성의 모습은 등장하지도 않는다. 남성이 사냥을 하면서 고기를 먹게 되었고 뇌의 크기가 차츰 커졌다고 한다. 남성이 도구를 사용하면서 화살촉을 만들어냈고, 남성이 동굴에 벽화를 그림으로써 예술이 탄생했다고 한다. 마치 우리 나머지 사람들을 대신해서 '남성'만이 힘겹게 진화의 과정을 거쳐온 것 같다. 여성들이 그 과정에 어떤 식으로든 개입했을 거라고 주장하는 이는 전혀 없었다.

세월이 흘러도 여성의 모습은 좀처럼 등장하지 않는다. 전쟁이 일어나고 교황과 왕이 줄을 잇는 와중에도 여성은 남성이 없을 때에만 모습을 드러낸다. 잔 다르크가 프랑스군을 이끈 것은 그럴 만한 남자가 없었기 때문이다. 엘리자베스 1세가 영국을 통치한 것은 왕족 중에 왕좌에 오를 남자가 없었기 때문이다. 플로렌스 나이팅게일과 수잔 B. 앤서니[역1] 같은 최근의 여성영웅들은 남성들의 세계와 동떨어진 분야에 종사했다. 어쩌면 이것이 과거에 여성이 유명해지려면 갖춰야 할 전제조건이었는지도 모른다. 잔 다르크는 화형당했고 엘리자베스 여왕은 평생 처녀로 살았다. 그들이 남자처럼 강했으면서도 금욕적인 독신 생활을 했다는 사실은 소녀 시절의 감성에 그다지 매력적으로 느껴지지 않았다.

게다가 역사책에 이름을 남긴 여성은 극소수에 불과하다. 다른 여성들은 어디 있었을까? 머릿속을 떠나지 않는 이 물음에 답하기 위해『세계 여성의 역사』를 썼다. 적어도 나 자신을 위해서 말이다. 이 책의 출발점은 로마 제국의 역사를 주로 다룬 역사학자 에드워드 기번의 단호한 주장이다. "역사란 무엇인가? 그것은 인간이 저지른 범죄와 광기, 재난의 기록과 다름없다." 도전하지 않을 수 없었다. 나는 선언했다. "요람을 흔들던 손이 기록을 바로잡기 위해 마침내 펜을 들었다. 역사 속에 여성들도 있었다."

이 대담한 발언으로 이 책의 초판을 시작했다. 생각보다 훨씬 더 큰 용기가 필요했다. 사람들의 반응이 어떨지 전혀 몰랐기 때문이다. 그런데 역사책에 여성이 등장하지 않는다는 사실에 의문을 품은 이가 나 혼자만은 아니었는지, 책에 대한 반응은 나의 희망과 기대를 넘어섰다. 이 책의 초판이 출판된 이래 한 번도 절판된 적이 없다. 또한 세계 각국에서 번역 출판되었으며 작년에는 중국어로도 번역되었다. 인터넷을

역1) 미국 여성 참정권운동의 선구자(1820~1906).

통해서도 다양한 언어로 번역되어 발췌 인용되었으며, 여러 학술회의
와 텔레비전 시리즈가 생겨나는 계기도 되었다.

일반 독자들의 반응도 당혹스러울 정도였다. 이 책은 전 세계 사람들
의 생각과 감정에 영향을 미쳤다. 유럽과 미국의 여성들이 나를 찾아와
서 이 책을 쓴 것에 대해 고마워했으며 눈물을 흘렸다. 또한 많은 사람
들이 편지를 쓰거나 개인적으로 찾아와서 "이 책이 내 인생을 바꿔놓
았어요."라고 말해주었다. 80대의 한 여성은 자기 딸과 손녀 모두에게
이 책을 한 권씩 사주었다면서 "내겐 너무 늦었지만 그애들에겐 너무
늦은 게 아니기 때문"이라고 쓴 편지를 보냈다. 벨기에의 한 심리치료
사는 자기 환자들 중 한 명이 이 책의 헌사 '자신의 역사를 갖지 못하
던 세계의 모든 여성을 위하여' 부분을 움켜쥐더니 "이건 나예요! 내 이
야기예요!"라고 격렬하게 외쳤다고 전해주었다. 가장 기억에 남는 것
은 텍사스 주 조지타운의 사우스웨스턴대학에 다니던 젊은 여성의 이
야기다. 그녀는 돌아가신 어머니에게 물려받은 크리스털 목걸이와 귀
걸이 세트를 내게 선물하면서 편지 한 통을 써 보냈는데, 나는 아직도
그 편지를 보물처럼 간직하고 있다. 그녀는 편지에 이렇게 썼다. "(당신
의 책을 읽으면서) 전 처음으로 제 삶의 경험을 여성의 역사라는 더 넓은
맥락 속에서 바라볼 수 있었습니다. 전 이것을 인생의 목표로 정했으
며, 지금까지 이보다 더한 만족을 느낀 적이 없었답니다. 부디 제가 보
내는 선물을 착용해주시고, 당신에게 감동한 텍사스의 모든 사람을 기
억해주세요."

나는 그녀에게 그런 찬사를 받아야 할 사람은 내가 아니라는 말을 하

고 싶었다. 나는 숨어 있던 이야기들을 밝혀냈을 뿐이다. 찬사는 그 이야기의 주인공인 여성들의 것이다. 이 책을 처음 출판해준 숨은 공로자 로저 호턴은 이 책이 "결코 얘기된 적 없는 가장 멋진 이야기"라고 했다. 사실 여성들은 인류사의 각 단계에서 항상 능동적으로 유능하게 중요한 일을 해왔다. 이 사실을 간과한다면 우리 모두에게 손실일 뿐이다. 내가 어둠 속에서 밝혀낸 인물들의 진정한 생명력과 용기, 힘은 내게도 커다란 격려가 되었다. 이런 작업이 없었다면, 여성을 억압하고 학대해온 역사의 잔인한 기록 속에서 헤어날 수 없었을 것이다. 나는 세계적으로 '유명하고 특출난 여자들'을 찬양하는 것만으로는 충분하지 않음을 알았다. 진정한 여성의 역사란 여성들에게 일어난 모든 일, 그들을 통해 남성들과 아이들, 또 넓게는 세계 전체에서 일어난 모든 일의 의미를 밝혀야 하기 때문이다.

이 개정판은 초판에서 삭제된 원문을 모두 되살려 미국에서 처음 출판했다. 초판에서는 이렇게 진지한 주제를 다루면서 농담을 하는 것이 어울리지 않는다는 이유로 말을 간결하게 다듬고 유머를 삭제했다. 하지만 나는 정말이지 주제가 너무 진지하기 때문에 농담을 하지 않을 수 없다고 믿는다. 게다가 역사에 희극적인 부분이 없다면, 그것은 인생의 진실과 맞닿을 수 없다. 내가 과거에 쓴 원본이 되살아나 기쁘다. 원래 형태로 수정된 새 판본이 내게는 그 주제에 대한 관심이 줄지 않았음을 드러내는 흐뭇한 증거로 보인다. 아니, 전 세계 사람들이 사라진 아틀란티스 대륙과도 같은 여성의 역사, 그토록 많은 삶의 기록에 더욱더 관심을 갖게 되었다.

왜 여성의 역사인가

어떤 사람들은 도대체 왜 여성의 역사를 다루냐고, 남성과 여성은 이제껏 하나의 세계를 공유해왔고 그 고비마다 함께 고통받아오지 않았느냐고 할지도 모르겠다. 어떤 상황에서든 남성과 여성이 비슷한 처지였다는 것이 일반적인 믿음이다. 그러나 아무리 지독한 억압을 받는 남성 소작농도 자기 아내를 때릴 권리는 늘 갖고 있었다. 흑인 남자 노예들은 낮 동안에 백인 주인을 위해 노동해야 했지만, 밤에는 그를 위해 일하지 않아도 되었다. 이런 불쾌한 상황은 오늘날까지도 이어져서, 여성들은 처한 상황이 어떻든 간에 추가적인 고통과 불행을 겪는다. 전쟁으로 피폐한 동유럽의 여성들이 겪은 재난이 이 사실을 입증해준다. 그들의 남편들이 겪는 고통과 죽음을 함께 겪는 동시에 대대적이고 조직적인 강간을 자신들만의 운명으로 감내해야 했다. 여성의 역사는 이런 인식의 순간에서부터 생겨난다. 차이에 대한 인식 자체도 아주 최근의 일이다. 우리 시대에 와서야 역사학자들이 남성과 여성의 역사적 경험을 분리해서 바라보기 시작했고, 과거 인류 역사의 대부분에서 여성의 이익이 남성의 이익에 대립되는 것이었음을 인정하기 시작했다.

여성의 이익은 남성**에 의해** 억눌리기도 했다. 남성들이 자기들을 위해 주장해온 권리와 자유를 순순히 여성들에게까지 확대해주려 하지 않았기 때문이다. 결과적으로 역사적 진보는 '남성들만의' 일이었다. 역사가 인류의 절반에만 치중했기 때문에 다른 쪽 진실이나 현실은 사라져갔다. 남성들이 역사를 기술했기 때문에 다른 쪽 진실이나 현실은 사라져갔다. 남성들이 역사를 기술했기 때문에 그들이 역사를 장악하게 되었고, 능동적이고 용감하며 똑똑하고 공격적인 여성들에 대한 그들의 설명은 끊임없이 감상적으로 기술되거나 신화화되었고 여성들을 이미 정해진 '규범' 안으로 다시 끌고 가는 식으로 기술되었다. 그 결과 이른바 역사적이라고 하는 기록 가운데는 거짓이 많다. 예를 들어 잔 다르크는 이단으로 몰려 화형당한 것이 아니라 남장을 했기 때문에 화형당했다. 18세기까지 많은 여성들이 그런 식으로 화형된 것처럼 말이다. 또한 플로렌스 나이팅게일은 한 번도 '등불을 든 여인'으로 불린 적이 없었다. 그녀는 '망치를 든 여인'으로 불렸는데, 조국의 국민들에게 전하기에는 그 이미지가 지나치게 거칠다는 이유로 「타임스」의 종군기자가 수완을 발휘하여 수정을 가했다. 그러나 나이팅게일의 별명은 램프를 높이 치켜들고 병원을 돌아다녀서 생긴 것이 아니라, 군의 지휘관이 필요한 의약품을 주지 않자 잠겨 있는 의약품 저장실을 과감하게 공격한 덕분에 생긴 것이었다.

여성의 역사가 필요한 또 다른 이유는, 그동안, 남성의 '선천적인' 우월성을 입증하기 위해 온갖 수단을 동원하다 보니 여성이 기여한 것 대부분을 공공연히 부정해왔다는 데서도 찾을 수 있다. 지금 와서 원탁의 주인은 아서 왕이 아니라 귀네비어 여왕이었다는 사실을 누가 기억하는가? 또한 인도와 아라비아의 전투적인 여왕들이 몇 세대에 걸쳐 자기들의 조국을 지금의 모습으로 만드는 데 도움을 주었다는 사실은? 이런 왜곡이 먼 과거에만 일어난 것은 아니다. 여성으로만 구성된 뛰어난 전투부대가 두 차례의 세계대전에서 활약한 이야기를 누가 들어보았는가? 항성들과 DNA 발견에 여성들이 이바지했음을 아는 사람은? 나사(미국항공우주국)가 달 착륙에 성공한 영광의 시절에 존재한 여성 우주비행 프로그램에 대해서는? 이 기획에서 여성들의 성과가 남성들만큼 좋았음에도 아무런 설명 없이 갑자기, 소리 소문도 없이 그 기획이 무산되었다는 사실은?

여성들이 인류의 중심에 있다는 사실을 잊어서는 안 된다. 그들은 아직도 여성 차별 정도는 쉽게 허용할 수 있다는 질긴 편견에 대항하여 싸운다. 2000년 1월에 「타임스」는 지혜, 리더십, 전반적인 인품을 들어 간디와 윈스턴 처칠을 지난 세기의 위대한 인물 세 사람 중 두 명으로 꼽았다. 그런데 이 두 위대한 인물을 설명하자면, 간디는 상습적으로 여성을 학대했으며 처칠은 평생 지독한 반페미니스트였음을 서슴없이 자인했다. 이런 면이 그들의 위대함을 조금도 손상시키지 않는다는 듯이 말이다. 만일 '여성' 이란 단어를 '흑인' 으로, '반페미니스트' 를 '인종차별주의자' 로 바꿔놓는다면, 이 두 남성은 위인의 대열에 끼기는커녕 수치스런 인물의 대표로 거론되었을 게 분명하다. 새로운 천년을 앞둔 20세기 말에는 이처럼 여러 잡지에서 과거에 대한 역사적 평가를 하였다. 하지만 그중 어느 것도 여성들을 잠시 지나치며 언급하는 것 이상으로는 다루지 않았다. 여성의 역사는 여전히 자기 자리를 찾기 위해 싸워야 하는 것이다.

내 생각에 여성의 역사는 단순히 기술하는 것을 넘어 설명해야 하며, 공백으로 처리된 많은 사실을 다시 채워나가야 할 뿐 아니라 배후에 놓인 이유도 밝혀내야 한다. 그리고 모든 시대에 걸쳐 가장 힘겨운 물음,

즉 '어떻게 여성의 종속이 시작되었나?' 에 대답해야만 한다. 어떤 사람들은 양성의 구분이 '자연'에 바탕을 둔 것이고 우리는 두 개의 다른 성으로 나뉜다며 설명을 끝낸다. 다른 사람들은 남성과 여성의 구분을 사회생리학의 결과로 보면서 그것을 부족이나 종족, 다른 모든 것 이전에 인류가 행한 최초의 사회적 구분 행위로 간주한다. 수세기 동안 남성이든 여성이든 양성이 '서로 다른 영역'에서 활동하는 것이 마치 자연스럽고 신성한 질서에 따른 생물학적 운명인 양 당연하게 여겼다. 이런 성차별 정책이 법적·종교적·사회적·문화적으로 여성을 종속적인 지위에 묶어두면서 여성의 열등함을 강조해왔다. 때로는 이것이 여성성을 신성화하면서 "신이여, 여성을 축복하소서!" 하는 식으로 찬양의 형태를 띠기도 했다.

어머니 자연이 재생산 문제에서 여성에게 불평등하게 많은 몫을 지게 했으며, 그러다 보니 여성은 자신과 그 자녀에 대한 보호를 얻기 위해 남성의 지배를 받아들여야 한다는 것이다. 그런데 역사적 기록을 살펴보면 '원시'사회 여성이 '진보된' 문화의 여성보다 더 평등한 삶을 살았음을 알 수 있다. 여성은 과거에 훨씬 자유로웠다. 선사시대 여성들은 사냥을 했고, 마음대로 뛰어다녔고, 원하는 곳으로 떠나갔으며, 자신이 고른 파트너와 자유롭게 동침했다. 그들은 도기를 만들었고, 도구를 개발했으며, 동굴에 벽화를 그렸고, 식물을 재배했고, 천을 짰고, 춤을 췄고, 노래를 불렀다. 그들이 식량을 모은 덕에 부족이 생명을 이어 나갔고, 그들의 행동을 통제하는 남성은 없었다. 그런데 '진보된' 사회에서는 생활의 모든 측면에서 남성 지배가 교묘하게 시작되었으며, 여성이 남성보다 열등함을 증명하기 위해 종교적·생리학적·'과학적'·심리학적·경제적 근거를 끊임없이 만들어낸다. 그러니 사학자들은 20세기가 막을 내릴 때 신(新)다윈설이 대중의 상상력을 사로잡으며 급부상하는 것을 보고 웃음을 참을 수 없었을 것이다. 유전학은 충동적인 성희롱에서부터 남성들의 공격성에 이르기까지 모든 것을 정당화하는 데 사용되어왔다. 한편 여성들의 성충동이 약하다는 신화는 확인되지도 않은 채 지속되고 있다(만일 그게 사실이라면 왜 모든 사회가 아내와 딸의 성생활을 감시하기 위해 그토록 방대한 통제와 처벌을 만들어냈을까?). 남자는 자신의 씨를 더 많이 뿌리도록 '만들어졌고' 여자는 한 명의 보호자 이상을 바라지 않는다는 소박한 믿음은 남성의 지배를 정당화하려는 낡은 주장일 뿐이다. 남성의 우월성을 옹호하는 전통적인 견해는 시대를 초월하며 놀라울 정도의 자생력을 보여왔고, 생물학적으로 열등하게 만들어진 존재로 간주되는 여성들은 완전한 자기결정권이라는 인간의 기본권을 계속 인정받지 못하고 있다. 아마도 역사에 대한 여성 중심적인 시각만이 이러한 우리 시대의 중심적인 역설에 대처할 수 있을 것이다.

현재의 상황

지난 30년간 여성들은 이제껏 세상에 존재한 것 중 가장 활발한 운동을 펼쳐왔다. 이제 우리는 어느 지점에 와 있는가? 1960년대 이후 여성들은 서로 만나 진전하고 인식을 드높이고 내면의 깊이를 탐험해왔다.

그 와중에 그들이 경험한 사회적·개인적 자극은 고통스럽고 길었던 참정권 투쟁과 비교할 만하다. 하지만 이제 여성운동은 단일한 주장을 내세우는 캠페인이 아니다. 여성들이 원하는 것은 세상을 바꾸는 것이기 때문이다. 그리고 여성들은 이 목적과 관련해 눈에 띄게 커다란 진전을 이루었다. 이 짧지만 인상적인 시기에 여성들은 수천 년 동안 이룬 것보다 더 많은 성과를 거두었다. 최근에 여성들은 교육권과 자유로운 시민의 권리를 획득했고, 전문직과 정부기관, 군대, 종교계에 진출하였다. 사회적 혁명은 경제적 권력과 평등한 권리, 투표권, 브래지어, 낙태할 권리, 탐폰, 팬티스타킹을 가져다주었다. 20세기의 여성들은 에베레스트 산에 올랐고, 우주 공간을 돌아다녔고, 달 주변을 여행했다. 그들은 전투기 조종사가 되었고, 대법원 판사가 되었고, 기업의 우두머리가 되었다. 그들은 국가와 기업을 운영하고, 이전에 아이들을 다룬 것만큼이나 자신 있게 조 단위의 예산을 다룬다.

이러한 급진전은 남녀 모두에게는 물론이고 그들 주변의 모든 것에 거대한 변화의 시대를 예고했다. 진보의 양상도 과거와는 현저한 대조를 보였다. 이전에 여성의 진보는 특별한 개인에게만 혜택을 주는 식이었다. 최초의 여의사가 거둔 성공이 나머지 다른 여성들을 도와서 발전시키는 일로 이어지는 경우는 좀처럼 없었다. 우리는 여성들의 연대감이 전에 없이 굳건해진 시대를 맞았고, 바로 이 점에서 우리 시대의 자랑스러운 승리가 가능해졌다. 그리고 여성에 대한 뿌리 깊고 노골적인 부당행위가 부분적으로 제거된 덕분에, 남아 있는 문제들에 사회적 힘을 집중할 수 있게 되었다. 이제 우리는 돈과 시간, 진정한 정치적 의지를 쏟아 변화를 이루고자 노력하는 운동가들과 정부가 힘을 모아 수천 년이 넘도록 지속되어온 여성 차별을 근절하기 위해 한결같이 애쓰는 모습을 볼 수 있다.

그런데 그 속에서 우리의 멋진 신세계가 갖는 몇몇 혼란스러운 모순이 드러났고, 흥미로운 질문이 제기되었다. 지난 100년 동안 여성들은 자율성과 업적의 성취라는 면에서 지난 수천 년의 성과를 모두 합친 것보다 더 커다란 성과를 거두었다. 하지만 생각해보라. 이 시대를 대표하는 여성 인사라 할 수 있는 재클린 케네디 오나시스와 고(故) 다이애나 영국 왕세자비는 자신의 재능이 아니라 그들이 결혼한 남자를 통해서 유명해졌다. 그런 시대에 지난 100년간의 큰 성과가 어떤 의미를 갖는단 말인가? 이제껏 존재한 여성 중 가장 저명한 여성이 된 다이애나는 왕자와 결혼한다는 신데렐라 환상을 만족시킴으로써 유명해졌고, 그녀의 '약점'을 드러내 보임으로써 뭇 사람들의 동경의 대상이 되지 않았던가? 좀 더 일반적인 문제를 언급하자면, 왜 아직도 유색인 여성들이 지배 계층인 백인 남성들은 말할 것도 없고 다른 여성들과 동등한 자격을 얻는 것조차 그토록 어려운가? 그리고 우리는 섹스 산업의 여자 우두머리들에 대해 어떻게 생각하는가? 남자들이 공급할 경우 철저히 비난받는 생산품을 열광적으로 대량생산하는 여성들에 대해서 말이다. 또는 많은 사람들이 너무 잔인한 운동이라 여기는 권투를 하려고 애쓰는 여자 권투 선수들은 어떤가? 사람들은 그들이 남자 권투 선수들의 품위를 떨어뜨린다고 하지 않는가?

그나마 서양의 여자 권투 선수에게는 자유롭게 선택할 여지가 있다.

하지만 세계 대부분의 여성들에게 자유는 아직도 상상 속 정원이다. 그 정원에 실재하는 것은 뱀밖에 없다. 중국, 인도, 아프리카, 중동에서 여성으로 산다는 것은, 여자들이 열등한 존재이며 자기들의 통제 아래 있어야 한다고 철저하게 진심으로 믿는 남자들을 매일 상대해야 한다는 뜻이다. 그들은 자기들의 신이 그렇게 얘기하기 때문에 그렇게 믿는다. 세계의 '위대한' 신앙 체계인 유대교, 기독교, 이슬람교, 불교, 유교 등은 하나같이 여성의 열등함을 신앙의 조항으로 강조한다. 여성 개개인이 수천 년 동안 이런 믿음을 나름의 방식으로 뛰어넘어왔고, 이제 많은 사회가 그런 뻔뻔스럽고 옹호할 수 없는 생각에서 서서히 벗어나고 있다. 그러나 근본주의가 부활할 때마다 이 오래된 편견도 덩달아 부활하며, 겨우 얻어낸 모든 것을 망쳐놓고 원상태로 돌려놓으려 든다.

　현 상황이 늘 진보를 뜻하지는 않으며, 정말로 과거의 잘못을 되풀이하는 경우도 많다. 그뿐 아니라 새로운 억압도 등장했다. 이것은 지난 시대의 억압과 마찬가지로 근본적인 불평등의 한 징후에 불과하다. 근본적인 불평등은 그 뿌리를 제거하기는커녕 확인하기조차 어려울 정도다. 과거의 야만 행위는 다른 모습으로 다시 태어나서 생명을 이어간다. 여성의 역사는 이 과거의 유물에 대항해서 계속 목소리를 높여야만 한다. 변화의 시대를 맞아 많은 이들이 더 나은 삶을 살 수 있게 되었다. 하지만 바로 그 시기에 어떤 이들은 사태를 더 악화할 기회를 잡기도 했다. 우리는 이런 모순을 회피할 수 없다. 유례를 찾아볼 수 없는 수준의 물질적·기술적 진보는 전에는 상상할 수도 없던 방식으로 권력을 악용하고 가학적으로 남용할 수 있는 기반을 조성했다. 그리고 그 희생자는 항상 그랬듯이 여성들이다. 이 문제는 지독히 끔찍한 사례를 하나 드는 것만으로도 충분히 이해할 수 있을 것이다. 중국과 인도의 산아제한운동은 태어났거나 아직 뱃속에 있는 여아를 살해하는 새롭고 끔찍한 풍조를 만들어냈다. 1984~1985년에 봄베이에 있는 한 병원에서만 1만 6,000명의 여아가 살해되었다. 건강한 아이를 낳기 위해 고안된 양막천자술[역2]이 원치 않는 여아의 낙태에 활용된 것이다.

나는 15년 전부터 다른 여성들과 함께 이 문제를 거론하면서 항의했다. 새로운 천년이 시작되었지만, 여아보다 남아를 더 귀하게 보고 좋아하는 낡아 빠진 가부장제의 공공연하고 염치없는 행태는 여전히 계속되고 있으며, 억제되기는커녕 오히려 증가하는 추세다. 동양의 한쪽에서 여성들이 교육과 자율성을 투쟁하는 동안, 그 바로 옆에서 남성 법관들은 이른바 '명예를 지키기 위한 살인'을 법적으로 용인할 수 있다고 비준하였다. 그것은 과거 모든 남편이 가졌던 권리, 즉 간통한 아내, 임신한 십대 또는 심지어 간통한다는 의심이 드는 아내를 살해할 권리를 되살리는 것이었다. 최근에 파키스탄과 몇몇 아랍 국가에서는 그 범위가 '정조를 잃은' 자매나 어머니 또는 양어머니에게까지 확대되기도 했다. 수백만 명에 달하는 아프리카 소녀들이 여전히 외음부 절제 관행의 희생양이 되고, 쿠웨이트에서는 아직도 여성들에게 투표권이 없다.[역3] 사우디아라비아에서는 규율을 어긴 여성은 잔인한 학대와

역2) 태아의 성별과 염색체 이상을 판정하는 방법.

역3) 2005년에 쿠웨이트에서도 여성에게 투표권이 부여되었다.

고문은 물론이고 죽음을 당할 수도 있다. 아프가니스탄의 가증스런 탈레반 정부는 여성들의 취업 활동을 금했고, 종교적 계율을 위반했을지도 모른다는 심증만으로도 여성들을 고문하고 죽이는 등 여성 전체에 대한 지독한 전쟁을 시작했다. 이 계율은 나치가 유대인 대학살 시기에 유대인들에게 부과한 것보다 더 가혹한 것이다. 이런 체제에서 여성은 과거 유대인처럼 인간이 아닌 존재로 간주될 뿐이다. 비 서구 사회에서 최근에 확립된 법률을 살펴보면 하나같이 거의 2,000년 전에 확립된 믿음을 반복하고 있음을 알 수 있다. 그것은 한 남성의 증언이 넷 또는 그보다 더 많은 여성들의 증언보다 더 중요하다는 믿음이다.

20세기 여성이 장칭이나 인디라 간디 같은 존재가 될 만큼 자유로워졌다면, 종신형을 받고 독방에 감금되거나 배에 총알 세례를 받는 등 그 두 여성이 겪은 극적인 몰락과 처벌의 가능성도 그만큼 커졌다고 볼 수 있다. 이런 여성들의 인생에서 얻을 수 있는 소득 중 하나는 '정치의 여성화'가 더 나은 세계로 우리를 이끌어갈 것이며 여성 지도자가 남성 지도자보다 온화하고 너그럽다는 생각을 재빠르게, 영원히 제거해버린 것이다. 사실 거대한 권력은 어마어마한 어리석음, 무시무시한 탐욕과 함께하는 것이다. 그들이 함께하는 덕분에 이멜다 마르코스 같은 여자가 구두를 2,047켤레나 가질 수 있지 않았을까? 향수 냄새로 뒤덮인 이멜다나 루마니아의 잔혹한 독재자의 탐욕스런 아내, 엘레나 차우세스쿠 같은 사람은 그들이 향유한 국제적인 도둑정치의 기준에서 보더라도 비인간적인 탐욕으로 똘똘 뭉친 쇠똥구리 수준으로 전락했다. 그동안 세계의 나머지 여성 대부분이 코카콜라는 얻을 수 있지만 깨끗한 물은 구할 수 없고, 담배는 얻을 수 있지만 피임약은 얻을 수 없고, 포르노 비디오는 구할 수 있어도 자기 아이들을 위한 약은 구할 수 없는 처지에서 살아왔다.

이렇게 볼 때, 여성의 역사는 서양 여성들보다는 세계의 다른 여성들에게 더 관심을 집중해야 한다. 그들에게 강요된 결혼과 이른 출산, 지속적인 폭력과 때 이른 죽음은 서양 여성들이 당하는 모욕과 침해를 아주 사소한 것으로 여기게 할 정도다. 그런데 문제는 사회가 발전하고 세계의 여러 나라가 가까워질수록 여성은 더 많은 제약에 직면하며 남성이 가하는 통제의 범위와 정교함도 더 커진다는 사실이다. '진보된' 서구 사회의 현실을 냉정하게 짚어보기만 해도 그런 생각이 든다. 왜냐하면 스스로 세계를 이끌어가는 위치에 있다고 생각하는 서양에서조차 여자들은 여전히 남자들이 법과 정치, 경제, 산업, 정부를 좌우하는 세계에서 살기 때문이다. 여성들의 권리는 '인권', 즉 남자들이 요구하고 스스로 부여하는 권리와 동등한 가치를 아직 획득하지 못했다. 무엇보다 심각한 문제는 남자들이 계속해서 모든 것에 대한 궁극적인 권리라 할 수 있는, 규정할 권리를 쥐고 흔든다는 점이다. 대중 매체를 통해서든, 우리가 입고 먹고 읽고 믿고 생각하는 모든 내용을 좌지우지하는 독재 권력을 통해서든 말이다. 하지만 여성들은 결코 이런 시도와 오랜 사회적·법적·정치적·종교적 체제를 그냥 감수한 적이 없다. 이 체제들은 역사가 흐르는 동안 내내 여성의 지위를 격하해왔고, 여성들이 고통을 감수하고서라도 뭔가 성과를 일궈낼 때마다 시계 바늘을 되돌리기 위해 끝없이 노력해왔다.

여성은 열등하지 않다. 과거에도 열등한 존재였던 적은 한 번도 없다. 여성 자신은 스스로를 열등한 존재로 여기지 않았다. 따라서 낡은 억압이 예기치 못한 모습으로 변장하고 재등장할 때면 언제나 새로운 반란이 폭발하였고, 모든 세대의 여성들이 그들의 힘과 연대감과 그들 나름의 정치적 역사를 재발견하였다. 물론 이런 일은 현대에 와서도 결코 쉽지가 않다. 지난 세기 내내 세계는 전쟁을 벌이려는 남성 특유의 욕망에 휘둘렸다. 그때 여성들은 다시 의사표현을 거부당했고, 성취감을 느낄 수 있는 직업을 갖는 데서 밀려났고, 가정으로 되돌려보내졌다. 그 결과 각자 고립되었고 공적인 활동에서도 멀어졌다. 바로 이런 이유로 여성들은 노동조합이나 정당 같은 남성들의 권력집단이 항상 해온 것처럼 지속적이고 활발한 사회적 · 정치적 활동을 뒷받침할 혁신적인 전통을 비준하거나 강화하는 데 성공하지 못했다. 또한 그렇기 때문에 새로운 반란을 일으킬 때마다 모든 것을 재발견하고 재창조해야 했다. 이런 상황은 지금도 마찬가지다.

이제 마침내 여성들이 형세를 바꿔놓는 데 성공했다. 이 시대가 여성들에게 힘겨운 도전의 시대라면, 그것은 헤아릴 수 없을 만큼 큰 기회의 시대이기도 하다. 수백만 여성들이 공개적으로 페미니즘을 떠났지만, 그들은 양손으로 자기 앞에 펼쳐진 기회를 붙잡기 위해 노력했다. 샬럿 퍼킨스 길먼이 "가정에 필요한 것 이상으로 아내가 필요하지는 않다."라고 선언한 지도 한 세기 이상 지났고, 서양의 여성들은 마침내 여성이 해야 할 일이라 떠들어대던 가사노역의 압제, 전통적으로 강요된 역할에 속박되었던 생활에서 풀려났다. 전업 가사노동은 전적으로 선택사항이 되었고, 어떤 여성도 더는 불행하게, 원망을 품으면서, 또는 다른 것을 희생하면서 '하찮은 여자이자 착한 아내' 시나리오대로 살도록 강요받지 않는다. 초기의 법적 투쟁에서 거둔 승리의 도취감도 지나갔고 '여성 최초라는 기록을 세운 유명인(마라톤에 참가한 최초의 여성, 보잉 747기를 조종한 최초의 여성, 노벨상을 수상한 최초의 여성 등)'의 성공이 불러일으킨 흥분도 가라앉았다.

이제 21세기의 여성들은 전투에서 승리할 때마다 적들이 다른 곳에서 재규합할 여유를 주던 침체기에서 벗어나고 있다. 반복된 실망으로 예리해진 역사 감각 덕분에 여성은 자신의 투쟁이 갖는 반복적인 본질을 파악했고, 과거에 스스로 권리와 자유를 얻을 수 있도록 해주던 바로 그 환경이 그토록 고통스럽게 얻어낸 자유와 권리를 훼손한다는 것도 깨달았다. 여성들이 진보를 이룬 것은 오랫동안 안정적으로 확립되어 있던 권력 집단이 방향을 전환하거나 균열을 보일 때였다. 사회의 변화는 여성이나 다른 소외계층 사람들이 전에 그들을 거부하던 체제에 침투하게 해주는 계기가 되었다. 여성들이 공직이나 남성들의 직업 세계에 대거 진출한 것도 격변기나 사회가 긴급한 상황에 처했을 때다. 최전방의 여성은 총을 쏘며 싸우고, 이주하여 정착한 여성은 사업을 하거나 도시에서 직장을 얻거나 노동조합에 뛰어들었다. 1960년대 이후의 해방운동은 세계적으로 심각한 경기 침체가 이어진 결과다. 불경기가 지속되자 여러 나라에서 여성의 노동 참여를 권장했고, 그 결과 영국에서는 전체 노동인구 중 여성이 차지하는 비율이 47%에 달했다. 이것은 두 차례에 걸친 세계대전 때의 상황과 비슷했다. 그때도 수백만 여성들이 먼지떨이를 내던지면서 결코 다시는 가사노동으로 되돌아가지 않겠다고 맹세했다.

하지만 그들은 되돌아갔다. 가사노동은 곧 다른 이름으로 불렸고, 2차 세계대전이 끝나자 새로 부상한 기술자와 여성 노동자는 모조리 숙련을 요하는 노동에서 내몰려 가정으로 돌려보내졌다. 과거에 여성들이 일을 하고 차를 몰고 자기 일을 할 자유를 얻기 위해 주간 탁아소와 보육원을 이용하는 것이 아무리 필요해 보였다손 치더라도, 이런 해방의 기세는 그저 위기상황의 일시적인 대응으로만 여겨졌고 결국 그 의미는 치명적으로 손상되었다. 당시에 만연하던 불안감, 불만, 공포감 등은 사실 더 큰 위기에서 나온 것이었는데도 모든 문제가 여성이 직업을 가진 탓이라는 식으로 해석되었다. 여성들이 더는 가정에 머물지 않아서, 갓 구운 쿠키 냄새와 벽난로 불빛과 함께 다정하게 맞아주는 존재로 남아 있지 않아서라는 것이다. 그런 일은 지난 수십 년 동안에도 없었고, 따라서 그 순간에도 일어날 수 없다는 사실은 중요하지 않았다. 변화 앞에서 느끼는 위기의 감정이 여성들과 결부되다 보니 결국 여성들의 사회 진출이 모든 문제와 변화의 원인이라는 인식이 생긴 것이다. 이런 생각이 남성들에게만 있었던 것은 아니다. 여성들도 이런 긴장과 불만을 경험하였고, 종종 그 대가가 너무 커서 온전히 짊어질 수 없을 것 같은 책임을 져야 한다고 생각했다. 그렇게 여성들은 '가정경제'와 '가정과학'의 기술을 발전시키기 위해 떼를 지어 집으로 돌아갔고, '여인의 손길'이 주는 기쁨에 대한 도리스 데이의 예찬과 '이상적 가정'이라는 프로파간다가 빗발치는 가운데 맹렬하게 자기 가정을 꾸미기 시작했다. 불만이 너무 커져서 더는 견딜 수 없게 될 때까지 말이다.

바로 그런 이유로 여성들의 투쟁은 반복적인 성격을 갖게 되었고, 지극히 합법적인 주장에 필요한 목소리를 찾아내는 데도 그토록 오랜 시간이 걸렸다. 침묵을 깨고 자기 목소리를 듣게 하는 일은 여전히 많은 여성이 끔찍한 대가를 치러야 하는 일이었다. 『세계 여성의 역사』에서 나는 그것이 수백만 민중의 억눌린 목소리가 들려주는 이야기며, 오늘날까지도 참이라고 썼다. 그토록 많은 목소리가 절규를 내뱉자마자 침묵하도록 강요되었고, 그 이면에는 가혹한 현실이 숨어 있었다. 딱 한 명만 거론하자면, 우루과이 작가 델미라 아구스티니를 들 수 있다. 그녀는 시집 세 권을 출판하여 스페인어권 전역에서 갈채를 받았지만, 헤어진 남편에게 곧 살해당했다. 그때 그녀의 나이는 스물넷이었다.

이런 여성은 아주 많다. 무수히 많은 여성이 가난하게 살다가 비참하게 죽었다. 단지 여성으로 태어났다는 이유 외에 달리 적절한 이유를 찾을 수 없는 경우가 대부분이다. 물론 여성 대다수가 우연히 결정된 성의 희생자로 산 것만은 아니다. 자신에 대한 적대행위에 겁을 먹고 단념해야 한다고 느끼지도 않았다. 역사 속에는 온갖 난관과 불행에도 굴하지 않고 고난의 바다에 대항해서 무기를 들고 삶 자체를 위해 싸운 여성들이 가득하다. 과거 역사를 살펴보면 세계는 아마존, 아시리아의 전투적인 여왕, 어머니 여신, '위대한 암코끼리', 황제의 첩이 되어 세계를 통치하고자 한 여인, 과학자, 정신질환자, 성인, 죄인, 테오도시아, 히파티아, 측천무후, 빅토리아 클라플린 우드헐, 힌드 알 힌드(Hind al Hind) 등의 이야기가 끝없이 펼쳐진다. 또한 수백만이 넘는 여성들이 매일 아침 일어나서 불을 밝히고, 음식을 준비하고, 인간과 동물의 식사를 제공하고, 농작물을 돌보았다. 그들은 집에서 요강을 치우고, 빨래를 하고, 죽어가는 이들과 갓 태어난 아기를 돌보았다. 또한 집 밖으로 나가 시장에서 물건을 사고팔았으며, 신전 계단을 쓸었다. 그들 대부분에 대해 우리는 어떤 이야기도 들은 적이 없었고, 앞으로도 결코 없을 것이다. 그러나 바로 이런 이름 없는 사람들 하나하나가 이바지한 덕분에 인류가 생존했다. 결코 찬양된 적이 없더라도 그것은 소중한 승리다.

바로 이런 기본적이고도 엄청난 진실을 인정할 때 전 세계 여성들이 이룬 공적이 제대로 평가받을 수 있다. 이제 여성들은 그 무엇으로도 억누를 수 없을 만큼 커다란 힘을 타고났음을 입증한다. 그리고 어떤 여성들은 자신이 여성인 덕분에 더 자유로울 수 있었다는 사실을 깨닫기도 했다. 영국의 비행사로 신기록을 세우기도 한 에이미 존슨은 이렇게 말했다. "내가 남자였다면 양극 지방을 탐사하거나 에베레스트 산을 올랐을지도 모른다. 하지만 그렇지 않은 덕분에 내 영혼은 하늘 위에서 길을 찾았다." 이제 곳곳의 여성들이 과거보다 더 자유롭게 지낼 기회를 누린다. 아무리 억압적인 체제라도 더는 세계의 의견이나 인터넷의 탐색에서 벗어날 수 없게 된 덕분이다. 여성의 진정한 자유란 일하고 여행하고 스스로를 규정할 자유에 그치지 않는다. 그것은 여성 사이에서도 의미 있는 방식으로 의견을 달리할 수 있는 자유까지 포함한다. 이러한 진보는 "여자들이 원하는 것이 무엇인가?" 하고 물은 프로이트의 헛된 외침으로부터 우리가 얼마나 멀리 떠나 왔는지를 재봄으로써 확인할 수 있다. 다가오는 시대는 모든 여성이 원하거나 필요로 하는 모든 것을 제공할 단 하나의 협의사항이나 개혁 프로그램은 존재하지 않음을 인식시켜준다. 서로 다른 남성 집단의 이해관계가 일치할 수 없음을 남자들이 당연한 사실로 인정하듯이, 여성들 모두가 똑같은 의견을 가져야만 하는 것은 아님을 알게 되었다. 종교나 인종, 국가, 성에 대한 입장, 계급 등에 따라 우리가 서로 엄청나게 다르다는 사실을 인정하게 된 것이다. 이제 우리의 투쟁은 이성애자든 동성애자든, 결혼했든 독신이든, 어머니이든 아이가 없든, 부유하든 가난하든, 키가 크든 작든, 뚱뚱하든 말랐든 간에 모든 여성이 인간으로서 갖는 선택권을 자유롭게 행사할 수 있도록 하기 위한 것이다. 그리고 우리의 자유는, 그것을 지구에 사는 다른 모든 동료에게 확장할 수 없다면 무의미하다. 이제 우리는 남자들이 온전한 인간의 척도가 아니며, 그렇다고 여자들이 혼자 서 있는 것도 아님을 안다. 어떤 점에서 지난 30년간 여성들은 서로를 새롭게 인식하고 바라보게 되었다. 그리고 아직도 해야 할 일이 많이 남아 있다는 자각에 한숨을 쉬게 되었다. 여성을 위해 하는 일이 무엇이든 간에 남자들과 아이들을 위해서도 똑같이 행해야 한다는 사실을 깨달았기 때문이다. 우리에게 좌절감을 주는 모든 것에 대항해서 남성과 여성이 결속할 수 있다는 깨달음을 동반할 때에만 우리는 공동의 건강과 행복을 추구할 수 있을 것이다. 이것이야말로 다른 무엇보다 중요하며 결코 실패해서는 안 될 과제다.

공공연한 차별의 벽을 무너뜨리는 것은 무척 힘든 일이지만, 무의식적인 편견을 깨뜨리는 일은 그보다 훨씬 더 힘들다. 바로 이런 까닭에, 그리고 앞에서 열거한 모든 이유로, 여성의 역사는 내가 이 책을 처음 쓴 때보다 시간이 흐를수록 더 절실해졌다. 정말이지 우리는 아직 제대로 시작도 하지 못한 것이나 마찬가지다. 수십만 가지 극적인 이야기가 아직도 시간의 모래밭에 묻힌 채 발굴되기를 기다린다. 유럽 '여왕들의 시대'의 여성 통치자들부터, 자신이 속한 공동체를 지탱함으로써 인류를 존속시킨 전 세계의 강인한 여성 농부, 양조 기술자, 시장 상인, 마을의 여성 현인에 이르기까지 이루 헤아릴 수 없이 많다. 이런 여성들에 대해 알아가는 것은 우리 시대는 물론이고 다가오는 시대를 위해서도 꼭 필요하다. 전 세계 여성들에게 제자리를 찾아주려면, 그리고 새로운 천년을 맞아 우리가 바라는 것을 구하려면, 그들에 대해 알아야 한다. 지난 5,000년 동안 여성들이 이루어온 놀라운 업적을 들려주는 이런 이야기들을 마음껏 즐김으로써 우리는 새롭고 더 나은 세계를 건설할 의욕과 힘을 얻는다. 그런 이야기들이야말로 우리의 용감한 근육이 균형을 유지하도록 도와줄 무한한 자원이다. 그런 이야기 대부분이 우리에게 여성들이 얼마나 훌륭한지, 우리가 얼마나 멀리까지 왔는지 상기시켜줄 것이다. 마거릿 대처가 영국을 통치하던 역사적인 11년이 좋은 결실을 맺었을 때, 한 소년이 "남자도 수상이 될 수 있을까?" 하고 물었다고 한다. 이집트의 여성 파라오 시대나 러시아의 예카테리나 여제 시대에 아이들이 그렇게 질문했을 것처럼 말이다. 다른 점은 대처나 다른 여성 총리들이 보기 드문 예외가 아니라 선출된 대표자이며, 그것도 그저 한 번이 아니라 많은 경우가 그랬다는 데 있다. 여성들은 이제 남성이 없을 때만 필요한 존재가 아니다. 이제 우리는 남성들과 나란히 서서 정당한 자리를 차지할 것이며, 삶의 무게를 그들과 함께 나누어 짊어질 것이다.

여성은 자신의 역사를 가질 자격이 있다. 진실은 알려져야 하기 때문이다. 진실로 그런 이야기는 하나만이 아니고 많이 있다. 나는 세계 곳곳의 여성이 자기 이야기, 앞서 살아간 여성의 이야기를 기록하기를 바란다. 그리고 남성 역사학자들이 이 풍부한 보고를 파헤치는 모습도 보고 싶다. 여성의 역사를 다룬 책이 되도록 많이 나와야 한다. 이 책은 여성의 역사이지 페미니즘의 역사가 아니다. 내 목표는 우리 시대 모든 여성과 남성의 관심사를 있는 그대로 드러내는 것이었다. 그들이 세계의 여성들에게 영향을 미쳤기 때문이다. 『세계 여성의 역사』는 역사를 표방하는 허구가 전통적으로 주장해온 것처럼 한쪽으로 치우치지 않고 공정한 척하는 허세를 떨지 않는다. 여성은 세계사에서 학대받았고 아직도 고통받는 가장 거대한 집단이다. 아무리 크게, 아무리 오래 떠들어도 이런 사실을 온전히 전달할 수 없을 정도다. 분명 어디선가 나이 든 남자들이 나서서 이건 남자에게 부당한 주장이라고 떠들어댈 것이다. 그런 불평은 사회가 여성들에게 약간의 공정함이라도 보이려고 노력하면서부터 전에 없이 더 커지고 있다. 어떤 이는 여자들이 성의 전쟁에서 승리하면서 권력에 도취되었고, 억제할 수 없을 정도로 날뛰며, 이제는 남자들이 희생자가 되었다고 주장한다. 사실 '남성 문제'는 19세기에 시끄럽게 논의되던 '여성 문제'의 흥분된 어조를 그대로 흉내 내고 있다. 우리는 소녀가 소년을 능가함을 보여주는 학교 기록부를 제시하고, 올림픽에서 금메달을 딴 남자 선수보다 여자 선수가 더 빨리 달릴 수 있음을 보여주었을 뿐이다. 윔블던 우승자였던 보비 릭스가 나이도 어린 여자 테니스 선수 빌리 진 킹과 벌인 성 대결에서 패배하지 않았던가? 여자가 이길 때마다, 여자가 성공을 거둘 때마다, 남자들은 속아 넘어갔거나 명예가 훼손되었다고 받아들인다. 내 생각에는 문제를 다른 방향으로 접근하는 쪽이 더 유익할 것 같다. 지난 30년 동안 여성들은 근육, 정신력, 뼈를 단련했고 자기 자신과 자신의 삶, 세계를 바꿔 나가려고 노력했다. 그 시간 동안 20세기 남성들은 무엇을 했는가? 그리고 그들이 우리의 활동에 동참하고 우리를 지지하도록 만드는데 얼마나 긴 시간이 필요할까?

우리의 메시지는 아주 단순하고도 명확해서 아무도 부정할 수 없다. 세계 역사에서 모든 혁명, 평등을 추구하던 모든 운동이 성적 평등을 이루지 못한 채 중단되었다. 수천 년 뒤에 이 시대는 그것을 변화시킨 출발점으로 기록될 것이다. 우리 모두가 자유로워질 때까지 쉼 없이 나아가자.

로잘린드 마일스

WHO COOKED THE LAST SUPPER?　　　THE WOMEN'S HISTORY OF THE WORLD

차례

1부. 태초에

여성의 역사를 이해하려면 (고통스러울지라도)
그것이 인류 대다수의 역사임을 받아들여야 한다.
— 거다 러너

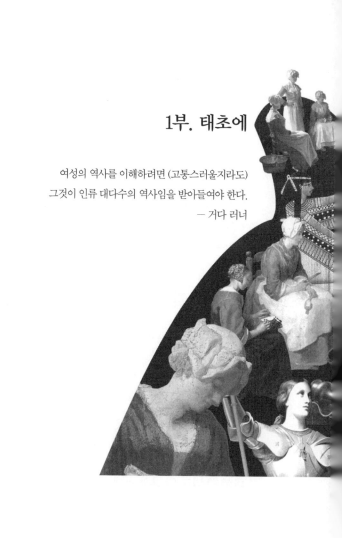

1. 최초의 여성

인류 문화의 진보에 대한 유력한 이론은 '사냥하는 남성' 가설이었다.
공격적이고 정복욕이 강하며 집단으로 도구를 사용하는 수컷 원숭이에서
인류가 시작되었다고 주장하는 이 이론이 과학적 사실인 듯 널리 받아들여졌고,
자명한 명제인 양 대중문화 속에까지 생생하게 각인되었다.
— 루스 블라이어

남자에게 여자가 없다면 하늘에든 땅에든 천국은 없을 것이다.
여자가 없다면 태양도 없고, 달도 없으며, 농업도 없고, 불도 없었을 것이다.
— 아랍 속담

    인류의 이야기는 여성과 함께 시작한다. 오늘날에도 그렇듯이 인류 최초의 염색체를 품고 전달한 것은 여성이다. 인류의 생존이 가능한 것도 여성이 진화 단계에 적응한 덕분이다. 그들이 어머니 역할에 충실함으로써 인간의 의사소통과 사회조직을 발달시키는 지적인 자극이 되었다. 하지만 수세기 동안 사학자, 고고학자, 인류학자, 생물학자들이 초기 인류사의 주인공으로 삼은 것은 남성이었다. 인류의 기원에 대한 해석 중 널리 알려진 것에 따르면, 사냥하는 남성, 도구를 만드는 남성, 피조물의 주인인 남성이 홀로 화려하게 원시시대의 대초원을 활보했다는 것이다. 그렇지만 사실은 여성들이 인류의 미래를 위한 발판을 확보하는 과업을 묵묵히 수행하였다. 인류의 운명을 열어가는 열쇠는 여

성의 노동력과 기술, 그들의 생물학적 조건에 있었기 때문이다.

과학자들도 '여성이 인류 그 자체이며, 근본적으로 더 강한 성이다. 남성은 생물학적으로 뒤에 등장했다'[1]는 사실을 인정한다. 인간의 세포 조직을 보면 기본적인 X염색체가 여성에게 있다. 따라서 여아는 임신되는 순간에 다른 X염색체 하나만 더 모으면 된다. 반면 남아가 임신되려면 이와 다른 Y염색체로 분리되어야 한다. 그런데 어떤 사람들은 이 Y염색체를 유전적 오류, 즉 '기형적이고 망가진 X'로 받아들인다. 여성의 난자는 정자보다 수백 배나 크고, 아이에게 전달되는 일차적인 유전 정보를 모두 담고 있다. 따라서 여성이 본래적이고 우선하는 성으로 생물학적 표준이고, 남성은 거기서 파생된 성일 뿐이다. 역사학자 아모리 드 리앙쿠르는 이 사실을 다음과 같이 요약한다. "『성경』의 「창세기」에서 아리스토텔레스를 거쳐 토마스 아퀴나스에 이르기까지 전통적으로 여성을 불완전한 형태의 남성으로 간주해왔다. 그러나 사실은 **여성적 특질이야말로 표준이며, 생명의 기본적인 형태**다."[2]

최초의 아버지 문제는 어떻게 이야기할 수 있을까? 나이젤 칼더는 '우주 최초의 존재는 색이 있는 진흙덩어리'[3]였으며, 그것이 미립자나 작은 막대기 형태의 원시적인 플라스마에 불과했을지라도 어쨌든 남성적인 존재였다고 지적한다. 그러나 지금까지 유지되는 이런 생물학적 편견과는 달리, 최근의 발견에 따르면 지구상의 인간은 모두 동일한 호미니드[역1]의 후손이며, 이 공통의 조상은 한 명의 여성이었다고 한

역1) 사람과에 속하는 동물. 현재의 인간은 물론이고 모든 원시인류를 포함한다.

다. DNA의 유전자 형질 정보를 연구하는 최근의 유전자 연구기술 덕분에 캘리포니아의 버클리대학과 옥스퍼드대학에서 연구하는 과학자들이 제각각 전 인류의 공통 DNA '지문'을 분리해내는 데 성공했다. 이 지문은 수천 년 동안 인종이 나뉘고 인구가 전 세계로 확산되는 동안에도 동일하게 남아 있었다. 그런데 이것이 이론의 여지가 없이 여성이라는 것이다. 이 연구는 바로 한 여성을 인류 전체의 최초 '유전자 원천'으로 지목한다. 그녀는 30만 년 전 아프리카에 살았고, 그 후손들이 후에 아프리카 밖으로 이주하여 지구 여기저기로 흩어지면서 현존하는 모든 종족이 생겨났다고 한다.[4]

　우리의 할머니일 수도 있는 여성 이브에 대한 연구는 아직 초기 단계이며, 그 때문에 다양한 논쟁이 벌어질 법한 함축을 담고 있다. 특히 그 주장이 암묵적으로 내포하는 기독교 신화의 붕괴는 아담의 아들들에게 커다란 문젯거리로 보일 것이다. '유전자 원천인 어머니'도 당연히 그녀 자신의 어머니를 가질 수밖에 없었겠지만, 그 어머니의 섹스 파트너가 누구인지, 그 수가 얼마나 되는지를 따지는 것은 무의미하다. 결국 중요한 것은 그녀의 세포일 뿐이기 때문이다. 인류의 진화에 여성들이 중심적인 역할을 했다는 사실은 논란의 여지가 없다. 새로 태어나는 개체가 인간이 되려면, 필요한 DNA 정보 차원에서 볼 때 본질적인 유전 정보는 오직 여성을 통해서만 전달된다. 그런 의미에서 우리 개개인은 이브의 자손으로서, 남성들과 함께 아프리카의 대평원을 활보하던 최초의 여성의 흔적, 살아 있는 화석과도 같은 증거를 몸 안에 품고 있다.

이렇게 볼 때, 동굴 안에서 불 옆에 몸을 웅크리고 있는 흐릿한 인물로 그려지던 '사냥꾼의 아내'라는 이미지는, 초기 여성이 수행한 진짜 역할에 매우 적합하지 못한 것이 된다. 태양이 내리쬐는 원시시대의 협곡에서 **페미나 에렉투스**[역2]가 **호모 에렉투스** 옆에서 최초로 몸을 일으켜 세운 기원전 50만 년경부터 많은 변화가 있었고, 남성과 여성은 함께 **호모 사피엔스**가 되었다. 흔히 부족의 생존과 진화는 사냥처럼 남성들에게만 한정된 일 덕분으로 여겨졌다. 그러나 홍적세(洪積世) 전반에 대해 전해주는 많은 유적에서 부족의 생존과 진화에 관련된 모든 영역에서 여성들이 큰 비중을 가지며 참여했음을 보여주는 다양한 증거가 지속적으로 발견되었다.

초기 여성들은 새벽부터 황혼까지 몹시 바쁘게 일했다. 사실 그들은 그리 오래 살지 못했다. 남은 화석을 과학적으로 분석한 바에 따르면 여성도 남성과 마찬가지로 스무 살이 되기 전에 죽었다고 한다. 소수의 사람들만 서른 살까지 살아남았고, 마흔 살까지 사는 사람은 극히 드물었다.[5] 그러나 이렇게 짧은 기간에도 초기의 여성들은 방대한 활동에 참여하고 기술을 개발했다. 현존하는 석기시대 문화나 고고학적 자료를 바탕으로 볼 때 여성들은 다음과 같은 일을 하느라 바빴고, 그 일을 능숙하게 했다.

· 식량 채집

역2) 직립 여성이라는 뜻. 흔히 직립 원인이라고 번역하는 용어인 호모 에렉투스가 엄밀하게 말해 직립 남성을 뜻하는 성격이 강해서 지은이가 굳이 구분하여 이 용어를 만든 듯하다.

- 자녀 양육

- 가죽 손질

- 동물 가죽으로 옷, 투석기, 용기 제작

- 요리

- 도기 제조

- 풀, 갈대, 나무껍질로 바구니 짜기

- 이빨이나 뼈로 구슬과 장신구 만들기

- 일시적이거나 영구적인 주거지 만들기

- 단순한 농기구뿐 아니라 동물 가죽을 벗기고 잘라 의복을 만들기 위해 날카로운 석기를 제작하는 등 다양한 용도의 도구 제작

- 치료나 낙태 등 다양한 목적을 위해 식물과 약초를 의학적으로 활용

여성들이 맡아야 했던 이 많은 일 중에서 식량 채집이 가장 중요한 일이었음은 의심할 나위가 없다. 부족의 생존과 결부된 일이기 때문이다. **자녀가 있든 없든 선사시대 여성들은 사냥하는 남성에게 식량을 얻기 위해 의존한 적이 없다.** 남성이 사냥을 했다는 것은 분명하다. 아직도 남아 있는 '원시' 사회 가운데 많은 수가 그렇듯 말이다. 인류학자들은 현재 오세아니아, 아시아, 아프리카, 아메리카 대륙에서 수렵·채집 문화를 유지하는 부족이 175개쯤 된다고 밝혔다. 그중 97%의 부족에서 사냥은 남성 고유의 활동이다. 나머지 3%에서는 사냥이 전적으로, 반드시 남성들만 할 수 있는 영역이다. 그러나 이 방대하고 충실한

자료를 뒷받침하는 연구들은 사냥이 식량을 제공하는 수단으로 얼마나 비효율적인지도 잘 보여준다. 사냥으로 고기를 얻는 것은 불규칙하고, 그나마 자주 있는 일도 아니다. 예를 들어, 보츠와나의 쿵 부시면들은 일주일 동안 열심히 사냥한 후에 그달의 나머지 기간은 아무 일도 하지 않는다. 게다가 더운 날씨일 때는 고기를 보관할 수가 없다. 그러니 실제로 부족원을 부양하는 것은 남성들의 사냥이 아니라 여성들의 채집이다. 여성들은 낮 동안 쉼 없이 일해서 부족에게 일상적으로 필요한 식량의 80%를 지속적으로 공급한다. 한 연구에 따르면 모든 사냥·채집 사회에서 남자 구성원들은 집단의 생존에 필요한 일의 5분의 1을 수행해왔고, 나머지 5분의 4는 전적으로 여성이 수행하였다. 그것은 지금도 마찬가지다.[6]

초기 여성들의 채집은 부족의 생존을 유지했을 뿐 아니라 인류가 문명을 향해 나아가는 계기가 되었다. 성공적인 채집을 하려면 분류하고 평가하고 기억하는 능력을 계발해야 하기 때문이다. 아프리카 원시부족에서 발견된 씨앗, 열매, 풀의 범위를 보면 무작위로 주워 모은 것이 아니라 깊은 지식에 따라 신중하게 선별한 것임을 알 수 있다.[7] 이런 작업은 인류 최초의 기술 실험을 촉진하는 역할도 했다. 사냥하는 남성이라는 가설에 집착하던 인류학자들은 사냥을 위한 무기가 인류 최초의 도구였다고 주장했다.[8] 그러나 사냥은 훨씬 뒤에 시작된 것이고, 그 전에 벌써 뿌리나 알뿌리를 파내거나 식물을 먹기 편하게 가루로 만드는 것 같은 활동을 위해 뼈나 돌, 나뭇가지 등을 사용했다. 이런 모든 것이 여성들의 도구였다. 또한 원시시대 유적에서 발견한 땅 파는 막대기를 보면 알 수 있듯, 나무를 불에 그슬려 끝을 단단하게 만드는 법을 발견한 것은 초기 여성들의 창의적인 문제해결 능력을 보여준다. 바로 여성들이 막대기 끝을 약한 불에 말리고 단단하게 만들어서 자신들이 해야할 일에 훨씬 더 효과적인 도구를 만들어낸 것이다.[9]

하지만 돌을 다듬어 만든 도끼머리나 창, 화살촉과 달리 여성들의 정교함과 비상함을 보여주는 초기 도구 중 지금까지 남아 있는 것은 극소수다. 게다가 고고학자들 눈에는 사냥하는 남성이라는 극적인 드라마와 아무 관련이 없어 보이는 막대기보다는 소름 끼치는 살상용 도구가 더 매력적으로 비쳤다. 마찬가지로 고고학은 여성들이 만들어낸 또 다른 발명품에 대해서도 침묵을 지킨다. 그것은 여성들이 낮에 채집하는 과정에서 찾아내고, 파내고, 채집한 것을 거주지로 가져가기 위해 고안한 '보따리'다.[10]

식량은 많이 필요하고 식량으로 쓸 수 있는 것들이 넓은 영역에 퍼져 있으니 여성들이 채집물을 모두 손이나 옷에 담아 다닐 수가 없었다. 그들이 운반하는 것에는 풀이나 나뭇잎, 열매 뿌리뿐만 아니라 필수 단백질 공급원인 도마뱀, 개미, 민달팽이, 달팽이, 개구리, 굼벵이도 포함되었다. 동물의 알과 물고기가 귀하긴 했지만 그것을 먹을 수 있다는 것은 알고 있어서 물가에 사는 사람들에게 바다는 무궁무진한 식량의 보고였다. 여성 채집가들은 죽은 메뚜기나 썩어가는 뱀도 그냥 지나치지 않았다. 모든 사람의 생명을 책임진다는 무거운 의무 때문에 보따리가 가득 차기 전에는 집으로 돌아갈 수도 없었다. 보따리를 채워 집으로 돌아가면 그날의 마지막 과업, 즉 이 끔찍한 날재료를 가공해서 맛 있는 식사를 만들어내는 일이 그녀를 기다렸다.

채집이라는 여성의 일은 먹여 살려야 할 아이들이 있을 때 더 방대하고 절실한 일이 되었음이 분명하다. 어머니가 된 여성의 첫 과업은 채집하러 갈 때 아이를 데려갈 수 있도록 채집물 가방을 개조하여 아이 업는 멜빵을 만드는 일이었을 것이다. 초기 여성들의 평균수명이 20대를 넘기지 못하였으므로, 자식을 다 키우고 손자를 돌볼 정도로 나이든 완경기의 여성도 없었을 것이다. 인간의 아이는 무거운 편이다. 게다가 뇌가 커지고 그에 따라 두개골이 커지면서 점점 더 무거워졌다. 이런 자녀들을 몸에 매달고 다니면서 어머니들의 몸은 점점 더 털이 적어졌다. 여성들은 아이를 가슴 쪽에 대각선으로 매달고 다녔든, 드물긴 하지만 신세계 원주민 엄마들처럼 패푸즈[역3] 스타일로 등에 매달고 다녔든, 아무튼 여성들은 아이를 메고 다녔다. 도대체 어떻게? 오직 고고학만이 우리에게 그것을 설명해줄 수 있었을 것이다.

자녀 양육은 초기 여성들과 인류의 미래 양쪽에 똑같이 중대한 또 하나의 함축을 갖는다. 자녀 양육이 다른 영장류 암컷들보다 인간 여성에게 훨씬 더 힘겨운 까닭은 두 가지다. 우선 인간은 성장해서 자활하는 데까지 원숭이보다 훨씬 긴 시간이 필요하다. 젖을 떼자마자 가까이 있는 바나나를 집어먹지 못하는 인간의 아이들은 오랜 기간 동안 훨씬 더 많은 보살핌을 받을 수밖에 없다. 게다가 인간의 자녀를 양육하는 일은

역3) 북아메리카 원주민이 어린아이를 업을 때 사용하던 자루.

단순히 육체적인 보살핌의 문제만이 아니다. 인간의 아이는 다른 동물과 달리 훨씬 더 복잡한 사회 체계와 지적 활동을 할 수 있도록 가르침을 받아야 한다. 거의 모든 인류 사회에서 이런 자녀 교육의 책임은 여성들의 주요 과업이었고, 오직 그들에게만 부과되는 일이었다. 그리고 초기의 어머니들이 얼마나 훌륭하게 이 과업을 수행했는지는 세계사에서 그들의 후손이 거둔 성과를 통해 확인할 수 있다.

진화 과정에서 여성들의 양육이 일차적으로 중요한 역할을 했다는 사실은 아직 제대로 인정받지 못한다. 인류사에서 사냥하는 남성이 더 중요하다고 보는 입장에 따르면, 남성들이 서로 협동하여 사냥을 하다 보니 의사소통과 사회조직상의 기술을 더 발달시켜야 했고, 따라서 더 복잡한 두뇌 계발과 인간 사회의 근원이 되는 진화론적 자극제가 제공되었다고 한다. 샐리 슬로컴은 이에 대해 강력한 반론을 폈다.

> 젖을 떼고 음식을 먹는 일, 사회가 발전할수록 한층 더 복잡해지고 중요해지는 사회적·정서적 결속을 위해 조직적으로 단결할 필요성, 더 많은 채집을 위해 개발한 새로운 기술과 문화적 발명, 이 모든 것이 뇌를 더 커지게 했을 것이다. **이제껏 사냥에 필요한 기술에는 지나치게 많은 관심이 쏟아졌고, 채집이나 의존하는 자녀를 양육하는 데 필요한 기술에는 너무 적은 관심을 보여왔다.**[11]

게다가 여성들이 다른 여성들의 자녀까지 함께 돌보거나 식량을 분담한 행위도 공동체를 이끄는 지도자나 사냥하는 남성의 행동만큼이나 집단협력과 사회조직을 향해 한 발을 내딛는 중요한 계기였다. 출생 후 성장하기 위해 오랜 기간이 필요한 인간 유아의 어머니라는 입장에 처한 여성들의 일 속에는 다른 사람을 돌보는 일이 갖는 다른 많은 측면, 예컨대 비바람을 막아주고 편히 쉬게 하고 즐거움을 주는 것과 놀이, 다른 여성들이나 그 자녀들과 함께 하는 사회적 활동도 포함된다. 현대 심리학에서 지능지수를 높이는 것으로 평가되는 이 모든 활동은 정신능력이나 개념능력 면에서 위대한 원숭이로부터 인간을 분리하는 결정적인 계기였음이 틀림없다. 물론 어머니들만이 다른 사람을 돌보고 자극하고 놀아줄 수 있는 것은 아니다. 하지만 이런 일이 사냥하고 죽이는 원시남성의 역할과 아주 동떨어진 것임은 분명하다.[12]

어머니와 자녀 간 결속의 중요성은 거기서 끝나지 않는다. 사냥하는 남성의 신화에 따르면 가족을 만든 것은 남성이다. 남성이 여성을 임신시키고 그녀를 동굴에 머물며 아궁이 옆을 지키도록 하면서 인류 사회의 기본 단위를 만들어내었고 사냥과 도살로 여성들을 부양했다는 것이다. 사냥꾼 가설의 대표자 격인 미국 언론인 로버트 아드리는 원시시대의 일상 속에서 성별 분업을 이런 식으로 소박하게 그렸다. "남자는 사냥터에서, 여자는 거주지에서(오늘날에는 사무실과 가정으로 단어만 바꿔 넣으면 된다)."[13] 하지만 이 같은 아버지 지배의 시나리오와는 정반대로, 발견되는 증거물의 많은 수가 초기 가족이 여성과 그 자녀로 구성되었음을 보여준다. 부족 단위로 사냥하는 사회는 모두 어머니를 중심으로 조직되기 때문이다. 젊은 남성은 떠나 있거나 배제되었다. 반면 여성은 배우자와 함께 자기 어머니와 자신이 태어난 거주지 옆에 머물렸다. 여성 중심의 가족에서 남성은 임시적이고 주변적인 존재에 그쳤고, 가족관계의 핵심이나 거기서 파생되는 조직망은 여성 중심으로 남았다. 이런 형태는 '살아 있는 화석'이라 불리며 세계 곳곳에 현존하는 석기시대 부족 대다수에서 확인할 수 있다. 인류학자 W. I. 토머스가 강조하듯, "아이는 여성에게 속했고, 여성 집단의 일원으로 남았다. 사회 조직의 근원은 항상 여성과 그녀의 자녀들, 그녀의 자녀들의 자녀들이었다."[14]

사실 인류가 초기 여성들에게 진 빚이 끝없이 이어져 현재 우리가 가진 육체적 조건을 해명할 수 있을 정도다. 예를 들어, 우리 대부분이 오른손잡이인 것도 초기 여성들 때문이다. 나이젤 칼더의 설명에 따르면 "현대 인류는 전형적으로 오른손잡이인데, 한쪽 손을 다른 손보다 더 잘 쓰는 것은 여성들에게서 볼 수 있는 특질이다."[15] 옛날부터 여성은 아이가 엄마의 심장소리를 듣고 편안함을 느낄 수 있도록 아이를 몸의 왼편에 안는 습관이 있었다. 이것은 일할 때 오른손을 자유롭게 해주었고, 이것이 이후 인류가 오른손을 더 잘 쓰도록 진화하는 계기가 되었다. 칼더는 '여성의 능숙함'을 보여주는 사례로 오늘날까지도 여아들이 남아들보다 말하기 등에서 훨씬 더 빨리, 더 분명하게 능숙함을 보인다는 사실을 들었다.

생물학적으로 여성이 남성에게 물려준 또 다른 유산은 이제껏 받아들여온 것보다 더 중요하게 인정될 필요가 있다. 원시 단계에서 남자의 성기는 그다지 인상적일 것도 없는 기관이었다. 일반적으로 고릴라 수컷의 성기는 암컷을 위협하기는커녕 기껏해야 거대한 몸짓과 비교할 때 그 빈약함으로 연민을 불러일으킬 뿐이다. 하지만 인간 남성의 성기는 균형이 맞지 않을 정도로 커져서 정말 자신을 창조주로 느낄 법하게 되었다. 그런데 이것은 여성 덕분이다. **여성**이 **직립**하기 위해 뒷다리로 일어서게 되면서 질의 각도가 전방 아래쪽으로 움직였고, 질 자체가 몸 안쪽으로 더 깊숙이 들어가게 되었기 때문이다. 남성의 성기는 이런 질의 점진적인 변화에 반응하면서, 마치 진화 과정에서 기린의 목이 길어진 것처럼 닿지 않게 된 것에 도달하기 위해 점점 자라났다.[16] 인간만이 서로 마주 보고 성교를 하게 된 것도 이 때문이다. 종족 보존을 위해서는 어떤 식으로든 남성이 삽입을 해야 했기 때문이다. 대부분의 남녀가 성교 중에 전배위와 후배위를 손쉽게 번갈아 하는 것은 여성들이 진화 과정에서 미친 생물학적 영향력을 끊임없이 상기시킨다.

사실 여성의 생물학적 조건이야말로 인류사를 이해하는 핵심이다. 진화의 승리라 할 수 있는 한 가지 변화가 여자의 몸에서 일어났고, 바로 이것이 인류의 미래를 보장하게 된 결정적인 사건이 되었다. 그것은 일반적으로 영장류가 발정기를 거치는 데 반해, 인간 여성은 발정기 대신 월경을 하도록 전환하게 된 생물학적 사건이다. 그 의의가 제대로 평가되기는커녕 변변하게 언급도 되지 않는 게 현실이지만, 여성이 다달이 겪는 월경은 인류를 멸종으로부터 보호하고 그 생존과 성공을 보장해준 진화 과정의 적응이었다.

고등 영장류 암컷의 발정기는 극히 비효과적인 메커니즘이다. 침팬지, 고릴라, 오랑우탄 같은 거대한 영장류 암컷은 발정기가 아주 드물게 와서 5, 6년에 한 번씩 새끼를 낳는다. 그래서 종 전체가 소멸할 위험에 처했고, 오늘날 그 수가 많이 줄어든 유인원은 특별히 마련된 환경에서 생존한다. 그런데 인간 여성은 5년에 한 번이 아니라 1년에 열두 번, 즉 **다른 영장류 암컷보다 60배나 더 높은** 가임 능력을 보인다. 사냥이 아니라 월경이 인류를 진화 과정에서 한 발짝 앞으로 내딛게 해준 위대한 도약의 계기인 것이다. 따라서 '인간man'이 번성하여 수가 많아지고 지구를 정복하게 된 것은 남성이 아니라 여성들의 적응 덕분이었다.

게다가 여성의 월경은 단순히 먹고 배설하는 물리적 현상에 그치지 않는다. 최근에 연구자들은, 이른바 여성들에게 내려진 저주라고까지 불리는 월경이 부족한 자식을 늘리는 구실만 한 것이 아니라 원시인들의 정신적 무지까지도 치유해주었다고 지적했다. 페넬로페 셔틀(Penelope Shuttle)과 피터 레드그로브(Peter Redgrove)는 월경을 다룬 획기적인 책 『현명한 상처』에서 원시시대부터 달의 주기와 여성의 생리주기를 결부시켰음을 강조한다. 바로 여성들이 인류에게 추상적인 것을 이해하고 서로 다른 두 사건을 연결하고 상징적으로 사고하는 능력을 일깨워주었다는 것이다. 일리스 볼딩에 따르면 이런 정신능력은 여성이 남성에게 수의 원칙과 달력을 구성하고 계산하는 법 등을 가르친 초기 단계에서부터 생겨났다. "여성들은 모두 '신체달력'을 지니고 있다. 매달 돌아오는 생리주기 때문이다. 아마 그녀가 자기 몸의 주기와 달의 주기 사이의 관계를 인식한 첫 인간이었을 것이다."[17] 또 다른 여성 이론가들은 저명한 교수 제이콥 브로노프스키가 BBC 텔레비전 시리즈 〈인간 등정의 발자취〉에서 한 소박한 발언을 두고두고 웃음거리로 삼았다. 그가 선사시대 유물인 순록 뼈에 서른한 개의 긁힌 자국이 있는 것에 대해 '음력 달의 기록임이 분명' 하다고 한 것이다. 본다 매킨타이어(Vonda McIntyre)는 반대 의견을 제시했다. "우리가 아는 누군가의 발자취라니, 설마 그럴 리가! 그게 음력 달 31일을 기록한 것이라고? 난 그보다는 그 뼈가 여성의 생리주기를 기록한 것으로 보는 것이 훨씬 더 그럴듯하다고 생각한다."[18]

객관적으로 볼 때 이처럼 확인할 수 없는 유물의 의미는 둘 중 하나일 수도 있고, 둘 다일 수도 있고, 양쪽 다 아닐 수도 있다. 그러나 문제는 여성들의 행동과 경험을 무시하고 그들의 계산하는 능력을 무의식적으로 부정하는 일상적인 관례 때문에, 그것이 여성의 지극히 개인적인 기록일 수 있다는 가능성은 고려조차 되지 않았다는 데 있다.

여성들은 변덕스럽고 잦지 않은 발정기를 겪다가 언제부턴가 4주에 일주일씩, 사람마다 다르긴 하지만 상당한 양의 피를 흘리는 월경으로 옮겨가게 되었다. 그런데 이 변화가 여성들에게 어떤 의미를 가졌을지에 대해서는 사실 전혀 고려된 바가 없다. 초기 여성들은 어떻게 했을까? 그저 나뭇잎 더미 위에 쭈그리고 앉아 생리혈을 흘려보냈을까? 이런 생각은 사냥하는 남성과 화덕 옆을 지키는 수동적 여성의 신화에 기분 나쁠 정도로 가깝다. 게다가 부족의 생존에 결정적인 역할을 수행한 식량 채집자들이 인생의 4분의 1을 비활동적으로 보냈을 리가 없다. 하지만 여성들이 그냥 여기저기 돌아다녔다면 마구 흘러나온 생리혈 때문에 날씨가 춥거나 바람이 불 때면 넓적다리 사이가 터서 고통스러웠을 테고, 더운 날씨에는 감염의 위험이 높았을 것이다. 그렇게 생긴 피부의 상처 딱지는 다음 생리가 시작되기 전에 낫기 힘들었을 것이다.

그런데 그 해결책을 보여주는 사례가 많다. 야생 원숭이 암컷이 나뭇잎 다발을 움켜쥐고 발정기의 흔적을 닦아내는 것이 관찰되었다. 또한 현존하는 석기문명 사회에서는 여성들이 자녀를 메고 다니려고, 또는 자신들이 찾아내거나 비축한 것을 담아 옮길 자루로 쓰려고 천을 짜거나 만든다. 그러니 최초의 여성들도 생리혈을 흡수할 수 있는 패드를 갖춘 붕대나 띠를 만들어내었음이 분명하다. 오늘날에도 마오리족과 이누이트족 여성들은 섬세하고 부드러운 이끼로 생리대를 만들어 쓰고, 인도네시아 여성들은 부드러운 식물섬유를 둥글게 만들어 탐폰처럼 사용한다. 중앙아프리카의 아짐바족 여성들은 같은 식물섬유로 생리대를 만들어 쓰며, 이를 고정하기 위해 부드러운 염소가죽으로 된 타원형 붕대를 만든 후 가죽 끈으로 꼬아 만든 띠에 묶어서 사용한다.[19] 유아 단계에 머물던 인류를 미래로 나아가게 할 수 있었던 여성들이니 자신의 몸을 효과적으로 돌보는 방법도 찾아낼 수 있었을 것이다.

분명한 사실은 초기 여성들의 기술을 보여주는 사례가 되는 물건이라고는 하나도 남아 있지 않다는 것이다. 하지만 설령 그런 물건이 남아 있다 한들 주목할 가치가 있다고 여겨졌겠는가? 학계의 연구든 일반적인 추측이든 오직 초기 남성의 생활에 대해서만 방대한 연구가 단계별로 진행되어왔다. 원시여성 '루시'의 발견자인 인류학자 도널드 요한슨은 여성이 월경을 시작하게 된 생물학적 변화를 '발정기 문제'로 간단히 처리하고 넘어가버렸다. 그리고 그런 사건의 중요성에 대해서는 학계에서도, 대중적인 연구에서도 관심을 보이지 않았다. 요한슨은 "나는 내가 확인할 수 없는 것은 믿지 않는다. 그리고 나는 발정 현상과 관련된 화석은 본 적이 없다."[20]라고 했다. 당연히 그는 그런 걸 볼 수 없었을 것이다. 그렇지 않겠는가?

요한슨처럼 몇 세대를 이어온 남성 이론가들은 초기 여성들이 진화에서 갖는 중요한 의미와 그 사례에 자기 눈을 가려왔다. 그러고는 한술 더 떠서 원시여성들을 남성들의 성적 도구에 불과한 존재로 만들어 버렸다. H. G. 웰스에 따르면, "석기시대 여자는 결혼을 위해 살찌워졌다. 여성은 모든 여성의 주인인 나이 든 남성의 보호를 받는 노예였다." 이것은 줄지어 준비된 여성들에 대한 웰스의 동경 어린 상상의 산물일 뿐이다.[21] 로버트 아드리에게도 월경은 소년들에게 행운이 되었을 뿐이다. 아드리가 입에 거품을 물고 설명한 바에 따르면, 원시여성이 발정기가 되면 그녀는 '성적 보물' 이 되어 "모든 사람과…… 그녀 자신을 즐겁게 하면서 남성들에게 최고의 관심을 받았다."고 한다.[22] 발정기는 짧고 드물다. 사냥꾼을 산에서 집으로 돌아오게 하려면 더 중요한 무언가가 있어야 했다. 따라서 최초의 여성은 발정 현상을 월경으로 변화시키는 법을 배웠다. 그 덕분에 그녀는 1년 내내 성적으로 유용해졌고 남성을 받아들일 수 있게 되었다. 그리고 가는 것이 있으면 오는 것이 있다는 오랜 역사적 묵약의 최초 사례로, 그녀는 그가 사냥해 온 것을 대가로 나눠 갖게 되었다는 것이다.

'모든 이를 즐겁게 한다' 는 초기 여성의 성적 진화이론은, 현대 여성의 몸이 그런 식으로 생기게 된 까닭도 같은 방식으로 설명한다. 사냥하는 남성이 두 발로 서서 걷기 시작하면서 자연스럽게 전배위 성교를 원하게 되었다는 것이다. '털 없는 원숭이' 데스먼드 모리스가 아주 애교 있게 설명한 바에 따르면, '더 관능적인 성교를 원하는' 남성의 욕망에 여성이 부응하면서 유방이 커졌다고 한다. '살집이 오른 풍만한 엉덩이'만으로 남자의 관심을 끄는 일이 이미 물 건너갔음을 깨달은 그녀가 '몸 앞면을 더 자극적으로 만들기 위해 뭔가를 해야'만 한 것이다.[23] 그렇게 본다면 여성의 가슴 크기와 새로 태어나는 인간 유아의 크기가 비슷한 시기에 커진 것은 순전히 우연이었는지도 모르겠다.

여성의 진화에 대한 남성 중심적 설명대로라면 여성의 몸에 일어난 변화는 모두 그녀 자신이 아니라 남성의 이익을 위해 일어났다. 여성이 오르가슴을 느끼게 된 것도 짐승을 추적하느라 지친 고기 공급자에게 하루의 마지막에 훌륭한 선물을 주기 위해서다. 아드리는 기뻐하며 설명한다. "그렇게 여성들은 계속해서 새로운 것을 찾아냈다. 여성의 욕망은 지쳐 돌아온 남성들의 원기를 회복시켜주었을 것이다."[24] 사냥하는 남성은 진화의 마지막 단계에서 마침내 성적으로 건강한 인간이 되어 늘 발정기인 원숭이가 되었고, 1년 365일을 성적 대기 상태에서 예민하게 공명하는 여성은 유방과 클리토리스로 할 수 있는 재미난 유희 목록에 새로 덧붙인 것을 보여주기 위해 그가 돌아오기만을 기다리는 것이다.

방대한 과학적 자료들은 역사 속에서 여성들이 핵심적인 역할을 했다는 사실을 입증한다. 그렇다면 '사냥하는 남성' 신화의 끈덕진 지배력을 어떻게 설명할 수 있을까? 사실 인류의 기원에 대한 찰스 다윈의 이론 속에 그런 존재는 있지도 않았다. 다윈의 원시인은 부족이라는 집단 안에서 노동하는 사회적 동물로서 부족을 벗어나면 살아남을 수 없는 존재였다. 그러나 칼라일이 '전체 기독교도들 중 제일가는 멍청이'라고 부른 토머스 헉슬리와 허버트 스펜스 같은 후기 다윈설 신봉자들은, 진화 단계에서의 생존경쟁을 **유전자** 사이에서 일어난 사건이 아니라 **개인** 사이에서 일어난 사건으로 해석했다. 1925년에는 학계에서도 이런 생각을 기정사실로 다루었다. 런던대학의 카베스 리드 교수는 초기 남성이 늑대같이 야만적이므로 리코피테쿠스(Lycopithecus)[역4]라는 새로운 이름을 붙여야 한다고 강력하게 주장했다. 또한 괴기 소설가가 되다 만 것 같은 남아프리카공화국의 레이먼드 다트 교수는 열광적으로 이렇게 주장했다.

> 인간의 선조는 살인자로 정평이 난 원인에서 갈라져 나왔다. 이 육식동물은 살아 있는 먹잇감을 난폭하게 움켜쥐고 죽을 때까지 때린 후 그 몸을 쥐어뜯고 사지를 잘라서 흘러내리는 뜨거운 피로 갈증을 채운 다음, 아직 살아서 꿈틀대는 살을 게걸스럽게 삼켰다.[25]

위에서 볼 수 있는 대로, 사냥하는 남성이라는 개념은 폭력과 파괴에 대한 남성들의 환상을 키우고 뒷받침한다. 아드리는 "우리는 카인의 후예다. 인간은 타고난 본성으로 무기를 들고 살육하는 약탈자다."라

역4) 늑대를 뜻하는 그리스어와 어원이 같은 단어다.

고 했다. 콘래드 로렌츠에서 앤서니 스토르에 이르기까지 많은 남성들이 같은 생각에 빠져들었다. "분명한 사실은 우리(이 우리는 누구를 이르는 것일까?)가 지구상에 존재한 가장 잔인하고 무자비한 종족이라는 사실이다."[26] 남성의 선천적인 공격성은 주변 사람들을 복종시키는 데서 자연스럽게 출구를 발견했다. H. G. 웰스는 "여성과 소년, 소녀들은 모두 나이 든 남성에 대한 두려움 속에서 지냈다."라고 했다. 아드리에게 "지배는 인간이 아무 근심 없이 숲속에서 생활할 때부터 사회적으로 꼭 필요한 것이었고, 사냥꾼의 생활 속에서는 하루하루 생존하기 위한 제도가 되었다."[27] 남성들의 '사냥꾼 혈통'은 이제 사업상의 속임수에서부터 아내 구타, 강간에 이르기까지 남성들의 일상적인 공격행동을 정당화하기 위해 이용된다. 그랬기에 '초기 남성 지배자'의 후예들은 그토록 쓸모가 많은 '지배권'을 포기할 수 없었을 것이다.

사실 현대 인간사회의 모든 측면이, 그리고 지배하고 파괴하는 남성의 '선천적인' 본능이라는 기만적 자기정당화의 모든 내용이 사냥하는 남성에서 출발하였고 그 가설에 따라 해명될 수 있었다. 학계에서도 수세대에 걸쳐 사냥하는 남성과 그 동료들을 칭송하는 데 목청을 높여왔다. 미국 교수 워슈번과 랭커스터는 "우리의 지성과 관심, 감정, 기본적인 사회생활은 모두 과거의 사냥꾼들 덕분"이었음을 즐거이 알려주었다. 사냥하는 남성이 전에는 이 모든 것을 갖지 못했음은 말할 필요도 없다. 도널드 요한슨은 사냥꾼 가설이 아드리의 '넘치는 상상력'의 산물이며 '인류학자들을 당혹하게 했음'을 인정했다. 현재 학계에서는 그 이론 전체가 비웃음 속에서 수정되고 폐기되는 처지가 되었다.

심리학자 존 니콜슨은 "한때 그 이론에 속아 넘어가 받아들인 적이 있다는 게 여전히 불쾌하다."[28]라고 했는데, 그런 사실을 인정하는 학자는 그만이 아니다.

그러나 일단 형성되어 대중적인 신념으로 자리 잡은 사냥하는 남성 가설은 견고하게 계속 유지되어왔다. 이 가설 속에 여성은 전혀 등장하지 않는다. 하지만 사냥하는 남성이 수천 년간 혼자서 여행해왔음을 알아채고 이상하게 여긴 사람은 별로 없었다. 성적인 도구로만 등장하는 초기 여성은 진화 과정에서 내내 성공하지 못한 존재로 간주되었다. 프랑스의 손꼽히는 이론가는 "진화하는 남성은 지성과 상상력, 지식이 늘어나면서 동시에 몸의 크기도 자라고, 근육의 힘도 강해지고, 속도도 빨라졌다. 하지만 여성들에게는 이와 같은 일이 거의 일어나지 않았다."라고 주장했다.[29] 전 세계의 수많은 역사학자, 인류학자, 고고학자, 생물학자가 다양한 방식으로 같은 주장을 펼쳤다. 그에 따르면 마치 남성이 혼자 힘으로 나머지 인류를 위해 진화의 모든 과정을 수행한 것처럼 보인다. 반면 게으르고 의존적인 초기의 여성은 집 주변을 배회하며 빈둥거리고 놀기만 하는 선천적인 멍청이에다 공인된 매춘부에 불과하다.

이제 초기 여성의 성과를 세상에 알리고, 사냥하는 남성의 신화를 꾸며낸 자기만족적인 가설의 허점을 제거해야 한다. 물론 역사가 여성의 실제 활동을 부정해왔다 하더라도 이제 와서 남성의 실제 활동까지 부정하지는 말아야 한다. 하지만 초기 인간의 생활이 본질적으로 협력하는 것이었음이 밝혀질 때, 종의 생존을 위해 남성이 수행한 역할 역시 더 정상적이고 더 자연스러우며, 역설적이게도 더 칭찬할 만한 것이 될 것이다.

사냥은 혼자 하는 영웅적인 모험이 아니라 집단 전체의 활동이었다

마이라 샤클리의 설명대로, "성공적인 사냥, 특히 순록, 말, 매머드, 들소, 털 달린 코뿔소처럼 떼를 지어 옮겨 다니는 커다란 동물을 사냥할 때는 집단 전체가 협력해야 했다."[30] 오늘날에도 수렵사회의 구성원들에게는 여성과 아이들까지 포함해서 모두가 사냥과 수색 활동에 참여하는 것이 당연한 일이다. 또한 여성들은 작고 느리고 위험이 덜한 동물들을 사냥하는 법을 오래전부터 익혀왔다. 18세기 캐나다의 허드슨 베이 상회 상인은 한 이누이트 여성이 '주변 1,600킬로미터 안에 아무것도 없는 황량한 곳에서'[31] 7개월 동안 혼자 사냥하고 덫을 놓으면서 한겨울의 만년설 속에서 살아남은 것을 발견했다.

사냥은 싸움을 뜻하지 않는다

사냥을 할 때 집단을 형성하는 목적은 원시인이 사냥감과 직접 맞닥뜨려 싸워야 할 필요가 없도록 하는 데 있었다. 최초의 인간들은 샤클리가 보여준 대로 이것을 피하기 위해 함께 작업했고, "솔류트레에 있는 후기 구석기시대 유적이 그 사실을 증명하듯이 동물을 벼랑으로 유인해서 죽게 하거나, 토랄바와 암브로나에서 사용된 방법처럼 불을 이용해서 맹수들이 놀라 늪지대로 달아나게 만들었다."[32] 프랑스 도르도뉴 주에 있는 크로마뇽 동굴벽화는 구덩이에 빠져 꼼짝 못하는 매머드를 생생하게 그려내고 있다. 전 세계에 알려진 이런 사냥법은 동물이 죽을 때까지 내버려둘 수 있으므로 살육하는 단계는 포함되지 않는다. 사실 대부분의 사냥에서 직접적인 공격, 개인적 격투, 죽음을 불사한 싸움은 있지도 않았다. 대신 거북이처럼 느리게 움직이는 동물, 상처 입었거나 병든 동물, 새끼를 낳을 때가 되어가는 암컷, 더 사나운 맹수에게 살육되어 버려진 짐승의 시체를 찾아다니는 것이 주된 일이었다.

사냥 전에도, 사냥 중에도, 사냥 후에도 남성과 여성은 서로의 기술에 의지했다

인류학자 컨스터블은 남자들이 전방에서 덫에 사냥감이 걸렸는지 확인하고, 여성들은 뒤따르면서 짐승의 몸통을 절단해서 주거지로 옮기는 일을 맡은 시베리아의 석기시대 문명 부족인 유카기르족[33]을 예로 들었다. 짐승의 시체는 식량, 의복, 은신처, 뼈로 만든 도구들, 구슬 장식 등으로 이용되었는데 이 대부분을 여성들이 만들었다. 따라서 당시 여성들은 사체를 절단하는 데 상당한 관심과 능력을 가지고 있었음을 알 수 있다. 마이라 샤클리는 이에 대해 다음과 같이 말한다.

동물들은 식량으로 사용될 뿐만 아니라 그 가죽과 뼈, 근육 등이 의복과 천막, 덫, 일상생활에 필요한 다양한 물건을 만드는 데 유용하기 때문에 사냥의 대상이 되었다. 가죽은 적절하게 건조해서 보존 처리한 후 짐승의 지방으로 부드럽게 다듬었다. 석기로 가죽을 재단했고, 돌이나 뼈를 갈아 만든 송곳으로 구멍을 낸 근육을 이용해서 천을 이어 붙여 옷을 만들었다. …… 네안데르탈인의 의복이 흔히 볼 수 있는 화보에 그려진 것처럼 유치한 형태였다고 가정할 근거는 없다. …… 네게르(Neger) 사막의 무스테리안 유적에서 발견된 타조알 껍데기는 네안데르탈인들이 그것을 오늘날의 부시먼들처럼 물을 담는 그릇으로 사용했음을 보여준다. …… 이국적인 깃털 장식은 무엇을 위한 것이었겠는가? 의복과 치장에 대한 고고학적 자료가 없다고 해서 아무도 그런 데는 신경 쓰지 않았다고 가정할 이유는 없다.[34]

따라서 사냥하는 남성은 두려움을 모르는 고독한 침략자, 수천 번이나 죽음을 무릅쓴 전투를 치른 영웅이 아니었다. 인간이 어쩔 수 없이 공격해야 하는 유일한 경우는 대체로 자신을 보호할 때였다. **유아를 돌보고 집단을 보호하는 것이 영장류나 원시집단에서 항상 통용되던 유일한 성별 노동 분업이었다.** 최초의 인간들이 전투나 살육을 한 것은 운동이나 전율, 쾌감을 위해서가 **아니라**, 생명을 위협하는 공격 앞에서 죽음에 대한 공포감에 사로잡혀 생존을 위해서였을 뿐이다.

집단을 보호하는 일이 남성들의 지극히 중요한 임무였기 때문에 다정다감하고 배려하는 감정적 행동은 모두 여성에게만 맡긴 채 남성들은 오직 싸우고 성교하기 위해서만 존재하는 난폭한 털북숭이로 모닥불 바깥에 남겨졌다는 주장에는 의문의 여지가 너무 많다. 실제로는 최초의 남성들도 최초의 여성들과 마찬가지로 다른 사람들을 돌보는 법을 배우면서 인간이 되었을 가능성이 더 크기 때문이다. 인류학자 존 스튜어트는 현재 이라크에 있는 샤니다르 동굴에서 발견된 유골을 바탕으로 흥미로운 사실을 유추했다.

이 남성은…… 생전에 팔꿈치 위쪽으로 절단수술을 받아 오른팔을 쓸 수 없는 장애인이었다. 그는 나이가 많이 들어서 네안데르탈 연도로 마흔 살가량 되었는데, 이것은 현대의 80세에 맞먹는다. 그는 관절염을 앓았던 것 같다. 게다가 얼굴 왼쪽에 있는 뼈의 상처로 미루어 보건대 왼쪽 눈은 실명했을 것이다. 이런 장애인이 살아남으려면 분명 동료들의 대대적인 도움이 필요했을 것이다. …… 현실적으로 사회에 별 도움이 되지 않는 일원을 부양할 의지와 능력이 그의 가족들에게 있었다는 사실은 그들이 고도의 사회생활 감각을 갖고 있었음을 보여준다.[35]

'미래를 향해 난폭한 발걸음을 내딛는 사냥하는 남성'[36]이 어떻게 되었는가? 이제 그가 진짜 인간처럼 보이는가?

선사시대 여성들이 폭력을 당하고 심지어 죽음을 당했음을 부정하는 것은 아니다. 여성을 야만적인 살인의 희생자로 삼는 일이 15만 년 전에서 20만 년 전 사이에 일어났다는 증거가 독일의 에링스도르프에서 발견되었다. 초기 네안데르탈인인 그녀는 돌도끼에 맞아 죽었다. 사후에 그녀의 머리는 몸과 분리되었고, 뇌를 뽑아내기 위해 두개골 아

래쪽이 열렸다. 그녀 근처에는 같은 시기에 사망한 열 살배기 아이의 유해도 있었다.[37)

마찬가지로 선사시대에는 성폭력도 드물지 않았다. 피레네 산맥 아래쪽 이스투리츠에서 칼 모양으로 조각된 이상한 뼛조각을 보면, 작살에 찔려 피를 분출하는 들소가 죽음의 고통으로 몸부림치는 것을 아주 생생하게 볼 수 있다. 그 칼의 반대쪽 면에는 비슷하게 작살에 찔린 여성이 앞으로 기어가는데 그녀 뒤쪽으로 한 남성이 음란하게 몸을 구부리고 있다. 축 늘어진 가슴과 부풀어 오른 배는 그녀가 임산부임을 보여주지만, 남자는 뒤쪽에서 삽입을 시도하는 게 분명하다. 프랑스 인류학자 G. H. 뤼케는 원시인들이 전희를 기괴하게 생각했다고 보았는지, 이 소름 끼치는 물건을 '사랑을 부르는 부적!'[38)이라고 해석했다.

그러나 일반적인 생각과는 달리, 원시 사회의 여성들은 현대 여성들, 특히 서구 사회의 여성들보다 훨씬 덜 종속된 경우가 많았다. 초기 여성들은 남성의 욕망과 필요의 노예로 전락하기는커녕 더 '진보된' 사회에 사는 여성 후손들 대다수보다 자유와 존엄성과 중요성에서 **더 나은** 기회를 누렸다. 그 까닭은 부족이 주변 환경과 맺는 관계의 성격 때문이었다. 생계를 유지하는 것만으로도 악전고투해야 하고 살아남는 것이 매일의 과제일 때는 여성들이 눈에 띄게 평등한 지위를 누렸다. 이런 문명에서 여성들은 결정적으로 중요한 역할을 맡았기 때문에 억압되거나 행동이 통제될 수 없었고, 그들의 지식과 경험은 부족의 소중한 자산이었다. 식량의 주된 공급자로서 생존의 비밀을 쥐고 있던 여성들은 자유와 힘과 지위를 갖고 있었으며, 자신이 그렇다는 사실을 잘 알고 있었다.

수렵·채집사회에서 남성들은 여성들에게 명령하거나 여성들의 노동력을 착취하지 않았다. 여성들이 생산한 것을 착복하거나 관리하지도 않았고, 그들의 자유로운 이동을 막지도 않았다. 여성의 몸이나 자녀들에 대해서도 거의, 또는 전혀 통제력을 행사하지 않았다. 순결과 정숙을 맹목적으로 숭배하지도 않았고, 여성을 성적으로 독점하려 들지도 않았다. 함께 축적한 집단의 지식이 남성들만의 소유물로 제한되지도 않았고 여성의 생산성이 억압되거나 부정되지도 않았다. 이 '원시적' 여성들의 자매인 '문명화된' 현대 여성들은 여성의 기본권이 진정으로 인정되던 시대를 동경의 시선으로 바라보아야 할지도 모른다.

현존하는 석기시대 문명들을 살펴보면, 여성이 의논 상대자, 현명한 여성, 지도자, 이야기꾼, 의사, 마술사, 입법자 등의 역할을 맡았음을 보여주는 결정적인 증거를 찾을 수 있다.[39] 게다가 그들은 여성 고유의 생산력과 출산력이라는 신비한 힘 덕분에 **초자연적 권위**를 유지했고, 자기들의 특수한 권력을 결코 빼앗기지 않았다. 선사시대 유적들은 모두 부족 내에서 **여성이 갖는** 특유의 지위를 확인하게 한다. 타실리나제르 고원의 탄추마이타크(Tanzoumaitak)에서 발견된 암벽화는 종교의식을 수행하는 여성들의 모습을 묘사한 많은 유적 중 하나다. 그 그림은 염소 떼 속에서 종교의식의 춤을 추는 두 여성을 그리고 있다. 그들은 목걸이, 팔찌, 구슬로 만든 머리장식 등으로 화려하게 치장하였다. 한편 선사시대 그림 중 가장 유명한 그림이라 할 수 있는, 남아프리카 드라켄즈버그 산의 동굴벽화 '하얀 숙녀'를 보면, 하얀 숙녀가 부족의 종

교의식으로 춤을 추는 남성들과 여성들을 지휘하는 모습이 나온다.[40]

따라서 최초의 여성들의 활동 영역은 이제껏 받아들여진 것보다 훨씬 더 넓었고, 인류의 진보에 대한 기여도 측정할 수 없을 만큼 대단했다. 여명기의 여성은 어머니와 할머니, 자매, 다른 여성들과 함께 사냥하는 남성 동반자의 작은 도움도 받으면서 거의 모든 것을 성취해냈고, 그 결과 **인간**이 자신을 **사피엔스**, 즉 지혜로운 존재로 생각하게 되었다. 남성들 역시 그런 사실을 인정한 흔적이 도처에 있다. 유럽인들의 의식이 깨어나던 시기에서부터 세상의 반대쪽에 존재한 신대륙 원주민들의 '꿈의 시대' 신화에 이르기까지 방대한 영역을 망라하는 인류 공통의 이미지 속에서, 여성들은 항상 신성한 의식을 주도하였고 부족의 생존과 관련된 가장 신비로운 비밀에 관여했다.

불가해한 달의 리듬을 따르고 새로운 생명을 창조하는 힘을 가진 여성들이야말로 부족의 가장 신성한 신비였기 때문이다. 여성이 그토록 기적적인 힘을 갖추고 강력하였으니 남성보다 더 뛰어난 존재, 인간을 넘어서는 존재임이 틀림없다고 생각했을 것이다. 원시인이 상징적으로 사고하기 시작하면서 여성들은 가장 최초의 상징, 다른 무엇보다 위대한 실체, 즉 여신 같은 존재가 되었다.

2. 위대한 여신

위대한 여신은 여성 개개인의 역사뿐 아니라
인류 역사 속에서 자라난 여성적 자아의 화신이다.
  ─ 에리히 노이만, 『위대한 어머니』

노래의 어머니, 우리 모두의 어머니가 태초에 우리를 낳으셨네.
그녀는 모든 민족과 부족의 어머니라네.
그녀는 천둥의 어머니, 강물의 어머니, 나무의 어머니, 곡식의 어머니라네.
그녀는 우리의 유일한 어머니이고, 그녀만이 모든 것의 어머니이지.
오직 그녀만이.
  ─ 콜롬비아 카야바 원주민의 노래

  기원전 2300년경 수메르의 대여사제가 신을 칭송하는 찬가를 지었
다. 전능한 신의 비상한 힘과 열정을 칭송하는 〈이난나의 찬미〉는 역
사 속에 전해지는 세계 최초의 시다. 그런데 이 시에는 세상의 주목을
끌 만한 내용이 있었다. 그것은 최초의 신과 최초의 사제-시인이 모두
여성이었다는 사실이다.

  인류가 선사시대의 암흑에서 벗어나면서 등장한 최초의 신은 여성
이었다.[1] 얼마나 대단한 여성인가! 현재의 이라크에 해당하는 수메르
지역에 살던 사람들은 그녀의 대담무쌍한 성욕을 찬미하고 숭배했다.
그녀가 '자궁에서 내놓는' 풍부한 자연의 선물 역시 하나같이 소중하
게 간주되어, 상춧잎 하나도 '여신'의 음모가 되는 영광을 누렸다. 게

다가 그녀의 헝클어진 머리채, '꿀물이 흐르는 골짜기', '천국으로 데려가 주는 배' 같은 소중한 외음부에도 감사를 표했다.

하지만 최고의 존재는 단순히 육체적 쾌락을 제공하는 존재에 머물지 않았고, 그녀의 파괴적인 분노도 똑같이 숭배되고 찬미되었다. 이 여신을 섬기던 최초의 사제-시인 엔헤두안나는 여신을 '불과 홍수로 모든 것을 파괴하고', '피로 강을 채우는 용'으로 묘사했다. 엔헤두안나 자신도 사르곤 1세의 딸로서 속세의 권세를 누렸다. 하지만 그녀의 진정한 권위는 '가장 숭고한 존재를 섬기는 달의 사제'의 우두머리라는 지위에서 나왔다. 시인이자 사제, 이난나의 예언자인 엔헤두안나는 신의 목소리를 대변하는 존재였기 때문이다. 시간 자체만큼이나 오래된 최초의 신성이자 위대한 어머니였던 이 여신의 권능과 위엄은 전 세계에 미쳤다.[2]

최초의 여신이 가진 권력과 중요성은 역사에서 가장 은밀하게 숨겨져왔다. 오늘날 우리는 이시스, 헤라, 데메테르 등 각기 다른 이름을 가진 많은 여신들을 안다. 하지만 그녀가 어떤 이름을 쓰든 모습을 어떻게 달리하든, 오직 하나의 신이 있었을 뿐이며 그 신이 여성이었다는 사실은 모르고 있다. 5,000년 전에는 아무리 어린 소녀라도 알던 사실인데 말이다. 로마의 법률가 루키우스 아풀레이우스가 '여신'이 자신의 환상에 등장해서 말을 거는 장면을 묘사했는데, 그 내용은 오늘날까지 이어지는 통념의 대부분에서도 발견할 수 있다.

나는 자연이고, 우주의 어머니이며, 모든 것을 지배하는 여주인이

고, 시간이 시작될 때 태어난 아이이고, 모든 영혼을 다스리는 군
주, 죽은 자들의 여왕이다. …… 비록 무수한 이름으로 알려져 다
양한 모습으로, 서로 다른 종교의식의 숭배를 받긴 하지만, 결국
이 세상은 바로 나를 숭배한다.[3]

시대가 흐르면서 여신숭배는 '신화'나 '이교'로 치부되어 차츰 모습
을 감추게 되었다. 그러나 잊혔던 미노아 문명을 발견한 아서 에번스
경은 자신이 발견한 무수한 여신상들이 모두 '동일한 한 명의 위대한
어머니'를 나타내며, "이 여신숭배는 다양한 이름과 명목으로 소아시
아와 그 너머 지역까지 광범위하게 퍼졌다."라고 밝혔다. 현대의 학자
들은 위대한 여신, '배우자 없는 최초의 어머니'가 모든 신화를 완전히
지배했음을 '전 세계에 공통되는 사실'로 받아들이고 있다.[4]
이것은 지엽적이거나 일시적인 현상이 아니었다. 관련 이론가들은
대모신(大母神)이 부각되고 널리 보급된 일을 인류문명이 싹틀 때부터
있어온 본질적인 요소로 강조한다. 여신숭배는 러시아 남부의 대초원
지대에서 시작된 이래 지중해 연안, 인더스 강 유역, 중국을 포함한 아
시아를 거쳐 아프리카와 오스트레일리아까지 방대하게 확대되었다.
역사적으로 볼 때 그 시간적 범위는 훨씬 더 놀라운 것이다.

· 기원전 25000~15000 : 이른바 '비너스 입상들'이 유럽에서는
    돌과 상아로, 이집트에서는 나일 강의 진흙으로 만들어졌다.
    '위대한 어머니는…… 흠 없는 완벽함으로 압도하면서 갑작

스럽게 인간세계에 등장했다.' [5]

· 기원전 12000~9000 : 체코슬로바키아의 돌니 베스토니체와
이라크의 샤니다르에서는 시신에 적토를 바른 후 장례의식에
따라 매장했다. 이 적토가 흔히 여신숭배와 결부된다.

· 기원전 7000 : 예리코에 대모신을 섬기는 최초의 사당이 세워
졌다.

· 기원전 6000 : 터키의 차탈 휘유크에 촌락이 형성되었는데, 전
체 130제곱킬로미터의 좁은 면적에 여신을 위한 사당이 40여
곳이나 되었다. 여신이 소녀, 어머니, 노파라는 세 가지 모습
으로 구체화되었다.

· 기원전 5000 : 사랑을 나누는 여신을 다룬 입상이 터키의 하즐
라르에서 출토되었다.

· 기원전 4000 : 최초로 성문화된 기록이 수메르의 에렉(현재의
우루크)에 있는, 천상의 여왕이라 불리는 여신의 신전에 등장
하였다.

· 기원전 3000 : 전 세계 어디서나 입상이나 신전, 성문화된 기
록의 형태로 여신이 등장하였다.

· 기원전 200 : 여신을 섬기는 켈트족 사제들이 아나톨리아에서
열리는 키벨레 숭배 대제전에 참가했다.

· 서기 200 : 아나톨리아 서부의 트랄레스에서 오렐리아 에밀리
아나라 불리는 여성이 여신의 신전에 조각상을 세웠다. 그녀
는 자신의 어머니와 자기 이전의 모든 여성 선조가 그랬듯 성

적 임무(여신에게 경의를 표하는 신성한 성교)를 적절히 수행했
다고 기록하였다.

· 서기 500 : 기독교 황제들이 여신숭배를 무력으로 억누르고
사원을 모두 폐쇄하였다.

위에서 보이는 바와 같이, 여성성의 신성한 지위는 최소한 2만 5,000
년 동안 지속되었다. 어떤 이론가들은 이 기간을 더 길게 보아 4만 년
이나 5만 년까지 보기도 한다. 인류 역사의 이 시기에는 여성이 특별하
고 신비한 존재로 여겨지지 않은 적이 한 번도 없었다.[6]

생존을 위한 투쟁이 차츰 의미를 얻기 위한 투쟁이라는 더 힘거운 단
계로 옮겨 감에 따라, 여성은 상징적 사고의 첫 번째 중심이자 수단이
되었다. 프랑스 고고학자 르루아-구랑은 영문을 알 수 없이 계속 등장
하는 '눈이 두 개 겹쳐진 모양'을 한 도형이 외음부의 상징임을 밝혀냄
으로써 더 금욕적인 문화권의 인류학자들이 풀지 못하던 초기 동굴벽
화의 수수께끼를 풀었다. 앙글 쉬르 랑글랭(Angles-sur-l'Anglin)에서 발
견된 동물이나 인간 형태를 조각한 뛰어난 벽화에서도 여성의 모습이
여체를 상징하는 추상적인 삼각형으로 표현되었으며, 성기의 삼각형
이 특히 두드러지게 강조되었다.[7]

여성들은 어떻게 처음부터 이런 특별한 지위를 갖게 되었을까? 그 이
유 중 하나는 달의 주기와 관련이 있는 월경, 생명을 위협할 정도는 아
니지만 치료가 되지 않는 출혈의 신비에 있었다. 또 다른 이유는 그녀
가 자연과 친밀하고 특별한 관계를 맺는다는 데 있었다. 채집이 계획된

원예에 밀려나면서 여성들은 주요 식량 생산자로서 자기들의 중요성을 굳건히 했다. 하지만 진짜 이유는, 유방과 복부를 과장되게 강조한 초기 여성의 이미지에서 알 수 있듯 출산의 기적에 있었다. 인류가 생식 과정을 이해하기 전에는, 아이들은 그저 여성들에게서 태어날 뿐, 성교와는 아무런 관련이 없었다. 오늘날까지도 오스트레일리아의 원주민들은 아이들의 영혼이 연못과 나무에 깃들어 있다가 태어나고 싶어질 때 아무 여성의 몸으로 들어간다고 믿는다. 따라서 남성들은 세대를 이어주는 고리와 아무 관련도 없는 존재였다. 오직 여성들만이 새로운 생명을 만들어낼 수 있고, 자연의 힘과 자연을 지배하는 힘이 모두 그들의 것이라고 여겨지면서 숭배된 것이다.[8]

이렇게 해서 여성은 인간이 아니라 신성한 존재로서 세상에서 가장 성스럽고 의미심장한 힘을 타고났다는 믿음이 생겨났다. 그리하여 위대한 어머니를 숭배하는 관습이 생겼다. 여성의 몸에서 새 생명이 탄생하는 것은 대지에서 새로 작물이 생겨나는 일과 연결되었고, 아주 초기부터 이 두 가지가 결합해서 여성적 신성의 개념으로 발전하였다. 이 결합은 전통적으로 받아들이던 것보다 훨씬 더 복잡하고 강력한 것이었다. 가장 오래된 여신은 어머니의 모습으로 그려졌다. 그런데 이 어머니-여신이라는 원형은 독자적인 자생력을 가져서 지방이나 나라마다 다양한 변형을 보인다. 티베트 사람들은 '대지의 어머니 여신'을 숭배했다. 인도에서 숭배되던 위대한 여신 마하데비는 풍만한 유방으로 인류를 위한 젖을 짜내는 어머니의 모습이었고, 아시리아와 폴리네시아같이 아주 특이한 창조신화를 가진 곳에서는 위대한 어머니가 인류를 낳은 것이 아니라 단 한 번 모두를 위해 소중한 '세계의 알'을 낳는다. 그리스의 엘레우시스[역1]에서 신비의식이 절정에 이르렀을 때는 여신(또는 그녀를 속세의 모습으로 표현한 존재)이 해마다 곡물 한 다발을 '태어나게 한다'고 믿었다. 이것은 '어머니 대지'의 원형대로 여성의 생식 능력과 자연의 비옥함을 결부시킨 명백한 증거다.

그런데 여신 숭배자들 중에는 위대한 여신이 아무리 오래전부터 존재했다 할지라도 그녀 이전에 이미 여성적 본질이 존재했음을 특히 강조하는 쪽도 많았다. 그리스에서 대지의 어머니로 숭배되던 가이아는 모든 감정과 모든 지식이 뒤섞인 심연과도 같은 최초의 질에서 태어났다. 바빌로니아의 이슈타르는 우주적인 자궁 자체이고 하늘의 별은 그녀의 옷이었다. 하지만 역사는 여신이 갖는 어머니로서의 지위를 축소하거나 은폐함으로써 그녀의 활기찬 기능인 모성적 본성까지 가려버렸다. 노르웨이 신화에 등장하는 바람, 즉 생명을 담은 숨의 신 이미르는 '만물의 어머니 긴능가가프의 성기에서' 태어났다. 역설적이게도, 여신이 아무 거리낌 없는 육체적 욕망을 가졌음을 부정하는 일은 여신의 신성이 형이상학적인 영역으로 상승하지 못하게 막는 역할을 했다. 인도의 종교적 찬가 베다에서 여신 바크는 이렇게 자랑한다. "나는 모든 힘과 함께 수태하였다. 나는 바닷물 속에 살고 있으며 거기서 모든 생명을 퍼트렸으니 내 왕관이 하늘에 닿을 듯하다. 나는 바람처럼 모든 생명체 속에 깃들어 있다." 이집트의 '거룩한 신' 누트의 사원에 새겨

역1) 고대 그리스의 도시국가. 비교(秘教)의 중심지로 신비의식이 많이 행해졌다.

진 선언은 더 기이한 주장을 한다. **"나는 존재하는 것, 존재하게 될 것, 존재하던 것, 그 모든 것이다. 어떤 남성도 나의 나신을 본 적이 없으며 내가 낳은 열매는 태양이었다."**[9]

생명을 낳고 기르는 선한 어머니를 지나치게 강조하다 보면, 악한 어머니, 즉 그녀의 위협적이고 사악하며 파괴적인 면을 부정하게 된다. 그러나 초기 문명사회에서는 신성한 여성이 죽음과 아주 밀접한 관계임을 깊이 이해하였다. 그래서 이 세상에 인류를 존재하도록 만든 여신이 인류로 하여금 세상을 떠나도록 정중하게, 또는 그다지 정중하지 않게 명령하는 여신이기도 하다는 사실을 강조했다. 기원전 1000년에 아일랜드에서 사악한 세 여신 모리간[역2]들은 죽은 자의 머리를 모으고 임종 직전의 사람들에게 모습을 드러내면서 전쟁터를 떠나지 않았다. 다른 문명에서 이 여신은 마치 양을 지키는 개처럼 죽은 자들을 모아 지하세계로 데려가는 역할을 했다. 또한 그리스인들에게 죽은 자들은 단순히 '데메테르의 백성'이었다.

사악한 어머니의 모습을 가장 부정적으로 구현하는 경우에 여신은 그저 사람들이 죽기를 기다리는 것이 아니라 그들의 죽음을 요구한다. 페르시아의 암푸사(Ampusa)를 숭배하던 사람들은 이 여신이 죽일 대상을 찾아 핏발 선 눈으로 세상을 돌아다닌다고 믿었다. 피를 찾아 헤매는 그녀의 갈증은 산 제물로만 달랠 수 있었다. 지금의 몰타공화국 할타르시엔에서는 기원전 1500년경에 큼직한 돌로 만들어진 서양배梨

역2) 켈트족의 전쟁의 여신. 켈트어로 '악마의 여왕' 이란 뜻.

모양의 다리 위에 임신해서 지나치게 불룩한 배를 드러낸 일곱 개의 발이 달린 여신을 섬겼는데, 그 사제들은 의식을 행할 때 성스러운 질을 상징하는 깊숙한 그릇에 산 제물의 피를 받았다. 이처럼 사악한 어머니 여신의 피에 대한 갈망은 힌두교의 '검은 어머니' 칼리마(Kali-ma)에 대한 생생한 증언에서도 볼 수 있다.

그리고 검은빛을 발하는 어둠의 어머니 칼리마이(Kalee-Ma'ee)가 있었다. 그녀의 사지는 무한히 늘어나며, 인간의 내장을 꺼내고 머리를 자를 때 쓰는 양날 검을 양손에 쥐고 있다. 그녀의 손은 피로 물들어 있고 번득이는 붉은 눈동자를 가졌다. 피처럼 붉은 혀는 거대하고 뾰족한 가슴 위로 늘어졌는데, 작고 둥근 배까지 닿을 만큼 길다. 그녀의 **요니**[역3]는 거대하고 불룩하게 돌출해 있다. 텁수룩하게 헝클어진 머리는 피로 물들어 있고, 번득이는 이는 송곳처럼 뾰족하다. 그녀는 목에 해골로 만든 줄을 둘렀고, 죽은 자의 모습을 닮은 귀고리와 독사를 이어 만든 허리띠를 하고 있다.[10]

우리는 모성이 모두 사랑하고 모두 용서한다는 상투적인 생각에 사로잡혀서, 이 무시무시하고 사악한 어머니의 이미지를 선한 어머니의 이미지와 쉽게 조화시키지 못한다. 그러나 원시인들의 생각 속에서는 '생명'과 '죽음'이라는 여신의 양면이 별 무리 없이 결합되었다. 사실

역3) 힌두교에서 여자의 성기 또는 그것을 형상화한 것을 이른다.

이것은 순전히 모성에 대한 것이 **아니라** 그녀의 **성과** 관련이 많다. 여신이 처음 성행위를 하면서 생명이 창조된다. 그러나 성교 자체만 보면 그녀는 상대 남성의 정수, 그의 자아, 심지어 그의 죽음까지 요구한다. 하지만 이 같은 여신의 진정한 본질과 행위들은 이후 세대의 점잖 빼는 설명으로 은폐되었다. 도대체 무슨 근거로 그런 말을 하는지 알 수 없지만, 그들은 정숙한 척하면서 '비옥함'을 종교의식, 신앙 또는 토템과 관련된 것으로 분류했다. 마치 위대한 여신이 아무런 자의식 없이 오직 대지를 비옥하게 만들기 위해서만 자신의 성적 임무를 수행한 것처럼 말이다. 이제 역사적 기록을 바로잡을 때가 왔다. **풍작과 동물의 다산은 여신이 한 성행위의 부산물에 불과하다.** 여신의 섹스는 그녀 자신의 것이고, 그것을 향유하는 것도 그녀의 몫이다. 여신에 대한 초기 설명들이 하나같이 강조하는 것처럼, 그녀의 섹스도 다른 평범한 여성들과 마찬가지로 자기 자신을 위한 것이었다는 말이다.

물론 그녀 **혼자** 한 것은 아니다. 모든 문화권의 여신들이 많은 연인을 거느렸다. 이런 측면 역시 지금의 우리가 위대한 어머니라는 그녀의 지위를 이해하는 데 걸림돌이 된다. 가부장제의 눈으로 볼 때 '어머니'는 항상 '아내'를 수반하는 의미를 갖기 때문이다. 어머니는 아버지와 결혼한 여자다. 이것이 좋은 어머니라는 개념에 또 하나의 구속을 만든다. **좋은** 어머니는 이 사람 저 사람과 섹스하지 않는다. 심지어 그녀는 자신의 섹스를 독점할 한 명의 남자를 선택하지도 않는다. 좋은 어머니란 아버지에 의해 선택되는 존재이기 때문이다. 바로 여기서 도덕의 수호자인 후손들에게는 여신에 대해 도저히 풀 수 없는 수수께끼가 생긴다. 실제로 여신은 **항상** 미혼이고, 정숙한 적이 **한 번도 없다**. 이누이트에게 여신의 이름은 '한 명의 남편을 갖지 않는 여자'를 뜻하는 말이었다. 그러나 그녀의 성적 자유는 이 정도에 머물지 않았다. 생명의 근원이자 생명력 자체인 그녀는 시간을 초월해 영원한 존재다. 반대로 남성들은 태어났다가 죽는 존재였고, 그들의 유일한 기능은 거의 대부분의 문화권에서 여신의 이름이 갖는 의미인 신성한 '자궁'이나 '외음부'에 헌신하는 데 있었다.[11]

그렇다고 여신의 연인이 순전히 기능적인 구실만 한 것은 아니다. 여신의 성적인 면을 강조해서 묘사한 유물 중에는 여신의 강력한 성적 능력과 그에 대한 공포를 다루는 것이 많다. 바빌론의 인장 조각을 보면 여신은 공포에 질리게 하는 외음부를 과시하는 종교의식으로 전갈들을 도망치게 한다. 한편 기원전 2,000년 전 수메르의 길가메시 서사시에서 여신 이슈타르는 욕망을 충족하는 데 방해를 받자 문을 부수고 집을 산산조각 내고 "죽은 자를 일으켜 세우고 산 자를 땅에 묻어버리겠다."라고 위협한다.[12] 그러나 대부분의 경우에는 연인의 기교와 그의 육체가 갖는 매력에 대해 애정 어린 찬사, 거의 소녀처럼 시적인 찬사를 바친다. 그 예가 4,000년 전에 쓰인 것이지만 마치 오늘 아침 사랑을 나누는 모습을 담은 듯 생생한 이난나의 노래다.

내 형제가 나를 그의 집으로 데려가
향기로운 꿀 침대에 눕혔네.
내 품에 안긴 소중한 사람,

내 형제는 쉰 번씩이나

그 혀로 나를 기쁘게 했다네.[13]

전설 속의 도시 니네베에서 더 북쪽으로 올라간 곳에서 한 무명시인
은 이슈타르 여신이 아시리아의 아슈르바니팔 왕과 동침하면서 마치
어머니인 양 노래하는 내용의 시를 지었다.

어머니가 자식을 돌보듯

내 얼굴이 그대 얼굴을 감싼다.

그대를 내 가슴 사이로 늘어뜨린 보석장식으로 삼으리.

밤이면 그대를 덮어주고

낮이면 옷을 입혀주리.

귀여운 사람이여 두려워 말라, 내가 당신을 길렀으니.[14]

형제? 귀여운 사람? 여신의 연인은 대체 누구였단 말인가? 왜 그들은
이렇게 불렸을까? 이 질문에 대한 대답이야말로 역사적 자료들이 명백
하게 보여주는 여신의 확고부동한 권력을 가장 분명하게 지적한다.

위대한 어머니는 처음부터 최고의 권력을 소유했다. 이 권력은 확고
부동한 통치자, 생사를 쥐고 있는 자의 권력이다. 여성이 신성한 여왕
인 곳에서 왕은 죽을 수밖에 없다. 신화상으로든 역사적으로든 위대한
여신의 분방한 욕망과 피를 좋아하는 취향이 결합해서 왕을 살해하는
관행이 생겨났다. 사실 '왕'은 인류 최초의 원시 드라마에서 여왕/여신

과 성교하도록 선택된 남성을 이르는 명예로운 직함이었다. 나중에 역사학자들과 인류학자들은 이 최초의 드라마를 '성스러운 배우자 역을 맡은' 남성과 여신의 '신성한 결혼'이라 불렀다. 그러나 그런 종교의식의 야만적이고 냉혹한 논리는 그 안에서 남성이 맡은 역할에 위엄을 부여하려는 미력하고 시대착오적인 시도와는 더할 수 없이 반대된다. 왜냐하면 **모든 생명이** 여성으로부터, 여성을 통해, 여성에게로 흘러간다고 생각되던 시대에, 남성의 가장 큰 희망은 임의로 처분될 수 있는 다른 모든 수벌들의 운명에서 벗어나 신과 결합하는 것이었기 때문이다. 설령 그 후에 다시 지상으로 돌려보내지더라도 말이다.

신화는 젊은 '왕'이 종교의식의 제물이 되었다는 사실을 수천 가지다른 양상의 이야기로 보여준다. 그런 이야기들에서 불멸의 어머니는늘 죽음을 피할 수 없는 연인을 갖는데, 이 연인은 그녀를 임신시키기위해서가 아니라(물론 아이를 낳은 경우도 왕왕 있다) 본질적으로 그녀의여성성 행사와 그에 대한 찬양을 위해 존재한다. 그 전형적인 구도가이슈타르-탐무즈, 아프로디테-아도니스, 키벨레-아티스, 이시스-오시리스 등 연상의 여신과 아름답지만 희생될 수 있는 청년의 결합이다. 데메테르의 이야기에서는 그런 주제가 더 분명하게 드러난다. 대담한이아시온은 밭고랑에서 곡식의 여신 데메테르와 '동침'하자마자 바로벼락을 맞아 죽었다. 연인은 언제나 여신보다 열등한 존재였다. 여신은불멸의 존재이지만 그는 죽음을 피할 수 없고, 여신은 나이를 초월한영원한 존재이지만 그는 젊고, 여신은 전능하지만 그는 무력하고, 심지어 몸도 더 왜소하다. 이런 특성들이 결합되어 여신의 연인이 그녀의 남동생이나 아들로 표현되기도 했다. 그리고 항상, 정말로 항상 그는 죽는다. 위대한 여신과 사랑을 나눈 연인의 운명은 길가메시가 '영광스런 이슈타르'의 명령을 거부하면서 다음과 같이 비난했을 때 분명히 드러난다. "당신의 연인들 중에서 당신이 영원히 사랑한 사람은 누군가요? 당신의 양치기들 중 누가 항상 당신을 만족시켰나요?…… 만일 당신과 내가 연인 사이가 된다면, 나 역시 당신이 한때 사랑하던 다른 모든 남자들과 같은 처지가 되는 것인가요?"[15]

기록된 역사에서도 왕을 죽이는 이야기는 자주 등장한다. 니네베의 아나이티스 여신은 해마다 가장 아름다운 소년을 자신의 연인/제물로 요구했다. 선택된 남성은 아름답게 화장하고, 금 장신구로 치장하고, 붉은 옷을 입고, 여신의 양날 도끼를 들고서 주신제에 바쳐졌다. 그것은 생애 최후의 낮과 밤을 사람들이 보는 앞에서 공개적으로 보라색 차양 아래에서 여신을 섬기는 여사제들과 성교하는 것을 뜻했다. 그 후 사제들은 그를 향료와 향, 값비싼 나무로 만든 단에 눕히고 금실로 짠 천으로 덮은 후 불을 질렀다. 그러면 숭배자들은 "어머니가 그를 데려가셨다."라고 되풀이해서 노래했다.[16] 아일랜드에서 위대한 달의 여신을 섬기던 대여사제는 선택된 남성을 직접 죽였고, 그의 피를 받기 위해 '부활'의 은그릇을 받치고 그의 머리를 잘랐다. 현재 코펜하겐 박물관에 있는 용기 중 이런 용도로 사용된 '유틀란트 칼드론'에는 제물을 바치는 의식의 절정에서 여신이 취하는 행동을 묘사한 그림이 그려져 있다.[17]

이처럼 왕실의 배우자를 골라 살해하는 일은 최근까지 계속되었다.

19세기까지 아프리카의 반투 왕국에는 여왕만 존재할 뿐, 왕자도 여왕의 배우자도 없었다. 통치자들은 노예나 평민을 연인으로 간택하고 즐긴 후에는 고문하고 목을 베었다. 황금해안을 식민통치하던 영국 관리들의 분노에 찬 보고서에 따르면, 아샨티 제국 최후의 여왕은 통상적으로 유지되던 왕실의 하렘^{역4)}을 완전히 새로 만들고 싶을 때면 정기적으로 수십 명의 '남편들'을 일제히 처형했다고 한다. 심지어 왕권이 확립되었던 아프리카에서도, 프레이저의 기록대로, 여왕들이 왕에게 사형을 선고할 권력을 갖고 있었고 처형 시기 역시 그녀가 정했다. 그러나 다른 문화권에서는 차츰 대리 제물을 개발하기 시작했다. 우선 젊은 남성의 생명을 빼앗는 대신, 소아시아에서 널리 행해진 것처럼, 거세 의식을 통해 생식력을 박탈했다(물론 중앙아메리카의 아스텍족처럼 그 문명이 멸망할 때까지 처형과 거세 중 한쪽을 택한 것이 아니라 양쪽 모두를 거행한 경우도 있다). 그 후에는 남성을 대신해서 아이, 동물, 심지어 남성의 모습을 한 인형을 제물로 삼기도 했다. 베스타 여신의 신녀들^{역5)}이 매해 봄이면 티베르 강에 '인형'을 빠뜨린 것이 그 예다.[18]

하지만 실제로 일반 남성들이 여신이나 그녀를 섬기는 예식에서 공포를 느낄 필요는 없었던 것 같다. 최상의 신이 여성인 문화에서 그 초점은 여성에게 맞춰졌고, 그 사회의 구조나 반복되는 사건, 심지어 색을 선택하는 문제에서조차 여성 중심이었다. 예를 들어, 신비로운 월

역4) 이슬람 국가들의 집에서 여자들이 분리되어 기거하던 곳.
역5) 영원한 정절을 맹세하고 여신을 위한 제단의 성화를 지킨 여섯 처녀들.

경에서부터 새 생명을 만들어내는 능력에 이르기까지 여성의 성이 갖는 특별한 마력은 여신을 숭배하던 시기에 광범위하게 보급된 관행인 종교적인 매장의식에서 적토를 사용하게끔 했다. 짙거나 밝은 빨강은 많은 종교에서 여성의 성기에서 흘러내리는 피와 결부되었다. 이렇게 적토와 피가 결부될 경우 '적철광'이라는 다른 명칭을 사용하여 구분했다. 당시의 여신 숭배자들은 죽은 자에게 적토를 발라줌으로써 월경과 출산이 내포하는 상징적 부활을 기원했다. 여성의 생리혈을 '최상의 비료'처럼 여기고 해마다 씨를 뿌리기 위한 곡물 종자와 섞어두는 고대 그리스의 풍습은 '여신이 준 달의 선물'인 여성의 생리혈이 갖는 상징적 가치뿐만 아니라 말 그대로의 가치도 잘 보여준다.[19]

여성이 선천적으로 반복하는 월경에 대한 이런 공개적인 숭배는 월경을 감춰야 할 수치스런 '저주'로 받아들이는 이후의 경향과는 놀랄 만큼 대조적이다. 그러나 신이 한 명의 여성이었을 때는 모든 여성, 모든 암컷이 이 세계 어느 나라에서보다 더 높은 지위를 누렸다. 여신이 지배하는 곳에서는 여성들 역시 주권을 행사했다. 그렇다면 이것은 여성이 남성을 통치하던 시기, 즉 모권사회가 자연스럽고 논란의 여지가 없는 정부의 형태였던 시기가 있음을 뜻하는가?

'여왕의 시대', 즉 여성들이 남성들에게 권력을 행사하던 시기에 대한 오랜 신화에 숨은 역사적 진실은 무엇일까? 역사학자들은 여성이 전권을 행사하던 사회, 따라서 필연적으로 남성의 지위가 낮고 억압받던 사회를 찾는 것으로 이 물음에 접근했다. 이것은 사실 모든 부권사회를 거울에 비춰 뒤집은 형상이다. 놀라울 것도 없이, 현재를 거울에 반사한 듯이 과거로 돌아가려는 시도는 어떤 구체적인 성과물도 내놓지 못했다. 마찬가지로 모권사회가 전 세계 문명에 **공통된** 단계였다는 19세기 학자들의 신념은 또 다른 허상에 불과했다. 그 논의에 따르면 동물들과 뒤섞인 생활에서 인간사회가 출현하였고, 여성들은 욕망에 불타는 남성들을 장악함으로써 모권사회를 이루는 데 성공했다고 한다. 그때 만들어진 사회질서 속에서 여성은 인간이든 신성한 존재이든 모든 단계에서 우위를 차지했고, 배제된 남성들, 이 미개하고 난폭한 남성들은 개인생활에까지 확장된 '여인지배' 체제의 변두리에서 남몰래 처절한 복수극의 음모를 꾸미면서 기다렸다는 것이다. 이런 설명 방식에 따르면 모권사회는 인류가 문명사회로 진보하는 **한 단계**에 불과하다. 최후에는 남성들이 모권사회를 타도하고 부권사회를 확립하는 데 성공했기 때문이다. 그리고 남성 역사학자들의 눈에는 필연적으로 등장한 이 부권사회야말로 인류문명의 궁극적인 단계이자 가장 완성된 형태다.[20]

물론 페미니스트 역사학자들이 이런 설명을 진실로 받아들일 수는 없었다. 이미 1949년에 격분한 시몬 드 보부아르가 불만을 터트렸다.

> 여성의 황금시대는 신화 속에서만 존재한다. …… 남성의 눈에 어머니 대지나 여신 같은 존재는 같은 인간이 아니다. 여신의 권력이 미치는 곳 역시 인간세계가 아니다. 따라서 그녀는 인간세계 밖에 있는 것이다. 사회는 늘 남성들의 것이었고, 정치적 힘도 늘 남성

들 손아귀에 있었다.[21]

　최근에는 여성이 권력을 휘두르던 시기가 있었다는 신화가 남성들의 지배를 정당화하기 위한 수단에 불과했음을 강조하면서, 원시시대에 여성들이 통치했다는 생각과 관련된 이론은 모두 폐기되었다.

　모권사회가 나중에 남성들이 개발한 것 같은 정치적 통치체계일 수 없음은 당연하다. 부권사회는 시간이 흐른 후에, 미리 예견하지 못한 이념적 근거에서 전개되었기 때문이다. 게다가 한 사회가 다른 사회보다 3만 년이나 앞서서 석기, 철기, 도기 등이나 촌락조직을 갖기도 하는 것처럼 큰 차이를 보이는 속도로 개발되는 사회들로 이루어진 세계에서, 하나의 보편적인 체계를 찾아내는 일은 불가능하다. 하지만 방대하고 확실한 증거들이 여신의 존재와 함께 그녀를 기반이자 중심으로 삼던 사회체계의 존재를 입증한다. 그렇다면 '모권사회' 자체를 여성이 중심이 되어 실질적으로 운영하던 사회조직의 형태로 이해하는 쪽이 나을 것 같다. 그 사회에서는 여성이 남성과 나란히 서서 권력을 행사하고 모든 사회적 활동에 참여하는 것을 부자연스럽거나 이례적인 일로 간주하지 않았다. 그런 의미에서라면, 최초의 문명이 출현하고 붓다나 그리스도, 알라 같은 유일신이 등장하기까지의 4,000년 남짓한 기간 동안 모권사회는 많이 존재했다. 또한 명백하게 남성이 통치하는 사회들에서조차 초기에는 여성들이 다양한 자유를 누렸다는 의미에서는 모권사회의 특성이 강하게 남아 있었다. 이 자유는 오늘날 우리가 아는 '진보된' 사회의 여성들 대다수가 잃게 된 이래 결코 되찾지 못한 것이다.

이 자유는 어떤 것인가? 기원전 14세기에 만들어진 이집트 왕 람세스 2세의 거대한 상을 받치는 토대에 새겨진 계율이 그 첫 번째 자유를 아주 단호하게 밝힌다. "고귀한 어머니이자 세상을 지배하는 여주인인 여신/아내의 말을 잘 살펴라."[22]

여성이 권력을 행사했고 남성은 보통 이에 복종했다

여성들이 지상에 살아 있는 여신이나 그 후예로 간주되던 시기에는 그들의 신성한 권력과 세속적인 권력이 거의 구분되지 않았다. 그리스의 역사학자 헤로도토스는, 지상에 강림해서 실제로 42년 동안 아시리아를 통치하면서 바빌론 전역에 물을 끌어 대는 관개를 감행하고 인도까지 무력 원정을 떠나는 등 더할 수 없이 철저하고 현실적인 통치자 삼무라마트(세미라미스) 여왕[역6]에 대해 쓰면서 그녀가 '여신의 딸'이고 그녀 자신도 '여신'이라고 했다. 이것은 여신의 권력이 어머니로부터 딸에게 바로 **계승되었음**을 뜻한다. 남성은 권력의 원천, 즉 권력을 가진 여성과 결혼함으로써 왕이 되긴 했지만, 그 자신이 직접 권력을 행사하지는 않았다. 그랬기에 군주제였던 이집트의 18대 왕조 파라오 투트모세 1세는 아내가 사망하자 아들이 두 명이나 있었음에도 아직 십대인 딸 하트·수트에게 왕위를 물려주어야 했다. 왕가의 혈통과 통치

역6) 기원전 9세기 말에 활동한, 전설적인 영웅인 아시리아 여왕.

권이 모계로 전승되는 일은 많은 사회에서 볼 수 있다. 멕시코만의 나체즈 원주민들에게 추장 '위대한 태양'은 실제로 부족을 이끌어가는 여성 연장자인 '하얀 여신'의 아들이었다. 그녀가 죽으면 그녀의 딸이 '하얀 여신'이 되며, 다음 왕위 계승자는 이 **딸**의 아들이 되어 왕의 직함을 갖는 식으로 항상 모계를 따라 전승된다. 이런 전통은 고대 일본 야마타이국(220~264)의 사제이자 여왕이던 히미코가 사망하자 심각한 내란이 발생했다가 히미코의 장녀가 대관식을 치르고 나서야 전쟁이 끝난 사실에서 볼 수 있듯, 일본에서도 명백하게 존재했다.

이집트에서 여왕의 권력은 지극히 엄청난 것이었다. 수천 년 동안 이집트 여왕은 통치자, 여신, 신의 아내, 최고 사제, 토템 숭배의 대상, 그 모든 것이 집약된 존재였다. 세미라미스처럼 군대를 이끌고 전투에 임한 하트 · 수트 역시 남성들에 버금가는 권력과 특전을 누렸다. "이 세상의 여왕, 태양의 아들, 황금빛 호루스,^{역7)} 시간을 만든 자, 새벽의 여신, 세상의 여주인, 두 왕국의 여왕, 모든 이의 존경을 받는 자, 강인한 여성"²³⁾이라 칭송되던 그녀는 사후에도 800년이나 계속해서 예배를 받는 예우를 받았다. 여왕이 왕의 배우자에 머물지 않고 실질적 통치자였던 경우가 이집트 왕조에만 한정된 것은 결코 아니었다. 브리튼의 켈트족은 여왕이 통치하는 경우가 아주 흔해서, 서기 50년에 승전(勝戰)한 로마 제국의 클라우디우스 황제 앞에 붙잡혀 온 브리튼의 병사들이 황제를 완전히 무시하고 대신 아그리피나 황후에게 절을 한 적도 있었다.

역7) 매 형상을 한 고대 이집트 종교의 신.

여성 통치자들 중 가장 흥미를 끄는 사람은 아마도 기원전 1200년 무렵 이스라엘 민족을 이끈 여성 지도자 드보라일 것이다. 『구약성경』 「판관기」 4장과 5장을 보면, 그녀는 부족의 남성 지도자들을 확실하게 전적으로 통솔했다. 남성 지도자들이 어찌나 그녀에게 의지했던지 그들의 대장 바락은 그녀 없이는 전쟁터에 나가지도 않았다. 초기 유대 역사에서는 그처럼 강하고 뛰어난 여성들이 많이 등장한다.

유대인들에게 공주가 있었냐고? 이스라엘 백성을 구한 유디트가 있다. 그녀는 적군의 장수를 유혹해서 만취하게 만든 후 하녀(그 이름은 알려지지 않았다)와 함께 그의 목을 잘라 광주리에 담아서 유대인의 진영으로 되돌아갔다. 그들은 그의 머리를 성문에 높이 매달았고, 진영으로 공격해 오던 적의 병사들은 멀리서 자기들 장수의 목이 피를 흘리며 걸려 있는 것을 보았다. 이교도들은 줄행랑을 쳤다. 그러자 유디트는 자신의 하녀를 해방시켜주었고, 모든 여성이 그녀에게 경의를 표하며 춤을 추었다. **바로 그녀가** 유대의 공주다.[24]

이 시기 여성의 권력과 특권은 여왕과 공주들에게 한정되지 않았다. '농업이 사냥을 대치하고…… 사회가 모권제의 옷을 입었을 때' **모든** 여성들이 '사회적·경제적 중요성을 획득하고'[25] 기본적인 권리를 누렸음을 입증하는 자료는 다방면에서 찾을 수 있다.

여성들은 돈과 재산을 소유하고 관리했다

스파르타에서는 여성들이 모든 땅의 3분의 2를 소유했다. 아랍 여성들은 가축을 소유했고, 남편은 아내를 위해 가축을 기를 뿐이었다. 모노미니 원주민 여성들은 자작나무로 만든 배 1,200~1,500척을 개인적으로 소유했다는 기록이 남아 있다. 또한 기원전 1700년 무렵에 바빌로니아 법으로 선포된, 놀라울 정도로 평등한 함무라비 법전에 따르면, 여성의 결혼 지참금은 남편에게 주는 것이 아니라 그녀에게 속한 재산이고, 그녀가 소유한 다른 땅이나 재산과 함께 계속 그녀의 소유로 있다가 사후에는 그녀의 자녀에게 상속되었다. 이집트에서는 남편이 아내에게 돈을 빌리는 경우, 아내가 남편에게 이자를 물게 할 수도 있을 정도로 부부는 경제적으로 독립적이었다.[26]

결혼계약은 여성의 개인적인 권리를 존중하고 그들을 동반자로 인정했다

함무라비 법전과 유사한 다른 많은 법률을 보면 오늘날 결혼이 여성에게 의미하게 된 '소지품' 같은 지위와는 정반대인 것을 볼 수 있다. 바빌로니아에서는 남편이 아내의 '품위를 훼손하는' 경우 아내는 학대를 명목으로 법적으로 그와 헤어질 수 있었다. 이혼하는 경우 여성들이 자녀를 돌보고 자녀에 대한 권리를 행사했으며 아버지는 양육비를 지불할 의무가 있었다. 그리스 역사학자 디오도루스는 이집트의 결혼계약 중 남편이 아내에게 하는 서약을 기록하였다.

나는 당신이 아내로서 갖는 권리들에 경의를 표합니다. 오늘부터 나는 당신의 주장에 결코 한마디도 반대하지 않겠습니다. 나는 다른 모든 사람 앞에서 당신을 내 아내로 인정합니다. 내가 당신에게 내 소유가 돼야 한다고 말할 권리는 없지만, 오직 나만이 당신의 남편이자 동반자가 될 것입니다. 당신은 떠날 권리가 있으며…… 당신이 어디를 가고 싶어 하든 나는 당신의 바람에 반대할 수 없습니다. 나는 당신에게 다음의 것들을 바칩니다. (이어서 신랑의 소유물 목록이 뒤따른다.) [27]

5,000년 이상의 역사를 가진, 아마도 세계에서 가장 오래된 책인 『프타호테프의 금언』을 보면, 이집트의 아내가 남편에게 기대할 수 있었던 다정함과 남편들이 조심해야 할 점들을 더 분명하게 알 수 있다.

당신이 현명한 남성이라면 아내를 사랑하고 그녀와 논쟁하지 말아라.
그녀를 부양하고 치장하고 안마해주어라.
그녀의 모든 욕망을 채워주고 그녀의 생각에 관심을 기울여라.
이것이 그녀가 당신 곁에 머물도록 설득할 유일한 길이기 때문이다.
만일 그녀에게 저항한다면 당신은 그녀를 잃을 것이다. [28]

여성은 육체적 자유를 향유했다

여성을 존중하는 결혼생활은 그들이 결혼 전에도 자율적인 존재로 대접받았음을 보여준다. 고대 그리스에서 소녀들은 자유로이 야외활동을 했고, 건강과 미를 기르기 위해 체육과 체조훈련을 받았다. 크레타에서는 젊은 여성들을 뽑아 황소 올라타기 의식에 참여하는 **토레라스(toreras)**로 훈련시켰다. 또 이오니아 여성들은 멧돼지를 몰아 그물로 잡거나 창으로 찌르는 사냥에 참여했다. (키츠가 '그리스의 항아리'라고 한) 아티카 전역에서는 소녀들이 벌거벗고 경주에 참여하거나 옷을 벗고 춤추고 수영하는 중에 천년의 세월이 흘러갔다. 그중에서도 스파르타의 젊은 미혼여성은 얼마나 자유분방했던지 그리스의 다른 도시국가들이 비난할 정도였다. 에우리피데스 역시 그런 분노를 표현한 아테네인들 중 한 명이었다.

스파르타의 딸들은 집에 붙어 있는 일이 없다!
여자가 엉덩이까지 드러나도록 옷을 벗어던지고
젊은 남자들과 레슬링 경기를 하며 어울리다니,
정말 수치스런 일이다!

하지만 젊은 여성들이 그저 재미로 힘과 운동능력을 육성했던 것은 아니다. 로마의 여걸 클로엘리아의 이야기가 이 사실을 잘 보여준다. 기원전 6세기 에트루리아가 로마를 공격했을 때, 에트루리아의 왕 라르스 포르세나의 인질이 된 그녀는 말을 훔쳐 탈출해서 티베르 강을 건너 무사히 로마로 귀환했다. 로마군이 그녀를 즉시 돌려보냈지만 결국 클로엘리아의 용기가 승리했다. 그녀의 무훈에 깊이 감동한 라르스 포르세나가 경의를 표하며 그녀와 동료 인질들을 모두 석방한 것이다.[20]

여성들의 군대도 남자들처럼 싸웠다

젊은 여성들이 운동으로 몸을 단련하고 정기적으로 나체로 훈련하는 일은 개인적으로 마음이 내킬 때 하는 산발적인 훈련 이상의 함축을 갖는다. 요즘은 흔히 전방을 남성들만 설 수 있는 자리로 한정하지만, 고대 여성들이 군인이 되어 무기를 들고 전방에서 싸웠음을 보여주는 증거는 널려 있다. 실제로 통치권을 행사한 여왕들은 전쟁터에서 군대를 이끄는 역할도 맡았다. 게다가 단순히 형식적으로 얼굴만 내미는 식이 아니라 인정받은 실제 전투 지휘자였다. 스키타이의 전투적 여왕이자 현재는 이란에 속하는 마사게타이 부족의 통치자였던 타미리스 여왕은 직접 군대를 이끌어 키루스 황제가 통솔하는 침략군을 무찔러 승리했고, 전투 중에 그녀의 아들이 사망하자 그 위대한 왕을 죽여 복수했다.

여성 통치자들은 해전도 이끌었다. 이집트의 여왕 클레오파트라가 악티움 해전을 이끌다 패배함으로써 자신의 제국과 연인 안토니우스를 잃은 것은 물론이고 그녀 역시 목숨을 잃은 사실은 유명하다. 호전적인 여신들을 숭배한 켈트족의 브리튼에서는 무사 출신 여왕들이 깊은 존경을 받았다. 특히 서력 기원전의 기록에는 전쟁을 지휘한 여성들에 대한 언급이 많다. 그 예로 마이브 여왕을 들 수 있다. 그녀는 자신의 군대를 이끌고 핀드머 여왕과 전쟁을 벌였고, 앤트림에서 벌어진 맹렬한 전투에서는 혼자 상대편 여군 50명을 생포했다.[30]

켈트족 여전사들의 힘과 용맹은 가히 전설적이었다. 로마 역사학자 디오 카시우스는 전쟁터에 모습을 나타낸 이케니의 부디카 여왕이 "거대한 체격과 무시무시한 인상으로 창을 휘둘렀다."라고 기록했다.[31] 다른 여성 무사들 역시 호전적인 성격을 보인다. 실제 전투 장면을 본 또 다른 로마의 연대기 작가는, 만일 갈리아 남성이 자기 아내에게 도움을 청한다면 로마 군대 전체가 덤빈다 해도 그 한 명을 이겨내지 못할 것이라며 동포들에게 경고했다. "그녀가 목을 세우고 이를 갈면서 어마어마한 크기의 무기를 휘두르고, 투석기로 쏘아 올린 돌처럼 때리고 찰 것이기 때문이다."[32]

여성무사들의 이야기는 지중해 연안과 북동 아프리카, 서남 아시아, 발칸 반도 지역에서 꾸준히 전해왔다. 그리고 문헌이나 구전 자료들은 아주 초기부터 여성무사들의 부족이 존재했다고 전한다. 역사 속에서는 이 부족이 아마존이라고 전해졌다. 하지만 '구체적인' 역사적 자료(예를 들어, 도시의 유적이나 유명한 승전에 대해 자세히 기록한 비문을 새긴 고고학적 유물)가 없어서 이런 이야기들이 그저 신화나 전설에 불과한 것으로 취급되었다. 『옥스퍼드 고대사전』이 거만하게 단정하듯이 "외국에서 온 평범한 여행객들이 제대로 이해하지 못하고 전하는 이야기에 불과한 것"으로 말이다. 20세기 페미니스트 역사학자들도 아마존

이야기를 불쾌하게 받아들였다. 그 이야기는 역사가 지속적으로 강조해온 남성 지배의 필연성을 손쉽게 보여주고 정당화하는 내용을 담고 있기 때문이다. 아마존 여성들은 마지막에는 **항상** 테세우스 같은 영웅들에게 패배해서 강간당하고 결혼하게 된다. 또 다른 문제는 '아마존'이라는 이름이 그리스어 'a(없는)'와 'mazos(유방)'의 결합이라는 공상적이고 명백하게 잘못된 해석에 있다. 오늘날에는 이것이 해부학적으로 우스꽝스러울 뿐 아니라(도대체 얼마나 많은 여성들이 오른쪽 유방이 너무 커서 무기를 휘두를 수 없단 말인가?) 언어학적으로도 타당하지 않은 것으로 간주된다. 그러다 보니 전투에 참가하기 위해 유방을 잘라낸 여성 부족이라는 생각 전체가 불신을 받았다.

그러나 이 문제를 모조리 부정하는 것은 목욕물을 버리면서 아이도 같이 버리는 꼴이다. 이야기꾼들이 꾸며낸 이야기들은 물론, 다른 점에서는 신뢰할 만한 역사학자들의 글에 이르기까지 무시하기에는 너무 숫자가 많고 일관성 있는 기록들이 다양하게 남아 있기 때문이다. 그것이 무엇이든 플리니우스, 스트라보, 헤로도토스, 아이스킬로스, 디오도루스, 플루타르크 등 많은 작가들이 진지하게 관심을 보이고 믿을 정도의 것이라면, 그 속에는 뒷세대들이 쉽사리 포기하기 힘들 정도의 정보를 담고 있음이 분명하다. 이후 몇 세대에 걸쳐 아마존 부족에서 시작되었다고 믿어온 여러 종교의식이나 산 제물을 바치는 관습, 모의전투, 의식절차 등이 신화와 전설의 핵심적인 내용을 역사적으로 뒷받침한다. 아마존 부족은 자신들의 역사적인 주요 사건을 기념하기 위해 그런 의식을 행했음이 틀림없다.[33]

강인한 여성들이 직접 통치한 부족이 존재했다는 생각은 분명 모권제 문제와도 관련이 있다. 이처럼 문제의 폭을 넓혀서 생각해볼 때, 논쟁의 여지없이 '실재한' 역사적 사건을 신화나 전설과 결부시켜보는 것도 가능한 해결 방법이다. 여성들은 전쟁 지휘관이나 사병으로 전투에 참가했다. 여성이 정규 군인이 되어 싸운 것이다. 지중해 연안과 소아시아 전역에서 광범위하게 나타나는 위대한 여신의 주된 상징은 전투용 양날 도끼인 **라브리스**다. 게다가 그리스의 무사이자 시인인 텔레실라에 대한 기록처럼 신빙성이 입증된 자료도 무수히 많다. 텔레실라는 기원전 5세기에 아르고스가 적군에게 포위되자 출정가와 찬가를 지어 아르고스 여성들을 규합했다. 무기를 들고 성공적으로 출격하여 길고 긴 전투 후에 적을 몰아낸 아르고스의 아마존들은 아프로디테의 신전을 텔레실라에게 바쳤으며, 그녀는 신들의 위대한 어머니를 찬양하는 승리의 찬가를 지었다.[34] 이것을 아마존 여전사들의 활약을 전하는 다른 많은 유사한 증거들과 합쳐보자. 그러면 모권사회와 마찬가지로 지구상에 아마존 부족 같은 것은 하나도 없었을지도 모르지만, 역사적으로 여성무사들이 실제로 존재했음은 의심할 수 없이 분명해진다.

여성들은 최고의 자유를 누렸다

여성들이 운동이나 군사행동을 통해 누렸던 신체적 자율성은 더 근본적인 자유에 대해 들려준다. 이 자유가 후세에 와서는 가장 허용하기 어려운 것, 심지어 적절히 설명하기도 어려운 것이 되어버렸다. 나라나 부족에 따라 다른 관습이 있기는 했지만, 인류문명이 태동하던 초기의 여성들은 이후 어떤 시대보다 '정숙함'이나 순결에 대한 강요로부터 훨씬 더 많이 자유로웠다. 예컨대 많은 사회에서 여성의 나체는 전혀 부끄러운 것이 아니었다. 이것은 단순히 운동이나 경기에 참여하는 어린 소녀들의 벌거벗은 몸에만 한정된 것은 아니었다. 사실 성인여성들도 정기적으로 나체의식을 행했고, 엄숙한 것이든 흥겨운 것이든 간에 고도로 형식적이고 중요한 의식들을 위해 자주 옷을 벗었다. 기원전 9세기에서 8세기 사이 아티카의 유물은 아테네의 장례행렬에서 여성조객뿐 아니라 미망인도 대개 벌거벗고 참여했음을 보여준다.

이런 육체적 자유는 흔히 모계사회에서 존재했으리라고 생각하는 종류의 성적 자유와 비슷하다. 여성이 통치하는 곳에서는 여성이 구애하는 법이다. 기원전 13세기 이집트의 성적 사랑을 다룬 에로틱한 연애시 20수 중 16수는 여성이 지은 것이다. 그중 한 사람은 아무 거리낌 없이 "창문을 타고 올라가 내 형제가 침대에 누워 있는 것을 보았네. 내 마음이 기쁨에 사로잡혔다네."라고 썼다. 또 다른 사람은 훨씬 더 솔직하게 "오, 내 잘생긴 연인이여! 당신과 결혼해 당신이 가진 모든 것의 주인이 되고 싶어 죽을 것 같네!"[35]라고 했다. 다른 지역의 풍습은 더 솔직하고 근본적인 성격을 보인다. 로마의 세베루스 황제의 아내 율리아 아우구스타가 스콧족 여성에게 브리튼의 여성들이 분방한 성적 자유를 누린다는 자자한 소문에 대해 조롱하듯 질문하자, 그 스콧족 여성이 이렇게 대답했다고 한다. "우리는 당신들 로마 여성들보다 자연의 요구를 훨씬 더 잘 충족한답니다. 당신들은 비열한들이 은밀하게 유혹하게 놔두지만, 우리는 숨김없이 최고의 남자와 사귀거든요."[36] 일리스 볼딩에 따르면, 이처럼 자연의 요구를 충족하는 일이 단순히 인간에게만 해당되지는 않았다.

켈트족 여성들이 자유로이 섹스를 이용했음은 마이브 여왕의 이야기에서 볼 수 있다. 그녀는 (자신의 암소를 위해) 황소를 빌려준 사람에게 '허벅지 우정'을 제공했다. 침략이나 전투를 도와주는 대가로 허벅지 우정을 제공하기도 했다. 분명 그녀의 남편을 포함한 모든 관계자들도 이런 거래가 합당하다고 생각했을 것이다.[37]

여성들이 주장하는 이런 정당한 권리와 요구들은 단순히 그들 자신의 쾌락 때문만이 아니라 여신의 명예가 달린 문제이기도 했다. 이것은 의식에 참가할 때 옷을 벗는 문제에서부터 폭로할 경우 밀고자가 죽음을 당할 수도 있는 훨씬 더 은밀한 비밀에 이르기까지 광범위한 영역을 포괄했다. 가장 단순한 수준에서 볼 때, 여신숭배 의식은 전부, 또는 반쯤 벌거벗은 상태로 진행된 것 같다. 카탈루냐 레리다 근방의 코굴 벽화를 보면, 풍만하게 출렁이는 유방을 가진 아홉 명의 여성이 모자와 종 모양의 치마만 걸친 채 다산을 기원하는 의식의 춤을 추고 있다. 그들 사이에 조그맣게 그려진 남성은 가련하게도 축 늘어진 성기를 가진 모습이다. 한편 플리니우스는 고대 브리튼의 여성들이 의식에 참가할 때면 옷을 벗었으며, 이를 위해 몸을 갈색으로 물들였다고 기록하였다.[38] 종종 주신제를 벌여 술을 마시고 흥청망청 즐기며 진행되던 신성한 의식의 춤은 여신숭배 의식의 핵심적인 절차였고, 그 효과를 높이기 위해 술이나 마약, 환각제를 복용하여 만취하는 일이 일반적인 관행이었다. 여신은 완벽한 몰입을 요구했기 때문이다.

어떤 문화권에서는 여신이 일종의 성적 봉사를 요구하기도 했다. 이런 성적 봉사는 후대의 역사학자들에게 큰 오해를 사서 잘못된 꼬리표가 붙게 되었다. 기원전 5세기에 헤로도토스는 그 의식에 대해 이렇게 기록했다.

바빌로니아 최악의 관습은 모든 여성이 일생에 한 번씩 사랑의 신전에 앉아 있다가 이방인과 성교를 갖도록 강제하는 것이었다. 지나가던 남자들에게 선택된 여성은 결코 거절하는 법이 없었다. 거절하는 것은 죄악으로 받아들여졌기 때문이다. 그리고 여신의 눈에 신성한 존재가 된 그 여성은 집으로 돌아갔다.[30]

이런 관행을 근동이나 중동 지역에서는 '매춘의식' 이라고 불렀다. 이는 여신을 섬기는 신녀인 **케데샤**의 진정한 역할을 더없이 격하하는 것이다. 신녀들은 사랑의 행위를 통해 여신이 준 선물인 성을 찬양했고, 이로써 그들 역시 여신의 환생처럼 숭배되었기 때문이다. 여신의 선물은 너무도 크고 성스럽고 소중해서 당연히 그녀의 신전에서 그녀에게 영원한 감사를 드려야 하는 것이었다. 따라서 이방인과 성교를 하는 것은 여신의 의지를 가장 순수하게 표현하는 것일 뿐 조금도 흠이될 수 없는 일이다. 오히려 신녀들은 항상 '신성한 여성', '순결한 여성'으로 알려졌고, 수메르의 우레크에서는 **누기그(nu-gig)**, 즉 '순수하고 흠 없는 존재'로 불렸다.[40]

섹스는 죄악이고 결혼생활 바깥의 섹스는 매춘이라는 오늘날의 편견을 과거 사건에 그릇되게 투영함으로써, 이 여성들이 높은 지위를 누렸음을 보여주는 역사적 자료들을 제대로 고려하지 못하게 만들어왔다. 예를 들어, 함무라비 법전은 아주 신중하게 신전의 여성들을 다섯 등급으로 나누면서 그들의 어머니대부터 행해진 여신숭배 의식을 이어갈 권리를 보호한다. 또한 신녀들의 행위와 세속적인 매춘을 분명히 구분한다. 하지만 '매춘의식'이라는 말 속에는 당시에 실제 매춘이 존재하지 않았다는 가정이 뿌리 박혀 있다.

당연히 그때도 매춘이 있었다. 이집트에서 가장 유명한 고급 매춘부 아르키디케의 일화를 보면 진짜 '직업적 매춘 여성'의 확고한 상업성이 강하게 드러난다. 그녀의 성적 기교는 어찌나 명성이 자자했던지 남성들이 그녀와 동침하려 하다 파산할 정도였다. 돈이 부족해 거절당한 한 남자는 집으로 돌아가 대신 그녀와 즐기는 꿈을 꾸었다. 분노한 아르키디케는 그가 그녀와 성교하는 쾌락을 누렸기 때문에 자신에게 요금을 지불해야 한다고 주장하면서 소송을 제기했다. 법정에서는 그녀의 주장이 정당하다고 인정했으나, 많은 논의 끝에 마침내 고객이 그녀와 즐기는 **꿈을 꾸었을** 뿐이기 때문에 그녀도 요금을 받는 **꿈을 꾸라**고 선고했다.[41]

시인, 사제, 여왕, 어머니, 연인, 운동선수, 병사, 곧잘 논쟁을 벌이던 고급 매춘부……. 초기 여성들이 인류 역사 속에서 제각기 자기 자리를 차지하면서 모습을 드러냄에 따라 인상적인 광경이 펼쳐진다. 그때는 여성이 육체적으로 약하며 정서적으로 불안정하다거나 지적 능력이 부족하다는 말을 아무도 하지 않았다. 당시 여성들은 상인, 무역업자, 선원, 농사꾼, 전차를 모는 사람, 사냥꾼, 여신의 대리인인 사제의 자격으로 미노아 문명의 크레타 섬을 활보했다. 따라서 사회가 더 진보하면서 발견하게 될 사실, 즉 이런 역할을 수행하기에 여성의 능력이 부족하다는 사실은 전혀 몰랐다. 기원전 5세기 아테네에서 페리클레스의 연인이자 동료가 되어 고급 매춘부, 학자, 정치가로 활동할 만큼 뛰어난 재능을 가진 아스파시아에서, 같은 시대를 풍미하던 세계 최초의 여성함장 아르테미시아에 이르기까지 여성들은 모든 영역에 흔적을 남겨놓았다. 아르테미시아는 마라톤 전투에서 어찌나 막강한 함대 지배력을 보였던지 아테네 사람들이 그녀의 목에 엄청난 포상금을 걸 정도였다. 하지만 페르시아 전쟁에서 살아남은 그녀도 사랑의 괴로움만은 견딜 수 없었나 보다. 연하의 남성에게 거절당한 슬픔으로 벼랑에서 몸을 던져 생을 마감했으니 말이다.

이 여성들은 실존했으며, 죽음의 순간이 올 때까지 힘차게 살면서 자신의 강한 힘을 알고 있던 사람들이다. 많은 역사자료가 이러한 힘을 사회적 관습과 법적인 권리의 범위 안에서 여성이 응당 누려야 할 것으로 인정한다. 즉 신체적·성적 자유와 권력에 접근할 권리, 교육의 권리, 정식 시민권, 돈과 재산을 소유할 권리, 이혼의 권리, 이혼 후에도 자녀에 대한 친권을 행사하고 그에 따른 보육료를 받을 권리 등이 인정되었다.

당시 법률이나 관습이 여성에게 인정한 권리들은 여성이 특별한 지위를 누렸음을 반영한다. 이 지위는 여성이 위대한 여신과 연결되어 있으며 그 화신이라는 생각에서 나온 것이다. 비록 지역마다 다른 특색을 보이긴 하지만, 모든 국가나 부족, 도시나 촌락 단위에서 고유의 '신성한 어머니'가 존재했다는 점에서 그녀는 보편적인 존재였다. 또한 그녀를 숭배하는 사람들에게는 수천 년이 지나도 그녀가 영원히 존재할 것처럼 보였다.

나는 이시스, 모든 대지의 여주인이다. 만인에게 통용될 법률을 내린 것도, 사물에 질서를 정해 아무도 바꿀 수 없도록 만든 것도 나다. …… 나는 여성들 중에서도 특히 신성하게 떠받들어지는 여성이다. 나는 하늘과 땅을 나누었고, 별들의 길을 열었으며, 태양과 달의 행로를 정하였다. …… 또한 남자들과 여자들을 맺어주었다. **내가 만든 법은 그 어떤 인간도 폐기할 수 없다.**[42]

남자들은 이런 권위를 받아들일 수밖에 없었을까? 위대한 어머니를 숭배하는 원시 드라마 속에서 남성의 자리는 어디였을까? 그는 희생시킬 수 있는 배우자, 산 제물로 바칠 수 있는 왕, 소용이 다 되면 쓰고 버릴 수 있는 수벌이었다. 여성이 위대한 존재였다면, 남성은 아무것도 아닌 하찮은 존재였다. 하지만 인류의 자의식이 점차 확장되면서 남성들도 어떤 의미를 추구하게 되었다. 인간의 지성을 확대하기 위한 투쟁이 한 단계 진전하면서, 남성이 의미 있는 존재가 되려면 이미 존재하는 믿음 체계를 완전히 뒤집어놓아야만 할 것 같아 보였다. 남성들의 자부심은 여성들의 권력에 도전하면서 생겨났다. 향후 몇 천 년 동안 성과 사회를 갈라놓게 될 남녀 간의 전쟁이 시작되었다. 남성들은 여성이 위대한 어머니, 여신, 전사, 연인, 여왕의 자격으로 만들어온 모든 것을 죽이고 파괴하는 행위를 통해 자신의 남성성을 주장하기 시작했다.

3. 남근의 도전

성스러운 시바, 신성한 남근의 주인,
천상의 뿌리, 하늘의 남근,
남근의 신이시여, 그대의 눈부신 남근은
어찌나 거대한지 브라마도
비슈누도 그 크기를 알 수 없다네.
— 힌두교 기도문

그가 쏘아 올린 화살이 그녀의 배를 관통했다.
그는 그녀의 몸을 갈라 심장을 찢어놓았고, 그녀의 생명을 파괴했다.
그녀의 몸을 쓰러뜨린 그는 득의에 차서 그 시체 위에 우뚝 섰다.
— 바빌로니아의 창조설화에서 마르두크 왕이
위대한 어머니를 물리치는 장면, 기원전 2000년경

남자들은 여자에게 남자 같은 힘을 줄 수 있는 것이라면
무엇이든 파괴하고자 한다. 그들이 볼 때 여자들에게는 이미
그들을 세상에 태어나게 한 힘이 있기 때문이다.
— 노먼 메일러

　　매릴린 프렌치(Marilyn French)는 "태초에 어머니가 있었다."라고 썼
다. '자손들'이 그 어머니를 어떻게 보았는지는 오늘날에도 확인할 수
있다. 거대한 유방, 부풀어 오른 배와 엉덩이, 튀어나온 외음부와 나무
줄기 같은 허벅지를 가진 비슷비슷한 입상들이 유럽만 해도 몇 만 개나
남아 있기 때문이다. 이 거대하고 원초적인 힘을 가진 여성상과는 대조

적으로, 인간 남성은 정말이지 빈약한 모습을 보인다. 위대한 여신을 예찬하는 모든 신화, 모든 노래가 대조적으로 남성의 빈약함을 강조했고, 그것도 통렬하게 풍자적인 표현을 사용한다. 이집트 스물한 번째 왕조의 타메니우 파피루스를 보면, 여신의 나신이 하늘 위로 아치를 만들면서 별이 박힌 유방과 배, 음부를 과시하는 모습이다. 반면 소년신 게브는 바닥에 엎드린 채 헛되이 그녀에게 음경을 들이대고 있다. 비록 과장되긴 했지만 그 그림은 그가 그 상황에 적합하지 않은 남성임을 노골적으로 드러낸다.

남자들이 위대한 어머니로부터 받는 성적 굴욕은 여기서 그치지 않는다. 캐나다의 위니파고스(Winnepagos) 중 하나는 대담하게도 여신을 꿈꾼 적이 있다는 죄로 **시나에디**(cinaedi)가 되는 끔찍한 운명에 처해졌다. 시나에디는 여자 옷을 입고서 다른 남자들의 성적 요구를 모두 들어주어야 하는 남성을 이르는 말이었다. 다른 문화권에서도 여신이 냉혹하고 두려운 힘을 행사한 사례는 무수히 많다. 로버트 그레이브스[역1]의 설명대로 "위대한 어머니가 지배할 때 여성은 지배하는 성이고 남성은 두려움에 빠진 희생자였다."[1]

모든 의미, 모든 마법, 모든 생명이 여성에게서 나오던 때에는 남성이 아무런 기능도 중요성도 갖지 못했다. 오스트레일리아 원주민 중 한 명은 이렇게 단언했다. "아기, 피, 고함소리, 춤, 이 모든 것이 여성들과 연관된 것이었다. 남성들은 성교 외에 달리 할 일이 없었다." 하지만 인

역1) 영국의 시인 · 소설가 · 비평가 · 고전학자.

간의 의식이 성장함에 따라 이런 간극 속에서 질투가 자라났다. '새로운 생명을 창조해내는 여성만의 힘에 두려움을 느끼던 남성들 안에서 여성이 소유한 자궁을 선망' 하는 마음이 생겨난 것이다. 여성이 자연의 리듬을 모두 독점한 데 불만을 느낀 남성들은 이제 그들만의 것을 만들어내고 싶어 했다. 하지만 이처럼 남성 중심의 의식을 시도하는 초기에는 여성들의 신체에 일어나는 생리 현상을 모방하는 수준을 넘어서지 못했다. 현재 존재하는 석기시대 문명의 많은 수가 "애초에 우리에게는 아무것도 없었다. **우리는 이 모든 것을 여성들에게서 빌렸다.**"라는 사실을 숨김없이 인정한다.[2]

세계 전역에 존재하는 이런 무수한 모방 중 대표적인 것으로 아스텍의 끔찍한 의식을 들 수 있다. 그것은 산 인간 제물의 피부로 그 의식을 이끄는 남성 사제의 옷을 만들어 입히는 관습이다. 그 후 사제는 "마치 곡식의 낟알이 껍질을 뚫고 싹을 틔우듯 피가 흐르는 인간의 피부를 찢고 나온다." 이로써 새로운 생명이 태어나게 되며, 동시에 그는 마술적 권능으로 생명을 낳는 자가 된다.[3] 더 끔찍한 것은 오스트레일리아의 아란다 부족의 모든 소년이 반드시 거쳐야 했던 통과의례다.

의식을 집도하는 의사가 소년의 성기를 잡고 요도 깊숙이 가늘고 길쭉한 **뼈**를 집어넣은 후, 수술용 메스처럼 사용하는 작은 돌 조각으로 성기를 조금씩 잘라 들어간다. 그가 **뼈**에 닿을 때까지 살갗의 층을 잘라내면 성기는 삶은 프랑크 소시지처럼 갈라진다.[4]

백인 이주자들이 '요도 절개'라 이름 붙인 이런 무시무시한 의식은 그들의 교양 있는 정신을 고통스럽게 만들었고, 이런 행동의 목적이 대체 무엇인지 고민하게 만들었다. 그들이 아란다 말을 이해할 수만 있었어도 그런 궁금증은 쉽게 풀렸을 텐데 말이다. '갈라진 남근'을 뜻하는 원주민들의 단어는 원래 질을 뜻하는 단어에서 파생했으며, '외음부의 소유자'라는 호칭은 통과의례의 시련을 견뎌낸 모든 소년에게 주어지는 명예로운 호칭이었다. 그들은 이후에도 상처를 정기적으로 다시 열어 보이는 의식을 거쳤는데, 이것은 통과의례를 거친 남자들이 이제 '월경을 할 수 있게 되었음'을 보여주기 위해서였다.[5]

마거릿 미드의 설명에 따르면 그것은 "마치 남성들이 오로지 여성들만이 선천적으로 수행하는 기능들을 인계받음으로써만 남성이 될 수 있을 것 같음"[6]을 뜻한다. 융에게 남성들이 거치는 모든 통과의례의 비밀은 '다시 한 번 어머니를 거치는' 데 있다. 즉 아이가 아니라 남성으로, 영웅으로 다시 태어나기 위해 두려움과 고통, 피를 경험해야 한다. 하지만 '어머니를 거친다'는 말은 여성적인 것에 공감하면서 동일시한다는 의미가 아니다. 오히려 출산을 남성적 신비의 일종으로 탈취하는 것이 그 주된 목적이었고, 바로 이것이 "모권사회의 여성 지배를 동요시키기 위한 남성들의 투쟁에서 최초의 무기"[7]였다. 새로운 생명을 탄생시키는 여성들의 힘을 단순히 모방하고 넘어서는 데 그치지 않고 아예 그것을 강탈하려는 남성들의 투쟁은 모든 단계에서 행해졌다. 예를 들어 아테나가 제우스의 머리에서 태어났다는 내용은 다른 많은 신화들에서 일관되게 발견되던 원시 창조설화의 고전적인 반전이다. 그것은 그 자체로 커다란 혁명이다. 약자들이 강자들에 대해, 억압된 자들이 자신들을 억누르는 것에 대해, 가치체계와 관습적인 사고에 대해 일으킨 혁명인 것이다.

게다가 인간의 사고 자체가 남성들의 지배를 용이하게 해주는 방향으로 진행되고 있었다. 인간 존재의 의식 수준이 눈앞의 사태를 상징적·신비적 용어로 해석하던 한계를 넘어서 바야흐로 원인과 결과를 이해하게 되자 아이를 만드는 일에서 남성들의 구실도 분명해졌다. 이제 여성들의 신체 리듬은 신성한 것이 아니라 인간적인 것이 되었고, 남성이 임신을 가능하게 한다는 깨달음이 그 혁명을 완성시켰다. 사실 이 혁명은 남성들의 분노와 저항심 때문에 이미 시작된 것이었다. 역사학자 진 마크데일은 그것을 이렇게 정리했다.

남성이 수정에서 자신의 역할이 필수적인 것이라고 주장하기 시작하면서 과거의 생각들은 급속히 붕괴되었다. 이것은 남성의 역사에서 아주 중요한 혁명이기에, 바퀴·농업·철의 사용 같은 사건과 똑같이 중요하게 평가되지 않은 사실이 놀라울 지경이다. …… 아주 오랫동안 속아온 남성들은…… 이제 평등만으로는 불충분하다고 여겼다. **자신이 가진 권력의 의미를 완전히 이해하게 되면서 이제 그는 지배하기를 원했다.**[8]

그리고 지배의 수단으로 가장 수월하게 이용할 만한 것이 남근말고 또 무엇이 있었겠는가? 남성들이 여성들의 타고난 영속적인 잠재력에 대항하기 위해 스스로 의미를 만들어내기 시작할 때, 남성의 가장 절친한 친구인 남근보다 더 도움을 줄 수 있는 것이 무엇이겠는가? 남근은 연약한 인간의 형상을 닮았다. 사실 소유자의 의도와 상관없이 발기하고 고집스럽게 유지되다가 어느 순간 예측할 수 없이 수축해버리는 남근은 여성들의 절대적으로 확실한 출산 능력에 도전하기에는 역부족이다. 하지만 그 의미를 실제 이상으로 과장하고 상징적인 지위를 부여하면서 '남근상'이 만들어졌고, 철이나 돌처럼 수축하지 않는 재료들로 제작하여 신전에 안치된 남근은 기대되는 역할을 아주 잘 수행할 수 있었다.

이제 권력은 단숨에 남성들의 손아귀에 놓이게 되었다. 그는 출산에서 전혀 고려의 대상이 되지 못하던 열외의 존재에서 벗어났다. 그들의 성기 역시 자기 자신만 의미 있을 뿐 어떤 신비한 힘도 갖지 못하던 기관에서 벗어나, 위대한 어머니가 갖는 생명력의 비밀이자 근원이 되어버렸다. 이제 권력은 여성의 것이 아니라 남성의 것이 되었다. 남자의 성기는 생식을 위한 신성한 기관이 되었고, 자궁이 아니라 남근이 모든 살아 있는 것의 근원이 되었기 때문이다. 남근은 권력에 꼭 필요한 것이 되었다. 모든 권력이 남근에 주어졌고, 남근으로부터 나왔으며, 남근에 의해 행사되었고, 남근 안에 존재했으며, 남근의 것이 되었다. 그리고 마침내 새로운 종교가 태어났다.

전 세계적으로 남성의 생물학적 구실을 발견하기 시작한 것은 약 3500년 전 석기시대가 시작될 즈음이었다. 물론 그 이전 사회에 음경이나 그 상징적 등가물인 남근상이 없었다는 말은 아니다. 남근숭배의 상징은 현재 남아 있는 가장 오래된 기록유물에서도 볼 수 있으며, '신석기 혁명'이 이루어진 시기(근동에서 기원전 9000~8000년경)부터는 그 크기나 양이 인상적인 수준으로 증가했다. 예를 들어, 잉글랜드의 노퍽에 있는 '검댕의 묘지'에서 신석기시대 석기를 캐내다 제단이 마련된 굴을 발견했는데, 그 제단에는 잔 하나와 사슴뿔 일곱 개, 거대한 남근상이 석회암에 새겨져 있었다. 이것들은 모두 그 앞에 세워놓은 위대한 여신상에 바치는 제물이었다. 비록 그 제물들이 비례에 맞지 않는 크기로 만들어지긴 했지만(그리고 진흙이나 돌로 아름답게 만든 모형들 중 일부는 정말 인상적일 정도로 인간의 갈망을 반영하는 것이지만), 이 상징들은 여신숭배 의식의 일부로 만들어졌을 뿐 그 자체로 신성한 지위를 갖지는 않았다.

역설적이게도 최초로 남근숭배 의식을 확립하고 유행시킨 것은 위대한 여신이었다. 근동에서 시작해서 아시아를 거쳐 유럽까지 숭배의식이 확산되었던 이시스의 신화를 보면, 여신은 나무로 오시리스의 남근상을 만들어 테베에 있는 자신의 신전에 세우라고 명령했다. 그 후 여신을 숭배하는 의식에 남근상이나 그 상징물을 바치는 과정이 포함되었다. 그 예로 이집트 여성들은 종교행렬에 오시리스의 상들을 날랐는데, 이를 못마땅하게 여기던 이에 따르면 오시리스의 상들마다 움직일 수 있는 남근이 '어울리지 않을 정도로 크게' 붙어 있다고 했다. 이와 유사하게 그리스 여성들이 여신숭배 의식을 거행할 때도 남근상이 등장하는데, 사제들이 줄로 남근을 움직이게 할 수 있었다고 한다. 이처럼 남성상은 황홀경에 빠져 생기 있게 움직이는 상태로 신전으로 운반되었고, 신전에는 그 도시에서 가장 존경받는 기혼여성들이 남근상 꼭대기에 화관을 씌우고 여신을 기리며 거기에 입 맞추기 위해 기다리고 있었다. 이것은 여신이 남근의 가치를 인정한다는 표시였다.[9]

그러나 일단 남근이 원시 드라마의 단순한 엑스트라에서 남자주연으로 승격되자, 남근이 분장용 화장품 냄새와 대중의 함성을 목말라했음이 드러났다. 그리스 도처에서 마치 용의 이빨처럼 남근상이 건립되었고, 수호자 헤르마(남근 · 기둥)[역2]가 거리 구석구석까지 그 세력을 과시하였다. 한편 기원전 3세기경 델로스 섬에서는 불룩한 고환 위로 마치 육중한 대포처럼 하늘을 향해 솟아오른 거대한 남근들이 늘어선 거리를 자랑거리로 삼았다. 아드리아 해 건너편의 이탈리아에서는 팔레스 신이 일상적인 가사의 신들 중 하나로 모든 가족에게 친숙한 존재였고, 폼페이를 포함한 많은 도시에서는 전적으로 남근신 프리아포스의 숭배의식에만 몰두했다. 후세의 점잔 빼는 사람들은 이런 풍습이 마뜩지 않았고, 그 도시들이 파괴된 까닭으로 서기 79년의 베수비오 화산 폭발을 들었다. 잉글랜드 도싯 지방의 고대 브리튼족은 거대한 언덕 모양으로 체른 애바스 거인상을 만들어낸 일에 커다란 자부심을 표했다. 높이가 약 12미터나 되는 체른 애바스 거인상은 그에게 가장 중요한 기관의 메시지를 보는 이들이 충분히 이해하도록 거대하게 솟아오른 남근 모양의, 끝이 뭉툭한 몽둥이를 가슴 높이까지 들어 올려 휘두르면서 역사 속에서 빛나고 있다.

역2) 다산의 신 헤르메스 숭배와 관련된 성스러운 돌이나 바위. 조상(彫像)이나 기둥 형태를 띠기도 한다.

하지만 뭐니 뭐니 해도 남근숭배 의식을 인도만큼 열성적으로 받아들인 곳은 없는 것 같다. 거기서는 인도신화 연구가들이 주장하는 대로 '세상에서 가장 커다란 남근'이 발견되었다. 시바 신의 '거룩한 막대기'라 불리는 이것은 아래 세상을 모두 관통할 뿐 아니라 천상의 신들조차 작아 보일 정도로 거대하게 솟아오른다고 한다. 시바 신과 함께 힌두교의 3대 신을 이루는 브라마와 비슈누도 이것을 보고는 겁에 질려 땅으로 내려와 그것을 섬겼으며, 모든 남성과 여성에게 그렇게 하라고 명했다. 수천 년간 이 명령이 얼마나 잘 지켜졌는지는 인도의 오랜 풍습을 보고 당황한 서구인의 보고를 통해 가늠할 수 있다. 상인이나 선교사, 식민지 침략자들의 보고에 따르면, 매일 시바 신의 사제 한 명이 벌거벗은 채 신전을 나와 거리를 행진하면서 작은 종을 울리면 모든 여성이 나와 시바 신을 상징하는 그 성스러운 생식기에 입을 맞추었다.[10] 영국 빅토리아시대의 남성들에게 그것은 이상한 나라의 남근처럼 보였을 것이다.

남근이 신성한 지위에 오르면서 그 크기나 고결함뿐 아니라 중요성도 더 커졌다. 이 시기 후 남성의 우월성은 항상 남성적 힘을 상기시키는 이 단 하나의 기관에서 비롯되었고, 오직 그것을 통해 표현되었다. 이것이 끝없이 확대되어 그 후 남근은 권력의 원천일 뿐 아니라 모든 문화적 질서와 의미의 근간이 되었다. 그리고 남성들이 남근을 움켜쥐는 행위는 모든 인사와 약속을 확인해주는 의미를 갖게 되었다. 로마인들에게 **계약**testament은 항상 **고환**testes을 포함하였다. 아랍 사람들은 맹세할 때 "오, 음경의 아버지께서 내 서약의 증인이 되시니"라고 했으

며, 예배나 모임에 참가할 때는 존경의 표시로 교주나 족장에게 성기 검사를 받았다.[11]

　여성들에게도 신성한 남근의 세력이 다양한 방식으로 영향을 미치기 시작했다. 시바 신의 신전에서는 '연꽃 같은 아름다움'으로 특별히 선발한 노예 소녀의 유방과 면도한 사타구니에 신의 상징을 문신으로 새긴 후 '경건한 남근'에 바쳤다. 세계 전역에서 발견된 역사적 기록이나 고고학적 유물들은 여성들이 '남근신'을 통해 불임을 치유하기 위해 나무나 돌로 된 신성한 남근상 앞에서 빌거나 만지거나 입을 맞추었으며, 심지어 그 위에 올라앉기도 했음을 전해준다. 이 '남근신'은 그 지역 여성들의 처녀성을 가져가는 인물인 경우가 많았다. 가톨릭교회로서는 받아들이기가 몹시 난처하겠지만, 남프랑스의 외딴 시골에서는 프로방스의 '성인' 푸탱(Foutin)이 그의 거대한 남근상 덕분에 17세기까지 숭배되었다. 여성들이 임신하기 위해 나무로 된 이 상을 깎아내어 끓여 마시는 통에 계속 줄어들긴 했지만, 사제들 역시 제단 뒤의 다른 목적을 위해 은밀하게 새로 만들어내어 '결코 고갈되지 않는 성기'를 가진 이 성인의 명성을 유지했다.[12] 그런 사례들 중 가장 기분 나쁜 것은 아마도 웨일스 지방에서 하우얼 족장이 통치하던 서기 909~950년까지도 일반적으로 행해지던 켈트족의 의식일 것이다. 거기서는 만일 여성이 한 남성을 강간범으로 기소하려면, 한 손은 성인들의 유물 위에 올려놓고 다른 손으로는 가해자의 '죄를 지은 부위'를 움켜잡고서 피해 사실을 증언해야 했다.[13] 가해자가 양심의 가책을 느끼게 하기 위해서였을까?

남자의 성기가 사랑을 나누는 수단일 뿐 아니라 전쟁의 무기가 될 수도 있다는 암시는 기원전 1300년 이집트의 메네프타 왕이 카르나크에 건설한 기념비적인 남근상에서 가장 분명하게 보인다. 그 상에 새겨진 기록을 보면 메네프타 왕이 어떤 전투를 끝낸 후 자신이 무찌른 적군의 남근을 모두 잘라 고국으로 가져왔는데, 그 남근의 수가 모두 1만 3,240개였다고 한다.

이 일화가 벌어진 시대를 살펴보면, 남근이 부상했다고 바로 위대한 여신이 멸망하지는 않았음을 알 수 있다. 전면적으로 중심을 차지하기 위해 남성세력이 오랜 세월 동안 펼친 가속화된 공격에 적응하려고 여신의 신화나 전설, 여신숭배 의식은 아주 흥미로운 변모 과정을 보였다. 여신에게서 남신으로, 여왕에게서 왕으로, 어머니에게서 아버지로 권력이 옮겨가는 일은 단계별로 일어났고, 이것은 돌에 새겨질 지층들만큼 명백하게 세계 신화에 반영되었다. 최초의 단계에서는 위대한 어머니만이 **존재**했으며, 그녀 혼자서 세계를 **창조**했다. 그녀는 그때그때 연인을 두면서 자녀도 많았지만 가장 우선하는 최고의 존재는 그녀였다. 두 번째 단계에서는 여신의 배우자가 단 한 명으로 줄어든다. 그 배우자는 아들이나 남동생이나 성적 매력을 갖춘 청년이다. 원래 그녀보다 한참 연하였던 그가 점차 권력을 쥐면서 그녀의 배우자로 성장한다. 세 번째 단계에서는 이 남신-왕-배우자가 여신과 동등한 위치에서 통치한다. 바로 이 단계에서 여신의 폐위가 이루어진다. 그리고 마지막에는 남성-남신 혼자 군림하게 되며 여신-어머니-여성은 패배하고 재산을 빼앗기고 몰락의 악순환을 거듭하는 함정에 빠진다. 인류가 그런 악

순환을 멈추고 사태를 역전시키기 시작한 것은 최근의 일이다.[14]

신화는 결코 정적이지 않기 때문에, 이처럼 전개 과정을 단계별로 나누는 일조차 역사적 진행 과정이 거의 갖지 못하는 조직적인 논리를 가정하는 일이 된다. 시대와 장소에 따라 전개 양상은 전혀 달랐으며, 심지어 남성들이 스스로 왕이 되고 신과 여신들을 자신들 마음대로 지배할 때도 그들은 오랜 관습에 경의를 표하고 위대한 어머니에게 합당한 존경을 바쳐야 한다고 생각했다. 기원전 8세기 아시리아의 사르곤 왕은 "이슈타르 여신께서 나를 사랑하셨기에 내가 왕이 되었다."라고 선포했다.[15]

이 초기 왕국들의 종교적·정치적 의식에 대한 많은 기록들을 살펴보더라도 왕의 권력이 커지긴 했지만 아직 절대적이지는 않았음을 알 수 있다. 아일랜드 켈트족의 왕이 국민들에게 인정을 받으려면 아일랜드의 혼으로 여겨지는 '위대한 여왕'과 '혼례의식'을 치러야 했다. 바빌론 왕들에게 이 의무는 상징적인 데 그치는 것이 아니라 진짜 혼례-교합이었다. 그들의 권력은 해마다 재차 확인되어야 했다. 신성한 남근상의 고귀한 화신인 그가 위대한 어머니의 최고 여사제와 '신성한 혼례'를 완성하기 위해 전 국민 앞에 놓인 무대 위에서 공식적인 행사로 의식을 행할 때만 그의 권력이 승인되었다.[16]

따라서 위대한 여신은 여전히 어느 정도의 권력을 소유하고 있었고, 통치하는 남성들이 그런 의무 이행을 소홀히 하려면 위험을 각오해야 했다. 하지만 더 넓게 볼 때, 서로 맞물려 있는 일련의 커다란 사회 변화들이 결합해서 이 초기 문명을 그 기반에서부터 뒤흔들어놓았다. 이런 사건들의 힘은 새로운 공격적 남근숭배의 기세와 함께 여신의 권력과 그에 수반되는 '어머니-권리'의 마지막 잔재까지 몰아내었다. 이런 변화들은 대체로 최초로 사회 조직이 형성되어 인구가 증가하면서 비롯되었다. 인구가 증가하면서 식량이 더 많이 필요하다는 가장 기본적인 필요성이 변화를 부른 것이다. 나이젤 칼더는 여성을 생활의 중심에서 주변부로 밀어낸 사건의 전개 과정을 이렇게 설명한다.

> 1만 8,000년 전에 이집트 남부 강기슭의 농경지대에서 보리와 밀을 경작한 최초의 증거가 발견되었다. …… 여성들이 수확물을 만들기 위해 씨앗 바구니를 들고 왔을 때 인간을 처음 접한 물새들은 몹시 놀랐을 것이다. 여자들은 훌륭한 음식을 낭비하는 것으로 끝날지도 모르는 그 일에 대해 남자들에게 아무 말도 하지 않았을 것이다. 진흙에 이미 갈라져 있는 틈으로 씨앗을 밀어 넣는 일은 순식간에 이루어졌다. …… 그 여자들이 식물유전학에 대해 아는 바는 별로 없었겠지만, 태양이 땅을 온전히 말려놓기도 전에 곡물은 성장하고 익어갔다. 그들이 돌로 만든 낫을 들고 다시 찾아왔을 때는 마치 여신이라도 된 듯한 자부심을 느꼈음이 틀림없다.[17]

칼더의 판단에 따르면, 여성들이 '여신처럼' 자연을 통제한 것은 1만 년에서 1만 5,000년 정도 지속되었다. 그러나 약 8,000년 전부터는 인구 급증으로 식량을 생산하는 방식에 변화를 주지 않을 수 없었다. 차츰 더 규모가 크고 더 집약적인 **농업**이 여성들의 **원예**를 대체하였다.

전에는 신비한 교감 능력을 타고난 여성들이 자연과 더불어 일했다면, 이제는 남성들이 원하는 것을 얻어내기 위해 자연을 길들이고 지배하려 했다. 농업에 사용된 새로운 방법들은 남성/여성의 상징적인 역할과 관계에도 똑같이 부정적인 영향을 미쳤다. 서기 100년경부터 존재한 힌두교 서적 『마나의 원리』가 밝힌 대로 "원칙상 여성은 밭으로, 남성은 씨앗으로 간주"되었다. 전에는 여신이 생명의 유일한 원천이었지만, 이제 여성은 씨앗도 알도 갖지 못한 존재, 그저 경작할 때만 비옥해지는 수동적인 밭이 되고 말았다. 반면 남성은 새로 찾아낸 남성 중심주의가 주는 힘을 등에 업고 쟁기, 씨앗, 씨를 소유하고 뿌리는 존재, 또는 이 모든 것이 하나로 집약된 존재가 되었다.

계획적인 경작과 땅을 농지로 개발하는 일이 무계획적인 원예를 대체하면서 남성의 역할은 더 강화되고 더 중심적인 것이 되었다. 역설적이게도 이것은 생계를 유지하는 데 필요한 수확을 땅에서 거두는 데 실패한 집단에도 똑같이 해당했다. 수확에 실패한 부족들은 식량 부족이나 흉작 탓에 이주를 했고, 그 때문에 전쟁이 뒤따를 수밖에 없었다. 이미 비옥한 지역에 자리 잡은 집단 역시 침략자에 대항하기 위해 함께 뭉쳤다.[18] 집단적인 유목생활에서도, 그로 인한 분쟁에서도 근력과 기동성에서 더 뛰어났던 남성들은 아이들을 책임져야 했던 여성들보다 유리한 점이 많았다. 게다가 부족이 옮겨 다니게 되면서 여성들이 전에 힘들게 얻은 경작 기술은 모두 쓸모없어졌다. 한편 남근숭배의 기세를 등에 업은 남성들은 공격행위나 군사조직을 통해 우위를 차지했다. 이런 힘의 충돌들이 불가피하게 지배집단과 복종하는 집단, 승리자와 패배자, 고정된 계급제도와 노예제도, 종속을 만들어낼 수밖에 없었고, 여성들이 이런 틀에서 탈출하기란 불가능했다. 쟁기와 칼의 폭력 앞에서 여성들은 패배할 수밖에 없었다.

그로 인해 가능한 결과는 오직 하나였다. 방식이나 지역, 시기는 다르겠지만 그리스도 탄생 직전의 천년 동안 모든 신화가 대모신의 멸망을 언급한다. 그 가장 노골적인 사례로 바빌로니아를 지배하던 셈족의 전설을 들 수 있다. 신이자 왕이었던 마르두크는 만물의 어머니 티아마트에게 전쟁을 선포하고 그녀를 산산조각 내서 죽였다. 그 후에야 그는 그녀의 몸 조각으로 세상을 당연히 그래야 할 모습대로 만들 수 있었다. 서로 접촉할 기회가 없을 정도로 멀리 떨어진 다양한 문화권에서 시종일관 같은 주제를 발견할 수 있다는 것은 놀라운 일이다. 중앙아프리카 티위 부족의 창조신화도 같은 내용을 들려준다.

처음 땅을 만든 것은 푸비(Puvi)였다. 바닷물 역시 새로 만들었다. 그녀는 육지와 바다와 섬을 만들었다. …… 푸리티(Puriti)는 "우리 어머니를 죽이지 말아라."라고 했지만, 이리티(Iriti)가 앞으로 나가 푸비를 죽였다. 그가 그녀의 머리를 때렸다. 그녀의 오줌이 바다를 짜게 만들었고, 그녀의 혼이 하늘로 올라갔다.[19]

같은 내용을 담은 다른 신화에서는 위대한 여신이 패배하긴 하지만 살아남은 것으로 그려졌다. 켈트족 민간신화는 삼면여신(세 명의 모습을 가진 여신) 에무(Emu), 반바(Banbha), 포들라(Fodla)가 전쟁의 신 밀

(Mil)의 아들들을 만나 격렬한 전투를 벌인 후 침략자의 힘에 눌려 초라하게 전락하는 과정을 들려준다. **결국 신화들이 어떤 형태를 취하든 간에 권력이 여성에게서 남성에게로 이동한다는 기본적인 설정은 같다.** 그리스 신화에서는 아폴론이 델포이에 있는 여신의 가장 신성한 신탁소를 탈취하였다. 아프리카의 키쿠유족은 선조들이 부족 여성들을 집단으로 공격하여 강간함으로써 9개월 뒤에 임신한 여성들을 힘들이지 않고 진압한 일에 대해 아직도 이야기한다. 한편 아스텍 신화에서는 대지의 여신 소치케찰이 아들 우이칠로포크틀리를 낳았는데, 지배욕에 휩싸인 그가 소치케찰의 딸인 달의 여신을 살해하고 천국을 통치하는 그녀의 자리를 빼앗았으며 그녀의 다른 자식들도 모두 죽여버린다.

패배와 불완전한 생존이라는 원형은 흔히 태양신이 달을 누르고 승리한다는 식으로 표현되었다. 물론 달은 항상 여성이다. 일본 신화에서는 최고신 아마테라스 여신이 남동생 스사노오의 공격을 받는다. 그는 그녀의 논을 망쳐놓고 그녀의 신성한 거처를 배설물과 동물 시체들로 더럽힌다. 그녀가 맞서 싸우기는 하지만 결국 그는 '그녀의 빛을 훔쳤고' 그녀는 이전의 권력 중 절반만 되찾아 밤에만 빛날 수 있게 되었다.[20] 원예에서 농업으로 옮겨간 역사적 전환처럼, 겉보기에 자연스러워 보이는 이런 전개 과정은 남성과 여성의 관계는 물론이고 사고방식에서 의미심장하고 되돌릴 수 없는 변화들이 있었음을 은폐한다.

태양의 신, 시간과 공간의 지배자는 본질적으로 남성이었다. 남근의 햇살이 어머니 대지 위로 내리쬐이는 것이다. 남성적인 빛이 대지를 충만하게 하여 씨앗이 싹튼다. 스페인에서 중국까지 선사시대의 태양은 남성성, 인간의 자의식, 지성, 눈부신 지식의 빛을 대변한다. 이것은 때에 따라 변화하는 달의 통치자, 자궁과 바닷물, 어둠, 꿈을 지배하는 무의식에 대립된다. …… **반전 현상**, 즉 남성-태양-남신이 여성-달-여신에게 승리를 거둔 일은…… **주기적으로 반복되는** 여성 중심의 다산숭배가 붕괴되고 되풀이될 수 없는 사건들로 이루어진 **직선적** 역사라는 남성적 개념이 패권을 쥐고 융성하게 되었음을 의미한다.[21]

여성의 몰락은 단순히 신화적 소재에 그치지 않았다. 남성들은 다양한 방식으로 여성들의 권한을 강탈하고자 했고, 실제로 권력을 쥐고 있던 많은 여성들이 공격을 받았다. 왕위가 모계 혈통으로 계승되는 곳에서는 뻔뻔한 야심가들이 여왕과 강제로 결혼하여 왕위를 빼앗거나 강간으로 권력을 찬탈했다. 기원전 6세기 스키타이의 타미리스 여왕은 페르시아의 키루스 황제에게 그런 종류의 '청혼'을 받았으나 끝까지 대항하여 물리쳤다. 하지만 다른 여성들은 대부분 그렇게 운이 좋지 못했다. 기원전 80년 이집트의 베레니케 2세는 연하의 조카 프톨레마이오스 알렉산더의 청혼을 거절했다가 그에게 교살되었다. 충성스런 알렉산드리아 사람들이 들고일어나 그를 살해한 것을 보면 당시 사람들에게도 이것이 얼마나 잔인무도한 폭행으로 비쳤는지 알 수 있다.[22] 그래도 대부분의 왕은 자신이 강탈한 권력을 유지하는 데 성공했다. 남성들이 특권을 가진 여성들을 공격적으로 침략하던 이 시기부터 왕실의 근친상간이 시작되었다. 아내가 죽은 후 왕좌에서 물러나기 싫었던 왕들이 정당한 계승자인 그녀의 딸과 결혼한 것이다. 그렇지 않으면 그의 아들 중 한 명과 새 여왕을 결혼시키는 식이었다. 이것은 두 가지 이득을 주었다. 그 덕에 남성들이 계속해서 왕권을 통제할 수 있었고, 아들들을 왕위 계승의 구조 안에 편입함으로써 점차 그들의 권리가 딸의 권리를 능가하게 된 것이다.

이런 상황에서 여성 통치자들은 남성들이 벌이는 권력놀음의 볼모로 급속히 전락하였고, 그들의 중요성도 남성들이 그들을 소유하거나 통제할 수 있는 한도 안에서만 인정되었다. 로마의 테오도시우스 대제의 딸 갈라 플라키디아는 로마가 함락되었을 때 서고트족의 족장 알라리크에게 붙잡혀 갔고, 그의 사후에는 그의 동생에게 넘겨졌다. 그 동생이 살해되자 그녀는 다시 로마로 넘겨졌고, 개선장군 콘스탄티우스와 강제로 결혼했다. 콘스탄티우스는 그녀의 이름을 아우구스타로 바꾸고, 자신은 '아우구스투스'가 되어 그녀와 공동 황제가 되었다. 콘스탄티우스 황제가 사망하자, 이번에는 그녀의 남동생이 그녀를 콘스탄티노플로 추방하고 왕위를 손에 넣었다. 그녀가 안정을 찾고 평화를 얻은 것은 서기 425년, 그녀의 아들이 황제가 되면서부터였다.

왕가의 여성들이 왕위 계승권을 둘러싼 권력싸움의 볼모로 이용된 후 살해된 사례는 세계 역사에 무수히 많다. 그 고전적인 예가 동고트족의 아말라순타 여왕이다. 아말라순타는 아버지 테오도리쿠스 왕이 서기 536년에 사망하자 그녀의 아들을 대신해서 섭정을 하다가 아들이 죽자 선왕의 조카와 강제로 결혼해야 했다. 그리고 그의 권력이 안정되자마자 사형되었다.

지배하고 몰락시키고 파괴하려는 남성들의 광기를 왕실의 여성들만 겪어야 했던 것은 아니다. 문헌기록에 따르면 여성에 대한 다방면의 공격 중에 가장 우선하는 것이 자식에 대한 권리와 온전한 인간 존재로서의 권리에 대한 공격이었다. 태양/달의 이원론은 이제 양극으로 대립된 우주질서로 확장되었다. 남성이 무엇이든 간에 여성은 그 반대의 존재였고, 이처럼 양성이 대립하는 원리를 내세움으로써 남성은 서서히 인간의 기술과 능력을 모두 지배하는 존재가 되었다. 반대로 여성은 온전하지 못한 존재, 만들다 만 존재로 정의되었다. 기원전 4세기, 아리스토텔레스가 인간의 본성 중 남성과 여성의 차이에 대해 서술한 글은 당시의 남녀라면 누구나 기정사실로 받아들일 만한 것이었다.

남성은 능동적이고 활기가 넘치며 정치, 사업, 문화 영역에서 창조적이다. 남성들이 사회와 세계를 만들고 다듬었다. 반면 여성은 수동적이다. 여성은 집에 머무르는 쪽이 그 본성에 어울린다. 여성은 능동적인 남성적 원칙에 따라 형태가 지어지도록 기다리는 질료다. 물론 능동적인 요소들이 어떤 정황으로 보더라도 항상 더 우월하고 더 신성하다. 따라서 생식작용도 남성이 주된 역할을 하며, 여성은 그의 씨앗을 품는 수동적인 존재일 뿐이다. …… 남성의 정액이 생리혈을 이용하여 새로운 인간 존재를 만들어낸다.[23]

이렇듯 여성에 대한 명예훼손이 확립되고 나자 같은 의견이 억누를 수 없이 범람하였다. 크세노폰, 카토, 플루타르크 등 전쟁 지휘자, 정치인, 역사학자가 모두 '여성문제'를 근심하기 시작했다.

신은 집안일을 위해 여성을 만들어냈고, 나머지 모든 일을 위해서는 남성을 창조했다. 신이 여성을 실내에 둔 것은 여성이 추위나 더위, 전쟁을 잘 견디지 못하기 때문이다. 여성은 실내에 머무를 때 정숙하고 밖을 쏘다니면 부정해지지만, 남성이 집에 틀어박혀서 바깥일을 보지 않는 것은 수치스러운 일이다.[24]

여성들은 엄하게 다루어야 한다. …… 물론 그들은 완전한 자유, 아니 완전한 방종을 원한다. 하지만 당신이 그들에게 남자들과 완벽하게 똑같은 평등을 허용하면 그들과 함께 살기가 더 편해질 것 같은가? 천만의 말씀이다. 평등을 얻어내고 나면 그들은 당신의 주인이 될 것이다.[25]

우리가 여성이나 소녀에게 갖는 감정은 '사랑'이라 부를 수 없다. 이것은 파리가 우유를 사랑한다고, 벌이 꿀을 사랑한다고, 가축을 기르는 사람이 송아지와 닭을 사랑한다고 말하는 것보다 더 우스꽝스럽기 때문이다.[26]

마지막으로 제시한 플루타르크의 글이 우리에게 상기시키는 대로, 그리스인들에게는 '오직 소년들이 불러일으키는 사랑만이 진실한 사랑'이었다. 사실 고대 그리스의 동성애는 남근의 우월성을 제도화하고, 여성에게는 출산 외에 다른 어떤 사회적·감정적 역할도 부정하게 만드는 것이었다. 남근의 위력을 자각하면서 새로이 부상한 남성들에게는 당연히 자기 자식이 그런 하찮은 존재에 불과한 여성과 되도록 관련되지 말아야 할 것처럼 보였을 것이다. 아이스킬로스의 희곡『에우메니데스』의 절정에 해당하는, 유명한 '아폴론의 판결'에서 태양신은 친절하게도 이렇게 선언한다.

어머니는 그녀의 아이라 불리는 자식의 어버이가 아니라 새로 뿌린 씨앗이 성장하도록 돕는 양육자에 불과하다. **씨를 심은 남성만이 어버이다.**

이 단순명료하고 무지막지하며 편파적인 판결은 원시시대부터 수천 년간 지속되어 온 잉태에 대한 믿음을 남근 중심적인 사고로 뒤바꾸어 놓았다. 여성은 이제 남성을 창조해낸 자연의 그릇이 아니었다. 이제 남성이 여성을 자신들을 위한 그릇으로 만들어낸 것이다. 태양이 달을 무너뜨리듯 왕은 여왕을 쳐부수고 남근이 자궁을 몰아내고 생명과 권력의 원천이자 상징이라는 자리를 차지했다.

새로운 체제에서 여성들의 권리는 그들이 지내던 종교의식과 같은 전철을 밟았고, 세계 구석구석의 도시와 국가에서 여성들은 거의 농노와 비슷한 신분으로 전락했다. 그들의 소유물을 도둑맞은 것은 물론이고, 그들 자신이 소유물 신세가 되었다. 새로운 사회적·정신적 체계는 그들에게서 자유와 자치권, 지배권뿐만 아니라 가장 기본적인 권리인 자기 몸을 통제할 권리마저 강탈했다. 이제 여성들은 남성들, 아니 그보다는 한 남성에게 속하게 되었다. 정확한 시기는 알 수 없지만 분명 특정한 시기에 여성을 성적으로 독점하는 횡포가 널리 퍼졌다. 여성을 임신시키기 위해 오직 한 남성이면 충분하다는 사실을 깨닫게 되자마자 순식간에 '**오직 한 남성만**'이라는 사고방식이 만연했다.

하지만 여성을 소유하고 그녀의 성적 봉사를 독점한다는 생각은 더 절실한 필요성 앞에서는 항상 보류될 수 있었다. 예를 들어, 이누이트 족에게는 아내를 빌려주는 풍습이 있다. 이누이트 남편들에게 이것은 "빌려주는 자신이 나중에는 결국 빌리는 사람이 될 것임을 알고 있었기 때문에, 미래를 위한 현명한 투자"였다. 그가 "이글루를 안락하게 꾸미고, 그를 위해 따뜻한 양말을 준비하고…… 그가 사냥해 온 것으로 기꺼이 요리할" 여자를 필요로 할 때 말이다. 이게 전부가 아니다. 빌린 아내의 의무가 어디까지였는지는 이누이트 아이들이 자기 아버지와 거래하는 남자들을 모두 "내 어머니와 그 짓을 하는 남자"라고 지칭하는 데서 확인할 수 있다.[27]

여성들은 남성들의 소유물이 되어 남성들이 마음대로 처분할 수 있는 존재가 되었다. 이제 여성들은 식량부족으로 고군분투하는 부족에 자원을 공급하는 최상의 원천이 아니고 생명의 신성한 근원도, 미래를 위한 희망도 아닌 존재가 되었다. 남성들이 무력을 행사하여 그들을 통제하는 데 걸림돌이 될 것은 아무것도 없었다. 서기 2세기에 그리스 작가 포시디푸스가 기록한 바에 따르면, 고대 중국인들은 "아들이 태어나면 아무리 가난해도 키웠지만, 딸이 태어나면 아무리 부자라도 내다 버렸다."고 한다.[28] 당시 지구 반대쪽에서 〈비글〉호로 항해 중이던 다윈은 티에라델푸에고 제도의 한 추장에게서 기아에서 살아남기 위해 나이 든 여자들을 잡아먹을지언정 그들의 개는 결코 먹지 않는다는 말을 들었다.[29] 문헌기록이나 서사시, 연대기 등 인류학과 고고학 자료들을 보면 성적 적대감이 실행에 옮겨진 사례가 무수히 많음을 알 수 있다. 종종 이것이 극단으로 치달아 여성들이 거래되고, 노예가 되고, 강간당하고, 매춘굴에 팔려 가고, 주인이나 남편에게 살해되는 등 가능한 모든 방식으로 마음대로 혹사되었다.

잉글랜드 앵글로색슨족의 거주지에서 생긴 끔찍한 사건이 그런 상황을 절감하게 해준다. 그곳에서 서력 기원전의 것으로 보이는 여성의 유골 두 구가 한 무덤 구덩이에 나란히 누운 형태로 발견되었다. 연장자인 한 여성은 20대 후반으로 추정되는데 벌거벗은 채 생매장되어 있었다. 굳어 있는 뼈의 자세로 보아 그녀는 흙이 자기 위로 쏟아질 때 몸을 일으키려 애쓴 것 같다. 더 어린 쪽은 열여섯 살 정도 된 소녀인데 사망하기 훨씬 전에 부상을 당한 흔적이 있었다. 그것은 '피해자가 강하게 반항하는 가운데 난폭하게 강간당할 때 생기는 전형적인 상처'로, 그중에는 강간하기 쉽도록 그녀의 다리를 들어올리려고 왼쪽 무릎 뒤쪽을 칼로 찔러 뼈에 구멍이 생긴 흔적도 있었다. 그런 일을 당하고도 소녀는 6개월 정도 더 산 것으로 보인다. 고고학자들은 그녀가 벌거벗겨지고 손발이 묶인 채 다른 여성과 함께 산 채로 매장된 것은 그녀의 임신으로 과거의 부정이 드러났기 때문이라고 판단했다.

더 나이 든 여성이 어떤 죄를 지었고 어떤 벌을 받았는지는 단지 추측할 뿐이다. …… 하지만 나체로 손발이 묶여 있고 온몸에 상처를 입은 어린 소녀는 아마도 살아 있는 상태로 귓가에서 인간 늑대들의 함성을 들으며 구덩이의 진흙 덕분에 자비로운 망각의 세계로 들어갈 수 있었을 것이다.[30]

더는 신성한 존재일 수 없게 된 여성들은 소모되는 존재가 되었다. 아스텍의 살육의식 중에는 전에 여성들이 가졌던 힘에 대한 직접적인 조롱도 있다. 해마다 12월이 되면 대지와 곡물의 여신 일람테쿠틀리(Ilamtecuhtli)로 변장한 여성의 목을 잘라 사제에게 건네면, 의식용 의상과 가면을 착용한 사제가 비슷하게 차려입은 다른 사제들을 이끌고 이를 경축하는 의식의 춤을 추었다. 이것은 비슷한 종류의 수많은 아스텍 의식 가운데 하나에 불과하다. 6월마다 덜 익은 옥수수의 여신 시우로넨(Xiulonen)으로 분장한 여성이 비슷한 방식으로 산 제물이 되었고, 8월이면 신들의 어머니 테테오인난으로 분장한 여성의 목을 자르고 가죽을 벗겼다. 그 가죽은 다음 번 의식에서 여신의 역할을 맡을 사제에게 씌웠다. '어머니를 무찔러 죽인다'는 주제는 이 소름 끼치는 의식의 진행 과정 중 한 부분에서 더 분명해진다. 희생되는 여성의 넓적다리 부분의 피부는 따로 벗겨서 가면을 만들어 죽은 '어머니'의 **아들** 역할을 하는 사제가 쓰도록 하는 것이다.[31] 전 세계적으로 이와 유사한 풍습이 퍼져 있었다. 봉건제가 확립되기 전 중국에서는 해마다 '노란 나리의 신부'로 어린 소녀를 뽑아서 1년간 살을 찌우고 아름답게 치장한 후

노란 강[역3]에 빠뜨려 익사시켰다.[32] 의식의 산 제물로 삼는 일부터 여아나 신부를 강제로 순장하는 일까지 여성들을 학살하는 일은 인도, 중국, 유럽, 중동 전역에서 사실상 남근이 지배하는 곳이라면 가장 외딴 촌까지 빼놓지 않고 마치 전염병처럼 퍼져 나갔다.

사회가 발전함에 따라 남성들의 잔인한 무력통치가 점차 법으로 뒷받침되었다. 로마에서는 가부장이 가족 구성원 전체의 생사를 결정할 수 있는 권력을 당연하게 행사했다. 법의 눈으로 볼 때 그는 가족 구성원들 중에서 유일하게 온전한 인간이었기 때문이다. 기원전 594년 그리스 아테네에서는 솔론이 입법가가 되면서 가장 먼저 만든 법령 중 하나가 여성들이 밤에 집을 떠날 수 없도록 하는 것이었다. 이 법은 차츰 낮에도 그들을 집에 가둬놓는 결과를 초래했다. 고대 이집트에서는 여성들이 아버지나 남편의 재산이었을 뿐 아니라 합법적으로 그들의 신체의 일부로 여겨져, 혈연관계의 남성들이 그들에게 무슨 짓을 하든 견뎌야만 했다. 또한 충격을 받은 그리스의 역사학자 디오도로스(기원전 60~30)가 그의 『세계사』에 기록한 대로, 무고한 여성들이 가련한 노예 신세가 되어 피라미드를 쌓아 올리는 강제노동에 동원되었다.

족쇄에 묶인 그들은 밤낮을 가리지 않고 쉼 없이 일한다. 헐벗은 몸을 가릴 누더기도 갖지 못했고, 나이 들어 허약해지거나 여성으로서 연약한 것도 변명의 구실이 되지 못했다. 그들은 죽어서 쓰러

역3) 황허를 가리킨다.

지기 전까지 매를 맞으며 혹사당했다.[33]

하지만 모든 여성이 희생자로 살거나 노예로 죽지는 않았다. 여성 모두가 그들에 대한 억압에 수동적으로 굴복했다고 말하는 것은 부정확할 뿐 아니라 역사적으로도 부당하다. 아리스토텔레스가 제자들에게 여성들은 선천적으로 열등한 존재라고 진지하게 강연하던 시대인 기원전 4세기에 아그노디케라 불린 한 여성은 오직 남성들에게만 허용되던 학문의 세계로 침투하는 데 성공했다. 그녀는 의학 수업을 들은 후 남자로 변장하고 부인과 병원을 개업했는데, 병원이 어찌나 번성했던지 그녀의 명성을 시기한 다른 의사들이 그녀가 환자들을 유혹했다고 고발할 정도였다. 법정에서 그녀는 생명을 구하기 위해 어쩔 수 없이 자신이 여성임을 밝혀야 했다. 그러자 이번에는 법적으로 남성에게만 허락된 직업을 가졌다는 새로운 죄목으로 고발되었다. 결국 이번에도 무죄 선고를 받은 아그노디케는 세계 최초로 알려진 부인과 여의사로 살았다.[34]

이 이야기가 들려주는 대로 가장 불리한 상황에서조차 여성들은 결코 전적으로 복종한 적이 없다. 여성들이 무수히 유린당했음은 사실이다. 하지만 새로 부상하는 남성 지배자들이 억압하려 하면 할수록, 그들은 더 풍부하고 한결같은 저항에 맞닥뜨려야 했다. 사실 남성들이 만들어낸 체계를 무너뜨리기 위해 여성들에게 아주 뛰어난 독창성이 필요하지는 않았다. 세계적으로 널리 퍼져 있던 월경 금기 풍습만 해도 그렇다. 남성들을 감염시키고 음식을 오염시킬까 봐, 또는 아리스토텔레스가 믿었던 대로 그들의 숨결로 거울이 녹슬까 봐 생리 중인 여성들은 사회에서 격리되곤 했다. 그런데 바로 이런 격리가 여성들에게 대안적인 권력망을 개발할 완벽한 기회를 제공했다. 이 대안적인 조직망은 사회에서 밀려난 존재, 비가시적인 존재에게는 최상의 효과를 발휘했다. 여성들이 생리 중인 다른 여성에게 음식을 날라다주고 새로운 소식이나 전갈을 전해주려고 모였을 때 월경 오두막이나 여자들의 방에서 벌어진 일은 남성들이 이해할 수 없는 것, 그들의 시야 밖에 있는 것이었다. 하지만 그것은 분명 그들 생활의 일부였다.

남성 지배에 대한 여성들의 저항이 직접적으로, 심지어 폭력적으로까지 표출되는 경우도 드물지 않았다. 기원전 215년 로마의 원로원 의원들이 그 쓰라린 경험의 장본인들이다. 그들은 물가 폭등을 억제하기 위해 여성들이 금을 약 15그램 이상 소유하거나 총천연색 옷을 입거나 쌍두마차 타는 것을 금지하는 법률을 통과시켰다. 소식을 듣고 분개한 여성들이 카피톨리노 언덕을 가득 메울 정도로 몰려가 폭동을 일으켰고, 도시 곳곳에 분노의 함성이 울려 퍼졌다. 관리들의 비난도 남편들의 위협도 여성들이 조용히 집으로 돌아가게 만들지 못했다. 악명 높은 반페미니스트 카토의 거센 반발에도 법안은 결국 철회되었다. 이 사건은 여성들의 자매애와 단결이 거둔 최초의 승리로 남았다.

지배와 복종의 게임에서 여성들이 항상 패배자가 되지는 않았다. 19세기 탐험가들의 기록을 보면 여성들이 남근숭배의 도전에 맞서 싸워 계속해서 남성들을 통치하는 아프리카 부족들에 대한 설명을 많이 볼 수 있다. 이들 대부분이 이제는 리빙스턴의 기록으로만 남아 있는 발론다(Balonda) 부족처럼 사라지고 없다. 발론다 부족의 남편들은 아내의 허락 없이는 아무 것도 하지 못할 정도로 아내에게 종속되어 있었다. 오늘날에도 그런 부족들에 대한 자료는 계속 찾을 수 있다. 예를 들어 파푸아뉴기니 유아트 강에서 살아가는 먼더거머 식인부족의 여성들은 사람 사냥을 나서는 남성들만큼이나 사납고, 특히 아이 갖기를 싫어한 다고 한다. 전통적인 아내 역할에 대한 이 오래된 저항은 같은 지역의 마누스족 속담에서도 드러난다. "성교는 몹시 불쾌한 일이다. 좋은 남편이란 거의 성교가 시작된 것을 미처 알기도 전에 일을 끝내는 사람이다."[35]

이런 사례들을 보더라도 여성들이 뒤에서 보조하는 조연으로 쉽게 전락하지는 않았음을 알 수 있다. 우리에게 알려진 남성 중심의 지배체제는 한결같이 여성이 '선천적으로' 그런 역할에 적합하게 맞춰진 존재라고 주장해왔지만 말이다. 사실 여성은 자율성과 자신에 대한 통제권을 강력히 주장하였고, 남성의 권력을 전복하고 변화시킬 방법들을 다각도로 모색해왔다. 남성이 지배하는 새로운 정치조직은 획일적인 단일체를 만들지도 못했고 항상 똑같은 형태를 유지하지도 않았다. 그래서 여성들이 슬그머니 끼어들어 모험을 시도할 여지도 많았다. 게다가 남근 소유자들이 아무리 최상의 권위를 내세우며 스스로 무한한 우주공간의 주인이라 자처해도 실생활에서는 싫든 좋든 여성과 결혼해서 딸의 아버지 노릇을 할 수밖에 없었다. 이런 다양한 요인이 결합되어 여성이 남성과 같은 방식으로 활동할 기반을 많이 제공했다.

여성도 엘리트 지배계층의 일원이 될 수 있었다

여성이 권력에 접근하는 전형적인 방법은 그것을 장악하고 있는 남성에게 접근하는 것이었다. 이것은 전에 모권사회에서 행해지던 방식을 그대로 역전한 것이다. 그 가능성을 가장 분명하게 보여주는 사례로 '율리아 자매'의 인상적인 출세를 들 수 있다. 율리아 자매들은 서기 3세기 내내 로마를 통치한 두 자매와 두 딸로 강력한 여성왕조를 이루었다. 먼저 언니 율리아 돔나가 세베루스 황제와 결혼하면서 로마의 권력정치 무대로 뛰어들었다. 217년에 그녀가 죽자 이번에는 동생 율리아 마이사가 권력을 이어받았고, 역시 율리아란 이름을 가진 자신의 두 딸을 그런 방식으로 결혼시켜 두 사람 모두 그다음 두 황제의 어머니가 되었다. 이 두 황제 덕분에 세 여인은 235년까지 막강한 영향력을 발휘하며 로마를 통치하였다.

이런 권력정치의 또 다른 여주인공은 비잔틴 제국의 풀케리아 황후(서기 399~453)다. 그녀는 겨우 열다섯 살 때부터 심약한 남동생을 대신해서 섭정을 했고, 나중에 동생의 아내가 그녀의 최고 권위에 도전하자 맞서 싸워 이를 물리쳤으며, 동생의 사후에는 불굴의 장군으로 알려진 남편 마르키아누스의 뒷받침으로 직접 제국을 통치하였다. 그런데 마르키아누스는 이름뿐인 남편이어서 아내의 순결서약을 결코 깨뜨리지 못했으며, 그 덕에 그녀는 사후에 성인으로 인정받았다.

여성들은 정치적으로 탁월한 능력을 발휘했다

풀케리아의 이야기가 보여주듯, 여성들은 아주 일찍부터 권력조직을 조종하는 법을 배웠다. 자신의 행동에 제약이 될 수도 있는 틀을 벗어나지 않음으로써 더 높은 목표를 달성하는 데 방해되지 않도록 하며 교묘하게 상황을 몰아가서 원하는 것을 얻어낼 줄 알았다. 한때 곡마단에서 곰을 돌보면서 곡예사로 활동했고 고급 매춘부 노릇도 한 위대한 테오도라 황후 역시 그랬다. 그녀는 서기 525년에 비잔틴 제국의 왕위를 계승하게 될 유스티니아누스 왕자와 결혼함으로써 신데렐라의 환상을 모두 충족시켰다. 그녀는 원로원에서 발언할 때면 "여성이면서 자유롭게 발언하는 것에 대해 매번 사과하겠다."라고 제안했다.[30] 하지만 이런 겉모습 뒤로 테오도라는 여성들도 재산을 소유하고 유산을 상속받고 이혼할 수 있는 권리의 입법화를 강력하게 추진했고, 매음굴로 팔려 간 소녀들의 몸값을 지불하고 자유를 찾아주었으며, 포주와 기둥서방들을 국외로 추방하였다.

자신이 얻은 권력을 다른 이들을 위해 품위 있게 사용할 줄 알았던 테오도라와 달리, 가장 지독한 형태로 **현실정치**에 대한 욕망을 드러낸 여성도 많았다. 로마 황후 리비아 드루실라(기원전 약 55~서기 29)와 발레리아 메살리나(서기 22~48)도 끝없이 극단적인 음모를 꾸민 여성이었다. 그 음모에는 자기 목적에 방해가 되는 사람들을 주저 없이 독살하는 일도 포함되었다.

독약은 전설적인 미인 제노비아가 즐겨 쓰던 무기 가운데 하나이기도 했다. 스키타이의 전투적인 여왕이던 그녀는 로마군을 물리치고 이집트와 소아시아까지 진출해서 그곳을 점령했으며, 로마군에게 패배하자 로마의 원로원 의원을 유혹하여 죽음을 면하기도 했다. 후에 그와 결혼한 그녀는 죽을 때(서기 274)까지 한적한 곳에서 안락한 삶을 영위했다.

왕가의 권력싸움에서 '여자 푸른 수염'[역4]에 해당하는 인물은 단연코 프랑크 왕국의 여왕 프레데군트임이 틀림없다. 서기 597년에 사망한 그녀는 궁정의 하녀로 출발해서 왕의 정부가 되었다. 왕에게는 이미 두 명의 아내가 있었는데, 그녀는 왕을 설득해 한 아내와는 이혼하게 하고 다른 아내는 사형시키게 했다. 죽은 왕비의 여동생이자 이웃 나라의 여왕인 브룬힐트가 그녀의 강력한 적으로 대두되자 브룬힐트의 남편을 죽이는 계략을 꾸몄고, 이로 인해 두 왕국은 40년 동안이나 전쟁을 했다. 프레데군트의 희생자 명단에는 그녀의 의붓자식들은 물론이고 남편인 왕도 포함되었다. 그리고 마지막으로 그녀의 숙적 브룬힐트 여왕이 희생되었는데, 프레데군트는 그녀를 사흘 동안이나 대중 앞에서 공개적으로 모욕하고 잔인하게 고문한 다음에야 사형에 처했다. 이로써 인간사냥을 마감한 프레데군트는 자기 침대에서 평화롭게 생을 마감했다.

역4) 샤를 페로의 동화집에 같은 제목으로 실린, 민담의 주인공인 살인광을 뜻한다.

개인적인 성취는 항상 가능했다

재능 있는 여성들이 커다란 업적을 이루어 역사에 이름을 남긴 경우는 부지기수다. 이것은 인류의 과반수를 차지하는 여성들이 항상 인간의 지성과 창조성으로 일군 과업의 절반을 이루어내었음을 상기시켜주는 유익한 증거다. 시인 사포는 기원전 6세기에 최초로 서정시를 썼고, 풍부한 상상력이 돋보이는 글을 통해 여성의 경험을 폭넓게 다루었다. 중국의 박식한 학자 반소(班昭)는 서기 100년경 역사학자, 시인, 천문학자, 수학자, 교육가 등 어마어마하게 다양한 영역에서 활약하였다. 모든 영역에서 이루 다 열거할 수 없이 많은 여성들이 열정적으로 학문에 몰두하고 사회 번영에 이바지했다. 로마의 파비올라는 병원을 세워서 간호사와 의사로 활동했으며, 서기 399년 죽기 전에 세계 최초로 알려진 여성 외과의사가 되었다.[37] 다양한 분야에서 존경받는 권위자가 된 여성들뿐 아니라 후대의 전통을 확립한 창시자도 많았다. '알렉산드리아의 연금술사'로 알려진 클레오파트라는 원래 화학자이자 인문학자였는데, 그녀의 책 『크리소페이아(금을 만드는 법)』는 유럽에서 중세시대까지 읽히던 고전으로 남아 있다. 한편 클레오파트라와 마찬가지로 서기 3세기에 활동한 중국의 서예가 웨이푸런[역5]은 오늘날까지도 중국에서 가장 위대한 서예가이자 모든 서체의 창시자로 존경받는다.

역5) 왕희지에게 가르침을 준 것으로 알려진 위부인(衛夫人)을 가리키는 것으로 보인다.

물론 모든 여성이 역사에 흔적을 남길 수 있었던 것은 아니다. 하지만 그렇다고 해서 그들이 어쩔 수 없이 과거의 거대한 침묵 속에 묻혀 버렸다고 말할 수는 없다. 모든 문화권에서 전해지는 민간설화들이 난폭하거나 어리석은 남편을 길들이고, 탐욕스런 지배자를 지혜롭게 속여넘기고, 자식들을 위해 계획을 세우고, 그 자식이 낳은 자식들까지 보면서 행복하게 살아가는 일상생활 속 여주인공들의 이야기를 들려준다.

이따금씩 이런 이야기들은 아주 특이하고 개인적인 성격을 보여준다. 중국 당나라(서기 618~907) 초기의 민간설화가 바로 그러하다. 거기에 등장하는 어린 여주인공은 너무나도 공부를 하고 싶었기 때문에 소년으로 변장하고 학교에 갔는데, 첫날의 경험을 "새장에서 풀려난 새처럼 행복하다."라고 말했다. 그보다 훨씬 더 오래된(기원전 200년 무렵) 설화인 '만리장성에서 남편을 찾아 헤매는 이야기'는 이것보다 훨씬 더 서글픈 내용을 담고 있다. 이 설화는 남편을 찾기 위해 길고 험난한 여행을 하는 어떤 아내의 이야기인데, 그녀가 사랑하는 남편은 이미 오래전에 죽어버렸기 때문에 그녀가 겪은 모든 위험과 재난은 한없이 공허하다.[38]

세상의 새 주인이 된 이들은 "남성은 남근 덕분에 생명을 이어가는 존재가 된다."[39]라고 주장하기 위해 노력했겠지만, 어떤 남성도 자기 아내에게는 단순히 하나의 남근에 머무르지 않았다. 남자와 여자 사이에 사랑이 있기 때문이다. 부부의 침실에서 생기는 비밀스런 친밀감은 그들을 결속시켰고, 그것은 시대를 뛰어넘는 것이었다. 거의 2,000년 전에 로마의 한 남편이 죽은 아내에게 쓴 편지 형식의 비문은 지금도 읽는 이의 가슴을 뭉클하게 한다.

우리의 다정한 결혼생활은 41년으로 끝날 운명이었나 보오. …… 당신이 얼마나 훌륭한 아내였는지, 얼마나 선량하고 유순하며 사랑스럽고 다정했는지…… 당신의 가족과 마찬가지로 내 어머니께도 사려 깊은 태도를 보였으며 친척들에게도 애정과 헌신을 다했음은 굳이 말할 필요도 없겠지…… 내가 피해 다녀야 했을 때 당신은 당신의 보석을 아낌없이 내주었지…… 그 후에도 우리의 적들을 교묘히 따돌리면서 당신은 계속해서 나를 돌봐주었고…… 밀로의 패거리들이…… 우리 집에 침입하여 난동을 벌였을 때 당신은 훌륭하게 그들을 몰아내고 우리의 가정을 지켰소.[40]

이 글을, 여성 혐오의 태도를 보이는 로마 역사가나 학자들의 글과 비교해보라. 그들이 논의의 대상으로 삼은 것이 동일한 존재, 즉 여성이라는 사실을 믿기 어려울 것이다. 사실 여성들의 실제 생활을 미시적인 수준에서 살펴보면, 남자들이 거시적인 차원에서 여성들에게 당연한 것으로 요구하거나 실제 사실이었다고 주장하는 내용과는 모순됨을 더 분명하게 알 수 있다.

하지만 기원전 1500년경 남근숭배가 세계를 휩쓸기 시작하면서 여성에 대한 위협이 증가했음은 부정할 수 없다. 여성에 대한 남성들의 적대감도 점점 커졌고, 출산에서 남성 역할의 중요성을 인정받기 위한 그들의 투쟁이 계속되었다. 그러면서 여성들이 전에 누리던 특권에 대한 공격은 억누를 수 없는 것이 되었다. 대모신이 신성한 지위와 권력을 잃었고, 여왕과 여사제는 물론이고 평범한 여성들까지 출생에서 사망까지 삶의 모든 단계에서 극단적으로 지위가 격하되면서 '어머니의 권리'도 상실하였다. 여신숭배 의식과 무관하게 그 자체로 숭배되는 신성한 대상이 된 남근은 이제 자궁을 대신해서 모든 생명력의 중심이 되었으며, 마침내 여성과 아이, 어머니 대지는 물론이고 다른 남성에 대한 남성적 지배의 상징이자 도구가 되었다.

모든 생명이 여성에게서 흘러나오던 때에는 만물이 하나로 조화를 이루었다. 그런데 그 구성요소들이 분리되어 나뉘면서, 남성은 주도하는 영혼이 되었고 여성은 질료로 전락했다. 메소포타미아의 남성들은 여신의 머리를 깨부수고 여성들을 노예로 만듦으로써 여성/여신의 노예가 될지도 모른다는 두려움을 이겨냈고, 남성성을 신과 결부하는 관념을 갖게 되었다.

이것이 여성들에게 의미하는 바는 고대 그리스의 수학자이자 철학자였던 히파티아의 예에서 분명하게 드러난다. 서기 370년쯤에 태어난 히파티아는 어릴 때부터 추론하고 질문하고 사고하는 훈련을 받았고 알렉산드리아의 선도적인 지성인이 되어 대학에서 철학, 기하학, 천문학, 대수학을 가르쳤다. 그녀는 천문학과 대수학에서 독창적인 성과를 보인 것으로 알려졌으며, 아스트롤라베[역6]와 평면천체도, 물을 증류하

역6) 관측과 시간 측정에 사용된 초기의 과학기구.

는 기구, 액체의 비중을 측정하는 수중투시경과 양기계(量氣計)를 발명한 것으로 유명하다.

학생들에게 존경받던 그녀는 현인으로 널리 받아들여졌고 '철학자'와 '교육자'로 알려졌다. 그러나 과학적 합리주의에 입각한 그녀의 철학은 신흥종교로 부상하고 있던 기독교 정신에 위배되었고, 그녀가 가진 권위 역시 여성이 누릴 수 없는 것으로 받아들여졌다. 서기 415년, 알렉산드리아의 주교 키릴은 자신을 추종하는 수도사들과 함께 광신도 패거리를 선동해서 마차를 타고 지나가던 그녀를 길거리로 끌어내린 후 벌거벗기고는 조개껍질과 날카로운 돌로 그녀의 살을 뼈에서 발라내는 고문을 가해 죽였다.[41] 그 후 여성들은 차츰 이와 같은 테러를 많이 접하게 된다.

히파티아를 악랄하게 살해한 사건은 무고한 중년여성 과학자의 죽음 이상의 의미를 갖는다. 생각이 있는 여성이라면 누구든 키릴과 그의 편협한 추종자들에게서 이후 남성들이 보일 모습을 예측할 수 있을 것이다. 남근숭배의 공격적인 기상은 사고와 행동에 대변혁을 일으키는 데 그치지 않았다. 아직도 지배는 절대적이지 않았고 체계 역시 불완전했기 때문이다. 남성성 자체가 육체적이고 가시적이고 실수하기 쉬운 것에 의존하고 있었기에, 그런 허술한 생각을 교묘하게 이용하거나 공격할 여지가 너무 많이 남아 있었다(사실 남성들 자신도 조절하지 못하는 기관에만 의지해서 세계를 통제할 수는 없는 노릇이었을 테니 분명 그 이상이 필요했다).

따라서 남성들보다 더 위대한 존재, 그러니 당연히 모든 여성들보다 더 위대한 존재, 전능하고 의심할 수 없는 힘을 가진 존재, 즉 하나의 신, 하나님 아버지, 남자들이 그를 닮은 모습으로 만들어졌다고 주장할 만한 존재가 필요했을 것이다.

남자들은 모두 여자들이 종교의 설립자였음을 인정한다.
— 스트라보(기원전 64~서기 21)

남성이 우월하다고 강조하는 배후에는 오랜 세월 지속된 여성에 대한 질투가 숨어 있다.
— 에릭 에릭슨

2부. 여성의 몰락

남성이 그토록 오랫동안 여성을 노예로 삼은 것은, 어쩌면 복수심 때문 아니었을까?

― 에드워드 카펜터

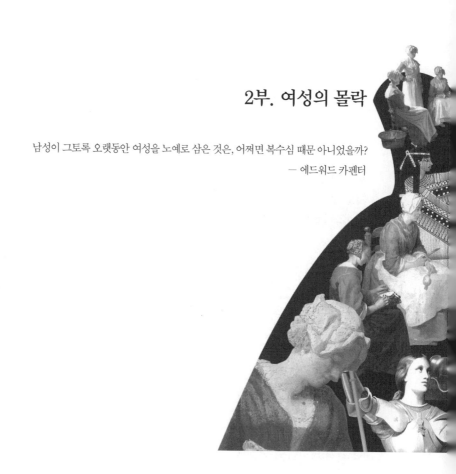

4. 하나님 아버지

자기를 신이라고 생각하는 남자의 등장은 별로 새로울 것도 없다.
— 터키 속담

남자가 존재해야 그의 신도 존재한다는 말은,
신이 그토록 부조리한 모습을 자주 보이는 까닭을 설명해준다.
— 질 앤드 멜빌 하커트, 「긴 낮을 위한 짧은 기도」

오, 우리의 주인이자 우주의 왕이신 하나님,
저를 여자로 만들지 않으셔서 고맙습니다.
— 이스라엘 남자들의 일상 기도문

사도 요한은 "태초에 말씀이 있었다. 그 말씀은 곧 신이다."라고 선언했다. 사실 그 말은 거짓이다. 태초에 신은 없었다. 단지 역사가 전개되면서 그를 만들어낼 필요가 생겼을 뿐이다.

순전히 육체적인 기반에 입각해서 신성한 지위와 권력을 장악하는 것은 결정적인 한계에 부딪힐 수밖에 없다. 인간 남성의 성기를 아무리 마술적·종교적 지위로 부풀린다 해도 신에는 못 미치기 마련이다. 물론 신이 생겨나기 전에도 증가하는 남성 지배세력이 거의 모든 것을 수행할 수 있었다. 생식과 자연에 기반을 둔 여성들의 전통적인 권력은 체계적으로 축소되어갔다. 위대한 여왕은 '쓰고 버린다'는 크리넥스 원칙에 입각해서 남성을 통제하는 기술을 부분적으로 활용하였다. 그녀에게서 그 기술을 훔쳐낸 신성한 왕은 그것을 모든 여성에게 무차별적으로 적용하였다. 하지만 야만적인 힘으로 이룰 수 있는 것은 그 정도에 불과했다. 새 생명을 낳는 힘은 세월이 흘러도 여전히 여성에게 있었기에 그들을 신성함으로부터 완전히 떼어놓을 수는 없었다.

게다가 농업이 발전하고 부족이 도시로 통합되면서 인간사회는 점점 더 세분된 조직과 제도, 통치방식을 요구하게 되었다. 우선 생존이 보장되고 나서부터 잉여생산물은 **재산**이 되었고, 남성은 주인과 지배자가 되는 기쁨에 눈뜨기 시작했다. 더 복잡한 사회에서 소유권을 지키고 상속권을 보장하려면 남성의 둔감한 기관을 무차별적으로 배치하는 것[역1]을 뛰어넘는 치밀한 무언가가 필요해졌다.

게다가 관리조직이 증가하면서 전복과 저항의 기회 역시 더 커졌다. 부족이나 도시의 권력기구와 신전은 모두 재주 많고 기지가 뛰어난 여성들을 억눌렀다. 그들은 남성들이 권력에 대해서 어떤 권리를 주장하든 그것이 자동적으로 수락될 수 없다는 사실을 열렬히 논증하는 여성들이었다. 그러나 이런 여성들 모두를 베레니케 여왕이나 부디카 여왕처럼 개와 갈까마귀의 먹이로 던져주거나 서둘러 아무 흔적 없이 파묻어버리는 식으로 제거할 수는 없었을 것이다. 남성은 **권력**을 획득하면서 **통제**의 비법을 터득했다. 그리고 자기 성기가 지닌 목적의 배후를 보기 시작하면서 더욱 강력한 주인, 더욱 탁월한 지배자인 신을 발견했다.

역1) 남근상을 곳곳에 세우는 것을 뜻한다.

물론 남성신은 전혀 새로울 게 없는 존재다. 이시스에게는 오시리스가 있었고, 데메테르는 저승세계 신의 앙갚음에 굴복할 수밖에 없었다. 사실 남근 심취가 세상을 휩쓸면서 남성신은 잃어버린 처녀성에서 새로운 척도를 발견했다. 불멸하는 신들의 왕 제우스는 자신이 강간한 어린 처녀들의 숫자로 자신의 최고 지위를 입증한다. 새로 권력을 쥔 신들 역시 공격적이고 탐욕스러웠다. 차이점은 이제 그 신들 각각이 **오직 자기만** 신이라고 주장한다는 데 있었다. 그는 **유일신**이며 아무도 그를 능가할 수 없게 된 것이다.

이슬람교가 생겨나고 유대교가 전열을 가다듬기까지 천년 남짓 되는 짧은 기간 동안 전 세계의 주요 종교들이 하나씩 차례대로 모습을 드러냈다. 이 종교들은 등장하자마자 신자 집단을 만들고 모든 대립세력을 전멸시킨다는 두 가지 과업에 착수하기 시작했다. 남성신들이 서로를 소멸시켜야 할 표적으로 설정하는 동안 여성신은 어떤 상황에 처했을까? 한때 에덴이었을 정원을 거닐던 어머니 자연은 아버지 신, 곧 그녀의 운명을 만났다. 그리고 인류의 영혼을 소유하기 위한 결투에서 그녀는 자신의 영혼마저 잃었다. 엥겔스의 설명에 따르면, 아버지 신이 '세계사에서 여성들의 전면적인 패배'를 초래했기 때문이다.

새로 등장한 종류가 모두 남성신 체제였던 것은 아니다. 유대교는 보잘것없는 부족신 야훼를 기원전 600년 직전에 있었던 바빌론 유수[역2]의 충격 이후 전적으로 다른 등급의 존재로 승격시키는 데 성공함으로써

역2) 바빌로니아가 유대 왕국을 정복한 뒤 유대인을 바빌로니아에 강제로 억류한 사건.

가부장을 중심으로 하는 종교적 원형을 제공했다. 이슬람교 역시 서기 600년 직전에 창시자 마호메트의 등장으로 '나 외에 다른 신은 없다'라는 구호를 내세우게 되었다. 기독교라 불리는 일종의 개량된 유대교가 공식적으로 확립된 것은 이 두 시기를 잇는 기간의 중심축으로 자리잡은 한 사건 덕분이다. 그것은 유대인들의 오래된 신이 자신을 대변하는 존재, 따라서 당연히 그의 마음에 흡족한 존재인 아들을 세상에 내보낸 일이다.[1]

인도와 중국에서도 각기 불교와 유교가 그 설립자의 탄생과 함께 시작되었으며, 소박한 출발점에서 믿을 수 없을 만큼 빠르고 넓게 퍼져나가면서 비슷한 비중을 차지하게 되었다. 붓다도 공자도 결코 자신이 신이라 주장하지 않았고, 그들의 가르침 역시 종교적 색채보다는 철저하게 가치체계의 문제로 이해할 수 있다. 하지만 그들의 신념은 완강하게 가부장적인 기반에 입각한 것이었다. 게다가 두 사람 모두 역사를 통해 그 후계자들에게 신으로 숭배되어왔다. 또한 불교와 유교 이데올로기는 남성 유일신을 섬기는 종교들의 이데올로기와 아주 닮았고, 여성들의 삶에 미치는 영향도 눈에 띄게 흡사했다. 사실 남성 최고신의 메시지가 어떤 포장을 하든 간에 결국 남성 지배를 정당화한다는 점에서 여성들에게 같은 결과를 초래했다. 유대교, 유교, 불교, 기독교, 이슬람교는 모두 인간의 능력을 넘어선 신성한 체계로 제시되었고, 한 남성 권력자가 남성들에게 신성한 권능을 부여함으로써 남성성 자체가 권력으로 신성시되었다.

역사학자들은 남녀를 막론하고 일신교의 융성을 여성들에게 적대적인 음모로 보는 경우가 적지 않다. 그 결과가 너무도 한결같이 여성들에게 재앙이 되는 결과를 낳은 탓이다. 우주적 음모라는 생각은 여성들이 나약하고 무력하다고 느끼는 학습된 감정에 비춰봐도 지극히 매력적이었을 것이다. 하지만 이런 생각은 초기 종교들이 많은 점에서 남녀 모두에게 강한 호소력을 갖고 있었으며, 특히 여성들에게 더욱 그러했다는 사실을 간과한다. 물론 조직된 종교가 여성이 역사적으로 패배하게 된 근본 원인일 수도 있다. 이브는 타락한 것이 아니라 강요받은 것이다. 하지만 종교가 그럴 목적으로 시작된 것은 아니었다. 종교는 다양한 종족으로 구성된 인류가 자기들의 삶의 의미, 점점 성장하는 영성의 의미를 더 깊이 이해하고자 하는 갈망에서 비롯되었다. 이렇게 더 넓은 맥락에서 볼 때, 앞에서 언급한 다섯 개의 가부장적 종교체계가 왜 처음부터 그토록 매력적으로 비쳤을지를 쉽게 이해할 수 있다.

이 다섯 개의 종교는 모두 다른 무엇보다 명쾌함과 확실성, 종합적인 세계관을 제공했다는 장점을 가졌다. 이것은 이전의 다신교나 여성숭배 체제가 보여주는 잡다한 혼란과 중복에서 벗어나 분명하고 심원한 설득력을 발휘했다. 예를 들어, 기원전 5세기에 분만 중인 아테네 여성이 순산을 기원하려면 위대한 어머니 키벨레, 팔라스 아테나, 또는 심지어 사냥과 처녀성의 여신 아르테미스(로마 신화의 디아나 여신) 중 한쪽을 택해야 했다. 그들 모두가 출산하는 여성을 특별히 돌보는 신이기 때문이다. 아버지가 아들이 태어나기를 기원하며 제물을 바칠 때에도 무사를 원하면 아레스에게, 시인이나 음악가를 원한다면 아폴론에게 기도해야겠지만, 신들의 왕 제우스를 무시하는 것 역시 위험천만한 일이 될 것이다. 그런데 이 모든 경쟁적인 신들이, 피조물 인간은 말할 것도 없고 참새 한 마리까지 소상히 살피는 단 한 명의 강력한 아버지로 통합되었다. '유일한 통로'를 가진 견고한 틀 덕분에 이전에 헛되이 추구해온 안전을 확보하게 된 것이다.

새로 등장한 신들은 경이로울 정도로 독단적이다. 여호와는 유대인들에게 "내가 너희의 주 하나님이니 너희는 나 외의 다른 신을 섬겨서는 안 된다."라고 했다. 기독교와 이슬람교의 신들 역시 같은 메시지를 같은 확신을 가지고 전했다. 그러나 겉보기에 명백한 단순성은 엄청난 복잡성을 감추는 위장에 불과하다. 이 풍부한 복잡성이야말로 우주를 조화롭게 화합하고 신도들에게 유형화된 형이상학적 틀을 제공할 수 있는 근거가 된다. 그 형이상학적 틀 속에서는 개인이 아무리 미천한 존재일지라도 그에 합당하게 안락한 둥지가 보장된다. 전에는 가질 수 없었던 이런 확신 덕분에 여성들은 끔찍할 정도로 어마어마한 힘을 발견할 수 있었다. 기독교인이 되었던 노예 펠리키타스는 서기 203년 로마 박해 때 감옥에서 아이를 낳은 다음 날 연인 페르페투아와 함께 순교했다. 그녀가 분만의 고통으로 절규할 때 간수들은 "지금도 그렇게 고통스러운데 맹수들한테 잡아먹힐 때는 어쩔 테냐?"라고 빈정대며 그녀를 조롱했다. 그러나 다음 날 아침 원형경기장에서 사자들 앞에 던져진 그녀는 침착한 모습을 보였고 심지어 기뻐하면서 아무 소리 없이 죽음을 맞았다.[2]

이런 사례에서 볼 수 있듯이 초기의 신도들은 고통과 재난을 통해 인간이 처한 운명적인 고통에 대한 대답, 겉보기에 아무런 의미도 없어

보이는 인생의 의미를 발견했다. 그 덕분에 충실한 신도들은 대모신이나 그녀의 남성 대체물들, 즉 보잘것없고 서로 다투기만 하는 무력한 남성신들의 노예에서 벗어나 강화된 자아의식 속에서 믿음을 갖게 되었다. 이제 중요한 것은 개인이고, 유일신은 그녀와 그녀의 미래에 관심을 보였다. 여호와는 "나는 너의 하나님이니, 내 앞에서 너의 최선을 다하며 살라."고 하지 않았던가. 그리고 신자들에게 (물론 **오직** 신자들에게만) 그 보상은 천국이었다. 이것이 유럽 최초의 극작가가 쓴 희곡에 등장하는 처녀 순교자 히레나의 의기양양한 자랑이었다. 작센 출신의 여성 작가 로스비타는 강인하게 맞서며 조롱을 퍼붓는 여주인공과 자신을 강하게 동일시하는 것 같다.

> 불쌍한 남자! 벌겋게, 벌겋게 달아오른 시신니우스, 연약한 어린 소녀에게 사로잡혀 번민하는 꼴이라니…… 당신은 타르타로스[역3]로 가게 될 거야. 하지만 나는 순교자의 영예와 처녀성의 영광 덕에, 영원한 왕이 계시는 천상의 침실로 들어갈 것이다.[3]

복수심과 성욕이 전이된 방식으로 충족됨으로써 억압받는 여성들에게 강력한 위안을 제공했음이 틀림없다. 보상과 처벌이라는 면에서 보더라도 여성들이 더 종속되고 고통을 받으면 받을수록 최후의 보상은 커지는 법이다.

역3) 그리스 신화에 나오는, 지옥 아래에 있다는 바닥이 없는 못.

더 영리한 여성들은 초기 일신교의 신이 사실 기한이 맞지 않는 수표를 남발한다는 사실을 재빨리 파악했다. 흥미로운 점은 그들 중 누구도 그것이 부도수표라고 불평하며 되돌리려 하지 않았다는 데 있다. 결과적으로 그들은 오직 살아 있는 동안 자신이 불멸의 대열로 들어갈 수 있다는 확실성을 보장받는다는 궁극적인 목적을 분명히 하고서야 강한 신앙심을 보였고, 엄밀한 의미에서 경건한 행동이라 할 수 없는 활동에 비범한 힘을 발휘했다. 이런 기술의 대가는 러시아의 올가 여왕이다. 남편 이고리 1세가 암살된 후 섭정 황후가 된 그녀는 남편을 살해한 앙갚음으로 반란 주동자들을 끓는 물에 넣어 죽이고 나머지 반란군들도 처형하는 등 공포정치를 시행했다. 하지만 20년간 잔혹하게 통치한 후 그녀는 기독교에 귀의했고 선행을 많이 베풀어 러시아정교회 최초의 성인이 되었다.

초기 교회가 성공할 수 있었던 것은 최초의 여성 신도들이 비록 조종된 것이라 할지라도 확신을 가지고 새로운 가부장제의 명령들을 받아들인 덕분이다. 일신교들도 처음에는 자기들이 몰아낸 여신을 섬기는 종교들과 별반 다를 것이 없었고, 향후 수백 년 동안 아버지 신들을 숭배하는 여성들이 새로운 계율을 받아들이면서도 전통적인 여신숭배 의식을 계속했음을 보이는 증거가 많이 있다. 기원전 5세기에 산재한 부족종교들을 통합하여 유대교를 확립하고 발전시킨 예언자 에스겔은 유대 여성들이 산 제물로 바쳐진 왕의 죽음을 애도하여 '탐무즈를 위해 눈물을 흘리는' 것을 목격하고 노발대발했다. 이 왕은 매년 3월 말 '피의 날(기독교에서는 이날을 성금요일로 기념한다)'이 오면 탐무즈나 아티스나 아도니스라는 이름으로 추모되었다. 이것은 비단 여성들에게 만 해당되는 것이 아니었다. 예언자 예레미야는 모든 남성과 여성, 아이들이 같은 죄를 저지르고 있다고 분개했다.

유다의 도시들과 예루살렘 거리에서 무슨 일이 벌어지는지 아는 가? 천상의 여왕(위대한 여신)에게 빵을 만들어 바치기 위해 아이들은 나무를 모으고, 아버지들은 불을 지피고, 여성들은 밀가루 반죽을 한다. 그들이 나를 분노하게 만든다.[4]

사실 모든 가부장 사회는 그 사회가 근절시키고자 했던 여신숭배의 형식과 상징들, 성물들을 차용하고 흡수함으로써 성공할 수 있었다. 최근에 이루어진 신학 연구의 많은 수가 기독교의 삼위일체 이전에 세 명의 모습으로 드러난 위대한 여신(처녀, 어머니, 현명한 여인)이 존재했으며, 그중 달을 지배하는 처녀신이 성모 마리아가 되었다는 사실 등을 재발견하는 데 몰두해왔다. 사실 이런 것은 예전의 모든 여학생이 알았던 것이다. 오늘날에도 존재하는 오월제나 성모 영보 대축일 같은 기념일도 원래 여신을 기리는 행사였다. 특히 춘분을 기념하는 의미가 있는 오월제에는 처녀들이 어머니 대지의 비옥한 생식력과 성장능력을 상징하는 오월제 기둥을 꽃다발로 장식한 후 그 주위에서 춤을 추었다. 잘린 나무로 만들어진 이 기둥은 산 제물로 바쳐진 소년/왕/연인(탐무즈, 아티스, 아도니스, 비르비우스)을 상기시키는 남근 상징물이다. 이런 지속성은 심지어 아버지 신을 공공연히 활용하지 않는 윤리체계에서도 발견된다. 중국어에서 '조상'을 뜻하는 문자는 원래 '남근'을 뜻했으며, 가장 오래된 신성한 청동 유물과 신탁용 갑골을 통해 알 수 있는 시기인 더 먼 옛날에는 '대지'를 의미했다. 따라서 가부장의 지배를 강하게 구현하고 있는 중국의 조상숭배는(단 한 명의 아들만이 아버지의 영혼을 자유롭게 선조들 곁으로 보내주는 제사의식을 집행할 수 있다) 최초의 남성 '조상'에게 출산을 가능하게 해주고 자손을 확보해준 위대한 여신/어머니 대지에 대한 숭배의식에서 생겨났다.[5]

하지만 모든 종교 가운데 이슬람교가 이런 강탈 과정을 가장 명확하게 드러내 보인다. 깃발의 초승달에서부터 가장 신성한 성소의 비밀에 이르기까지 여신은 어디에나 존재한다. 리처드 버튼 경이 여행 중에 관찰한 바에 따르면 다음과 같다.

> 아라비아의 위대한 여신은 세 여신의 모습으로 등장하는데 그중 하나인 알 우자[역4]는 메카에 있는 카바 신전에 안치되었다. 그곳에서 고대의 사제들이 그녀를 섬긴 것이다. 그녀는 특별한 신이었고 여성들의 수호자였다. 오늘날에도 카바 신전은 여전히 남아 있으며 이슬람교의 가장 성스러운 신전이다.[6]

심지어 위대한 여신을 섬기던 여사제들이 남성 사제들로 대체되었을 때도 그녀의 권능은 이어졌다. 이런 남성 사제들을 **베니 샤이바**라

역4) 알 라트, 알 마나트, 알 우자, 이 세 여신을 마호메트가 아라비아의 여신으로 인정하고 섬긴 적이 있다.

불렸는데, 이는 '나이 든 여인의 아들'을 뜻한다. 그런데 나이 든 여인은 위대한 어머니를 이르는 친숙한 별칭 중 하나다. 더 분명한 관련을 보이는 것은 그들이 소중하게 간직하고 있는 아주 오래된 검은 돌이다. 알라에게 바쳐진 이 돌은 '카바의 셔츠'라 불리는 검은 비단으로 덮여 있다. 그런데 그 '셔츠' 밑에 숨겨진 검은 돌의 표면에는 '아프로디테의 흔적'이라 불리는 자국, 여자의 성기를 상기시키는 타원형으로 움푹 갈라진 자국이 있다. 그것을 직접 본 사람의 말로는 "그것은 여신이 아무 제약 없이 성애를 나눈…… 자취이고, 메카에 있는 검은 돌이 원래 위대한 어머니의 것이었음을 분명하게 보여준다."[7] '여신'은 여전히 그 돌 안에 남아 있으며, 그 돌은 여전히 그녀의 신전에 모셔져 있었다. 여신을 숭배하던 여성들이 그 사실을 알고 있는 이상 그녀가 다른 이름으로 불리게 되었다는 사실은 아무런 문제도 되지 않았을 것이다. 원래 여신은 수만 가지 다른 이름으로 불리지 않았던가. 게다가 이제 그녀가 다른 시종들의 섬김을 받는다는 것도 문제가 되지 않았다. 따라서 여성들은 새로운 아버지 신들을 받아들이기 위해 최초의 어머니와의 모든 접촉을 포기할 필요가 없었고, 이것은 분명 발버둥치며 일어나던 가부장 세력이 지배력을 굳히는 데 도움이 되었다.

남성 중심의 체제가 힘겹게 고군분투하던 초기에 여성들로부터 최초의 성공을 얻어낼 수 있었던 이유는 또 있다. 어떤 이데올로기든 인정을 받아 살아남으려면 손에 들어오는 초심자는 누구든 꽉 붙잡고 활용한다. 붓다와 마호메트 둘 다 최초의 열성 신도가 그들의 아내였다는 사실은 우연이 아니다. 결과적으로 여성들은 그 모든 종교집단을 세울 때 전방에서 활약했다. 그 집단이 그들에게 중요한 역할과 기회를 제공했기 때문이다. 실제로 메카의 명문 쿠라이시 부족의 실력자이자 뛰어난 여성 사업가였던 하디자는 마흔 살에 말 그대로 마호메트를 발탁했다. 바로 그녀가, 교육도 제대로 받지 못하고 간질병이 있던 스물다섯 살의 양치기에게 정식 일자리를 주었을 뿐 아니라 그를 남편으로 삼고, 계시를 받도록 독려했다.

초기 유대교의 역사도 극단적인 공포와 고통, 죽음에도 굴하지 않는 강한 정신력을 가진 여성들과 함께 다져졌다는 점에서 유사하다. 그 대표적인 인물이 마카베오 형제[역5]의 어머니다. 기원전 170년 대학살이 벌어질 때 그녀는 일곱 아들들이 차례로 고문을 받고 화형되는 장면을 지켜보면서 그들에게 꿋꿋하게 버티라고 격려했다. "마카베오 형제들이 순교하며 흘린 피가…… 유대교를 구했다."[8]라는 글에서 알 수 있듯이, 그런 용기가 없었다면 유대인들의 신은 절멸될 수도 있었음은 널리 인정되고 있다. 이처럼 초기 기독교에서 여성들은 중요한 역할을 수행했다. 반대로 기독교가 여성들이 남성 지배에 저항하는 수단이 되기도 했다. 그리스도의 신부가 되겠다고 결심한 여성들은 그보다 못한 시시한 남자들에게는 코웃음을 쳤을 것이다. 수천 명의 젊은 여성들이 그들의 몸과 피와 뼈를 바쳐 신의 교회를 짓는 일을 도왔다. 물론 분개한 아버지, 남편, 약혼자들은 그녀들이 여성의 본분과 운명을 내팽개치고 사는 것을 보느니 차라리 화형되거나 칼에 맞아 죽거나 맹수의 이빨에

역5) 『구약성서』 외경인 『마카베오서』에 나오는 일족.

물려 죽는 것을 보는 쪽을 택했다.

하지만 그런 여성들에게는 두려움 없이 처녀로 순교하는 것이 여성으로서의 의무만큼이나 중요했다. 그들은 기를 쓰고 교회를 설립하려는 이들에게 기꺼이 시간과 돈과 열정, 가정과 자식들까지도 내놓았다. 심지어는 후에 여성의 열등함을 목 놓아 외치던 '이방인들의 사도' 바울로조차도 빌립보의 염료 상인 리디아의 도움을 받았음을 인정했다. 정말이지 로마든 다른 어떤 곳이든 초기 기독교 교회는 부유한 과부가 기부한 집에 세워졌으며, 「사도행전」을 보면 기독교 공동체가 예배 모임을 연 장소는 모두 어떤 여성의 집이었다. '클로에의 집에서, 리디아의 집에서, 마가의 어머니 마리아의 집에서, 님파의 집에서, 프리스카의 집에서 예배를 드렸다'는 식이다. 개척교회 시절 (교의를 설파하고 기도하고 예언하고 빵과 포도주에 대해 감사기도를 드리고 신앙의 은총과 계율을 전달하던) 예배 장소에 대한 기록에 주목한 저명한 신학자는 이를 통해 **'여성이 할 수 없는 일이란 하나도 없음'**을 알 수 있다고 지적했다.[9]

사실 초기 기독교는 예언자들을 통해 여성들을 전통적인 굴종으로부터 해방시켜주고 성적으로 완전한 평등을 주겠다고 약속했다. 사도 바울로는 "예수님 앞에서는 구속도 자유도 없으며, 남자와 여자도 없다."라고 했다. 불교 역시 초기에는 여신도들에게 평등을 약속했다. 삼중고의 현실, 즉 '모든 것이 고통이고, 모든 것이 덧없으며, 영혼은 존재하지 않는다'는 진리는 남성만이 아니라 여성들에게도 해당했다. 게다가 붓다는 생명이나 형상이 인간을 이루는 스물두 개의 기능 중 하나일 뿐이라고 했다. 그렇다면 성은 최소한의 중요성밖에 갖지 않게 된다. 불교도 기독교처럼 초기에는 여성영웅을 고결한 열정과 숭고한 신앙심의 이상으로 내세웠다.

> 한 악한이 수브하를 숲으로 데려가 유혹하려 했을 때, 그녀는 (붓다의) 사상을 실행에 옮겨 교리를 설파하고 설득하고자 했다. 하지만 악한은 눈에 보이는 아름다움에만 마음을 빼앗겨 그녀의 고매한 설교를 무시했다. 그러자 수브하는 아름다움과 섹스가 내면의 삶에 부적절함을 보이기 위해 자신의 아름다운 눈알 하나를 뽑아 그에게 주었다. 그는 그 즉시 회심하였다.[10]

하지만 초기 가부장 종교를 통틀어 볼 때, 여성에 대한 태도에서 가장 놀라운 변화를 보인 쪽은 아마 이슬람교일 것이다. 이후에는 베일로 가리거나 은둔생활을 강요하거나 생식기를 절제(이른바 여성 할례)하는 등 지독한 억압을 하게 되었지만, 이것은 훨씬 더 자유롭고 더 인간적인 체제였던 과거의 제도와 대립하면서 비롯되었다. 예를 들어, 이슬람교가 확립되기 전에는 여성들에게 남편을 고를 권리가 있었다. 심지어 남편은 여러 명이 될 수도 있었다. 아랍의 부족들과 도시에서는 오래전부터 내려온 '어머니의 권리'가 여전히 건재했기 때문이다. 페미니스트 역사학자 나왈 엘 사다위는 이렇게 설명한다.

> 이슬람교 이전에 여성은 일처다부의 관습에 따라 한 명 이상의 남자와 결혼할 수 있었다. 그녀가 임신하면 남편들을 모두 불러들였

다. …… 그녀가 그들 중에서 아이의 아버지로 삼고 싶은 남자를 지목했고, 지목된 남성은 이를 거부할 수 없었다.[11]

베두인족[역6] 여성이 여러 남편들 중 한 명과 이혼하고 싶을 때는 그녀의 문이 더는 그에게 열리지 않을 것이란 표시로 자신의 천막을 돌려놓기만 하면 되었다. 이후 세대의 이슬람교 여성들은 이런 자유로운 생활에 대해 들려주는 민간설화나 회고담들을 잔인한 농담이나 순전한 공상으로 받아들여왔다. 하지만 그들이 실제로 그렇게 살았다는 증거는 이슬람교의 창시자인 선지자 마호메트가 결혼한 과정에서도 찾을 수 있다. 자신만만한 하디자는 그를 원했을 때 마호메트가 자신에게 청혼하도록 일러주게끔 매파를 보냈고, 그는 매파의 말에 따랐다.

이처럼 성적으로 자유로이 선택할 수 있는 권리보다 훨씬 더 주목할만한 것은 초기 이슬람교의 여성들이 무기를 들고 남성들 옆에 서서 전투에 나설 준비가 되어 있었다는 점이다. 살라임 빈트 말란이 바로 전쟁 지휘자로 존경받는 여걸이었다. 그녀는 임신한 배 옆으로 긴 칼과 단검을 묶고 마호메트와 그 추종자들 편에 서서 전투에 참가했다. 또 다른 여성은 동로마제국군에 대항하는 격렬한 전투에서 형세를 역전시킴으로써 명성을 얻었다. 검은 복면을 쓴 큰 키의 무사가 갑자기 등장한 덕분에 무너지고 있던 이슬람군이 기세를 회복하고 용기를 내어 맹렬하게 싸워 승리했다. 승리를 거둔 후 그 '무사'는 마지못해 자신이

역6) 사막에서 유목생활을 하는 아라비아인.

아라비아의 공주 카울라 빈트알아즈와 알킨디야임을 밝혔다.

카울라의 기상은 전투에 패배했을 때도 꺾이지 않았다. 다마스쿠스 부근의 사부라 전투에서 사로잡힌 그녀는 다른 여성포로들을 규합하여 격렬하게 도전할 것을 설파했다. "이 남자들을 너희 주인으로 받아들일 테냐? 너희 자식들이 그들의 노예가 되기를 바라는 것이냐? 아랍의 도시, 아랍의 부족이 떠들썩하게 칭송하던 너희들의 그 유명한 용기와 솜씨는 다 어디로 갔단 말이냐?" 그러자 아프라빈트 기파르 알후마이라라는 이름의 여성이 이렇게 씁쓸하게 대답했다고 한다. "당신 말대로 우리는 용감하고 솜씨도 좋습니다. 하지만 마치 양떼처럼 불시에 아무런 무기도 없이 붙잡혀 온 탓에 칼 하나도 아쉬운 처지 아닙니까." 하지만 카울라는 상황에 굴하지 않고 다른 여성들에게 천막 기둥을 하나씩 뽑아 오라고 이른 후 그들을 이끌어 자유를 얻기 위한 항전에 성공했다. 이 사건을 기록한 자는 다음과 같은 결론으로 이야기를 맺었다. "왜 그렇지 않았겠는가? 그 싸움의 패배는 노예가 되는 것을 의미하는 것을 의미할 뿐이니 말이다."[12]

이슬람의 또 다른 여성전사는 검을 쓰는 일만이 아니라 언변도 뛰어났던 것으로 유명한 아이샤다. 이미 아내를 많이 거느린 마호메트가 말년에 열두 번째 아내로 아이샤를 맞았을 때 그녀는 겨우 아홉 살이었다. 열여덟 번째 생일을 맞기도 전에 과부가 된 아이샤는 총명하고 용감했으며, 정숙한 이슬람 아내들이라면 지켜야 할 순종의 규율에 저항한 것으로 유명했다. 그녀는 마호메트의 남성 추종자들 앞에서 그와 신학논쟁을 벌이면서 아무런 망설임 없이 그에게 이의를 제기하거나 잘못을 지적했다. 그럴 때면 그녀의 논리와 지적 능력이 얼마나 압도적으로 보였던지 마호메트가 추종자들에게 "이 여자에게서 너희 종교의 절반을 끌어내라."라고 이를 정도였다. 그녀의 용기는 선지자 마호메트가 알라의 계시를 직접 받았다고 주장할 때도 그의 의지에 저항할 만큼 커졌다. 마호메트는 아내를 새로 한 명 더 들이고 싶어지자, 알라가 그의 선지자에게 원하는 만큼 많은 여성들과 결혼하도록 허용하는 계시를 내렸다고 주장하면서 이 내용을 『코란』에 새로 추가한 적이 있다. 그때 아이샤는 몹시 흥분해서 "알라께서는 당신이 필요할 때면 항상 곧바로 대답해주시는구려!" 하고 쏘아붙였다.[13]

아버지 신이 달리 무엇을 했겠는가? 그리고 여성들은 어떻게 반응해야 했겠는가? 마호메트가 죽었을 때 열여덟 살 소녀였던 아이샤는 반항적인 태도에서 벗어나 이슬람교의 주도적인 인물로 남았고, 그녀가 이슬람교의 성장과 전통에 미친 영향과 실제로 행사한 정치적 영향력은 막대했다. 그러나 그녀가 중간에 포기한 도전은 아직도 해결되지 않고 남아 있다. 그것은 오직 이후의 세월 속에서 긴급하고 절박하게 얻어내야 할 것으로 남았다.

새로 부권사회가 생겨나서 성장하고 힘을 키워감에 따라 그 사회가 어떤 필요에 응답하든 간에, 그 필요는 여성들의 진정한 필요가 아니었다. 물론 매력이 없지는 않았다. 사실 여성들이 갈고리도, 그것에 무게를 더해 물속으로 가라앉히는 납덩이도 알아차리지 못한 채 이데올로기의 미끼를 삼키게 하려면 그런 매력이 없어서는 안 되었다. 하지만 이 체계들 중 어느 것도 여성들이 자기 의지에 반하는 행동을 하도록 속이거나 강요할 수는 없었다. 어떤 부족이나 도시, 종족에서든 적어도 어느 정도의 수준까지는 이미 새로운 남성신의 열성 신도로 개종한 여성 일원들의 동의가 있어야 했다는 말이다. 하지만 그 여성들이, 다양한 기능과 자유로 마음을 끄는 포장을 뒤집어쓰고 제시된 것들 앞에서 도대체 어떤 것을 승낙하고 받아들여야 할지를 어떻게 알 수 있었겠는가? 자기 자신을 위해서든 향후 2,000년간 그녀의 후손 여성들을 위해서든 말이다. 인간의 역사라는 것이 농담과 속임수의 연속일 뿐이라고들 하지만, 그 여성들이 기꺼이 받아들이고 발전시킨 체계들이 펼쳐 보인 것보다 더 큰 반전은 역사 속에서 찾아보기 힘들 지경이다. 여성들이 택한 바로 그 체계들 때문에 머지않아 여성들의 자율성이 침해되고 인격이 훼손되고 존재 이유조차 부정될 것이었기 때문이다.

여성의 전략

출산의 비밀이 알려지게 된 역사의 어느 순간부터 여성들은 이전의 여신과 같이 높은 지위에서 추락할 운명에 처해졌다. 하지만 남성들이 신의 지위에 오른 일은 단순히 여성들을 평범한 인간의 수준으로 끌어 내리는 데 그치지 않고 여성들을 더 저급한 존재로 만드는 데까지 성공했다. 다섯 개의 주요 신앙체계인 유대교, 불교, 유교, 기독교, 이슬람교는 **바로 그 본질에 의해** 나름의 방식으로 여성들의 열등함을 주장했고, 남성들의 지배권을 조장하기 위해 고안된 가치관과 명령에 복종하도록 만들었다.

어떻게 이런 일이 일어났을까? 붓다, 예수, 마호메트, 또는 다른 명분을 내세운 예언자들 모두는 실제로는 여성의 장점을 가르쳤다. 특히 마호메트는 여성은 신이 남성에게 준 가장 소중한 선물이라는 알라의 계시를 열광적으로 설파한 것으로 유명하다. 이론상으로도 여성들이 새로운 신앙체계들의 영적 결실로부터 특별히 더 소외될 이유는 없었다. 붓다는 여성들도 남성들과 마찬가지로 죄 많은 인간의 '다섯 가지 속박'을 끊고 열반의 경지에 이를 수 있다는 교리를 분명하게 제시했다. 개인의 영혼에 대한 기독교와 이슬람교의 강조는 여성들은 말할 것도 없고 그 가장 어린 자녀에게도 소중한 가치를 부여했다. 마호메트는 추종자들에게 훌륭한 여성들을 존경하라고 가르쳤고, 그의 사후에도 여성들은 계속해서 존경받는 존재였다. 『천일야화』에 등장하는 매혹적인 여왕 주바이다는 살해된 아들의 복수를 거절함으로써 나라가 내란에 빠지는 것을 막았다. 이런 행동이 그녀가 시행한 선구적인 토목공사(그녀는 이라크에서 메카까지 약 1,500킬로미터에 이르는 순례의 길에 수로를 만들었다)와 함께 그녀를 국가적인 영웅으로 만들었다.

이처럼 5대 종교의 창시자 개개인은 여성을 혐오한다는 비난으로부터 참으로 잘도 빠져나간다. 하지만 그들의 이름 아래 여성들에게 행해진 엄청난 해악은 체계 자체의 본성에 이미 내재하였다. 일신교는 단순한 종교가 아니기 때문이다. 사실 그것은 **권력의 이해관계**다. '하나의 신'을 주장하는 이념 안에는 이미 '최고'라는 개념과 '지배권'이란 개념이 들어 있다. 그리고 이 유일신이 다른 모든 신보다 우월하듯이, 그를 믿는 자들 역시 다른 모든 비신도보다 우월한 것이다. 반대로 많은 신들이 뒤섞여 있는 만신전에서는 모든 것이 최상의 자리를 놓고 다툰다. 심지어 불멸하는 신들의 왕 제우스도 분개한 아내나 질투심에 가득 찬 아들들과 다투거나 속아 넘어갈 수 있었다. 고대사회는 그런 신화와 신앙을 극도로 향유했기에 메소포타미아, 인도, 이집트, 로마, 그리스 등의 전역에서 통치자들이 남신, 여신, 하위 신들을 묵인하였다. 알렉산더 대왕은 종종 어떤 체제나 신도 혼자 진리가 될 수는 없다고 주장함으로써 최고의 지혜를 보였다.

가부장제는 이 모든 것을 바꾸었다. 유일신에 대한 진지한 믿음은 그것을 다른 사람들에게 강요할 의무 역시 불가피하게 만들었다. 또한 자기만이 진리라는 주장은 '정통' 사상과 완고한 신앙습관, 종교적 박해가 생겨나게 했다. "이스라엘의 위대한 하나님을 따르지 않는 자는 비천하든 고귀하든, 남자든 여자든, 모두 사형에 처해야 한다."라는 유대인들의 서약에서 볼 수 있듯, 다시 태어난 광신도들에게 그 반대자들은 무자비하게 처형해야 할 존재였다. 유대인들이 다른 부족을 박해하고 유일신에 도전하는 증오스런 우상을 파기했듯, 기독교인들은 수세기 동안 유대인들을 집요하게 괴롭혀왔다. 또 이슬람교 쪽에서는 유대인과 기독교인을 가리지 않고 전쟁을 선포했고, 마호메트는 피에 굶주린 유목민 무리에게 대대적인 학살을 독려했다. 그들은 상대를 죽이든 죽음을 당하든 상관없이 마호메트가 약속한 천국으로 들어갈 수 있게 된 것을 기뻐했다. 그리하여 '사라센 사람들'과 '이스라엘 민족'은 기독교 쪽의 위대하신 신의 이름 아래 학살되어야 할 존재로 나란히 공격 리스트에 올랐다……. 아멘(ah, men).

일신교가 권력의 이해관계를 바탕에 깔고 있는 이상, 위계질서를 만들어내는 일 역시 필연적이었다. 한 신이 다른 신들보다, 강자가 약자보다, 신자가 비신자보다 우위에 놓이는 것이다. 게다가 신이 자신의 모습에 따라 남자를 만들었기 때문에, 남성과 신이 인격적인 관계를 갖는다는 새로운 개념은 하나님 아버지의 권위를 가부장 개인에게까지 부여했다. 따라서 남성들 앞에는 적이 되거나 종속자가 되는 것, 두 가지 가능성만 놓인다. 『집회서』[역7]를 보면, 족장의 의무가 '빵, 교정, (하나님의) 종으로서의 임무'와 '어릴 때부터 고개를 조아리며 굴복하도록' 끊임없이 아들들을 억압하는 것으로 규정되어 있다.

하지만 적어도 남자들은 남자이기 때문에 지배를 받는 게 아니라 다른 이유 때문에 지배를 받았다. 또한 가부장제의 서열에서 낮은 지위를 개선하거나 역전까지 할 수 있는 기회가 체제 안에 있었다. 신앙의 적은 개종할 수 있었고, 실제로 그 덕분에 아버지 신의 종교들이 세계적인 성공을 거둘 수 있었다. 젊은 청년이 나이 든 남자가 되는 것은 훨씬 쉬운 일이다. 아들은 아버지가 되었고, 하인은 고참 하인이 되었고, 심지어 노예도 자유롭게 풀려날 수 있었다. 하지만 여성들에게는 이런 기회 자체가 없었다. 가부장적 일신교 아래에서 여성이라는 사실은 열등한 존재로 살아가라는 종신형을 선고받은 것과 같았다. 여성들은 결코 남자가 될 수 없다는, 근본적이고 결코 벗어날 수 없는 장애를 안고 있기 때문이다.

역7) 유대교 지혜문학서의 본보기가 되는 책인데, 외경으로 배척받기도 했다.

남성들의 논리는 다음의 삼단논법으로 정리할 수 있다. '신은 남성이다. 여성은 남성이 아니다. 따라서 신이 어떤 존재이든 여성들은 그 반대의 존재다.' 성 아우구스티누스는 "남자만 신의 모습을 닮았고 여자는 신을 닮지 않았기 때문"이라고 했다. 위계질서에서 남성이 신 바로 아래의 지위를 차지하듯, 여성은 더 큰 간격을 두고 남자 아래쪽에 위치했다. 현실적인 단어를 사용하자면 모든 남자는 모든 여자 위에 있기에 아버지는 어머니 위에, 남편은 아내 위에, 형제는 자매 위에, 손자는 손녀 위에 있는 것이다. 신은 이 새로운 체계에 속하는 남성 개개인을 노예 상태에서 해방시키고 영원히 협력하는 존재로 삼았지만, 여성들은 결코 이 거룩한 집단의 일원은커녕 도제도 될 수 없었다. 남성은 성장하여 그 자신이 가장이 될 수 있었지만, 여성들은 영원히 그들보다 열등한 지위에 속하는 덫에 갇혀 있었다. 마호메트는 불평을 일삼는 하인들에게 가부장들이 전통적으로 부과한 형벌을 언급하면서 이 사실을 분명하게 지적했다.

남자들은 여자들을 책임진다. 알라께서 남자를 여자보다 우월하게 만드셨기 때문이다. 따라서 선량한 여성들은 알라께서 가르치신 대로 비밀을 지키고 복종한다. 반항할 우려가 있는 자들은 훈계하고 잠자리에서 멀리하고 매질해라.[14]

아버지 신 아래에서는 오직 남성만이 완전한 성인의 자유와 권리를 가진다. 반대로 여성은 신과 남성에게 이중의 구속을 받도록 선고된다.

사도 바울로가 고린토인들에게 가르친 대로, "하나님의 모습을 닮은 남성들은 하나님의 기쁨이지만, 여자는 남자의 기쁨이며…… 남자가 여자를 위해 창조된 것이 아니라 여자가 남자를 위해 창조되었"기 때문이다.

이렇게 볼 때 남성의 우월성이 단순히 여성의 열등함을 함축하는 데 그치는 것이 아니라 반드시 그래야만 하는 것으로 요구하고 있음을 알 수 있다. 그렇다면 도대체 어떻게 이런 요구를 여성들 개개인에게 확신시킬 수 있었을까? 무엇보다도 전에 여성들이 우위를 차지했던 흔적을 모두 없애야 했을 것이다. 이것은 어머니 여신에 대한 숭배의식과 그 신봉자들, 더 확대하면 권력을 가지고 통치하거나 명령하는 여성의 권리에 대한 대대적인 공격을 의미했다. 『구약성경』「역대기」하권에 있는 간결한 설명은 여신 파괴의 완벽한 사례를 제대로 보여준다.

아사 왕은 어머니 마아가를 여왕의 자리에서 물러나게 하였다. 그녀가 숲에 우상을 세웠기 때문이다. 아사는 그녀의 우상을 토막 내고 짓밟은 후 키드론 냇가에서 불살라버렸다. …… 아사의 신앙심은 평생 한결같았다.[15]

이것은 여신과 그녀의 신전, 경전, 숭배의식과 그 추종자에 대한 무수한 공격 중 하나에 지나지 않는다. 그 일들은 『구약』과 『신약』에 소상히 기록되어 있다. 유대교뿐 아니라 기독교도 처음부터 "아시아와 전 세계가 숭배하는" 위대한 여신을 몰아내야 하며 "여신의 위신을 모두 파괴해야 한다."라고 단언했기 때문이다(「사도행전」 19:27).

물론 여성들은 저항했다. 마호메트도 자신의 '유일신'이 '여신', '천상의 여왕', '삶과 죽음의 어머니'를 타도해야 한다고 주장했다가 목숨을 잃을 뻔했다. 광분한 여신 숭배자들이 떼를 지어 몰려와 그의 집을 에워싼 것이다. 다행히 마호메트는 시기적절한 계시를 받아 위기를 모면했다. 그것은 알 우자, 알 마나트, 알 라트라는 세 여신의 모습으로 구현되어 삼위일체를 이루는 위대한 여신이 새로 태어난 소년신, 즉 그의 알라와 나란히, 여전히 존재한다는 내용이었다. 하지만 마호메트는 자신의 군대를 다시 불러 모으는 데 필요한 시간 동안만 그녀의 존재를 인정했을 뿐 곧 계시를 철회하고 새로 맹공격을 감행했다.

많은 여성들이 이런 횡포에 대항해서 무기를 들었다. 그들의 선두에 선 사람이 아랍 지도자 힌드 알 후누드(Hind al Hunnud)다. '힌드 중의 힌드'로 널리 알려진 그녀는 부유하고 막강한 쿠라이시 부족을 이끌고, 이슬람교가 강제로 부과한 세금을 거부하며 저항했다. 그녀의 활약이 절정에 이른 것은 서기 624년에 벌어진 악명 높은 바드르 전투였다. 거기서 그녀는 마호메트에 맞서 격렬하게 싸웠다. 하지만 그녀의 아버지와 숙부, 오빠가 모두 살해되면서 점차 수적 열세에 몰리게 되었다. 그리고도 한동안은 게릴라전을 펼치며 대항했지만, 결국 완전히 포위되었고 어쩔 수 없이 이슬람군에 항복한 뒤 개종하였다. 힌드가 군인으로 활동하던 전성기에 그녀는 단순한 전쟁 지휘자가 아니라 신성한 노래로 여성들에게 용기와 승리를 고취하는 '승리의 여신'을 섬기는 여사제이기도 했다. 이 비범하고 보기 드문 여인이 알라의 의지에 굴복한 다음 일에 대해서는 아무 기록도 남아 있지 않다.

이슬람 역사 연구가 파트나 A. 사바의 말에 따르면, 마호메트는 어머니 여신과 그녀의 숭배자들을 다룰 때 '여성적인 요소를 역사에서 근절'해야만 만족했다. 하지만 아버지 신의 영속적인 승리를 보장하기에는 이것만으로 충분하지 않았다. 모든 여성, 모든 남성이 여성의 열등함을 믿어야 했고, 여성에게 합당한 자리는 어떤 의미에서든 남성의 아래임을 알아야만 했다. 따라서 유일신을 주창한 가부장들은 여성의 예속을 설명하고 강화하기 위해 병적일 정도로 집요하고 부단하게 신화를 퍼트리는 캠페인을 시작했다. 그 진수는 성 암브로시우스의 주장에 깔끔하게 요약되어 있다. "이브가 아담을 죄악으로 이끌었지, 아담이 이브를 죄짓게 한 것이 아니다. 그러니 여인들은 자신이 죄악으로 이끈 남성을 신이자 주인으로 받드는 것이 합당하고 올바르다."[16] 이브 때문에 여성들이 이 세상에서 끝없이 갚아야 하는 죗값은 이슬람교에도 그대로 도입되어 정교하게 다듬어졌다. 이슬람교의 현자 가잘리는 이렇게 주장했다. "이브가 신께서 금하신 과일을 먹었을 때, 오, 주를 찬미할진대, 그분께서는 **열여덟 가지**로 그녀를 벌하셨다. 이 벌에는 생리, 출산, 가족과의 이별, 낯선 사람과의 결혼, 집에 감금되는 것 등이 포함된다. 그리고 거기에 더해 여성은 천 가지 덕성 중에 오직 하나밖에 갖지 못했으며, 반대로 남성들은 아무리 죄를 많이 지었더라도 나머지 999개의 덕성을 부여받았다고 한다.

아마도 남녀 간 오랜 전쟁의 역사에서 가장 효과적인 적대 프로파간다라 할 수 있는 아담과 이브의 신화에는 또 하나의 중대한 함축이 있다. 그것은 만물의 틀 속에 남자를 우선적으로 등장시키는 필수적인 과업을 수행한 것이다. 유대교, 기독교, 이슬람교 등 아버지 신을 섬기는 모든 종교에서 신은 먼저 남자를 창조한다. 여자는 남자 다음에 태어나며, 그것도 남자의 뼈대 중에서 하찮고 없어도 되는 부분으로 만들어진다. 결국 아이가 엄마에게서 나오듯 그녀도 남자에게서 나온다. 본질적으로 이것은 자궁을 선망하는 남성들이 여성의 생식능력을 침해하려는 무수한 시도 중 하나일 뿐이다. 가부장에게 신속하게 권위를 실어주기 위해 신은 남성과 여성이 함께 진화했다고 하는 진화의 흐름은 물론이고, 여성이 남성을 태어나게 한다는 탄생의 본질도 무시한다. 그는 소중한 자식, 남자를 먼저 태어나게 함으로써 생명체의 본질 자체를 역전하였고 자연의 흐름을 거꾸로 뒤집었다. 이제 신은 새로운 생명을 태어나게 하는 힘을 장악했다. 모든 일신교가 오직 신만이 생명을 창조하고 태아 한 명 한 명에게 숨을 불어넣는다고 가르치지 않는가. 여성은 신이 그 생명을 담아 전달하는 데 사용될 뿐이다. 이슬람식으로 말하자면 '봉투'에 불과하다.

초기 종교의 아버지들이 여성을 격하한 일은 여기서 끝나지 않았다. 여성들이 열등하다는 생각과 함께, 여성들은 선천적으로 열등하게 타고나기에 거기서 벗어날 수 없다는 신념이 자라난 것이다. 유대인 남편들은 자기가 아내의 타고난 비천함을 너무 자비롭게 봐줬다고 느낄 때면 언제든지 '그를 엄습하는 질투심'을 이유로 그녀를 고소할 권리가 있었다. 이것은 그녀가 실제로 부정행위를 했다는 증거를 갖고 있는지 여부와 무관한 일이었다. 그가 그녀를 신전으로 끌고 가서 사제에게 넘기면, 사제는 수치스런 행동의 대가로 그녀의 머리를 깎고, 신전 바닥의 오물과 담즙을 섞은 '쓴물'을 강제로 마시게 한 후, "그녀의 배가 부풀어 오르고 넓적다리가 썩어 문드러지도록" 저주했다. 남편의 정당성은 신이 분명히 승인한 것이었고, "그러니 남자는 항상 죄 없이 무고하고, 여인은 죄를 품고 있다."는 것이다.[17] 알라의 사자(使者)를 자처한 마호메트도 여성들의 선천적인 타락을 직접 확인시키는 계시를 받았다. 그는 "내가 지옥의 문 앞에 서 있었는데, 거기로 들어가는 사람들 대부분이 여성이었다."라고 했다.[18]

이처럼 아버지 신의 지배 하에서 남성들은 인류의 원형이자 심판관, 최고의 **모범**이 된 반면, 여성들은 불완전한 도구, 남성을 이 세상에 옮겨주기 위해 신이 고안한 수단에 불과했다. 하지만 이 같은 프로파간다가 아무리 엄청난 무게로 다가왔더라도, 개별 남성이 그가 사랑하는 여성들을 성 아우구스티누스의 표현대로 '그의 빌어먹을 정욕을 풀기 위해' 만들어진 '커다란 냄비'로만 보기는 어려웠음이 틀림없다. 유대교 율법에 따르면 아내가 남편에게 말을 할 때는 노예들처럼 '바알(주인님)'이나 '아돈(하나님)'이라고 불러야 한다. 그런데 여성들의 침묵과 복종, 남편에 대한 저항 없는 완전한 순종을 유별나게 강조하는 온갖 문헌 기록들은 오히려 여성들이 그런 충고를 선뜻 받아들이지는 않았음을 짐작하게 한다. 힌두 경전 『카마 칼파』에서 볼 수 있는 다소 광적인 명령도 마찬가지다.

여성에게 남편 외에 다른 신은 이 세상에 존재하지 않는다. 그녀가 할 수 있는 선한 일 중 가장 훌륭한 것은 완벽한 복종을 보임으로써 그를 기쁘게 하고자 노력하는 것이다……. 그녀의 남편이 불구가 되어도, 늙어도, 모욕을 주어도, 화를 잘 내도, 방탕한 생활을 해도, 눈이 멀어도, 귀가 멀거나 벙어리가 되어도…… 여성은 살아 있는 매 순간 그에게 복종하게 만들어졌다.[19]

순종은 단순히 영혼의 측면에만 해당되지 않았다. 왕이자 주인인 남편에게 바쳐야 하는 순종에 얼마나 기괴한 것까지 포함되었는지는 8세기 일본의 『마쿠라노 소시枕草子』[역8]에 있는 「아내들에게 주는 조언」에서도 볼 수 있다.

가장 중요한 일은 남편에게 존경을 보이는 것이다. …… 남편의 쾌락을 증진할 수 있는 것이라면 무엇이든 상상력을 동원해서 찾아내야 하며, 그가 원하는 것은 무엇이든 거절하지 말아야 한다. 만일 그가 어린 소년을 좋아하는 취향이 있다면, 아내는 그들처럼 무릎을 꿇고 그가 뒤로 삽입하도록 해야 한다. 남편들은 여자의 항문이 얼마나 예민한지 깨닫지 못하고 평소처럼 격렬하게 삽입하려들 수 있으니 이에 미리 대비하여 크림을 사용하는 게 좋다.[20]

일본 아내들의 의무는 여기서 끝나지 않았다. "항상 남편의 성기가

역8) '베갯머리 책'이라는 뜻으로 여성들이 일상사를 기록해두는 수첩.

다른 누구의 것보다도 훨씬 크고 아주 훌륭하다고 말해야 한다. 예를 들어, 아버지가 목욕할 때 본 것보다 크다는 식으로 말이다. 그러고는 '와서 저를 채워주세요, 오 나의 경이로운 사람!' 등의 찬사를 덧붙여야 한다."[21]

가부장의 눈에는 이런 맹목적인 순종과 묵묵한 복종만이 여자가 자신의 존재를 속죄할 수 있는 길이었다. 『코란』은 오직 어머니만이 유일하게 고귀한 여성임을 분명히 한다. "여자는 남편의 아이를 임신했을 때 천국에서 순교자라 불리게 되고, 분만과 자녀양육의 노동이 그녀를 지옥불에서 구해준다."[22] 한때 신비한 생명력을 가진 신성한 존재였던 여성이 이제는 아이를 만드는 자궁으로 축소되었다. 한때 모든 것의 어머니였던 그녀가 이제는 단순한 그릇이 되었고, 위대한 여신, '연인을 수천 명 거느리던 그녀'가 모든 파렴치한 수탉들에게 말 잘 듣는 구멍을 대주도록 강요받게 되었다.

그런데 정말 기이하고 모순되는 일은 여성들에게 출산의 의무를 강조하면서도 여성의 성욕에 대해서는 전혀 언급하지 않았다는 점이다. 여성들이 재생산에서 하는 중요한 역할을 부정했듯이, 그 행위에 참여함으로써 쾌락을 얻을 가능성도 부인한 것이다. 사실 여성들이 섹스에 무지할수록 그들의 아버지와 감시자들이 결정권을 쥐기가 더 쉬웠을 것이다. 어머니 중심으로 사고하던 과거에는 성숙한 여성성과 생식력에 대한 자부심 속에서 최고의 가치를 찾았겠지만, 이제는 숫처녀의 무지가 그 자리를 차지했다. 어린 신부, 망가지지 않은 여성, 아직 여자가 되지 못한 여성이 가장 훌륭한 여자의 전형이 되었다.

그리고 진화의 과정에서 여성의 몸 깊숙한 곳에 우연히 생겨난 얇은 껍질, 세월이 흘러도 되살아나곤 하는 막, 처녀막이 그녀의 자랑거리로 등장했다. 새로 부상하는 가부장들 모두가 막 공장에서 만들어내 진공포장한 질, 내장된 처녀막으로 순도가 보장된 질에 대한 자신의 신성한 권리를 갑작스레 깨닫기 시작하면서 처녀성이 극도로 중요한 의미를 갖게 되었다.

순결에 대한 광적인 열광은 그것을 영원히 간직해야 한다는 새로운 이상이 생겨날 정도로 강력했다. 초기 기독교 교부 중 한 명인 히에로니무스는 딸들이 **태어나자마자** 수녀원에 바치도록 아버지들을 설득하는 데 열심이었으며, 투르의 성 마르티누스는 "아무도 거쳐 가지 않은 순수한 처녀성의 들판"과 "소, 돼지들이 마구 들이닥쳐 망쳐놓는 결혼이라는 간음의 들판"을 끊임없이 비교했다. 여기서도 알 수 있듯이 기독교 교회는 처음부터 여성들의 성에 특히 부정적이었다. 12세기에 클뤼니의 오도는 "여인을 안는 것은 거름 부대를 안는 것과 같다."라고 썼다. 초기 기독교는 거의 강박적으로 여성의 몸을 '거름 부대'에 비유하곤 했다. 캉의 수도사 로저는 "여성의 내장을 잘라 펼쳐보면 그들의 하얀 피부가 감추고 있는 오물을 보게 될 것이다. 더러운 똥더미를 섬세한 진홍색 천으로 덮는다고 해서 그 똥더미를 사랑할 바보가 어디 있을까?"[23]라고 했다.

하지만 예수도 여성에게서 태어났다. 이 난처한 문제의 해결책은 오랜 교리논쟁을 거친 후에야 발견되었다. 그들은 어떻게 신성한 씨앗이 성처녀의 처녀막을 통과할 수 있었을지, 어떻게 아기 예수의 신성한 머리가 이른바 처녀막을 파괴하지 않고 그녀의 자궁에서 나올 수 있었을지 등에 대해 야단법석을 떨며 토론을 해댔고, 한 가지 분명한 사실에 도달했다. 그것은 우리의 주 하나님의 아들, 모든 남성의 구원자가 똥더미 부대에서 태어나게 할 수는 없다는 것이었다. 기독교 교부들은 예수의 순결을 보호하기 위해서 마리아의 순결을 보호해야만 했다. 성모 마리아는 예수의 탄생 이전뿐 아니라 **이후에도** 순결하게 남았다는 교리가 발표되었다. 그녀는 피로 더럽혀지지도, 출산의 고통을 겪지도 않았다. 그리고 예수는 꼭꼭 싸여서 마리아의 부정하고 불결한 내장과 전혀 접촉하지 않았다. 기독교만 이런 왜곡을 시도한 것은 아니다. 순수하고 흠 없는 질을 차지하고 소유하려는 데 그치지 않고 그런 질에서 태어나고자 하는 가부장들의 강박적인 욕구는 예수뿐 아니라 붓다, 플라톤, 케찰코아틀,[역9] 몬테수마,[역10] 칭기즈 칸 등이 모두 자신이 숫처녀의 소생이라고 주장했다는 사실에서도 확인할 수 있다.

　여성성이 가장 미성숙한 모습으로 축소되면서 남성은 여성을 규제하고 통제할 책임을 도맡았다. 결국 이것은 이전에 성인여성들이 누리던 자유를 빼앗고, 그들을 영원히 미숙하고 의존적인 미성년의 상태로 묶어두는 것을 뜻했다. 그럴 때에만 가부장의 모든 명령이 지켜질 수 있었기 때문이다. 이것을 가장 극명하게 보여주는 사례는 유교다. 유교는 기원전 479년에 창시자인 공자가 사망하면서 중국 전역과 동아시아

역9) 멕시코 툴라 왕국을 다스린 인물.
역10) 아스텍의 황제.

로 급속히 전파되었다. 유교가 퍼지기 전 봉건시대 중국인들은 해마다 봄이면 큰 잔치를 열어 즐겼다. 그럴 때면 인근 마을에 사는 젊은 남녀가 과실주를 담은 호리병과 다과를 매달아둔 숲에서 만나 유서 깊은 유희를 즐겼다. 이것이 셰익스피어 시대의 영국에서는 '청춘 되돌리기'로 알려진 유희다. 이런 쉬운 성관계는 처녀 쪽에서 임신을 하거나 남편을 원할 경우에만 가을에 결혼으로 이어졌다. 당시 여성이 성이나 결혼문제에서 자유로운 선택권을 가졌음은 기원전 800년경에 주(周)나라의 한 소녀가 지은 시가에서 확인할 수 있다.

황야에 풀이 돋아나
이슬을 흠뻑 머금을 때
맑은 눈에 수려한 이마를 가진
잘생긴 남자를 만났지.
우린 우연히 마주쳤고
나의 욕망은 충족되었다네.
우린 우연히 마주쳤고
함께할 때 우린 행복했지.[24]

중국사를 보면 권력을 휘두른 여성들에 대한 기록이 무수히 많다. 7세기 당나라의 측천무후도 그중 한 명이다. 열세 살에 황제의 첩으로 들어간 그녀는 반세기가 넘도록 중국을 통치했고, 696년에는 스스로 '지상 최고의 신'이라고 선언했다. 그리고 중국 전역에서 많은 평민 여성들이 상인, 무역업자, 농사꾼, 제조업자로 활동했다. 어디서나 여성들은 늘 그렇게 활동해왔다. 하지만 '위대한 스승' 공자가 '자연의 조화로운 질서'를 구성하는 '오륜'을 확립했을 때 여성은 단 한 가지 항목을 제외하고는 그 대상에서조차 완전히 제외되었다. 오륜은 남편과 아내, 아버지와 아들, 손윗사람과 손아랫사람, 친구와 친구, 임금과 신하의 관계를 다룬 것이다.

결국 가부장제의 위업은 신성한 근거를 내세워 가치 있는 모든 것으로부터 여성들을 영원히 배제하는 체계를 만들어낸 데 있다. 모든 일신교는 남성과 여성이 마치 동전의 양면처럼 상호 보완하는 **대립물**이라는 생각 위에 세워졌다. 바로 이것이 여성들을 불평등한 지위에 놓는 근거가 된다. 남성들이 아주 겸손한 척하면서 모든 장점과 덕성을 자기 것으로 사칭하며 그런 것을 남성적이라고 규정할 때, 여성들은 필연적으로 그와 반대되는 존재, **더 열등한** 존재가 되는 것이다. 즉 남자들이 강하다면 여자들은 약하고, 남자들이 용감하다면 여자들은 겁이 많고, 남자들이 지적이라면 여자들은 어리석은 것이다. 이런 이원론적 대립은 조로아스터의 가르침에 명쾌하게 정리되어 있다.

이 세상의 근본이 되는 두 영혼이 겉보기에는 쌍둥이처럼 똑같아 보여도 생각이나 말, 행동에서 더 나은 것과 악한 것으로 나뉜다. 현명한 자는 이 둘을 제대로 분별할 줄 알겠지만 어리석은 자는 그렇지 못하다.[25]

이런 생각을 인간관계 문제로 해석할 때 여성들에게 미치는 영향은 '남자는 천국이요 여자는 지옥'이라는 간결한 아랍 속담으로 요약할 수 있다. 이것은 여성 전체를 영원한 소외집단, 인류 역사에서 가장 거대하고 가장 오래 지속된 소외집단으로 만드는 효과를 발휘했다. 기만적으로 자애로운 아버지인 양 가장하는 이 가짜 신들의 이름으로 여성들에게 행해진 폭력을 나열하는 것만으로는 그들의 파괴적인 본성과 그 정도를 온전히 드러낼 수 없다.

여성은 결혼에 관한 모든 권리를 박탈당했다

전에 어머니 여신이 자유롭게 많은 연인을 거느렸던 것과 달리, 유대교, 기독교, 이슬람교가 쓸고 간 나라들뿐 아니라 인도와 중국 등 모든 곳에서 여성은 이제 남편에 의해 **선택되고** 그녀의 남성 보호자에 의해 결혼으로 **증여되는** 수동적인 관계자가 되었다.

여성은 결혼 안에서도 보호받지 못했다

이슬람교의 오만한 율법에서 볼 수 있듯이 결혼과 마찬가지로 이혼도 남성들만 마음대로 요청할 수 있는 특권이었다. 일부다처제 역시 결혼에서 여성의 지위를 불안하게 만들고 동등한 부부관계의 기회를 박탈하는 제도였다.

여성은 결혼 안에서 살도록 강요되었다

집 밖의 세계로 향하는 통로가 봉쇄되었다. 여성들은 영원히 가정의 울타리 안에 감금되었다. 이것은 베일을 쓰게 하거나 푸르다[역11]나 하렘, 자나나[역12] 등에서 닭장 속의 암탉처럼 은둔생활을 하도록 강요하면서 강화되었다. 서양에서는 여성들이 모든 공식적인 활동에서 배제되었다. 여성들의 군사 활동을 금한 7세기 아일랜드 법률은 켈트족이 적어도 3,000년간 유지해온 여성 전사의 전통을 뒤엎는 것이었다.[26]

여성은 가부장적 법률의 희생자였다

이른바 '신의 법'은 사실 남자들의 의지를 표현한 것과 다를 바 없다. 전 세계적으로 새로운 법률을 제정하는 열기가 퍼졌는데, 그 덕에 남성들은 **모든 것**의 소유자가 되었다. 이 모든 것 속에는 여성과 자녀도 포함되었다. 이제 여성들은 재산 소유권과 상속권을 잃었으며, 심지어 자신의 몸을 통제할 권리나 자식에게 영향력을 행사할 권리도 잃었다. 9세기 중국의 한 여성은 어린 남동생을 돌본다는 조건으로 아버지의 유산 중 70%를 물려받았다. 하지만 국가에서 개입하여 그 유언을 뒤집고 그녀에게 재산의 30%만 주었으며, 거기에 더해 자기 몫을 가져간 남

역11) 인도 여인의 거처를 가리는 휘장을 이르는 말로, 부녀자를 남의 눈에 띄지 않게 하는 관습을 통칭한다.
역12) 인도 페르시아 상류 가정의 규방.

동생을 돌볼 의무까지 부과했다. 이 판례는 이후 소송사건에도 커다란 영향을 미쳤다.

여성들은 인간의 권리뿐 아니라 인간으로서의 자격까지 박탈당했다

　여성들은 아주 치밀하게 열등한 존재로 정의되었고 완전한 인간에 미치지 못하는 존재로 축소되었다. 이를 위해 여성은 끊임없이 남성들이 만들어낸 기준과 온전함의 이상, 비교할 수 없을 정도로 완벽하게 만들어진 남성의 이미지, 즉 그들의 신에게 부당하게 비교되었다. 파트나 A. 사바에 따르면 이슬람교 안에서 여성들은 '불완전하게 만들어진 존재'였다. 그녀는 이렇게 덧붙인다. " '7세기부터 이슬람교가 여성들에게 특권적인 지위를 주었으니……' 라는 진저리쳐지는 첫 구절을 들을 때마다 나는 구역질이 난다. 『코란』의 메시지를 여성들에게 긍정적인 것으로 해석하려면 남성이 되는 수밖에 없다."[27] 일본의 아내들은 남편이 자기 항문을 강간할 때 환희의 교성을 내지르며 받아들였다. 게다가 앞에 말한 『마쿠라노 소시』에는 딸이 태어나면 사흘 밤낮을 아무도 돌봐주는 이 없이 땅바닥에 버려두어야 한다고 적혀 있다. "여자는 땅이고 남자는 하늘이기 때문"이라고 한다. 바로 "이것이 여자가 아닌 남자에게 마지막 결정을 내릴 권리, 모든 것을 결정할 권리를 주는 원리다. …… 여자는 남자의 손에 맡겨진 도구에 불과하다. 여성은 전적으로 복종해야 하며 이것은 죽는 순간까지 계속되어야 한다."[28]

　남성들의 소유욕과 파괴욕이 한결같이 맹공격을 퍼부을 때, 여성 개개인이 어떻게 여기서 벗어날 수 있었겠는가? 예수 탄생을 전후한 천 년 동안 동양에서 새로 등장한 아버지 신들은, 비록 여전히 어리석은 공격과 광적인 충동을 보이긴 했지만, 남근을 숭배하던 과거의 신들과 아주 달랐다. 새로운 신은 이제 천둥 속에, 또는 멀리 있는 산봉우리를 가리는 구름 위 저편에 있지 않았다. 그 신은 사제, 심판관, 왕 등 모든 권위 있는 남성들 속에 있었기 때문이다. 또한 그는 모든 여성의 아버지, 형제, 숙부 속에도 있었고, 그녀의 남편 안에도 있었다. 따라서 그는 그녀의 식탁과 침대에도 있었다. 하지만 이런 모든 문제 가운데 가장 큰 문제는 그가 그녀의 머릿속에도 들어앉았다는 데 있다.

가부장적 신들은 역사의 법정에 소환되어 비난받을 때마다 오히려 여성들에게 더 많은 범죄를 저질렀다. 그들은 위대한 여신을 숭배하는 의식을 공격하여 철저히 폐기해버렸고, 그 과정에서 자기들의 목적에 부합하는 것만 취해 흡수했다. 이전에 대지의 어머니였던 존재를 어린아이 같은 신부, 착취당하는 처녀로 전락시켰다. 여성의 성욕은 전도되거나 부인되었고, 그녀의 육체는 신의 의지를 담는 성적인 도구로 축소되었다. 그뿐 아니라 스스로 신이 되어 복종과 숭배를 요구하는 남편의 소유물이 되었다. 인류 최초의 가장 큰 차별행위를 통해 역사에서 고의적으로 배제된 여성들은 인간 이하의 존재, 격리되고 열등한 존재가 되었다. 하지만 가장 끔찍한 일은 여성 스스로 자신의 몰락과 평가절하를 받아들인 사실이다.

모든 여성이 새로운 가부장제 질서의 가차 없는 이데올로기 폭격에 굴복한 것은 아니다. 또한 모든 체계가 그 안에 있는 사람들의 생각처럼 수월하고 빈틈없이 유지된 것도 아니다. 가부장적 신들은 아주 천천히 손아귀를 조여왔고, 경전이 요구하는 것과 실제 인간의 행동 사이에도 간극이 있기 마련이었다. 그 덕분에 노련하고 기지 넘치는 여성들이 교묘하게 이를 피할 수 있는 여지 역시 역사적 기록에서 보이는 것보다는 많았다. 하지만 이 시기 이후 여성들의 저항은 국부적이고 산발적이었으며, 그나마 모두 일시적인 것으로 끝났다. 게다가 새로 등장한 이데올로기는 최고 지배권을 얻기 위한 투쟁의 장을 다른 영역으로옮기려는 기발한 착상을 떠올렸다. 그것은 오늘날까지도 여성들이 노출되어 있는 취약점으로 받아들이는 여성의 몸이었다. 이제 여성들은유방과 엉덩이와 허벅지, 무엇보다 '만족할 줄 모르는 성기' 때문에 지독하게 공격받게 되었고, 이 때문에 많은 여성들이 권리를 회복하겠다는 희망을 잃고 쓰러져갔다.

여성의 낙원은 남편의 발밑이다.
— 벵골 속담

5. 어머니의 죄

세상에는 도저히 다 채울 수 없는 것이 세 가지 있다.
그것은 사막, 무덤, 여자의 질이다.
— 아랍 속담

여자의 몸은 불결해서 계율을 담는 그릇이 될 수 없다.
— 붓다

우리는 여성들의 실존적 공포를 다룬다. ……
남성들에게는 거세공포가 뿌리깊이 박혀 있어서
이것이 자궁에 대한 혐오로 표현된다. ……
이런 공포가 여성의 사악함을 강조하는 신화의 토대를 형성한다.
그리고 이번에는 이 여성의 사악함이
수세기 동안 지속된 여성 살해를 정당화해왔다.
— 안드레아 드워킨

남성이 신을 자처하면서 여성은 인간 이하의 존재로 전락하였다. 루터는 "여자는 결코 자기 자신의 진정한 주인이 되지 못한다. 신이 그녀의 몸을 남자에게 속하는 것으로 만들었고, 아이를 임신하고 양육하게 만들었기 때문이다."라고 주장했다. 일신교를 믿는 남성의 원대한 세계관 안에서 여성은 아이를 만드는 기계 이상이 아니며, 다른 존재가 될 필요도, 권리도 없다. 루터는 이렇게 충고했다. "그들이 아이를 낳다가 죽을 때까지 아이를 갖도록 해라. 그것이 그들이 존재하는 까닭이므로."[1] 하지만 섹스를 전적으로 출산을 위한 기능으로 한정했다고 해서 가부장제의 이론가들에게 여성이 더 바람직한 존재가 된 것은 아니다. 오히려 인간의 지위에서 강등된 여성은 '가장 교만하고 고집스러운 **동물**'[2]이 되어버렸다. 아버지 신들의 이성이 잠든 사이에 태어난 이 괴물은 천 년이 넘도록 밤낮으로 남성들을 따라다니면서 괴롭히러 온 것이다. 그러니 여성들의 동물적 육체를 혐오하는 캠페인이 벌어진 것은 당연한 귀결이다. 유대교가 태동할 때부터 초기 근대사회가 형성될 무렵까지 이어진 이런 혐오의 열풍이야말로 여성들의 역사에서 지극히 중요한 사건이었다. 여성들의 역사는 직선으로 진행되는 외적 사건들의 연속으로 구성되지 않기 때문이다. 전쟁, 왕조, 제국들은 월경을 터부시하는 관습이나 여아를 살해하는 관습에 비하면 훨씬 짧은 기간 동안 존재했을 뿐이고, 여성의 삶 자체에도 훨씬 적은 영향을 미쳤다. 연도나 거대한 사건들보다 후자의 관습들이 여성의 실제 경험에 더 많은 영향을 준 것이다. 수세대에 걸쳐 지속되고 반복되고 불변한 것 역시 그런 관습들이다.

가부장적 일신교의 가장 두드러진 영향이라 할 수 있는, 여성의 몸에 대한 공격은 단순히 편리한 출발점이나 귀결이 아니다. 그것은 여성의 역사 전체를 아주 오랫동안 결정해온 주된 요인이었다. 또한 여성들이 몰락하여 봉건적 억압과 기괴한 박해를 받는 길고 긴 암흑의 시간으로 들어서게 되었음을 알리는 척도인 동시에 이를 재촉하는 구실까지 했다. 어쩌면 물리적 고통의 맨 밑바닥으로 더 빨리 전락해야만 온전한 인간이 되기 위해 다시 떠오르는 데 필요한 추진력을 얻을 수 있었던 건지도 모르겠다.

남녀 간 전쟁에서 왜 여성의 몸이 그토록 중요한 전쟁터가 되어야 했을까? 그 대답은 남성이 최고 지배권을 얻기 위해 벌인 투쟁의 본질 속에서 찾을 수 있다. 남자들은 여자들을 격리되고, 다르고, 열등한, 그래서 당연히 종속적인 존재로 정의하였다. 이로써 여성은 인류 역사에서 최초로 등장했으며 가장 거대한 소외집단이 되었다. 하지만 그렇다고 해서 여자들을 남자들의 모든 일에서 전적으로 배제할 수는 없다. 어떤 종속집단이나 하층계급, 소수집단도 여성들만큼이나 자기를 억압하는 자들과 밀접한 관계를 유지하며 살아가지는 않는다. 어떤 남성 지배자도 여성을 자신의 집, 부엌, 침실로 들이지 않고 살아갈 수는 없다. 그리고 이처럼 가까이 살고 있는 이를 통제하려면 여성이 스스로 자신의 낮은 지위에 동의하도록 유도하는 길밖에 없다. 여성들은 실제로 열등하지 않기 때문에, 여성이 남성만 못하다고 설명하거나 주장하는 엄청난 양의 종교적·사회적·생물학적 이데올로기의 맹공격을 받아야 했고, 최근에는 심리학적 이데올로기의 저술까지 가세한 맹공격을 받아야 했다. 여성들이 자신의 열등함을 믿게 하기 위한 이런 종교적 교훈집이나 훈계조의 민간설화, 농담, 관습을 기록한 문헌의 주제로 여성의 몸보다 더 좋은 주제가 무엇이겠는가? 인간의 자기확신과 자아인식의 기본 근거를 파괴함으로써, 성적 죄책감과 육체에 대한 혐오감을 불러일으킴으로써, 남자들은 여성의 불안정과 의존을 확보할 수 있었다. 최근 수세기 동안 여성에게 퍼부어진 전 세계적이고 조직적이며 하루가 다르게 최고조에 이르는 맹공격의 진정한 본질과 목적은 너무도 분명하다. 윤간 풍습을 가진 미크로네시아의 문두루쿠족은 "우리는 아내를 바나나로 길들인다."라고 말하며 자랑한다. 섹스를 폄하하고 맹렬히 비난하는 모든 가부장이 문두루쿠족만큼이나 잔인하게 여성들의 비굴한 항복을 끌어내는 데 몰두하는 것이다.[3]

그런데 여성을 공격하기 위해 고안해낸 거대한 장치들이나 규범적인 내용을 담은 책들은 남성들이 느끼는 불안감이 얼마나 컸는지 보여주는 동시에 여성들의 저항이 얼마나 강했는지를 암암리에 드러낸다. 여자들이 '고집스러운 동물'이고 맹목적인 무분별을 보이는 가장 분명한 증거가 바로 자신의 종속적인 지위를 거부하는 행동이기 때문이다. 온갖 규칙들의 배후에 있는 지속적이고 격렬한 비난과 경고 역시 애초에 그런 것이 필요하게 된 원인, 즉 금지해야 할 행동이 얼마나 자주 등장했는지를 확인시켜준다. 사회적·법적 통제가 향하는 범위 또한 남성들이 불안감을 느끼는 대상을 정확하게 가리킨다. 그렇게 볼 때 여성의 몸 중에서 돌연한 공포나 두려움, 분노 또는 깊은 염려가 불러일으키지 않는 부분은 하나도 없었다는 말이 된다.

사실 여성의 육체는 머리 꼭대기부터 발끝까지 모든 점에서 위험한 존재다. 무성한 머리카락은 정욕을 불러일으킬 수 있다. 그래서 서기 600년 이후로 유대인들의 『탈무드』는 남자들에게 머리카락을 덮지 않고 사람들 앞에 나서는 아내와 이혼하는 것을 허락했다. 사도 바울로는 한술 더 떠서, 머리카락을 드러내고 교회에 오는 여성의 머리카락은 아예 밀어버리는 게 더 낫다고 기독교인들에게 가르쳤다.[4] 여성의 얼굴 역시 주체할 줄 모르는 남성들에게는 비너스의 파리 잡는 끈끈이였다.

서기 3세기의 것으로 추정되는 기괴한 신학서에서 초기 기독교 교부 테르툴리아누스는 '처녀들의 홍조'가 천사들을 타락시킨다고 주장했다. "따라서 그토록 위험한 얼굴은 천국까지 가는 길 중간에 돌부리에 걸려 넘어지게 할 수 있기 때문에 가려야 한다."는 것이다.[5]

여성들은 얼굴 중에서도 가장 강력하고 신뢰할 수 없는 무기라 할 수 있는 혀를 특히 조심해야 했다. '암탉이 울면 집안이 망한다'는 사실을 신경질적일 정도로 강조하는 속담은 거의 모든 언어권에서 발견할 수 있다. 예를 들어, 소아시아의 그리스 사람들은 수백 년 동안 여성이 '말이 많으면' 그만큼 남편을 얻기 힘들다고 생각했다. 몽골 부족들은 천 년이 넘도록 방대한 양의 단어들을 남자들만 사용할 수 있도록 허용하면서 여자들에게는 그것을 입 밖에 내는 것조차 금했다.[6] 또한 이슬람교 지배 하의 서양에서는 아내의 가장 심각한 악덕이 '샤다카', 즉 '말이 많은 것'이었다.

여자의 입에 재갈을 물리려 드는 유대인들의 강박관념은 유대교가 태동할 때 모세가 만든 율법, '여성들은 말없이 있어야 한다'에서도 볼 수 있다. 사도 바울로가 이를 전혀 수정하지 않고 모든 여성에게 '침묵과 완전한 복종'을 요구함으로써 기독교의 계율이 되었다. 복종의 전제조건으로 혀를 묶인 여성들이 근동과 중동에만 있었던 것은 아니다. 일본의 전통 종교인 신도의 가르침에 따르면, 세상이 시작될 때 여성이 먼저 말을 하자 거기서 괴물이 태어났다. 그녀의 배우자인 최초의 남성은, 이것을 항상 남자가 먼저 말을 해야 한다는 신들의 메시지로 해석했고, 그 후로 늘 그래왔다.

근대 초기의 유럽에서는 '잔소리꾼의 재갈'로 알려진 잔인한 기구를 이용하여 침묵의 요구를 거부하는 여성들을 박해하였다. 예를 들어, 영국 북부에서는 7세기부터 17세기까지 '잔소리가 심한 여자들'에게 "**재갈**이라 불리던 기구를 뒤집어씌운 채 밧줄에 묶어 거리를 끌고 다녔다. 그 기구는 쇠로 만든 왕관처럼 생겼는데, 머리와 얼굴 위로 뒤집어쓰면 쇠로 된 거대한 재갈이나 막대가 입 안으로 들어가 피를 흘리게 했다." 또한 '잔소리'에 대한 벌로 물에 빠트리거나 징벌의자에 앉히기도 했다. 징벌의자는 물가에 놓인 긴 막대 끝에 고정된 나무 의자로, 여성들이 거기 앉으면 계속해서 물이나 진흙탕에 빠지게 되는데 그들이 익사할 때까지 처벌을 계속하는 경우도 드물지 않았다.[7]

여성의 몸은 머리에서 발끝까지 '악마의 놀이터'였다. 마호메트는 "여자가 목욕하러 들어갈 때면 악마도 그녀와 함께 있다."라고 했다.[8] 이렇게 여성의 몸에 대한 통제력을 획득함으로써 남성들은 미처 예견하지 못했겠지만 필연적이라 할 수 있는 성과를 거두었다. 여성들이 스스로 자신을 전혀 통제하지 못한다고 믿게 된 것이다. 그들이 아무것도 갖지 못했기 때문이다. 이제 여성들은 두 다리 사이의 근육에 의해서만 움직이면서 아무렇게나 표류하는 텅 빈 그릇으로 여겨졌다. 여성을 격렬하게 비난하는 중세 아랍의 글에서도 이를 확인할 수 있다.

여자들은 악마다. 태어날 때부터 그렇게 태어난다.
그러니 모두 알다시피 그들은 믿을 수 없다.
일단 욕망이 생기면 그들은 거리낌 없이 속임수를 쓴다.

주인이 없을 때면 노예라도 서슴없이 이용한다.

그들의 음문이 발정할 때면

그저 발기한 그것을 얻을 생각만 한다.[9]

여성의 '만족할 줄 모르는 질'에 대한 편집증적인 공포가 아랍문학 전체에 깔려 있다. 여성의 성기를 뜻하는 아랍어인 '알 파르즈(al-farj)'는 '기다랗게 갈라진 틈이나 구멍', 작아 보이지만 그 속에서 남자가 흔적도 없이 사라질 수 있는 틈을 뜻한다. 15세기 에로틱 문학의 걸작인 『향기로운 정원』에 등장하는 한 남성은 "내가 그녀의 음문을 보았다!" 하고 공포에 질린 탄식을 내뱉었다. "그건 종마가 접근할 때 암말의 그것처럼 열렸다." 저자는 독자들에게 아랍 남성이 가장 두려워해야 할 것을 경고한다. "어떤 음문은 욕망과 정욕에 미쳐서 다가오는 남근 위로 자신을 내던진다." 성교로 고조에 달한 여성의 성기는 "사자의 머리를 닮았다. 아아, 질이여! 얼마나 많은 남자들이 그녀의 문 앞에서 죽었던가!"[10]

탐욕스런 질에 대한 이 격렬한 공포는 아랍 국가 전체에 전염병처럼 널리 퍼졌고, 이슬람교의 일부다처제로도 별로 진정되지 못했다. 사실 여자는 만족할 줄 모른다는 생각과 한 남편을 네 명의 여자가 나눠 가지면서 만족해야 한다는 요구 사이에는 본질적인 모순이 존재하는데도 말이다. 어쨌든 다른 문화권에서도 흡혈귀 같은 질('악마의 통로')의 변형물을 나름대로 만들어냈다. 그중에는 지극히 교묘한 거세 환상을 담은 것도 있었다. 15세기 독일의 도미니쿠스 수도회 수도자이자 마녀 색출자인 야코프 슈프렝어의 글도 거기에 해당한다. 그는 소년들이 잃어버린 것들을 가히 월트 디즈니식 환상에 버금가는 이미지로 만들어냈다.

다음으로 생각해야 할 것은 이 마녀들이 그런 식으로 남자의 성기를 스무 개 또는 서른 개나 될 정도로 많이 모으면 그것들을 새 둥지나 상자에 넣어둔다는 사실이다. 널리 알려진 대로 그 성기들이 마치 살아 있는 양 움직이고 밀과 귀리를 먹는 것을 많은 사람들이 목격했다.[11]

흥미로운 사실은 늘 성욕을 느끼는 여성이 '채울 수 없는 질'로 남성 지배를 위협한다는 주제가 고도로 조직된 가부장적 종교의 틀에서만 발견되는 것이 아니라는 데 있다. 뉴멕시코의 나바호족은 어떻게 남성이 여성을 지배하게 되었는지 설명하기 위해 이런 이야기를 만들었다.

최초의 남자는 아내가 오직 섹스에만 관심을 갖는다고 비난했다. 둘은 싸우기 시작했고, 아내는 여자들이 남자 없이도 잘 지낼 수 있다고 대답했다. 그런 도전을 확인하기 위해 남자들은 강 건너로 간 후 자기들이 타고 간 뗏목을 부숴버렸다. 해가 갈수록 여자들은 더 약해졌다. 음식을 구하려니 남자들의 힘이 필요했고, 무엇보다 욕망으로 미칠 지경이 되었다. 참다못한 그들이 자위행위를 하자 괴물이 태어났다. …… 남자들도 변태적인 행동을 일삼았지만 그런 무절제 때문에 재앙이 닥치지는 않았다. 커다란 고통 속에서 많은 여자가 죽어가자 마침내 여자들이 굴복하고서 남자들에게 다시 자기들을 데려가달라고 간청했다. 남자들은 이를 받아들였다. 그 후로는 남자가 더 강인한 성이기에 지도자가 되어야 한다는 사실을 모두 인정하게 되었다.[12]

남자들이 더 강인한 성이라고? 하지만 최근 몇 세기 동안 끊임없이 신화가 날조되었다는 사실만 보더라도 그 반대가 참임을 증명한다. 여자들이 대를 거듭해서 남자들에게 나약해질지도 모른다는 공포심을 불러일으켜왔지만, 여성들 자신은 그런 공포심을 느끼지 않았다. 특정 시기나 특정 장소에서는 증오의 캠페인으로까지 번진 이 역사적인 프로파간다의 힘은 여성이 갖는 욕망의 횡포에 시달리는 세계를 만들어냈다. 그곳에서 남자는 약하고 여자는 강해서 지치는 법이 없다. 왜냐하면 성교할 때 여자가 한창 피어날 무렵 남자는 시들어버리기 때문이다. 남자는 발기해서 절정에 이를 때 질 속으로 강하게 들어온다. 그러고는 사정하고, 움츠러들고, 완전히 지친다. 반대로 여자는 남자의 힘, 그의 정수, 그의 최상의 자아를 흡수하는 수령자다. 따라서 질은 끊임없이 회복되는 에너지의 근원이자 중심인 반면, 남근은 실패하기 쉽고 불충분하며 한계를 갖는다. 모든 것을 바친 남자는 여자 때문에 무기력해질 뿐 아니라 마음대로 자신의 남성을 다시 일으켜 세우지도 못한다. 그러니 남자들이 자신의 힘을 강탈하는 존재를 증오하고 두려워하는 것도 이상할 것은 없다. 그렇게 잃어버린 힘은 그의 강력한 신들조차

회복시켜주지 못하지 않은가.[13]

남성이 탐욕스런 '여자의 구멍'에 붙잡혀 겪는 위험은 이것이 전부가 아니다. '악마의 처소'로 들어가는 것, '여자의 두 다리 사이에 있는 동물에게 먹이를 주는 것'은 단순히 몸만이 아니라 영혼까지도 위태롭게 하는 일이기 때문이다. 여자들의 몸에 대해 병적으로 흥분해서 매도하는 일은 곧 여체가 남자들을 더럽히고 타락시킨다는 것을 확실한 사실처럼 믿게 만들었고, 얼마 후에는 이 믿음이 종교적 정설로 확립되었다. 여성들의 자아를 담는 요새인 그들의 몸에 대한 이런 영구적이고 치명적인 공격의 역사적 뿌리는 무엇이었을까? 그 해답은 우리를 피의 문제로 데려간다.

'생리 중일 때' 여성의 몸은 그녀를 인간 이하의 존재가 아니라 동물보다 못한 존재로 만든다. 피는 인간을 구성하는 다른 어떤 물질보다 더 강하게 힘과 위험을 연상시킨다. 그래서 유대교인, 아메리카 원주민인 수족, 힌두교도들은 피를 먹지 못하도록 엄금한다. 게다가 월경은 이해할 수 없는 피, 위험스럽고 불결하며 위협적인 것이었다.

> 여성이 월경을 하도록 만든 것은 악마 우레마운이다. 생리 중인 여성은 신성한 불을 응시하거나 물에 들어가거나 태양을 바라보거나 남자와 대화를 나누는 일 등을 하지 말아야 한다.[14]

파르시교의 현인 조로아스터가 기술한 이런 월경 금기는 초기 여성들이 성인이 된 후 인생의 4분의 1, 즉 4주에 1주 동안은 늘 격리되어 사회생활을 금지당했음을 뜻한다. 이런 **격리** 정책은 파푸아뉴기니의 카페족 같은 원시 부족사회에서도 쉽게 찾아볼 수 있다. 거기서는 월경을 시작한 소녀가 일주일간 어두운 헛간에 갇혀 음식도 먹지 못한 채 지내야 한다. 또한 자신이 꼭 지켜야 할 제약을 제대로 따르지 못할 때는 자기 자신은 물론이고 다른 사람들에게도 위험한 존재가 된다고 배운다. 그녀의 몸과 피는 남자들을 토하게 하고, 피를 검게 만들며, 살을 더럽히고, 정신을 혼란스럽게 하고, 쇠약하게 만들어서 죽게 한다는 것이다. 모든 원시사회에 존재하는 이런 믿음과 금기를 자세히 살펴보면, 지배-복종 관계의 본질을 극명하게 드러내는 형식을 발견할 수 있다. 다코타 지역의 아메리카 토착민들은 생리 중인 여성의 **와칸**(신성함 또는 권력)이 전쟁과 평화를 모두 관장하고자 하는 남성들 전체의 **와칸**을 약화할 수 있다고 믿었다.[15]

금기를 깨는 여성은 모두 죽음을 각오해야 했다. 금기의 내용이 무엇이었든 간에, 그처럼 강도 높은 처벌은 여성들의 원초적이고 통제할 수 없으며 수수께끼 같은 피에 대한 공포와 위협이 얼마나 컸는지를 보여준다. 엄격하게 조직된 가부장제 사회일수록 월경 금기가 비가시적인 형태를 띠었지만, 그렇다고 엄격함이 덜했다고 볼 수는 없다. 유대교, 기독교, 이슬람교 같은 중동지역 종교의 신들은 특히 가혹했다. 「레위기」처럼 유대교에서 중시하는 경전을 보면, 여성은 월경 기간과 그 전후를 포함한 12일 동안 **니다**(불결함 또는 불결한 존재)가 된다고 보았다. 1565년까지도 신성한 율법서 『슐찬 아루흐』는 니다에게 다음과 같은 행동을 엄금했다.

- 남편과 같은 침대에서 자는 일

- 식사시간에 가족과 함께 식사하는 일

- 다른 사람과 같은 방에 있는 일

- 안식일의 촛불을 밝히는 일

- 회당에 들어가는 일

- 남편을 만지는 것은 물론, 그에게 뭔가를 갖다주는 일

그리고 최후의 마무리 격으로, 니다는 혐오스럽고 격리된 위치임을 알리는 상징으로 특별한 옷을 입어야 했다. 이것은 마치 유대인 전체가 후에 겪어야 했던 잔혹한 운명을 예고하는 것 같다. 여성은 인간적 권리를 정기적으로 빼앗김으로써 사실상 인간 이하의 존재가 되었다. 차임 버먼트가 설명한 대로 "여성은 부패의 근원, 걸어 다니면서 악취를 풍기고 곪아가는 존재로 간주되었다. …… 아무도 그녀의 안부를 묻기 위해 옆에 머무를 수 없었다. 그녀가 내뿜는 숨결과 시선만으로도 주변의 공기가 유독하게 오염된다고 생각했기 때문이다."[16]

유대교는 팔레스타인 원시부족의 금기를 종교적 사실로 확립하였고, 기독교와 이슬람교는 율법을 만들 때 유대교에서 많은 것을 빌렸다. 이 세 종교가 모두 남자가 '질병에 걸린' 여성에게 접근하는 일을 엄격하게 금했다. 『코란』에는 아주 초기부터 이렇게 쓰여 있었다. "그들이 여성의 월경에 대해 질문하거든, 아주 불결한 것이라고 대답해라. 그리고 생리 중인 여성들로부터 떨어져 지내고, 그들이 청결해질 때까지 근처로 가지 말라고 일러라." 마호메트 자신은 여성들이 여성성의

근원이자 배경이 되는 특성 때문에 공격당하는 것을 막으려 노력했다. 그는 아내가 생리 중일 때도 제자들 앞에서 항상 그녀를 존중하는 모습을 보였다. 심지어 그녀가 직접 가져다주는 기도용 돗자리를 사용했으며, "당신 손이나 당신 컵에 생리혈이 묻진 않았소."라고 하면서 같은 잔을 사용해 물을 마시기도 했다. 그는 추종자들에게 여성들이 생리 중이라고 특별히 더 위험하거나 주변 사람을 오염시키지는 않는다는 사실, 생리는 그들이 먹고 잠자고 배설하는 일과 마찬가지라는 사실을 가르쳐주고자 한 것이다. 하지만 이후 이슬람교의 역사를 보더라도 이런 존경할 만한 노력이 실패했음을 알 수 있다.

결국 가부장들이 여성의 몸을 지배하고자 한 주된 까닭은 월경의 출혈에 있다. 여자들은 소녀 시절부터 성인으로 살아가는 기간 내내 매달 피를 흘릴 뿐만 아니라, 그들이 여성으로서 새로운 단계로 옮아갈 때(초경, 첫 경험, 출산)면 항상 피를 흘리기 때문이다. 이것은 삶과 죽음의 경계를 넘나드는 불안하고 모호한 징조였고, 위험이 크면 클수록 금기도 강해졌다. 여성들이 살아가면서 겪는 이 모든 '경험'이 복잡하고 종종 야만적인 성격을 보이는 신화나 믿음과 관습을 만들어냈다. 그리고 그런 문화 속에 숨어 있는 공포감은 여성에 대한 개인적 관심을 모두 억누를 만한 것이었다. 여성들이야말로 그런 공포감의 원인이자 중심이었기 때문이다.

따라서 일신교가 도입되어 20세기가 될 때까지, 여성의 첫 번째 성경험을 문제 삼을 때도 오직 '악마들의 거처'인 질에만 관심을 집중했을 뿐 그 소유자에게 초점을 맞춘 적은 없었다. 질이라는 기관은 처음 열릴 때 가장 위험한 것으로 간주되었기에 남성을 보호해야 한다고 믿었다. 더구나 「레위기」 식으로 말하자면 '여성의 피의 샘' 속으로 찔러 넣어 여성의 처녀막을 파괴하는 것은 남성의 신체기관 중 가장 상처 입기 쉬운 부위다. 아주 오랫동안 이런 위험을 줄이는 것이 현명하다고 간주되었다.

> 고대 이집트부터 현대 인도와 페르시아에 아직도 남아 있는 이교의 숭배의식에 이르기까지…… 결혼을 앞둔 처녀들은 모두 태양신의 황금 남근 위에 앉혀 처녀막을 찢고 피를 흘리도록 했다. 원래 불결하던 피가 그렇게 함으로써 신성해진다고 여겨졌고, 성실한 청년이라면 그런 식으로 정화되지 않은 처녀와는 결혼하지 않았다.[17]

그런 기구 대신 인간 남성을 사용하기도 했다. "동양의 많은 지역에서 처녀막을 없애는 것은 문지기의 일로 간주되었다." 특히 높은 계급의 남성들은 "먼저 쇠막대기를 삽입하거나 흑인 노예에게 그녀의 처녀막을 뚫게 한 후에야 직접 행위를 시작했다."[18] 다른 나라들, 특히 북유럽 국가들에서는 신랑을 대신해서 더 나이 든 남성이 위험을 감수했다. 나이 든 남성이 신부가 될 처녀에게 개인적인 관심을 갖지 않는다면, 그가 가진 더 뛰어난 능력과 지위 덕분에 처녀가 끼칠 수 있는 해악을 피할 수 있다고 여겼기 때문이다. 이때 대리자가 되는 남성은 신랑의 아버지, 삼촌, 형이거나 영주일 수도 있었다. 청년이 군인인 경우 **연장**

자의 권리는 자연스럽게 그의 상급 장교에게 넘어갔다. 그런 경우 예비 신랑은 남편으로서의 배려보다는 동료들에 대한 아량을 더 많이 베풀었다. 터키 부대에서 이런 의식은 '장롱 문 열기'로 알려졌는데, 신부가 하룻밤에 신랑과 같은 연대에 있는 군인 100명과 성관계를 가져야 하는 일도 있었다고 한다. 세이입(seyyib)이라는 말은 그런 처녀성 능욕 과정에서 너무 잔인한 만행을 당한 충격으로 신랑에게서 도망친 여성을 뜻한다. 대부분의 아랍 국가들이 세이입에 해당하는 자국어 단어를 가지고 있음은 놀랄 것도 없는 일이다. 이처럼 남편의 권리를 마음대로 휘두르거나 **초야권**을 남용하는 의식의 피해자인 세이입들은 대부분 살아남지 못했다.[19]

당연한 일이지만, 역사적으로 이런 사건들을 여성의 관점에서 설명한 경우는 지극히 드물었다. 여성들 대부분이 앞으로 닥칠 일을 전혀 모르는 상황에서 양육되었고, 결혼할 남자와 잘 알지도 못했으며, 이제 겨우 아이에서 벗어난 경우가 많았기 때문이다. 그러니 최초의 성경험은 커다란 외상을 남겼음이 틀림없다. 일본 귀족계급 출신으로 1271년 열네 살에 아버지에 의해 고후카쿠사 상왕의 후궁이 된 니조 부인은 첫 성교 과정을 아래에서 올려다본 인상을 기록하였다. 그녀는 잠에서 깨어나 침실에 들어와 있는 늙은 고후카쿠사를 발견할 때까지 아무것도 몰랐다. 그녀는 일기에 이렇게 썼다. "그가 어찌나 나를 무자비하게 다루던지, 이제 나는 더 잃을 게 없다. 내 존재 자체가 혐오스럽다."[20]

흔히 안전한 성채라고 여기던 결혼 안에서도 성폭력은 적지 않았고, 그러다 보니 이제는 마치 그것이 여성들의 평범한 경험처럼 되어버렸다. 여성은 모성으로 찬양되었지만, 그들을 어머니로 만드는 과정 속에서는 전적으로 멸시되었다. 또한 남자들은 단순히 여자들의 성을 제약하고 구속하기만 한 것이 아니다. 그들은 여자들의 몸을 전용하고 마음대로 통제하기 위해 고안한 방대하고 다양한 기술을 이용해서 여성의 성을 그들을 처벌하는 수단으로 만들어버렸다.

강제 결혼

거의 모든 지역의 법률과 사회적 관습이 딸을 멋대로 시집보내고, 자신의 선택에 복종하도록 만들기 위해 필요한 어떤 조치든 취할 수 있는 권력을 아버지에게 부여했다. 어린 나이의 엘리자베스 패스턴이 부자이긴 하지만 나이가 많고 못생긴 구혼자와 결혼하지 않겠다고 하자 그녀의 아버지는 그녀가 마음을 바꾸도록 캄캄한 방에 '가두고' 음식도 주지 않았으며 아무와도 접촉하지 못하게 했다. 그녀는 일주일에 한두 번씩 매를 맞았고 "때로는 하루에도 수차례씩 얻어맞아 뼈가 부러지기도 했다." 하지만 엘리자베스는 계속 저항했고, 결국 나중엔 행복한 결혼을 두 번이나 했다. 그 결혼으로 그녀는 중세 영국에서 손꼽히는 부유한 여성이 되었다. 하지만 다른 여성들은 그렇게 운이 좋지 못했다. 같은 시기에 바다 건너 아일랜드에 살았던 불쌍한 소녀 이사벨라 헤런은 남자 세 명에게 강제로 800미터나 끌려가 교회 문 앞까지 갔고, 그녀의 아버지가 그녀를 때린 후 억지로 교회 안으로 밀어 넣었다. 아버지들만 가해자인 것은 아니었다. 같은 교회에서 약혼식을 올린 캐서린

맥케스키는 '떡갈나무 회초리'가 부러질 정도로 지독하게 어머니의 매질을 당했고, "그 후에는 아버지에게 심하게 맞아 바닥에 쓰러져버렸다."[21]

어린 신부

하지만 인도의 아버지는 고집 센 딸의 저항에 부딪힐 위험이 전혀 없었다. 인도에서는 모든 여성이 한 살도 되기 전에 틀림없이 결혼하도록 정하고 있었기 때문이다. 유럽에서 소녀의 성적 승낙 연령[역1]은 12세였다. 그 정도 나이면 결혼이나 성교, 또 그로 인한 모든 일을 감당할 만큼 성장했다고 간주한 것이다. 그러나 인도에서는 대영제국의 점령 전부터 점령기가 끝날 때까지 소녀들이 사춘기에 도달하기만 하면 대개 아홉 달 뒤에 어머니가 되는 것이 보통이었다(아대륙에서는 8, 9세만 지나면 어머니가 되었다). 물론 결혼은 훨씬 전에 이미 한 상태였다. 신중한 남편들이 어린 아내의 '첫 열매'를 활용하기 위해, 그녀가 생리를 시작하기도 전에 일상적인 성교에 잘 길들게 했다.

그런데 이런 상황이 도리어 남성들이 수확물을 거두지 못하게 하는 경우가 잦았다. 조혼은 너무도 쉽고 세련된 여아 살해 형식이기 때문이다. 해마다 소녀 수백만 명이 조혼으로 인한 부인과적 손상이나 출산으로 사망하였다. 1921년 영국 정부가 인도에서 실시한 공식 인구조사에

역1) 결혼이나 성교에 대한 여성 측의 동의가 법적으로 유효하게 받아들여지는 나이.

따르면, 한 해 동안 어린 신부 320만 명이 사망했다. 영국 군의관들의 기록을 살펴보면 이렇다.

    a. 9세. 결혼 다음 날. 왼쪽 대퇴골 탈구. 골반은 형태를 알아볼 수 없을 정도로 분쇄되고 살이 찢겨 너덜거림.

    b. 10세. 설 수 없음, 엄청난 출혈, 살이 많이 찢어짐.

    c. 9세. 외과 치료가 불가능할 정도로 심하게 강간당함. 그녀의 남편은 영어를 아주 훌륭하게 구사하며, 다른 아내가 두 명이나 있음. ……

    i. 7세. 남편과 함께 살았음. 사흘 후 극심한 고통 속에서 사망. ……

    m. 10세 가량. 무릎으로 기어서 병원에 옴. 결혼 후 한 번도 바로 설 수 없었음.

  현자를 자처하는 이들의 주장을 따르자면, 이 모든 것이 나약한 여성들이 쓰러지기 전에 그들의 젊음을 조금이라도 더 붙잡기 위한 일이라는 것이다. 속담에서 이르기를 "일찍 결혼하고 일찍 죽는 것이 인도 여자들의 운명이다. 아내의 인생은 두 번의 몬순과 같다."[22]

신부 매매

  강제 결혼의 역사와 관련해서 또 하나의 기이한 관습으로 근대 초기 유럽의 '신부 매매'를 들 수 있다. 당시 부유하고 젊은 여자 상속인들은 공공연하게 상업적인 거래의 대상이 되어 최고 입찰자에게 넘겨졌다. 비록 아주 현대적이랄 수 있는 법률 덕분에 여성이 땅을 소유하고 상속하고 그것을 팔거나 증여할 수는 있었지만, 실제로 그녀의 인생은 한 남성의 보호 아래 놓인 것이었다. 이 남성은 그녀의 아버지와 남편만이 아니라 아버지나 남편의 영주가 될 수도 있었다. 여자 상속인은 이 남성들이 물려받는 재산의 일부였던 것이다. 1185년 영국 왕 헨리 2세는 마치 소유한 가축을 관리하듯이 모든 여자 상속인들과 그들의 소유물을 사소한 것까지 목록으로 작성하게 했다.

토머스의 미망인 앨리스 드 보포우는 국왕 폐하의 소유가 되었다. 그녀는 스무 살이고 상속자로 두 살 된 아들이 있다. 그녀의 땅은 5파운드 6실링 8다임의 가치가 있고, 이에 더해 경작지 두 곳과 양 100마리, 짐을 나르는 짐승 두 마리, 암퇘지 다섯 마리, 수퇘지 한 마리, 젖소 네 마리가 있다.[23]

물론 앨리스는 '이미 경작된 밭'이었고 거추장스럽게 살아 있는 상속자도 있었기에 재산을 노리는 구혼자들에게 1등급의 목표물은 아니었을 것이다. 새로 형성되어 상승일로를 걷는 신부 시장에서는 막 공장에서 만들어져 진공 포장된 처녀의 값이 더 높았다. 석 달 된 여아는 1인당 100파운드에 팔렸지만, 유년기를 지나 결혼할 수 있는 상품이 된 소녀는 333파운드로 값이 뛰었다. 이런 상황이 여성들에게 뜻하는 바는 다음 사례에서 추론할 수 있을 것이다. 1225년 영국의 존 왕은 데번 백작의 상속자와 결혼했다가 과부가 된 젊은 여성 마거릿을 용병대장 팔크스 드 브로테에게 상으로 주었다. 당시 연대기 작가 매튜 패리스는 영국 귀족 여성과 프랑스 흉한의 결합에 큰 분노와 충격을 받아 "귀족이 천민과, 경건함이 불경과, 아름다움이 수치와 결합한 것"이라고 기록했다. 마거릿은 9년 동안 그 결혼생활을 견뎌야 했고, 그녀의 남편이 왕실의 총애를 잃은 후에야 그 결혼이 무효임을 인정하는 판결을 받을 수 있었다. 그러자 드 브로테는 즉시 로마로 가서 전처 재산의 소유권을 주장하는 소송을 제기했다. 하지만 신이 먼저 판결을 내리기라도 한 양, 그는 로마 교황이 판결을 내리기도 전에 거기서 사망했다.

생식기 통제

드 브로테가 아내에게 가했을 법한 모욕 중에는 '정조대'로 알려진 야만스런 기구도 있었을 것이다. 이 비열한 장치는 11세기에 성지 탈환을 위한 십자군 전쟁이 시작되면서 유럽으로 들어왔다. 생식기를 통제하기 위한 다른 도구나 기술과 마찬가지로, '정조대'는 그 완곡한 명칭에서 상상할 수 있는 것보다 훨씬 더 소름 끼치는 것이었다. 그것은 쇠나 은으로 만든 코르셋으로 여성의 몸에 꼭 맞게 채워졌고, 두 다리 사이에 금속으로 된 빗장이 질러져 있었다. 틈이라고는 배설을 위해 가장자리에 만들어둔 좁은 구멍 두 개밖에 없는데 이 구멍에는 날카로운 톱니바퀴가 달려 있었다. 이런 기구를 착용하면 다리 사이의 쇳덩이 때문에 소변이나 월경의 배출물, 배설물이 모두 방출되지 못해 남아 있고,

계속해서 오염물과 접하는 생식기를 씻을 수조차 없었다. 일상적인 움직임조차 극도로 어렵게 만드는 이런 기구의 사용이 일반적이지는 않았다. 그러나 중세에 여성의 아랫도리 전체를 쇠로 막아버리는 기구를 만든 파도바[역2]의 프레보가 누린 명성을 보더라도 생식기를 통제하는 기술에 얼마나 지대한 관심이 쏟아졌는지 짐작할 수 있다. 16세기가 되어서도 드 브랑톰은 철물상들이 '여성의 신체 일부를 구속하는 기구 열두 개'를 공정한 가격으로 판매했다는 기록을 남겼다. 그 후에도 특히 독일에서 유사한 기구들이 제작되어 그 속에 여성들이 매장되는 일이 흔했다.[24]

이런 방식으로 여성의 생식기를 통제하는 일이 서양에서는 최근의 일이었다. 하지만 동양에서는 기억할 수 없는 옛날부터 당연한 일로 통했다. 그 최초의 사례는 노예 소유주가 모든 여자 노예들의 대음순에 고리를 한 개 또는 여러 개 삽입하는 관례다. 이것은 원치 않는 임신이나 약탈을 막기 위해서였다. 여자 노예들은 주인에게 예속되어 이중으로 약탈당하였기 때문에 특히 생식기 통제를 위한 관례의 희생자가 되기 쉬웠다. 그런 통제는 거의 강간이나 고문에 버금가는 수준이었다. 다음 사례가 그것을 분명히 보여준다. "수단의 하렘에서는 주인이 여자 노예의 처녀성을 뺏은 후…… 질 속으로 12인치 길이의 두꺼운 대나무 막대기를 3분의 1 정도 쑤셔 넣고는 허리와 넓적다리에 가죽끈으로 고정하고 짚으로 짠 덮개를 앞에 매달아 음순을 가려서 색을 밝히는 환

역2) 이탈리아 북부 베네치아 서쪽 지역.

관들로부터 보호하였다."[25] 가부장적 종교들이 확립되면서 생긴 변화는, 이런 가장 지독한 형태의 통제를 모든 여성에게 확장할 수 있는 기술을 개발했다는 사실이다. 그 기술은 여성들의 성을 대대적으로 파괴하는 방식으로 이 '문제'를 해결하겠다는 의지를 내보인다.

여성 생식기의 절제

여성의 생식기를 절제하는 관행의 진정한 성격은 '정조대'의 경우도 그랬듯이, '여성 할례'라는 더 친숙한 명칭으로 은폐되어왔다. 하지만 겉으로 드러나는 여성의 성기를 모두 절단하던 여성 생식기의 절제 관행은 사실 남자들이 포피를 제거하던 일과 아무런 관련이 없다. 여성의 생식기를 수술하는 관행은 이슬람교가 태동할 때 중동 전역에 아주 널리 퍼졌고, 아프리카 전역으로 전파되어 오늘날까지 이어지고 있다. 이처럼 끔찍한 만행이 아직도 계속된다는 사실은 오직 사회 전반적인 무지 탓이라고밖에 설명할 길이 없다.[26]

여성들의 은밀한 의식이 실제로 어떻게 진행되었는지 살펴보자. 전통적인 여성 담당의나 '할례 담당자'는 "알라는 위대하며 마호메트는 알라의 예언자이니라. 알라께서 모든 악을 물리치시기를." 하고 단조롭게 되뇌면서 날카롭게 다듬은 돌이나 쇠칼이나 유리 조각으로 다섯 살에서 여덟 살 사이의 어린 소녀를 수술한다. 첫 번째 단계에서 클리토리스 전체와 그 덮개를 잘라내고, 소음순을 도려낸다. 그 후 대음순의 속살 대부분도 절제하고, 남아 있는 양쪽 피부를 잡아당겨서 가시로 고정한다. 그때 소변이나 생리혈이 흘러내릴 수 있도록 작은 나무 조각이나 갈대를 끼워 아주 작은 틈만 남김으로써 질이 열려 있던 흔적을 없앤다. 그 작업이 진행될 때면 어머니나 다른 여성 참관인이 출혈을 멈추는 데 사용할 흙과 재를 들고 옆에 서 있는데, 그들이 상처 속으로 손가락을 집어넣어 그 작업을 '확인' 한다. 그 일이 끝나면 봉합된 피부가 확실히 아물고 다시 벌어지지 않도록 하기 위해 40일 동안 소녀의 두 다리를 엉덩이에서 발목까지 묶어둔다. 그리고 이 모든 일이 진행되는 동안, 아이는 여자 친척들에게 꽉 붙잡혀 누워 있게 되며 온전한 의식 상태에 있다.

이런 수술은 대개 시력이 약한 데다 손까지 떠는 나이 든 여성이 수행하였고, 장소도 조명이 부실한 천막이나 진흙으로 만든 오두막의 바닥이었다. 그러니 그 결과가 어떠할지는 쉽게 상상할 수 있을 것이다. 출혈 과다와 감염에 더해 요도나 방광이나 항문까지 마구 베어버리는 경우, 외음부에 종기가 생기거나 요실금이 생기는 등 많은 부작용이 있었다. 하지만 외음부의 상처가 너무 심해서 걸을 수 없는 경우를 제외하고는 진짜 의사가 개입하지 않았다. 나중에 소녀들은 생리혈을 제대로 배출하지 못하거나(프랑스 군의관이 열여섯 살 된 지부티[역3] 소녀를 수술하자 시커멓게 부패한 생리분비물 3.4리터가 배출된 일도 있다) 불임이 되거나 성교와 출산 시에 엄청난 고통을 겪곤 했다.

성교도 출산도 격심한 고통을 겪지 않고서는 절대 불가능했다. 최초

역3) 동아프리카의 작은 나라.

의 봉합(그것을 결코 경험해보지 않은 자들의 말에 의하면 '저절로' 고통 없이 사라진다고 한다)은 여성이 남성의 성기를 받아들일 수 없게끔 신중하게 고안한 것이기 때문이다. 권위 있는 문헌기록에 따르면, 소말리아에서는 결혼식날 밤에 남편이 가죽 채찍으로 아내를 때린 후 칼을 이용해서 그녀를 '연다'고 한다. 그 후 그는 '사흘 동안 계속해서 그녀와 성교'를 한다.

> 이런 '작업'은 상처가 다시 닫히지 않도록 '구멍을 열어두기' 위해서 하는 것이다. …… 첫날밤이 지난 다음 날 아침, 남편은 사회의 인정을 받기 위해 피 묻은 칼을 어깨에 메고 동네를 한 바퀴 돌고, 아내는 상처를 계속 열어두기 위해 되도록 움직이지 않도록 노력하면서 침대에 누워 있는다.[27]

임신한 여성은 구멍을 더 많이 열어두기 위해 이런 원시적인 수술을 한 차례 더 받아야 했다. 최초의 상처는 오직 남자 성기를 받아들일 수 있을 정도의 크기밖에 되지 않기 때문이다. 대개의 경우 여성이 고통을 겪고 회음부가 찢어지든 말든 출산할 때까지 더는 개봉 부위를 열어주지 않았다. 행여 그녀가 아이를 낳기 위해 이 부위를 더 열어야 한다면, 출산 후 즉시 재봉합되었다. 이런 일은 높은 출산율과 유아사망률 탓에 열두 번, 또는 그 이상 반복되기도 했다.

최후의 방법

생식기 절제 관행은 심각하지만 특정 지역에 국한되었고, 지금도 그렇다. 하지만 여성에 대한 궁극적인 성폭력이라 할 수 있는 여성 살해는 한 지역이나 특정 시기에 국한된 것이 아니었다. 가부장제 하에서 여성이라는 사실은 종신형과도 같은 것이었지만, 그런 삶에 적합하지 않은 여성이 많았다. 당시에 그것은 사형 선고와도 같았다. 여아 살해는 전 세계적으로 퍼져 있었다. 기록이 남아 있는 최초의 역사적 시기에서부터 오늘날에 이르기까지 인도, 중국 또는 아랍 국가들, 정말이지 모로코에서 상하이 사이의 모든 곳에서 여자로 태어나는 일은 위험천만한 것이었다. 혁명 이전의 중국에서는 수천 년 동안 출산 준비물로 분만 침대 옆에 재를 담은 상자를 준비해두었다. 여자아이가 태어나면 바로 질식시키기 위해서였다. 인도 전역에서는 각 지역마다 어린 여자아이를 죽이는 새롭고 정교한 방법을 개발했다. 여자아이들을 질식시키고, 독살하고, 바다에 던지고, 숲에 버리고, 신에게 바치는 산 제물로 상어의 먹이로 삼고, 아들이 되어 다시 태어나기를 기원하는 기도를 읊으면서 우유에 던져 익사시킨 것이다. 영국 행정관의 조사에 따르면 1808년까지도 아버지가 갓 태어난 딸을 죽이지 않은 가구는 쿠치 지역을 통틀어 여섯 가구뿐이었다.[28]

희생자들은 항상 아버지의 명령으로 죽었다. 딸은 결혼해서 어머니가 되는 것 말고는 달리 미래가 없었기 때문이다. 사실 아버지들은 딸을 결혼시키는 데 엄청난 비용을 들여야 했고, 그나마 실패하면 공공연히 망신을 당했다. 그러나 터무니없이 비싼 결혼 지참금만으로는 전 세계적으로 퍼진 여아 살해 관습을 온전히 설명할 수 없다. 그 관습은 어머니들이 지은 죄과를 그 딸들에게 고스란히 물려주는 것이다. 자신과 똑같은 성을 가진 딸을 낳는 일은 여성들에게 가장 잔인한 의미에서 헛된 노동이었다. 딸들은, 세상에 존재하는 여성들의 숫자를 줄이기 위해 고안되어 한결같이 유지된 캠페인 속에서 살해되었다. 여성 살해의 체계적인 프로그램을 생각해볼 때, 결혼 지참금이 너무 많고 먹여 살릴 가족이 너무 많다는 가부장의 푸념은 분명한 동기를 만들어내려는 빤한 행동으로 보인다. 『코란』에서도 분명히 찾아볼 수 있듯이, 그런 관습은 당시에도 비난받았다.

태양이 물러갈 때……
그리고 산 채로 매장된 여자아이에게
무슨 잘못을 저질렀기에 죽음을 당했는지 물을 때……
그럴 때 영혼은 무엇 때문에 그런 짓이 벌어졌는지 알 것이다.[29]

가부장들은 여성이 이 세상에 들어올 권리를 차단하기 위해 버티고 섰던 것처럼, 여성이 이 세상으로부터 서둘러 사라지게 할 권력도 바랐다. 그리고 세계의 거의 모든 나라에서 한 남성이 자기 집안 여자들의 주인이자 보호자이고 유일한 관리인이 되어버리자, 여성들에게는 항의할 곳도 탈출할 곳도 없어졌다. 역사는 지배하는 남성들의 주먹과 발, 혁대, 곤장 아래 죽어간 이름 없는 무수한 여성들의 기록을 남기는 일에도 인색했다. 그런 상황에서는 사회적 지위가 있는 여성이라고 반드시 더 많은 보호를 받는 것도 아니었다. 러시아의 마리아 돌구루카야 왕비는 왕가의 혈통이었음에도, 남편 이반 4세(이반 뇌제)가 그녀에게서 만족을 얻지 못한다는 이유로 익사시키도록 명령을 내렸을 때 목숨을 부지하지 못했다.

이반 4세는 아내를 제거하는 이런 특수한 기술을 이웃에 있는 오스만 제국의 술탄에게서 배웠다. 거기서는 옛날부터 쓸모없어진 여자들을 묵직한 자루에 넣어 봉한 후 세라글리오 궁전 꼭대기에서 보스포루스 강으로 던져버렸다.[30] 여자들은 쓰고 나서 마음대로 처분할 수 있는 존재였기 때문이다. 심지어 기독교 윤리를 강조하면서 '색만 밝히는 터키인'보다 우월하다고 자부하는 서양에서조차 여성의 가치는 근대 초기까지 지극히 낮았다. 특히 출산이라는 자신의 진정한 기능을 어떤 식으로든 손상하는 짓을 저지른 여성의 삶은 가치 없는 것이 되었다. 반면 남성의 인생은 그가 어떤 죄를 저지르든 간에 **원래** 더 가치 있는 것이었다. 투르의 연대기 작가 제프리가 들려주는 중세 초기 한 프랑스 여성과 르망 지역 신부 사이에 있었던 일은 이런 사실을 잔인할 정도로 분명하게 보여준다.

> (신부는) 종종 자유로운 신분에 훌륭한 가문의 한 여성과 방탕하게 어울리곤 했다. 그는 간음으로 의심받지 않기 위해 그녀의 머리를 짧게 깎고 남자처럼 옷을 입힌 후 다른 도시로 데려가 낯선 사람들 속에서 살았다. 얼마 후 그녀의 친척들이 그 사실을 알아내고

가문의 명예를 더럽힌 복수를 하고자 서둘러 달려갔다. …… 여자는 산 채로 매장했지만, 재물에 눈이 어두워진 그들은 신부에게 몸값을 요구하기로 결정했다. …… 그 이야기를 들은 아에타리우스 주교는 그 남자를 불쌍히 여겨 대신 20솔리다[역4]를 지불하고 그를 죽음에서 구해주었다.[31]

사제는 아무리 잘못을 저질러도 제자리를 찾을 수 있지만, 성적으로 죄를 저지른 여성은 아예 인간의 자격을 상실한 존재였던 것이다. 하지만 여기서 진짜로 문제가 되는 것은 그녀가 저지른 죄에 있지 않았다. 그녀의 몸을 파괴한 핵심은 그녀가 간음으로 더러워진 이상 아내와 어머니라는 규정된 역할을 더는 수행할 수 없다는 사실에 있었다. 그리고 그런 직분을 만족시키지 못한다면 그녀는 술탄의 하렘에 있는 여느 첩들과 마찬가지로 폐기처분할 수 있는 존재였다. 게다가 그녀는 여성들이 가부장 사회의 틀 밖에서 자유로운 개인으로 살아갈 수 있었기에 살아남는 것이 허락되어서는 안 되었다. 결국 여기서도 여성의 기능이 핵심 열쇠이다. 남편과 자식들 안에 감금되지 않은 여성은 사회의 안정을 위협하며, 따라서 자기 자신에게조차 위험스런 존재였다. 더 나쁜 것은 자신의 죄 때문에 경계선 밖으로 밀려난 프랑스 여성처럼 그녀는 아무에게도 더는 쓸모가 없었다. 이런 가혹한 시기에 여성들은 한 발만 선 밖으로 넘어서도 차라리 죽는 게 낫다고 믿었을 것이다.

역4) 금화의 단위.

사티 또는 수티라고 불리는, 인도의 아내 살해 풍습 밑바닥에도 유사한 믿음이 숨어 있는 것 같다. 초기부터 법으로 만들어진 힌두교 관습에 의하면 남편이 죽었을 때 아내는 혼자서 더 살아갈 이유가 없었다. 힌두교 법전이 명확히 밝히고 있듯, "정숙한 여성이라면 자기 주인이 죽은 후에 같은 불길 속에 몸을 던지는 것 외에는 어떤 의무도 없다." 죽은 남편은 자신을 태우는 불길을 느낄 수 없다. 하지만 살아 있는 아내는 자신의 효용가치와 목적보다 더 오래 살아남았다는 이유로 위협을 받아 억지로 약을 먹고 산 채로 불에 타 죽는 끔찍한 일을 견디도록 강요되는 것이다. 18세기 벵골에서 수티를 행하는 광경을 직접 목격하고 기록한 글을 보면 이 사실이 분명해진다.

화장용 장작더미에 불을 붙이는 일을 맡은 친척들이 그녀를 그 주위로 여섯 번 빙빙 돌게 한다. …… 그녀는 시체 옆에 눕혀져서 한 팔은 시체의 목 아래로, 다른 팔은 목 위로 둔다. 그들 위로 마른 코코아 잎과 다른 것들을 수북하게 쌓아 올리고, 그 위로 요리용 기름이나 녹인 버터를 붓는다. 그리고는 두 개의 대나무 장대를 그들 위로 올려놓고 단단히 고정한 후 장작더미에 불을 붙이면 바로 불길이 아주 강렬하게 타오른다. …… 불길이 타오르기도 전에 모여 있는 사람들이 함성을 지르기 시작한다. …… 몹시 흥분한 사람들의 고함 때문에 그 여자가 신음을 하거나 크게 울부짖는다 해도 전혀 들을 수 없었다. 압축기의 지레처럼 그녀를 내리누르는 대나무 장대들 때문에 그녀가 움직이거나 몸부림치는 것도 불가능했다. 우리는 대나무 장대를 사용하는 것을 강하게 반대했고, 불길이 그녀를 태울 때 그녀가 일어나는 것을 막기 위해 무력을 사용하는 것이라고 주장했다. 하지만 그들은 그것이 단지 장작더미가 무너지지 않도록 막기 위한 것일 뿐이라고 우겼다. 차마 더 지켜볼 수 없던 우리는 이건 살인이라고 큰 소리로 외치며 공포로 가득 차 그들을 떠났다.[33]

이러한 분노는 유럽인들이 동양 사회의 관행 앞에서 곧잘 보이는 반응이다. 그런 감정 자체는 분명 진심이었을 테고, 불가항력적이고 무력한 상황에서 가능한 유일한 위안이었음은 의심할 바 없다. 하지만 목격자들조차 희생자가 자신의 죽음 앞에서 평온하고 순종하는 모습을 보인다고 기록한 것은 주목할 가치가 있다. 그런 광경은 신성한 의식의 진행에 지극히 중요한 것이었지만, 사실 낮 동안 지독하게 협박하고 약을 먹이는 등의 처방에 일생 동안 계속해서 이데올로기적으로 조종해온 기술들이 결합되었기에 가능한 일이었다. 희생자들은 어릴 때부터 수티를 받아들이는 정숙한 과부는 자신과 남편에게 3,500만 년 동안 천국에서 머무를 수 있는 자격을 얻어주지만, 그것을 거부하는 과부는 윤회의 소용돌이 속에서 가장 낮은 구렁으로 던져져서 가장 혐오스럽고 멸시받는 모습으로 지상에 다시 돌아온다고 배운다. 게다가 인도의 조혼 풍습 때문에 과부들 중 많은 수가 스스로 결정을 내릴 처지에 있지 못했다. 무수한 기록이 열 살, 아홉 살, 여덟 살, 또는 그보다 더 어린 과부들을 불에 태워 죽인 사실을 증언한다.

유럽에서 여성들을 임의로 처분한 기록들을 볼 때, 수티에 대한 유럽인들의 도덕적 분개는 일관성이 없다. 인도 풍습을 목격한 자들의 증언은 1798년에 있었던 것인데, 이것은 유럽의 '마녀'들이 산 채로 매장된지 10년 또는 20년밖에 지나지 않았을 때였다. 수티 여성들처럼 마녀들도 과부인 경우가 많았고, 쓸모없고 변칙적이고 어떤 식으로든 가부장적 위계질서를 위협하는 국외자였다. 역사적 기록이 보여주는 대로 **어떤 시대, 어떤 나라에서도 여성들이 극도의 성폭력, 즉 그들의 육체는 오직 남자와 관계할 때만, 남자의 쾌락을 위해서만, 자식을 낳기 위해서만 존재한다는 주장으로부터 자유로운 적이 없었다.** 어떤 이유로든 그들의 존재를 정당화하는 틀에서 벗어나기만 하면 그들은 기껏해야 체제의 과잉존재였고, 최악의 경우 부랑자나 천민이나 범죄자였다. 그리고 교회와 실생활의 아버지들은 그들을 어떻게 다루어야 할지 잘 알고 있었다.

"그러니 딸들의 죄를 잘 살피도록 해라……" 아마도 쓰고 나서 처분할 수 있는 여성의 최고 사례는 어떤 의미에서 보더라도 남자들의 사냥감이던 존재, 즉 매춘부들이었다. 그들은 남자들의 욕망 때문에 존재하기 시작했으나, 그 욕망에 부응했다는 이유로 처벌받는 존재였다. 그들의 몸 자체가 항상 쾌락과 위험 사이에 존재하는 성적 긴장을 표현하며, 그들의 직업은 남성이 여성에 대해 갖는 욕망과 여성에게 느끼는 경멸감이 정면으로 대치하는 전쟁터다. 이 직업이 생겨난 가장 초창기부터 이용하고 나서 욕하는 양식에는 변함이 없었듯이, 그 전쟁터에서 처음에는 욕망이 승리하고 다음에는 경멸이 승리한다. 역설적인 것은 매춘부들의 상황이 아버지 신들이 등장하고 근대국가가 생겨나기까지 천 년 동안 더 악화되었다는 사실이다. 아내, 어머니, '정숙한' 여인들이 더한 제약을 받고, 더 억압적인 통제를 받고, 아주 작은 이상행동에도 과중한 처벌을 받고 있을 때, 그들의 부정한 자매들, 유희를 위한 딸들도 그러했던 것이다.

다른 문제, 다른 범죄는 시간이 흘러갈수록 야만적이고 포악한 처벌에서 벗어나 최악의 형벌이 경감되어왔다. 반대로 '매춘부와 음탕한 여자들'에 대한 형벌은 보편적으로 더 가혹해졌다. 성과 관련된 최초의 법률이라 할 수 있는 것이 450년 무렵의 서고트족 법인데, 이 법은 음탕한 여자들을 공개적으로 처벌하고 치욕스런 행동의 표시로 그들의 코에 상처를 남기도록 지시한다.[34] 12세기 영국에서 헨리 2세가 제정한 법률은 매춘부가 지극히 부도덕하고 여자답지 못한 존재라는 이유로 위의 형벌에 더해서 애인을 갖는 것을 금지했고, 이를 위반하면 벌금형에 처하는 동시에 3주 동안 투옥했으며, 징벌 의자에 앉힌 후 도시에서 추방했다. 200년 뒤 에드워드 3세 치하에서는 유대민족의 니다처럼 매춘부는 '그들의 부정함과 추악함을 드러내고 더 부정적으로 보이기 위해' 특수한 기장을 달거나 두건을 써야 했다. 마지막으로 청교도주의가 유럽 전역을 지배하던 때에는 그런 여성들에 대한 처벌이 전례를 찾아볼 수 없을 정도로 최고조에 달해서 거의 사디즘과 만행 수준이었고, 형을 공개적으로 집행하던 실행자는 가능한 모든 종류의 형벌을 최대한 활용했다.

· 마리 쿠르스녜린 : 젊은 매춘부…… 귀를 자른 후 교수형에 처했다.

· 안나 페엘슈타이닌 : 뉘른베르크 출신. 아버지와 아들 모두와 성관계를 가졌고…… 스물한 명의 남자들과 같은 짓을 저질렀다. 남편의 묵인 하에, 세워둔 채 검으로 목을 베었다.

· 우르슬라 그리민 : 하숙집 주인…… 매춘부, 포주, 뚜쟁이…… 규정대로 형틀을 씌우고 채찍질했고, 낙인을 찍은 후 마을에서 쫓아냈다.

· 막달렌 피셔린 : 미혼의 하녀…… 아버지와 아들 모두와 관계해 아이를 가졌으니…… 호의를 베풀어 검으로 목을 잘랐다.[35]

1573년부터 1617년까지 뉘른베르크의 공식 사형 집행인이었던 프란츠 슈미트의 일기에서 언급된 호의란 밧줄에 매달려 서서히 교살되는 공포 대신 단숨에 목을 베어 상대적으로 고통을 덜어주었음을 뜻한다. 분명 희생자들이나 시기를 놓친 은인들이 이런 '호의'를 위해 상당한 돈을 지불했을 것이다. 그리고 훌륭한 시민들이 떼로 몰려와 소리를 질러대면서 그녀의 비참한 운명을 축복해주었을 것이다. 이것이 그녀가 가질 수 있는 행운의 전부였다. 자기 이름과 죄목 외에 아무것도 알려지지 않은 이 불쌍한 젊은 여성들은 세상의 모든 막달라 마리아를 대표한다. 그들은 아내와 어머니라는 규정된 역할 바깥에 위치했다가 제거되었다. 이것은 섹스 때문에 죽는다는 포르노그라피의 고전적인 공식에도 잘 부합한다.

이렇게 가혹한 법률하에서는 남자들도 고통받았다. 남성의 성이 여성의 '동물적인' 성과 관련되는 까닭에 필연적으로 타락할 수밖에 없는 것이다. 남성들 자신이 만든 규칙대로 경기를 하려면, 자기 자신에게도 쾌락을 위한 섹스의 가능성을 전적으로 부정해야 했다. 여자들이 아내, 어머니, 딸, 연인이 되어 남자들의 애정을 남용하는 것에 대항해서, 남자들은 항상 여자들을 증오하고 두려워하고 경멸하라는 복무규정 아래 놓였다. 물론 많은 남자들이 그 규칙을 지키지 못했다. 하지만 그 벌은 다른 남자들이 다른 방식으로 받아야 했다. 동성애자들에 대한 마녀사냥은 이제껏 다른 경우로 분류되어왔다. 그러나 섹스를 이성애자들 간의 결합으로 제한하는 규정을 위반한 남성들이 받아온 엄격한 처벌은 그들을 가부장제의 제약에 도전한 여성들과 연결시켜준다. 유럽에서 여성에 대한 공포가 절정에 달해 무수한 마녀들을 화형에 처할 때, 동성애자로 고발당해 잡혀 온 남자들은 마녀의 발 아래 쌓아 올린 나뭇가지와 함께 불쏘시개가 되었고, "마녀를 태우기에 적합할 정도로 더러운 불길을 피워 올렸다."[36] 하지만 남성 모두가 동성애자가 될 수밖에 없는 것은 아니다. 반대로 여성들은 비난에서 벗어날 기회가 거의 없었다. 그 비난은 여성이 속한 성 전체에 쏟아졌고, 그 배후에는 여성을 몰락시키고 파괴하려는 격렬한 욕망이 자리 잡고 있었다.

여성들에게 부과되던 형벌들은 분명 성적이고 가학적인 성격이 강했다. 17세기 영국 정부의 중심인물이자 악명 높은 재판관인 제프리스가 한 매춘부에게 태형을 선고하며 한 말이 그런 사실을 잘 보여준다. "형 집행인은 들어라. 나는 네가 이 여인에게 특히 관심을 기울일 것을 명한다. 그녀를 호되게 채찍질해라. 알겠느냐? 피가 흐를 때까지 때려야 한다. 크리스마스라 부인께서 옷을 벗으면 추울 때다. 그러니 그녀의 몸이 완전히 뜨거워지게 해줘라."[37]

섹스, 죄, 고통. 두드러지게 매춘과 관련된 이 세 주제는 결혼해서 살아가는 여성들의 삶에서도 똑같이 발견할 수 있다. 왜냐하면 매춘부와 아내는 가부장제 프로파간다가 주장하듯이 '악마와 천사'처럼 대립되는 종이 아니라 동전의 양면일 뿐이기 때문이다. 양쪽 집단에 속한 여성들 모두 그들의 성에 대한 가혹하고 편협한 정의에 종속되었고, 성을 향유하는 데 똑같은 제약을 받았다. 이념적·육체적으로 잔인한 공격 앞에서, 어떤 여성들은 순종함으로써 존경받는 지위를 얻어내는 편리한 방식을 택했다. 하지만 아주 단호하게 그런 방식을 거부한 여성들도 있다. 여성들은 어떻게 자신들의 몰락에 저항하고 자기 자신을 정의할 수 있는 능력과 지식을 얻어내고, 그럼으로써 남자들의 능력과 지식을 능가할 수 있었을까?

6. 보잘것없는 지식

신께 맹세코, 만일 수사들이 연설문을 써왔듯이
여자들이 글을 썼더라면, 그들은 남자에 대해 악의에 찬 글을 썼을 테고
아담의 후예는 아무도 이를 바로잡을 수 없을 것이다.
— 초서, 「배스의 여장부 이야기」

여자는 수녀가 될 경우가 아니라면 읽고 쓰는 것을 배워서는 안 된다.
그런 지식에서 너무 많은 해악이 생기기 때문이다.
— 나바라[역1]의 필리프

아무리 보잘것없는 지식일지라도 되도록 축적하고 커다란 보물로 여겨라.
— 크리스틴 드 피장

아버지 신들과 여성 혐오자들의 횡포가 오랫동안 지속되면서 여성
들에게 이것은 절대적이고 난공불락의 힘을 가진 것으로 비쳤다. 그러
나 기독교의 첫 번째 천 년이 저물어갈 즈음, 별로 기대치 않던 곳에서
변화의 낌새가 생겨났다. 체계 자체가 너무 가혹하고 완강하다 보니,
시간이 흐르면서 그 안에서 살아가는 남성들과 여성들이 서서히 그런
체계에 의지해서 살아가기를 거부한 것이다. 특히 성교를 제한하는 금
지령이 불리한 역할을 했다. 사실 관련된 가부장들에게 그것은 자기 얼

역1) 스페인 북부 지방.

굴에 먹칠하기 위해 코를 잘라내는 격이었다. 금지령은 분명 그들에게도 적용되었기 때문이다.

중세 초기에 기독교인들은 일요일, 수요일, 금요일, 사계재일,[역2] 사순절,[역3] 강림절,[역4] 성찬식 전에는 성관계가 금지되었다. 또한 여성이 생리 중이거나 임신했거나 수유하는 동안에도 성관계가 금지되었는데, 잦은 임신을 생각하면 엄격한 제한이었다. 피임도 당연히 금지되었다. 이따금씩 자유로운 화요일이 되어도 부부가 할 수 있는 체위를 제한하는 규정을 지켜야 했다. '정상 체위'는 허락되었고 '개처럼 뒤로 하는 것'은 절대 금지되었다. 심지어 광적으로 섹스에 반대하던 교회의 히스테리가 절정에 이르렀을 때는 남자든 여자든 타락하지 않은 사람이 과연 있을지 믿기 어려울 정도였다.

여자와 남자가 서로 사랑하고 갈망하는 한, 여성의 성에 대한 공격은 결코 완벽한 성공을 거둘 수 없다. 게다가 모든 여성이 타고난 생리적 조건의 희생자가 되는 것을 순순히 받아들이지도 않았다. 또한 종속적인 지위에서 지켜야 할 교훈을 제대로 학습하지 못하는 여성들도 많았다. 초기교회 교부들에 대한 맹렬한 비난은 교회 내부에서 시작되었다. 16세기 반(反) 종교개혁파의 지도자 아빌라의 성 테레사가 남긴 가르침이 그 예다.

역2) 단식하면서 기도하는 3일.
역3) 성회일부터 부활절 전야까지의 40일.
역4) 크리스마스 전 약 4주일.

주여, 당신이 세상에 계셨을 때, 당신은 여자들을 멸시하시는커녕 더 깊은 신앙심을 보셨으며, 남자들의 것에 버금가는 사랑을 그들에게서 발견하셨습니다. …… 설령 그것이 여자들의 영혼이라 할지라도 고결하고 용감한 영혼을 몰아내는 일은 옳지 않습니다.[1]

여성에 대한 모욕에 성공적으로 도전하고 그들의 영혼의 가치를 옹호하는 일은 남성의 권위에 그 기반에서부터 도전함을 의미했다. 여성들도 정의를 내리고 의미를 생산하는 과정에 참여하려면 그럴 자격을 갖춰야 했다. 읽고 공부하고 토론도 할 수 있어야 했다. 무지하면 열등한 대접을 받을 수밖에 없다. 하지만 지식을 얻는다면 싸울 무기를 갖출 수 있다. 따라서 지식이 다음번 전쟁터가 되었다. 지식을 갖지 못하면 여성이 남성의 세계, 정신의 세계로 들어갈 희망이 없기에, 오늘날까지도 지식은 결정적으로 중요한 요인으로 남아 있다.

물론 여성들도 언제나 그들 나름의 세계가 있었다. 이 세계는 대개 다른 여성들과 함께하는 의식과 전통을 통해 형성되었다. 근대 초기의 방대한 역사 기록을 보면, 동유럽의 많은 지역과 특히 아프리카에 다산을 기원하거나 성적인 성격이 강한 의식을 행하는 여성들의 은밀한 집단이 많이 있었음을 알 수 있다. 이런 집단이 커져서 세상에 공개적으로 드러나는 경우도 종종 있었다. 예를 들어, 중세 우크라이나에서는 결혼식에 모인 마을 여성들이 다 같이 정숙한 아내의 행동으로 알려진 전형적인 규범을 모두 벗어 던지는 풍습이 있었다. '신부의 털 태우기'로 알려진, 여성들이 성기를 살짝 드러내는 의식에서 그들은 치마를 허리 높이까지 말아 쥐고 타오르는 불 위를 건너뛰었다. 이런 활동에 끼어드는 남성들은 위험을 무릅써야 했다. 같은 시기 독일의 슐레스비히에서는, 마을 여자들이 아기의 탄생을 축하하며 행진할 때 남성과 마주치면, 그 남성이 누구든 그의 모자에 말똥을 가득 채운 뒤 다시 머리 위에 눌러 씌웠다. 또 트로브리앤드 섬[역5]에서는 여성들이 일하고 있을 때 남자가 그들의 일터에 감히 모습을 드러낸다면, 그를 공격할 권리가 있었다.[2]

앞에서 예를 든 관습들도, 세상에 존재하는 더 많은 유사한 관습들도 모두 남자에 대한 공격을 허용한다는 점에서 동일한 주제를 표현한다. 종종 이런 공격은 에로틱하거나 외설적인 행동을 동반했는데, 남편들도 이를 묵인하였고 사회 일반적으로도 허용되었다. 사실 여성들이 **집단으로** 특정 형식의 공간이나 자유를 누리지 못한 문화권을 찾기는 힘들다. 그런 자유는 개별 여성에게는 허용되지 않던 것이다. 역사적으로 오스트레일리아 원주민 남성들은 여성들에게 가혹하기로 악명이 높다. 그들은 여성들을 처벌할 때 팔뚝을 창으로 찌르거나 엉덩이 살을 베어내거나 두개골에 금이 가게 때렸다. 하지만 이런 무지막지한 억압이 잦은 곳에 세상의 다른 어떤 곳에서도 찾아볼 수 없는 것이 있었다. '독신 여성들의 주둔지', 질리미(jilimi)다.

여기에는 재혼하지 않기로 결심한 과부, 난폭한 남편에게서 도망

역5) 태평양 남서부 파푸아뉴기니에 있는 섬.

친 여인, 아프거나 다른 나라에서 온 여인, 그리고 그들에게 의지하는 자녀들이 살았다. 사실 이성애를 강조하는 사회와 충돌하지 않고 살고자 하는 여성은 누구든 질리미로 피해 올 수 있었다. 남편과 함께 사는 기혼여성들은 낮 동안 질리미에 모여 이야기를 나누고, 방문 계획을 짜고, 집안일이나 종교의식과 관련된 문제를 의논했다. 질리미는 철저한 금남의 구역이어서, 남자들은 질리미 근처로 지나가지 않기 위해 멀리 돌아가는 길을 택해야 하는 경우도 많았다.[3]

여성들이 남편에게 지독하게 도전적인 태도를 보이는 것도 남성들의 통제에 저항하는 또 다른 방식으로 볼 수 있는데, 남아프리카 원주민인 산족San bush의 풍습을 그런 맥락에서 이해할 수 있다.

오직 여성들만이 피리를 불었다. 그들은 다른 마을 여자들과 피리 불기 경쟁을 벌이고 싶어지면 마을을 떠났다. …… 사나흘 동안 피리 불고, 춤추고, 그 마을 남자들과 섹스하고, 음식이 모두 바닥날 때까지 잔치를 벌이는 것이다. 잔치가 끝나면 다시 피리를 불면서 마을로 걸어 돌아왔다. …… 어떤 남자도 감히 그들을 따라가지 못했다.[4]

중세에 유럽과 아시아 여성들이 아프리카 여성들에 대해 알게 되면서 강한 호기심을 보였고, 대체로 아프리카 여성들의 '원시적'이고

'야만적'인 처지를 동정하는 태도를 보였다. 하지만 아프리카 여성들은 더 '진보된' 세상에 사는 여성들보다 여러 가지 의미에서 운이 더 좋은 편이었다. 14세기에 말리 제국을 방문했던 점잔 빼는 이슬람 여행가 이븐 바투타는 미혼여성들이 가슴을 드러낸 채 시장을 활보하는 모습과 기혼여성들이 아무런 제약 없이 무리 지어 다니는 것을 보고 충격을 받았다.[5]

그때가 말리 제국 역사상 가장 위대한 황제 만사 무사가 통치하던 황금기였다. 하지만 아프리카에 있는 고대부족들은 모두 자연과 가까운 형태를 유지하고 있었고, 초기의 모습에서 크게 변하지 않았다. 따라서 그곳 여성들은 여전히 권리를 존중받았고, 세상의 다른 곳에서는 신화 속으로 사라져버린 자유를 누리고 있었다. 사하라 사막 이남의 아프리카 어느 지역에서도 여성들이 베일로 몸을 가리거나 신체적으로 억압을 받거나 격리되지 않았다. 변화의 속도가 느리고 옛 관습이 오래 지속된 것이 여성들에게 유리한 영향을 미쳤다. 식민지 침략 때까지 지속된 주요 여성의식 중 하나인 '소금 잔치' 의식에 대한 최초의 기록은 5세기에 헤로도토스가 남긴 것이다.

아프리카 여성은 경작, 매매, 상업에서 중심적인 역할을 했을 뿐 아니라 지극히 중요한 소금을 수확하고 관리하는, 높은 가치의 작업으로 더 높은 지위를 얻었다. 예를 들어, 우두크족 남성들은 여자 형제들을 염소 한두 마리 값에 팔아넘길 수 없다면서, 결혼 지참금이나 신부 매

역6) 서아프리카의 내륙국.

매 같은 거래를 하지 않았다. 아샨티 제국에서는 모든 인간이 어머니에게 가장 큰 빚을 졌다는 이유로 남성보다 여성에게 우선권을 주었다. 어머니가 자신의 몸과 피로 모든 인간의 몸을 만들었기 때문이다. 아프리카 사람들은 딸이 태어나면 몹시 기뻐했다. 또한 이븐 바투타가 지극히 난색을 표한 대로, 아프리카 여성들은 원하는 대로 왕래하고, 시장에서 친구들을 만나 유쾌하게 수다를 떨고, 가족이나 집단의 생활에서 주도적인 역할을 수행할 자유를 누렸다. 이 모든 것을 금지당했던 유럽과 아시아 여성들은 아프리카 여성들을 동정하기에 앞서 어느 쪽이 더 원시적인 사회인지 질문하는 편이 나았을 것이다.

귀족여성, 특히 유럽의 귀족여성은 더 많은 자유를 누렸고, 어떤 여성들은 그것을 최대한으로 활용했다. 잉글랜드의 헨리 3세(1207~1272) 치세 때 애런들 백작부인 이사벨라는 왕실의 피후견인들 중 한 명을 신부 매매를 통해 결혼시키도록 왕이 허락한 데 분노해서 큰 소리로 비난을 퍼붓고는, 물러나도 좋다는 왕의 허락을 기다리거나 청하지도 않고 당당하게 나가버렸다. 앙굴렘 출신으로 존 왕의 미망인이자 헨리의 의붓어머니인 또 다른 이사벨라는 프랑스에서 '사랑하는 아들' 국왕에게 편지를 썼다. 당시 헨리는 이사벨라의 열 살 된 딸의 정략결혼을 추진 중이었는데, 이사벨라는 딸의 상대로 결정된 남자와 자신이 결혼함으로써 왕의 협정을 '개선했다'고 썼다. 헨리 왕은 자기주장이 강한 여성들의 호적수가 되지 못했다. 심지어 규정을 따르고 그에게 아무런 이의 제기 없이 복종한 여성들에게조차 그랬다. 그의 누이 엘리너는 왕실의 이익을 위해 아홉 살에 마샬 백작과 결혼했다. 열여섯 살에 과부가 된 그녀는 사랑하는 사람이 생기자 고의로 그와 염문을 뿌려 자신의 명예를 손상시켰다. 왕이 어쩔 수 없이 그 남자와 결혼을 허락하도록 함으로써 원치 않는 또 다른 결혼을 피하기 위해서였다. 그녀의 '부정'에 분개하고 그녀를 위협하긴 했지만 왕실의 명예를 회복해야 했던 왕은 1238년 결혼식에서 그녀를 신랑에게 인도했다.

하지만 사회적으로 높은 계급에게 주어지는 특권을 모든 여성이 누릴 수 있었던 것은 아니다. 그리고 암흑의 중세를 벗어나면서 권력의 개념 자체가 과거의 공격하고 약탈하는 힘겨루기에서 벗어나고 있었다. 바야흐로 지식이 손쉬운 통제수단이 되었고, 여성들에게는 펜이 검을 누르는 주요 수단이 되었다. 사실 펜은 체격이나 나이, 신념이나 국적을 초월해서 모든 여성의 손에 딱 들어맞았다. 일신교가 기승을 부리기 시작한 이래, 여성들이 최초로 더 넓은 배움의 세계로 탈출한 것은 역설적이게도 폐쇄된 집단의 닫힌 문 뒤에서였다. 지금 우리에게 가장 친숙한 것은 상세한 기록이 남아 있는 서유럽의 수녀원들이다. 하지만 근대 초기에 불교, 힌두교, 이슬람교 안에도 여성 종교인 집단이 있었다. 수피즘[역7]의 유명한 여성 신비주의자이자 종교 지도자인 라비아 알아다위야(712~801)는 소녀 시절을 노예 신세로 지내다 사막으로 탈출하였다. 거기서 그녀는 무수히 결혼 신청을 받았지만 모두 거절하고 기도와 학문에 전념하였다. 수피 여성들 중 라비아만 특별히 뛰어났던 것

_____

역7) 신에 대한 직접적 · 개인적 체험으로 신의 사랑과 지혜의 진리를 얻으려는 이슬람 신비주의 신앙의 한 형태.

은 아니다. 수피즘은 모든 여성에게 남성과 똑같이 신성한 지위를 획득할 기회를 주었기 때문이다.[6]

라비아의 성취는 여성들이 문자에 대한 지식과 학식, 지적인 창의력을 쌓아 올리던 전통에 기반을 두고 얻은 것이다. 이런 전통은 인간의 사고가 시작되던 시기로 되돌아간다. 수많은 고대신화는 언어의 탄생을 여성들이나 여신들 덕분으로 돌리고 있으며, 이것은 인간이 태어나서 처음 듣는 말이 어머니의 말이라는 기본적인 진실을 종교의식으로 공식화한 것이다. 인도 신화에서 베다의 여신 바크는 '언어'를 뜻한다. 그녀는 말의 탄생을 의인화한 존재로, 살아 있는 언어를 내놓기 위해 열린, 어머니의 입-구멍으로 묘사된다. 크리슈나 신의 어머니인 데바키 여신에게 하는 힌두교의 기도는 이렇게 시작한다. "이성의 여신, 신들의 어머니, 피조물의 주인, 당신은 지혜이시고, 학문의 어머니, 용기의 어머니이시니……." 또 다른 신화들에서는 여성이 말만 만들어낸 것이 아니라 그것을 받아쓰는 형식까지 만들어낸 것으로 묘사된다. 일리스 볼딩의 설명에 따르면, "카르멘타는 그리스어에서 라틴어를 만들어냈고, 메두사는 헤라클레스에게 알파벳을 주었다. 이집트의 이시스 여왕에 버금가는 존재인 사제이자 여신인 칼리는 산스크리트 문자를 고안했다."[7]

많은 문화권에서 초기에는 박식한 여성들과 그들의 과업이 깊이 존경을 받았다. 이집트에서는 필경을 담당하는 여사제들이 문자의 여신이자 '서고의 주인'인 세스헤트 바로 아래 계급에 속했다. 또 인도의 베다에는 학구적인 딸을 얻기 위한 기도도 있다. 고대의 베다 원문에는 여성 학자·시인·선지자들을 찬양하는 대목이 아주 많이 있으며, 이런 학식 있는 여성들은 언제든 자신의 지식과 연구기술을 공개적으로 과시할 수 있었다.[8] 또한 후에 그리스에서는 당대 여성학자들과 여성 철학자들의 천재적인 재능을 많이 인정했다. 비록 역사적으로는 그들이 전혀 인정받지 못하고 있지만 말이다.

예를 들어, 오늘날 모든 학생들이 알고 있는 피타고라스는 세 명의 여성으로부터 커다란 영향을 받았다. 첫 번째로 그는 아리스토클레아(Aristoclea)라는 여성의 가르침을 받았다. 그리고 테아노(Theano)라는 여성과 결혼하였는데, 그가 그녀를 만났을 때 그녀는 뛰어난 수학자이자 철학교사였다. 그에게 세 번째로 영향을 미친 여성은 그의 딸 다노(Dano)였다. 다노 역시 여성교육에 관심이 있었다. 이 집단에 속하는 또 한 명의 여성 디오티마(Diotima)는 소크라테스의 스승이었다. 소크라테스의 또 다른 스승이자 플라톤의 스승으로도 알려진 여성은 '아테네 최고의 여성'이라 불리며 버금가는 호적수를 찾을 수 없다고들 했던 밀레토스의 아스파시아(Aspasia)였다. 다노처럼 아스파시아도 여성의 교육받을 권리를 옹호해서 싸웠고, 그리스인이 아니라는 자신의 입장을 이용해서, 여성을 집안에 묶어두는 그리스의 법을 조롱하면서 대담하게 다른 여성들의 집을 찾아가 직접 그들을 가르쳤다.

이렇게 볼 때, 아무리 엄격한 제약도 개인의 학습을 완전히 막지는 못했으며 심지어 그것을 독려하는 면도 있었음을 알 수 있다. 가부장제의 규정이 여성들에게 불리하기보다 유리하게 작용할 수도 있었던 고전적인 사례로 일본 여성들의 훌륭한 글쓰기 전통을 들 수 있다. 일왕

(日王)이 있는 궁중에서는 오직 남성들만이 학구적 언어인 중국어를 사용할 수 있었다. 여성들은 일본어밖에 사용할 수 없도록 제한되었고, 이를 어길 때면 조롱을 당하고 망신을 당하거나 처벌되었다. 그런데 이후의 주석자들이 볼 때 그런 제약이 도리어 '놀라운 반전'을 불러일으켰다. "수십 명의 여성이 뛰어난 문학작품을 썼고, 그것은 오늘날에도 여전히 읽힌다. 반대로 남성들의 **더 우수한** 중국어는 과장되고 부자연스러운 문학을 산출했을 뿐이어서, 지금은 그저 역사자료로만 다루어진다."[9] 무라사키 시키부는 세계 최초의 소설이자 지금도 가장 뛰어난 작품으로 꼽히는 『겐지 모노가타리』를 일본어로 썼다. 11세기 초엽 당시 일본에서는 여성이 교육을 받는 것이 오점이 아니라 필수적인 요구가 되었고, 여성들은 독창성의 황금기를 누렸다.

하지만 무라사키 부인도 남편이 죽은 후에야 작가가 되었고, 그녀의 아버지가 황제를 즐겁게 해드리라는 명령과 함께 그녀를 궁중에 들여보냈다. 결국 남성을 위해 여성에게 요구되던 것들 안에는 깊은 모순이 존재하였다. 그것들이 도리어 여성들에게 유리하게 작용할 수도 있었던 것이다. 유럽의 수녀원도 이제까지 가부장제의 횡포를 적나라하게 드러내는 것으로 간주되어왔다. 사실 수녀원으로 들어가는 일은 결혼식과 장례식의 섬뜩한 패러디 자체였다. 수련 수녀들은 처음에 '그리스도의 신부'로서 혼례복을 입고 시작하고, 정식 수녀가 되는 최종 의식은 속세를 버리는, 즉 속세에서는 죽은 것과 같음을 뜻했다. 하지만 어떤 여성들에게는 수녀원이 강요된 결혼과 그로 인해 어머니가 되는 피할 수 없는 형벌의 횡포로부터 **탈출**할 수 있는, 유일하게 허락된 길을 제공했다. 속세의 죽음을 택하여 고요한 명상과 학문으로 채워진 삶을 살아가는 은둔 수녀는 결혼한 여성들보다 두세 배, 어떤 경우에는 심지어 네 배나 더 오래 살 수 있었다. 수녀원의 기록들을 보면 수녀들이 여든, 아흔, 심지어 백 살까지 사는 경우가 많았다. 한편 당시 출산의 현실은 분만 중인 여성들을 위해 쓰인 「시편」 116장에서도 분명하게 확인할 수 있다. "죽음의 끄나풀, 나를 두르고 저승의 사슬이 나를 묶어…… 야훼여, 구하옵나니, 이 목숨 살려주소서."

하지만 수녀원 안에 있는 여성은 영혼과 육체를 모두 지킬 수 있었다. 메리 리터 비어드의 표현대로, 많은 수녀들이 수녀원 생활을 '자유를 향해 도약'할 수 있는 기반으로 활용했다. 이런 사실은 불리한 조건을 오히려 힘을 얻는 원천으로 전환할 줄 아는 여성들의 놀라운 능력을 입증해준다. 애초에 수녀원이 생겨난 기원과 출발점은 여성의 육체에 대한 가부장들의 거센 혐오감이었다. 그래서 그들은 여성이 몸을 가리고 거부하고 격리되어 생활하는 것이 최상의 해결책이라고 규정한 것이다. 그렇게 볼 때 수녀원 생활은 베일을 두르고 은둔하며 지내야 하는 이슬람교의 풍습처럼 여성의 활동을 제약하는 관행에 가깝다. 그러나 어찌 보면 당연한 귀결인데, '처녀 제물'이 된다는 초월적인 행위로 부정한 육체를 넘어선 여성들은 당대 남성들로부터 대단한 존경을 받았다. 그 남성들은 이성애 행위를 결코 하지 않겠다는 맹세야말로 세상에서 가장 위대한 희생이 분명하다고 믿었기 때문이다. 수녀들은 그들의 일정에 섹스가 없다는 사실을 확고하게 입증함으로써 성적으로 활발한 여성들에게 퍼부어지던 비난의 수렁에서 벗어났고, 그들의 신성한 지위에서 거의 초자연적인 힘을 획득했다. 이것은 여러 세기 뒤에 엘리자베스 1세가 여전히 자신만만하게 패를 내놓아 성공을 거둔 방책이기도 하다.

수녀들은 결혼을 거부함으로써 어머니와 주부 역할에서도 벗어났다. 이런 '희생'은 13세기 주부의 모습을 묘사한 짤막한 글에 입각해서 평가해야 한다. "그녀는 (집으로) 들어서면서 아이가 울어대는 소리를 들었다. 고양이는 베이컨에 달라붙어 있고 사냥개는 어딘가로 숨어버렸으며 케이크는 불 위에서 타고 있었다. 송아지는 우유를 다 먹어버렸고, 늙은 말은 불로 뛰어들고, 심술쟁이(그 집의 남자)는 미친 듯이 소리를 지르고 있었다."[10] 이런 근심거리에서 벗어난 여성들은 자유롭게 자신에게 관심을 집중했다. 다른 사람을 돌보는 전통적인 의무를 마친 후에야 그렇게 할 수 있었던 여성들도 있었다. (많은 기혼여성들이 가족을 돌보는 일을 마친 후에 수녀원으로 들어갔다. 근대 초기에 이것은 합의이혼에 해당하는 일이었다.) 살아서 결혼에서 벗어날 수 있는, 유일하게 허용된 방법을 택함으로써 이 여성들은 독립성을 보장받을 수 있었고, 고독한 학문의 길 안에서만이 아니라 세계적인 명성을 얻을 수도 있었다.

수도사들이 은폐된 생활을 했다는 통념을 반증하는 사례는 '여자들의 집'이 지역 공동체에서 차지한 중요성에서 찾을 수 있다. 그런 여성 집단은 그것을 운영하는 여성들이 공식 무대에서 활동하고 주도권을 쥐고 변화시킬 수 있는 허가증이 되었다. 5세기 아일랜드에서 최초의 여성 공동체를 설립한 비르기타부터, 같은 이름을 가졌으며 스웨덴에서 1370년에 새로운 교단 '비르기타회'를 설립한 비르기타에 이르기까지, 엄청난 추진력과 조직력을 가진 여성들이 줄을 이었다. 그들은 남성의 지배에서 벗어나 있는 자기 지위의 이점을 최대한으로 활용했다. 그중에는 종교가 줄 수 있는 권력기반을 추구한 영리한 책략가도 있었다. 예를 들어, 프랑크족의 여왕 라데군트(Radegund)는 6세기에 푸아티에[역8]에 성십자가 수녀회를 설립했고, 그 힘을 기반으로 대주교를 위협하여 자신을 교회 부제(副祭)로 임명하게 했다.

이렇게 여성 공동체의 지도자 지위는 무시할 수 없을 정도의 정치권력으로 접근할 통로를 제공했다. 기록에 따르면 중세 아일랜드의 킬데어 대수녀원장은 전쟁 중인 왕국들 사이에서 교묘한 협상능력을 발휘하여 "전쟁의 흐름을 뒤바꿔놓았다."[11] 그리고 시에나의 카타리나는 1375년에 교황권이 로마로 돌아가게 한 직접적인 원인이 되었다. 메리 리터 비어드는 수녀들이 정치적 거물 이상의 존재였다고 설명한다.

> (그들은) 뛰어난 여성 사업가이자 훌륭한 의사, 위대한 교육자였다. 그들은 자립자족할 수 있는 집단을 운영하는 일종의 봉건 영주였고, 상품 생산을 포함한 다양한 활동을 지휘했으며, 오늘날 판사와 변호사처럼 분쟁을 해결했고, 사회생활에 필요한 모든 기술을 주관하고 관여했다.[12]

물론 여성들이 능력을 발휘할 수 있었던 이런 사례가 모든 수녀원과

역8) 프랑스 중서부 지방.

그 거주자들에게 해당된 것은 아니다. 천 년의 역사 동안 유럽 수녀원은 복합적인 생활상을 보였고, 그 속에는 어둡고 절망적인 순간도 있었다. 특히 히에로니무스가 수련 수녀에게 준 외설적이고 낯 뜨거운 가르침을 보면, 수녀원 생활 특유의 충분히 승화되지 못한 육욕의 흔적을 엿보는 느낌이 든다. "방에서 신랑과 희롱할 때면…… 당신이 졸릴 때 그는 뒤로 다가와서 그의 손을 문구멍 속으로 집어넣을 것이다. …… 그러면 당신은 벌떡 일어나서 '나는 사랑이라면 넌더리가 난다' 하고 말할 것이다."[13] 이런 지나친 자극의 결과는, 여성 공동체를 항상 둘러싸고 있던 무수한 섹스 스캔들 중 하나인 베네데타 카를리니 수녀의 애통한 이야기에서도 볼 수 있다. 르네상스 시대에 대수녀원장이었던 그녀는 서른세 살 때 남성천사 '스플렌디텔로'로 변장하고 연하의 수녀에게 동성애를 강요했다는 죄목으로 유죄를 선고받았다. 그 후 그녀는 40년 남짓한 세월 동안 수녀원 안에 있는 감옥의 독방에 감금되어 '일주일에 몇 번' 받는 빵과 물만으로 연명했으며, 미사를 듣거나 채찍질을 당할 때만 외부 출입이 허용되었다.[14]

카를리니 수녀 이야기는 '그리스도의 신부'가 되어 깊은 존경을 받으며 사는 평온한 생활이 쉽게 얻어진 것이 아니었음을 일깨운다. 높은 담 안에 갇혀 살다 보니 열정이 쌓이다 못해 지독한 분노로 폭발하는 경우도 있었다. 라데군트의 사망 후 그녀가 이끌던 수녀원 수녀들 중 한 명은 자신이 수녀원장으로 선출되지 않은 사실에 광분해서 무장공격을 감행, 새로 선출된 수녀원장을 생포하고 그 추종자들을 살해했다. 새 수녀원장은 그 지역 영주가 급파한 무장 남성부대에 의해 구출되었다. 그 후에도 공격을 가한 수녀는 자신의 지위를 찬탈해 간 수녀에게 간음, 마술, 살인 등의 혐의를 날조하며 끊임없이 괴롭혔고, 결국 그녀를 죽임으로써 그 고통에서 해방시켜주었다.[15]

이런 사건들이 분명히 실제로 일어났으며, 후에 프로테스탄트 전도사들은 그런 행위를 더 선정적으로 전달하는 데 주력하였다. 하지만 여성 공동체는 그들의 성적 활동보다는 그들의 지적인 활동 때문에 더 의미가 있었다. 물론 모두가 뛰어난 학문적 성취를 이룰 수는 없었다. 그러나 개인적인 학문 연구의 기반을 아예 소홀히 한 경우는 한 번도 없었다. 오히려 너무도 학구적이었던 덕분에 수녀원은, 배움의 등불이 꺼져 있던 암흑시대 유럽의 황무지에서 수도원과 더불어 한 줄기 유일한 빛이었다. 그들이 살린 지식 안에는 우리가 아는 예술과 과학의 모든 영역이 있다. 언어에 대한 연구도 높은 수준에 이르렀다. 아벨라르는 비극적인 사랑의 대가로 엘로이즈가 수녀가 되어 파라클레 수녀원으로 들어갈 때 통렬한 축원을 올려야 했다.[역9] 엘로이즈는 "라틴어뿐 아니라 그리스어와 히브리어도 능숙했다. …… 히에로니무스가 다른 어떤 언어보다 고상하다고 극찬한 세 언어에 대한 지식을 획득한, 살아 있는 유일한 여성"이었다.[16]

하지만 '아름다운 엘로이즈'만이 자신이 선택한 분야에서 탁월한

역9) 아벨라르와 엘로이즈는 프랑스 역사상 비극적인 사랑의 주인공으로 유명하다. 엘로이즈의 삼촌이 아벨라르에게 엘로이즈의 교육을 맡겼는데, 두 사람은 사랑에 빠져 아들을 낳고 비밀리에 결혼을 했다. 이 사실을 알고서 분노한 엘로이즈의 친족들은 사람들을 시켜 아벨라르를 붙잡아 거세하였다. 그 후 아벨라르와 엘로이즈는 각각 수도원에 갇혀 지냈다.

능력을 보인 것은 결코 아니다. 12세기에 수녀원장이었던 란데스베르크의 헤라드는 빼어난 세밀화로 채워진 양피지 324장을 남겼다. 그보다 2세기 전에는 간데르샤임의 로브비타가 고요한 삶 속에서 많은 노력을 기울여 독일 최초의 시인, 독일 최초의 여성작가, 유럽에서 최초로 알려진 극작가로 역사에 남았다. 빙엔의 힐데가르트가 이룬 업적은 더욱 놀랍다. 1105년 일곱 살에 종부성사를 받고 수녀원의 높은 담장 안으로 들어선 힐데가르트는 대수녀원장이 되었고 많은 수녀원을 설립했으며, 헨리 2세와 프리드리히 바르바로사 황제와 교황의 정치고문으로 활동했다. 신비주의자이자 예언자였던 그녀는 의학, 자연사, 광물학, 우주론, 신학 등의 연구에서 두각을 나타냈다. 천부적인 음악가이기도 해서 찬송가와 유럽 최초의 오페라를 작곡했다. 그녀가 남긴 음악작품만 74곡에 이른다. 또한 작가로서 시, 전기, 기적극 등을 저술했고, 80대가 되어 죽는 순간에도 열심히 작업을 했을 정도였다.

그런데 힐데가르트 같은 뛰어난 여성들의 업적은 나머지 일반 여성들의 지적 능력을 높이는 데 거의 영향을 미치지 못했다. 모든 문화권에서, 가장 멍청한 남성조차 여성보다는 나은 평가를 받을 정도로 여성의 지성에 큰 타격이 되는 낮은 평가는 시간이 흘러도 잦아들 기미를 보이지 않았다. 반대로, 널리 퍼져 있던 여성에 대한 성적 공포심이 줄어들기 시작함에 따라 이제는 여성의 **뇌**가 그들의 육체만큼이나 약하다는 또 다른 불리한 신화가 조성되어 자라났다. 사실 이것은 전혀 새로울 것이 없는 생각이었다. 그것은 여성이 오직 육체적 도구로 창조되었을 뿐이라는 믿음에서 추론된 당연한 결과인 동시에 그 믿음을 완성하는 것이었기 때문이다. 부화기가 사고능력까지 갖출 필요는 없지 않겠는가. 여성은 태어날 때부터 정신적으로 열등하다는 생각은 초기 가부장들의 주장에서도 찾아볼 수 있다. 붓다가 열반에 들기 전에 충실한 제자들에게 남긴 두서없는 답변 역시 그러하다.

"부처님, 저희는 여자들을 대할 때 어떻게 처신해야 합니까?"
"아난다여, 여자들은 열정으로 가득 차 있느니라. 아난다여, 여자들은 시기심이 강하느니라. 아난다여, 여자들은 어리석도다. 그리하여 아난다여, 여자들이 공식적인 모임에 낄 수가 없고, 사업을 할 수 없으며, 직업을 가지고 생계를 꾸려갈 수 없는 까닭이 바로 여기에 있느니라."[17]

고대부터 생겨난 이런 편견을 쉽게 뒤집을 수는 없었다. 게다가 근대가 시작되면서 돌풍처럼 밀려오는 새로운 이유, 새로운 관찰 결과에서 새로운 생명을 찾았다. 여성에게 '뇌가 있기는 하되 아주 작다'라든지, 여성의 뇌는 남성의 뇌처럼 '단단한 살'로 꽉 찬 것이 아니라 '묽은 죽' 같다든지, 교육은 여자들의 내장을 말라붙게 하며 사유는 그들을 미치게 한다는 식으로 말이다. 이 중 어떤 것은 의학, 화학, 외과 수술에 대한 관심이 부활하면서 생겨났는데, 이후 과학이 여성들에게 보인 태도와 기분 나쁠 정도로 흡사하다. 즉 여성은 불안정한 자궁을 가졌고 두개골 부피도 더 작으며, '신체를 구성하는 데 필요한 요소'들이 불충분하게 합성된 존재라는 것이다. 또한 여자가 제일 잘할 수 있는 일은 힘들거나 사소한 노동(문화권이나 계급에 따라 밭을 갈거나 자수를 놓은 따위의 일)과 수다, 늙은 여자들처럼 이야기를 꾸며내는 것뿐이며, 여자의 머리는 글자 그대로 텅텅 비어서 마음의 양식이 될 것이 없다고 주장했다. 그러고는 당시 여성들의 생활상을 들어 그런 믿음을 뒷받침하려 들었다. 16세기 후반에 "피보호녀(유부녀)는 모두 미성년자와 같다."[18]라고 쓴 영국의 한 법률가는 진실을 그대로 들려준 것이다.

이렇게 볼 때 결혼은 그 자체로 여성의 지적 능력 계발에 걸림돌이 되었다. 빼어난 업적을 성취한 힐데가르트가 강요된 결혼생활의 의무에서 벗어난 여성인 것은 전혀 우연이 아니었다. 배움의 기회를 박탈해 놓고 구제할 수 없을 만큼 무지하다고 비난하는 체제 안에 오래 감금되어 있던 여성들에게 수녀원 운동은, 특히 그 초기에, 빛을 던져주는 역할을 했다. 배우지 않고서는 하나님 아버지와 남편/남성의 권위에 도전할 수도 없었다. 그들의 교묘한 강요는 존 밀턴의 이브가 아담에게 바친 웅변적인 복종의 말에서도 볼 수 있다.

나를 만들고 사용하는 자여, 당신이 명령하는 대로
나는 아무 이의 없이 복종할 것입니다. 신께서 그리 운명 지으셨으니.
신은 당신의 법이요 당신은 나의 법입니다. 그 이상은 알지 않는 것이
여성의 가장 큰 지식이요 미덕입니다.[19]

한번 이 체계 속에 갇히고 나면 그 밑바닥에 자리하는 이브의 딸들 대다수는 어떤 종류의 교육에도 접근할 방도가 없었다. 아무리 미천한

계급일지라도 남성들에게는 고전적인 출세의 길이 열려 있었다. '가난한 소년'을 위한 신부학교에 들어가 성직자의 대열로 상승하거나, 그 지역 영주의 눈에 들어 서기나 '토지 관리인'으로 훈련받을 기회가 있었던 것이다. 하지만 여성들에게는 그런 기회마저 없었다. 사실 오늘날까지도 여성이 교육 기회를 박탈당하고 고통받는 일은 여전히 간과되고 있다. '셰익스피어의 누이'나 불우한 환경 때문에 희생된 여성에 대한 설명은 없다. 하지만 당시 여성들은 배우지 못했다는 사실 때문에 호된 대가를 치러야 했다.

무지는 단순히 열등감을 확인시키는 구실만 한 것이 아니다. 그들은 무지 탓에 괴롭힘을 당하고, 고문과 비참한 죽음의 위험으로 내몰렸다. 여성이 가진 음탕하고 이해할 수 없는 육체에 대한 두려움, 그들의 나약하고 쉽게 빠져드는 정신에 대한 두려움, 그들의 치유 불가능한 아둔함이 불러들이는 맹목적인 악에 대한 두려움, 이 두려움들이 결합되어 사상 최악의 여성 살해라는 치명적인 사건으로 폭발했다. 그것은 유럽과 미국 건국 초기에 벌어진 마녀 사냥이다.

남성들은 무의식적으로 느끼던 공포의 불길한 심연 속에 마녀가 등장하여 성행하기 시작한 아주 초기부터, 마녀가 여성이라는 데 대개 동의했다. 가톨릭교회가 9세기에 선포한 대칙서에 따르면 '사악한 여자들'은 "악마의 환상과 환영에 사로잡혀 사탄을 믿고, 밤이면 디아나 여신과 짐승의 등에 올라타 다른 무수한 여성들과 함께 아주 먼 곳까지 갔다 온다고 주장한다."[20] 이처럼 마녀가 여성이고 여성이 마녀인 까닭은 생각할 줄 아는 남자라면 누구에게나 명백한 사실이었다.

그것은 여성들이 약하기 때문이 아니라, 그들 대부분이 치유할 수 없을 정도로 고집스럽기 때문이다. …… 플라톤은 여성을 남성과 난폭한 맹수 사이에 두었다. 여자들은 남자들보다 내장이 더 커서 더 탐욕스럽다. 반면 더 큰 머리를 가진 남자들은 여자들보다 두뇌도 더 크고 분별력이 있다.[21]

이에 대한 반대 의견은 없었다. 유럽의 앞서가는 지성이자 가장 큰 두뇌의 소유자라 할 수 있는 프랑스 법학자 장 보댕이 이런 주장을 내놓자, 전문가를 자처하는 다른 남성들이 앞을 다투어 지지했다. 그들은 여성이 "매달 불필요한 체액과 우울증의 피로 가득 채워진다."[22]라고 강조했다. '불길한 월경'과 위험한 피라는 주제가 다시금 저주스런 것으로 재등장했음에 유념하라. 하지만 진짜 문제는 몸이 아니라 뇌에 있었다. 유럽에서 마녀 색출에 앞장섰던 독일 도미니쿠스 수도회의 종교 재판관들은 마녀 색출자를 위한 안내서 『말레우스 말레피카룸』을 썼는데 당시 엄청난 영향력을 행사하는 책이 되었다. 사디즘과 성도착의 카탈로그 같은 그 책은 여성에 대해 이렇게 설명했다. "여자들은 더 경솔하다. …… 여자들은 선천적으로 더 외부 영향을 받기 쉽다. …… 그들은 지성에 선천적인 결함을 갖고 태어난 탓에 신앙심을 저버리기 쉽다. …… 원래 여자들보다 더 강인한 지성을 타고난 남자들은 더욱 현명하게 그런 관행을 거부한다."[23]

그런 믿음을 가진 남자라면 무엇이든 믿을 수 있을 것이다. 그런데 이런 주장을 마녀 문제에 대한 궁극적인 해결책으로 사용하다 보면, 마녀들이 어떤 존재이든 간에 그들이 전적으로 머리가 둔하고 무지하지 않다는 예상치 못하던 결론에 도달하게 된다. 마녀에 대한 예전의 이미지는 심술궂은 미치광이 노파나 사악하고 늙은 박쥐였다. 그런데 이제는 마녀들이 침착하고 목적의식이 강하며 무엇보다 젊다는 사실을 발견함으로써 예전의 이미지가 뿌리부터 흔들렸다. 그들에게 히스테리가 있거나 편집중적인 성격이 나타날 수는 있었겠지만, 처벌의 이유로 제시되던 '맹목적인 무지'는 그들에게 해당하지 않았다. 실제로 화형당한 여성들은 나름의 방대한 지식을 가지고 있었고, 거기에는 종교, 화학, 연금술, 식물학, 점성술, 자연과학, 약물학 등이 망라되었다. 예를 들어 약초와 독에 대한 그들의 지식은 심지어 가장 높은 자격을 가진 남성의사의 지식을 능가하는 경우가 많았다.

마술은 일종의 기술이었고 오래된 학문이었기에 공부해야 하는 것이었다. 특히 읽고 쓸 줄 아는 사람이 드물고 글을 쓸 수 있는 도구가 많지 않던 그 시절에는 내용을 통째로 암기해야 했다. 확실히 어떤 여성들은 아주 능숙하게 사람들을 조종하고 약물을 다루며 상황에 따라 낙태나 임신을 도와줄 수 있었을 것이다. 그런 기술이 뛰어날수록 고객들의 만족도도 높아진다. 그리고 모든 성공적인 위법자들이 그렇듯, 그들이 성공할수록 붙잡힐 확률은 낮아졌다. 사실 역사적으로 알려진 것과는 반대로, 진실은 마녀들이 무지했다기보다는 무지한 여성들이 마녀로 지목되어 붙잡힐 위험이 더 많다는 데 있는 것 같다. 그 가장 훌륭한 후보로, 관리의 아내이자 널리 알려진 박애주의자였던 엘리자베스 워커의 집 앞에 어느 날 나타난 불쌍한 떠돌이 여성을 들 수 있다. 그녀는 "온몸에 옴이 오르고 벼룩이 득시글거렸으며, 넝마로 겨우 몸을 가리고 있었고, 마치 라플란드[역10]나 일본에서 태어나 자란 사람처럼 신도 그리스도도 모르고 있었다."고 한다.[24] 마녀 색출자에게 이것은 그 자체로 금수의 표식이었다. 하지만 엘리자베스는 그녀를 집으로 들여 '가려움병'을 치료해주고, 읽는 법을 가르쳤으며, 나중에는 부유한 농부와 단란한 가정을 꾸리도록 도와주었다.

엘리자베스는 독실하면서도 마음이 열려 있어서 놀랍게도 '흑인과 황인도 백인과 마찬가지로 아담의 후손'이라고 믿는 여성이었다. 하지만 슬프게도 그 시절에는 엘리자베스 같은 사람은 너무 적었고 위기에 처한 여자는 너무 많았다. 1705년 노샘프턴에서 엘리너 쇼라는 여성이 마술을 행했다는 이유로 스물한 살에 교수형을 당했다. 기소장을 보면 그녀의 부모가 '딸에게 어떤 형태의 교육이든 받게 해줄 의향이나 능력이 없었'기 때문에 '열네 살부터 혼자 힘으로 살아가야 했음'을 명백하게 밝히고 있다.[25]

막을 내리기 시작한 중세 최후의 발작과도 같은 마녀 사냥은 처음부터 한결같이 테러를 정치적 무기로 활용한 박해였고, 변칙적이고 비순응적인 여성들에 대한 가부장제의 잔혹하고 구태의연한 복수였다. 분명 여성들을 신과 남성에게 종속시키겠다는 애초의 목표는 순전히 이론적인 수준에서 출발했고, 실제로 그 목표를 수행하는 과정은 그다지 완벽할 수 없었다. 광기에 휩싸인 마녀 화형의 열풍은 가부장제의 규칙

역10) 북극권에 속하는 북유럽 지역.

이 올바르고 정상적인 것임을 거듭 주장하기 위한 필사적인 노력인 동시에, 일탈 여성에 대한 설명할 수 없는 공포로 당시 사회가 동요하고 있었음을 강하게 시사한다.

다음 연표를 보면 마녀 색출자들의 여성살해 캠페인이 고조되던 시기와 세계적으로 여성들의 정치권력이 놀라울 정도로 급증하던 시기가 신기할 정도로 일치한다. 이것이 단순히 우연의 일치일 수 있을까?

962년 아델라이드가 이탈리아 여왕 겸 성스러운 로마의 여황제가 됨.

1010년 작센족의 공주 앨프지푸 탄생. 그녀는 후에 덴마크 크누트 왕의 정부, 노르웨이의 섭정, 잉글랜드의 '토끼발'이라 불렸던 해럴드 왕의 어머니로서 세 나라를 통치했다.

1028년 조에가 비잔틴 제국의 여황제가 됨.

예멘의 아스마 여왕이 실제 통치자 지위를 알 무카람 술탄에게 넘기지 않고 그의 동의 아래 며느리 아르와 여왕에게 계승함.

1105년 멜리장드 탄생.

1136년 코트니의 아그네스 탄생.

멜리장드의 소녀 시절부터 1185년 아그네스가 사망할 때까지 이 두 여성이 예루살렘을 통치하면서 한 세기 동안 예루살렘의 성장을 주도.

1226년 프랑스 왕비 블랑슈가 아들 루이 9세를 대신하여 섭정이 되었고, 향후 25년간 유럽 정치계를 주도함.

1454년 카테리나 코르나르 탄생. 후에 키프로스의 여왕이 됨.

1461년 프랑스 공주 보죄의 안 탄생. 후에 부르봉 왕가의 여왕이 되고 허약한 남동생 샤를 8세를 대신하여 프랑스의 실질적인 통치자가 됨.

1477년 브르타뉴의 안 탄생. 11세부터 자신의 영토를 다스렸고, 후에 무능력한 왕들과 두 차례 결혼하여 프랑스도 다스림.

1530년 아일랜드 공주 그레인 마올(그레이스 오맬리) 탄생. 영국의 침략에 대항하여 직접 전투를 이끌었고 해군 사령관으로 활약.

1560년 나이지리아 여왕이자 전쟁 지휘자였던 아미나 탄생. 아버지를 계승하여 전사가 되었고 신랑 후보들을 모두 거절했으며, 주변국을 점령하여 영토를 크게 확장함.

1571년 페르시아의 누르자한 탄생. 후에 인도 무굴 왕조의 여황제가 되었고, 남편이 아편 중독에 빠지자 단독으로 통치함.

1582년 은징가 탄생. 후에 앙골라, 은동고, 마탐바의 통치 여왕이 되어 포르투갈의 침략에 성공적으로 저항하면서 반세기가 넘게 다스림.

이 여성들이 모두 (통치자의 배우자가 아니라) 직접 통치하는 여성들이었다. 또한 그들 중 11세기에서 16세기에 이르는 500년 동안 자신의 나라에 존재한 유일한 여성군주였던 이가 한 명도 없다. 그들은 여성 통치자의 전통이 잘 확립된 국가 출신으로, 여성이 정치적으로 중요한 비중을 차지하는 분위기 속에서 성장했다. 예를 들어, 앨프지푸는 베르타(616년 사망), 이드버르, 시네스리스(약 8세기경), 또 가장 중요한 애설플래드 같은 작센족 여왕들의 길고 긴 가계를 잇는다.

앨프레드 왕의 딸…… '머시아 사람들의 여왕' 이라 불리던 애설플래드는 체스터 요새를 재건했고, 새로운 요새 도시들을 건설했다. 그중 워릭과 스태퍼드가 가장 중요하다. 또한 그녀는 웨일스 전투에 참가했고, 자기 군대를 이끌고 더비를 함락했으며, 레스터를 평화로이 점령했다. 918년 6월 그녀가 사망하기 전에 요크 사람들도 그녀의 지배를 받아들이기로 약속했다.[26]

영국을 통일하고 직접 통치함으로써 애설플래드는 역사의 흐름에 불변하는 영향을 미친 극소수의 영국 여성에 속하게 되었다. 비잔틴 제국의 여황제 조에 역시 여성이 마땅히 남성에게 종속된다고는 전혀 믿지 않던 여성들의 기나긴 대열을 잇는다. 그녀보다 앞서 비잔틴 제국을 통치한 이레네는 780년에 권력을 장악했고, 자기 아들의 눈을 멀게 하고 감옥에 가두면서까지 그 권력을 유지하였다. 특이한 일은 이런 여성들이 놀라운 강인함을 보이면서 장수했다는 사실이다. 아델라이드 여왕은 이탈리아의 왕 다섯 명보다 오래 살았는데, 그중 두 명은 그녀의 남편이었다. 여성 통치자가 장수함으로써 갖게 된 연속성은 정치적으로 유리하게 작용했으며, 정말이지 이미 어마어마했던 지배력을 더 강화하는 구실을 했다.

분명히 여성 군주들은 이른바 여왕들의 시대라 불리는 기간 동안 여성 전체에 이익이 되는 성과를 거두었다. 여성의 열등함에 대한 주장이나 여성이 남성에게 종속된다는 주장의 이론적 근거는, 모든 방면에서 신이 공공연하게 속세 최고의 임무를 부과한 여성들의 존재 때문에 그 뿌리부터 와해될 수밖에 없었다. 그들이 통치자로서 거둔 성공도 당연

234 세계 여성의 역사

히 신의 총애에 대한 또 다른 증거로 해석되었다. 결정적으로 통치 여왕들은 어떤 가부장적 체계도 절대적인 완성품이 아니라 균열과 틈을 포함하고 있어서, 대담한 여성이라면 이런 허점을 이용하여 개인적·국가적 역사의 결정적인 순간을 지배할 수 있음을 여성들과 남성들에게 가르쳐주었다.

하지만 이 여성들은 늘 예외적인 소수로 남았다. 물론 각각의 여성은 본보기가 될 만한 인물이었지만, 그들처럼 특권을 타고나지 못한 다른 여성들에게 유용한 모델이 되는 일은 드물었다. 그런데 더 넓은 세계에서 느리지만 변화를 부르는 사건들이 연속적으로 진행되기 시작했고, 그것은 한 여성이 남자들의 눈앞에서 높은 지위를 향유하기 위해 꼭 진짜 여왕이 되어야 하는 것은 아님을 확인시켜주는 결과를 초래했다. 그 사건이란 바로 기사도적 사랑의 유행이었다. 근대 초기의 유럽에서 유행하기 시작한 기사도적 사랑은 여성을 열등한 성으로 간주하는 가부장제의 모욕에 대한 반동으로 시작되었다. 그 사랑은 교회의 적대적인 태도에 구애받지 않고 여성을 고상한 존재로 찬양했으며, 종교적 열정이 아니라 낭만적 열정의 가치를 높이 샀고, 남성이 아니라 여성이 우세한 위치에 있는 성관계를 찬미했다.

한밤중에 벌거벗고 품에 안긴
나의 기사를 꼭 안아주고 싶었네.

그의 머리를 내 가슴 위로 누이면

그는 황홀경에 빠지겠지…….

매혹적이고 착하며 하얀 살결을 가진 연인이여,
내 언제 그대를 수중에 넣어
한 시간 동안 옆에 누워
달콤한 키스를 퍼부을 수 있을까?

그대를 내 남편으로 만들 수만 있다면
무엇을 준들 아까울까.
내가 원하는 모든 것을 하겠노라고
그대가 맹세하기만 한다면.[27]

트루바두르[역11] 연인에 대한 사랑과 욕망을 담은 이 노래를 쓴 사람은
12세기 프로방스 지방의 여성 베아트리스 드 디아즈였다. 이런 여성들
은 분명 여성의 몸을 혐오스러운 것으로 간주하는 어떤 정의도, 자신
을 위해 생각할 권리를 침해하는 어떤 규정도 받아들이기를 거부했을
것이다. 여성의 육체가 아무런 가치도 없다는 생각에 대한 직접적인 공
격으로, 아키텐의 엘레오노르 같은 기사도적 사랑의 여왕들은 절개와
헌신적 사랑이라는 영적인 자질을 통해 여성의 가치를 더 높이 확립하

역11) 기사도적 사랑을 찬미하는 음유시인을 지칭하는 동시에 실제로 귀족 여성을 숭배하여 그런 사랑을 바
치는 음유시인이나 기사를 지칭하기도 한다.

는 데 성공했다. 이것이 남성들의 권력에 대한 현실적인 도전이었으며, 결코 단순한 기사도적 유희가 아니었다는 사실은 실제로 벌어진 많은 분쟁에서 확인할 수 있다. 어떤 남편은 자기 아내의 '기사'에 격분했으나 간통이나 부정한 행실의 증거를 전혀 잡지 못하자 그녀의 트루바두르를 살해했다.[28] 그런 상황에서 '사랑의 여왕'들은 더 안전한 방법을 택했다. 당시 많은 여성 트루바두르들이 유럽 전역을 왕래하며 활동하였는데, 그들의 음악과 시를 활용한 것이다. 그중에는 서정시와 이야기에 천부적인 재능을 보이며 유럽 문학의 전체적인 흐름에 영향을 미친 마리 드 프랑스 같은 시인도 있었다.

르네상스의 출현으로 여성들에 대한 태도 역시 더 완화되었다. 여성에 대한 새로운 접근법은 예전의, 귀에 거슬리는 히스테리성 독설과는 상당히 거리가 있었다. 역사상 처음으로 원초 페미니스트[역12] 하인리히 코르넬리우스 아그리파 폰 네테스하임이 남성의 우월성을 일방적으로 강요하는 교리에 반대 의견을 내놓았다. '여성의 고결함과 우월성에 대하여'라는 도발적인 제목을 붙인 그의 책은 여성의 열등함을 주장하는 『성경』의 권위에 철저하게 도전했다.

아담은 대지를 뜻하며, 이브는 생명을 나타낸다. 그러므로 아담은

역12) proto-feminist. 페미니즘은 17세기 중반 영국에서 발단해 18세기에 확립된 것으로 받아들인다. 그러나 페미니즘이 하나의 운동이나 이념으로 형성되기 전에 이미 존재했음을 인정해야 한다. 여성에 대한 억압이 존재하는 한 그 억압에 저항하는 사람들 역시 존재하기 마련이기 때문이다. 이들을 원초 페미니스트라 칭하며, 여성운동의 선구자로 인정한다. 대표적인 예로 사포, 제인 앵거, 잔 다르크, 크리스틴 드 피장, 테오도라, 아프라 벤 등을 들 수 있다.

자연의 산물이고 이브는 신의 창조물이다. 아담은 오직 이브가 창조될 수 있도록 하기 위해 에덴동산에 머무르는 것이 허용되었을 뿐이다.[29]

폰 네테스하임은 귀머거리들에게 설교했던 것이 아니다. 다른 영향력 있는 남성들이, 여성들을 옹호하고 그들에게도 인류의 학문과 사상의 장점을 나눠 가질 권리가 있음을 알리기 위해 목소리를 높였다. 외교관이자 사해동포주의자였던 이탈리아의 남성귀족 카스틸리오네는 당대에 『성경』처럼 받아들여진 책 『궁정인』의 저자로서 새로운 시대정신을 다음의 단 한 문장으로 요약했다. "정신의 미덕은 남성들만이 아니라 여성들에게도 필요하다."[30]

전 세기들에 비해 문자 습득이 번갯불처럼 삽시간에 퍼져 나감에 따라 많은 여성이 처음으로 펜을 쥐었고, 그와 함께 의견을 피력하는 힘도 갖게 되었다. 당시에 오랜 숙원처럼 풀어야 할 과제가 많았음은 놀라운 일도 아니다. 다음에 인용한 글들은 16세기 프랑스의 뛰어난 여성작가들의 글을 발췌한 것인데, 주요 불만은 결혼을 강요하는 제도와 남편에 대한 것이었다.

늙은 남자가 그녀에게 키스했다. 그것은 민달팽이 한 마리가 꾸물거리며 그녀의 매력적인 얼굴을 가로질러 기어가는 느낌이었다.

그는 남자라기보다는 괴물 같은 모습이었다. 거대하고 무거워 보이는 머리를 가졌고, 아주 짧고 살진 목이 비참할 정도로 구부러진 어깨 위에 놓여 있었다. …… 거무튀튀하고 움푹 들어간 입은, 뱃속 깊은 곳에서부터 생겨난 듯한 고약한 악취를 풍기는 숨을 내뱉었다.

그들은 집으로 돌아가자마자 문을 닫아걸고 정신없이 먹어대기 시작했다. …… 침대에 누울 때 그들은 손가락 두 개 두께의 거대한 나이트캡을 쓰고, 배꼽 아래까지 내려오는 나이트셔츠를 입고 녹슨 핀들로 고정했으며, 허벅지 중간까지 올라오는 두꺼운 양모 스타킹을 신었다. 이미 기름 냄새가 배어 있는 눅눅한 베개 위로 머리를 누인 그들은 기침을 하며 잠이 들었고, 침대 커버에는 배설물이 잔뜩 묻어 있었다.[31]

독특한 풍미의 구어체가 돋보이는 마지막 삽화는 서정시의 재능으로 더 유명한 루이스 라베의 글이다. 그녀는 시인이자 언어학자, 음악가, 기수(騎手), '리옹 학파'[역13] 작가들의 지도자로 활동한 재기 넘치는 여성으로 당시 프랑스에서 가장 위대한 서정시인으로 인정받으며 최고의 지위를 누렸다.

이처럼 여성들은 문자의 세계로 접근할 수 있게 되자마자 지극히 짧은 시간에 눈부신 재능과 지적 능력을 과시하였다. 이런 선구적인 페미

역13) 16세기 모리스 세브가 이끈 인문주의 시인들의 모임.

니스트 지성인들 가운데 으뜸가는 인물로 크리스틴 드 피장을 들 수 있다. 그녀는 15세기 이탈리아 학자로 역사, 철학, 생물학, 시에서 두각을 나타냈다. 그녀는 생전에 왕들로부터 추대될 정도로 엄청난 성공을 거두었는데도 자신이 속한 성, 즉 여성에 대한 충실한 애정을 결코 버린 적이 없었다. 그녀는 여성들이 과거에 이룬 업적들을 되살려 역사적 기록으로 보존하고자 했고, 그녀 개인에게는 물론이고 여성 일반에게 무차별적으로 공격을 가한 여성 혐오자들에게 대항해서 끊임없이 고대와 당대의 여성들을 옹호했다.

크리스틴이 가장 열렬하게 옹호한 믿음은 여성이 교육받을 권리였다. 이 문제에 대해 그녀가 명쾌하게 제시한 논지는 오랜 세월이 흐른 지금까지도 인용되고 있다.

어린 소녀들도 소년들처럼 학교에 보내서 똑같은 내용을 가르쳤더라면, 그들도 예술과 학문의 세세한 부분까지 배우고 이해했을 것이다. 어쩌면 여자들이 더 잘 이해할 수 있었을지도 모른다. 여성의 몸이 남성의 몸보다 더 유연한 것처럼, 그들의 이해력도 더 예리하기 때문이다. …… 이성적인 존재에게 다양한 것을 경험하게 해주는 일보다 더 많은 가르침을 주는 것은 없다.[32]

크리스틴의 차분하고 명석한 분석은 그녀와 대립하던 사람들이 보인 격앙된 분노와 현저한 대조를 이룬다. 그녀는 아주 거센 논쟁에 휘말렸는데, 이것은 여성을 교육하는 일이 아주 중요한 문제였음을 보여준다. 사실 이것은 학문적인 논쟁에 그치는 것이 아니라 전선을 다시 그리는 일이었다. 그때까지 지배자냐 피지배자냐 하는 구분에 따라 식자와 무식자로 구분할 수 있었다면, 이제 그것은 남녀 간의 구분이라는 새로운 공식을 따르게 된 것이다. 근대세계의 출현과 함께 배움은 자유로 향하는 지름길, 미래를 열어주는 문이 되었다. 따라서 교육이 중세를 벗어나는 새로운 의미를 갖게 되었다. 배움의 가치가 부활하자, 그것이 단순히 명상하는 수동적인 행위로 간주되기보다는, 어떤 것이 어떻게 작용하는지 알아보기 위해 그것을 분해할 수 있는 지적 장비를 갖추는 일로 여겨졌다. 새로운 인문주의자들은 자기 자신을 알아가는 기쁨에 상기되어 '인간이 어떤 존재인가'라는 중요한 질문을 놓고 몇 시간씩 행복하게 보낼 수 있었다. 하지만 여성이 손에 도구를 들고 자기들에게 접근할 수 있다는 가능성에 대해서는 그와 같은 열의와 감격을 보이지 않았다.

여성들은 여전히 공식적인 자리에 나설 권리가 부인되었기 때문에 개인적인 노력에 의지하는 수밖에 없었다. 사실 그토록 끊임없이 어리석다는 비난을 받아온 여성들로서는 교육만이 그런 어리석음을 치유할 수 있는 유일한 해결책이었다. 그러나 이것은 여성 측의 논리였을 뿐 남성들에게는 아무런 설득력도 발휘하지 못했다. 오히려 남성들의 사고와 노력은 여성들이 타고난 무지 상태를 그대로 굳히고 유지하기 위한 쪽으로 더 많이 진행되었다. 이런 노력은 "책이 그렇지 않아도 부족한 여자들의 뇌를 파괴한다."[33]라는 오랜 신념을 재차 확인하는 역할까지 했다.

중국인들은 글쓰기를 창안하면서 북경관화[역14] 수업을 만들었다. 하지만 이것은 읽고 쓰는 강력한 무기가 부정한 손으로 넘어가는 것을 허용하기 위해서라기보다는 그것을 막고 관리하기 위한 것이었다. 서구 사회도 역사적으로 이런 방식을 철저하게 모방하여, 두 번째 밀레니엄의 초기부터 '새로운 배움'이 거대한 하층계급인 여성들에게 침투하지 않도록 지키는 기술을 개발했다. 이런 맥락에서 보면, 종교개혁도 여성들에게는 전혀 개혁적이지 않았고, 르네상스도 잘못된 몸을 갖고 태어난 자들에게는 문예부흥이 아니었다. 이제 인본주의[역15]라는 새로운 강령은 창조라는 근원적인 행위 자체를 뒤집어놓았다. 전에 신이 자신의 이미지대로 남성을 창조했다면, 이제 남성들은 그들만의 신을 만들어내기 바빴다. 그러자면 여성들 역시 새로 다듬어야만 한다. 여성들도 그처럼 위대한 작품인 남성의 반려자가 되기에 적합한 존재로 만들어야 했기 때문이다. 여성은 이제 자신의 지적 욕구 때문이 아니라 남성의 완벽한 동반자이자 배우자가 되기 위해 공부해야 했다. 그리하여 '교양'이 별 무리 없이 개인의 성취라는 관념을 대체했고, 결혼이라는 침대에 맞춰 자신을 재단하는 일이 여성의 최우선 과제가 되었다. 이런 상황에서 여성들에게 배움이란 대체 무슨 가치가 있었을까?

르네상스의 '찬란한 여명' 속에서도 여성이 결혼 바깥에서 어떤 자리나 기능, 미래, 희망도 가질 수 없다는 신념은 지속되었고, 이것은 여

역14) 중국의 표준어.

역15) 저자는 'humanism'이란 영어단어 안에 남자를 뜻하는 'man'이 있음을 강조한다. 이 경우 남본주의라는 말이 더 적합할 듯하다.

성이 교육을 받는 것에 대한 거부감이 얼마나 거세었을지를 설명한다. 신과 자연이 여성에게 부과한 역할 안에서는 여성이 교육받을 필요가 없는 것이다. 또한 여성이 두뇌를 활용하여 생계를 유지하는 일은 결코 있을 수 없기 때문에 여성을 교육해도 경제적으로 득이 안 된다고 보았다. 오히려 교육받은 여성들은 자기 자신에게 터무니없이 비싼 값을 매기는 탓에 결혼시장에서 밀려나기 십상이므로 항상 경제적 손실로 이어지게 마련이라고 보았다. 설령 그녀가 남편을 구하는 데 성공했다손 치더라도 그 결혼은 시작부터 문제를 안고 출발하는 것일 수 있었다. 프랑스 역사학자 아그리파 도비네는 자신의 딸이 다른 아들들처럼 공부하고 싶어 하는 욕망을 가진 것을 진심으로 이해했다. 16세기에는 그런 아버지가 그 혼자만은 아니었다. 하지만 그는 여성운동의 '나쁜 영향', 즉 '가사 일을 멸시하고 자기보다 똑똑하지 못한 남편을 업신여기게 될까' 두려워했기에 결국은 '반대'하였다.[34]

교육의 위험은 그것이 여성을 그녀가 응당 있어야 할 '자리'를 넘어서도록 하는 데 있었다. 교육받은 여성들에게 쏟아지던 폭력적인 반응 역시 그들을 블랙홀 같은 감옥으로 되돌려놓기 위해 고안된 것이었다. 이탈리아의 고전학자 노가롤라는 열여덟 살 때 '신성한 이소타'라고 불릴 정도로 뛰어난 지적 우수성을 보였지만, 그녀가 자기 일을 즐긴 것은 겨우 2년뿐이고 그 후에는 자신이 여성이라는 사실을 혹독할 정도로 상기할 수밖에 없었다. 1438년 그녀는, 역시 유명한 학자였던 그녀의 자매 지네브라와 함께 난잡한 성생활과 근친상간이라는 거짓 죄목으로 억울하게 고발되었다. 회복할 수 없을 정도로 상처받은 노가롤라는 학문 연구를 포기하면서 베로나를 떠났고, 이후 어머니의 집에 완전히 은둔하면서 종교서적에만 몰두하며 살았다. 16세기 인도의 시인 미라 바이 같은 여성은 공적인 영역에서 활동함으로써 사회적·법적 규정을 어겼다는 이유로 박해를 받았다. 어떤 여성들은 사적인 영역으로 돌아가도록 강요당했다. 그 예로 17세기 프랑스 여성 니농 드 랑클로를 들 수 있다. 에피쿠로스 철학을 연구하던 그녀는 '종교적 존경심이 부족'하다는 이유로 수녀원에 감금되었다. 영국 수녀 메리 워드는 여성 교육기관을 설립하려 했다는 이유로 가톨릭교회에서 훨씬 더 지독한 대접을 받았다. 그녀는 죽은 수녀의 부패한 시체가 막 치워진, 창문도 없는 비좁은 독방에 감금되었고, 결국 그녀 자신도 거의 죽은 것과 다름없는 상태가 되었다. 감금되기 전에 메리는 자신의 사명을 완수하기 위해 많은 여행을 다녔는데, 보호자를 동반하지 않은 여성들을, 섬기는 주인이 없는 남자들만큼이나 혐오스럽게 여기던 시대에는 그런 사실 자체도 문제가 되었다. 여성들 중에는 교사나 전도사가 되어 자신의 사적인 연구의 결실을 공적인 무대에서 펼쳐 보이려 한 경우도 있었다. 그런 행동은 『성경』의 취지에 입각해서 이를 막는 금지령에 도전하는 것으로 받아들여져 무지막지한 처벌을 받을 수도 있었다.

1653년 12월 케임브리지에서 일어난 일이다. 당시 시장이던 윌리엄 피커링에게 두 여자가 전도 설교를 한다는 고발이 들어왔다. …… 그는 여자들의 이름과 그들의 남편들의 이름을 물었다. 그들은 남편이 없고 예수 그리스도만 있으며, 그가 자기들을 보냈다고 대답했다. 이 대답을 들은 시장은 성을 내면서 그들을 매춘부라 불렀고, 경관에게 광장에서 피가 흘러내릴 때까지 채찍질을 하라는 지시를 내렸다. …… 형 집행자는…… 그들의 상의를 모두 벗긴 후 양팔을 태형 틀의 기둥에 묶고 시장이 내린 지시를 집행했다. …… 그들의 살점은 처참하게 베이고 찢어졌다.[35]

물론 이런 일은 소수 여성들의 특수한 경우였다. 그러나 여성들이 배우고 공부하고 지식을 나눌 권리, 심지어 생각할 권리가 부인됨으로써 누적된 효과는 심각했다. 수녀원들이 몰락하던 시기는 문법학교와 대학이 증가하던 때와 일치한다. 이런 학교들은 모두 여성의 입학을 금하고 있었다. 처음부터 남성들의 지식독점권을 철저하게 보호하는 데 연연한 것이다. 1322년에 야코바 펠리시에라는 여성 치료사가 '불법 의료 행위'를 이유로 파리대학 의학부에 의해 재판에 회부되었다. 대학에서 수련을 마친 의사들도 실패하던 치료를 그녀가 성공했다고 여섯 명이 증언했는데, 이것이 그녀가 유죄 판결을 받는 확실한 근거가 되었다. 인류는 근대로 들어서는 길목에 서 있었지만, 멋진 신세계의 여성들은 처음부터 교육의 기회를 갖지 못했다. 때를 맞춰 수녀원 운동도 소멸하여, 학구적인 소녀들이 들어갈 수 있는 배움의 공간도, 교육받은 여성들이 선생으로 활동할 수 있는 곳도, 남자들과 자식들, 기저귀와 가사노동으로부터 탈출할 수 있는 길도 더는 남지 않게 되었다. 새로운 지식이 활발하게 유포되었지만 여성을 위한 것은 아니었다. 암흑시대에서 탈출하여 문예부흥의 시대를 맞았어도 여성은 예상치 못한 역설 앞에 놓였다. 그 시대는 남성들의 무지에서 태어난 더 은밀한 공포 중 일부로부터 여성들을 자유롭게 한 반면, 다른 공포들을 더 굳건하게 만드는 데 기여한 것이다. 여성은 더 이상 불안정한 음문, 수다쟁이, 변덕쟁이, 용량이 큰 질이라는 비난을 받지 않아도 되었다. 하지만 여전히 여자는 중세에 인기 있던 괴물 쇼에 등장하던 존재, 즉 시장에서 사람들의 웃음거리가 된 머리 없는 괴물로 남았다. 크리스틴 드 피장은 "여자들이 교육을 받는다고 더 나쁘게 변할 리가 없다."라고 항변하였다. 하지만 그 사실을 일반적으로 인정하게 될 때까지 여성들이 할 수 있는 일은 남편과 아이들을 돌보면서 기다리는 것뿐이었다.

물에 처박힌 마녀에 대해, 귀신에 홀린 여자에 대해, 약초를 파는 박식한 여자에 대해, 또는 심지어 어머니를 가진 아주 비범한 남성에 대해 읽을 때면, 나는 우리가 잃어버린 소설가, 억압받던 시인을 추적하고 있다는 생각을 한다. 말을 못하고 이름도 갖지 못했던 또 다른 제인 오스틴 같은 여성들, 황야에 자신의 뇌를 내던져버렸던, 또는 자신의 재능 때문에 고통받다가 미쳐서 찌푸린 얼굴로 이리저리 쏘다니던 또 다른 에밀리 브론테 같은 여성들 말이다. 그토록 많은 시를 썼지만 그것을 노래할 수 없었던 익명의 작가는 분명 여성임이 틀림없다고, 나는 감히 주장한다.

— 버지니아 울프

3부. 지배와 통치

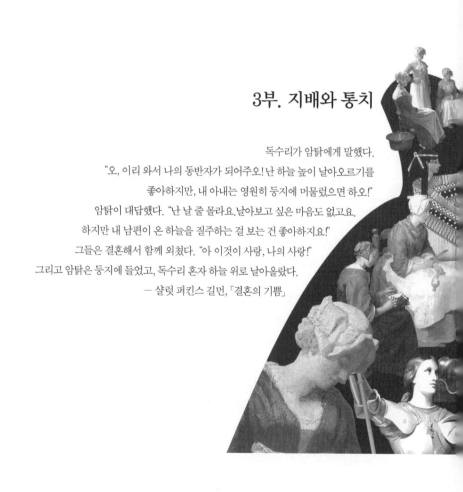

독수리가 암탉에게 말했다.
"오, 이리 와서 나의 동반자가 되어주오! 난 하늘 높이 날아오르기를
좋아하지만, 내 아내는 영원히 둥지에 머물렀으면 하오!"
암탉이 대답했다. "난 날 줄 몰라요. 날아보고 싶은 마음도 없고요.
하지만 내 남편이 온 하늘을 질주하는 걸 보는 건 좋아하지요!"
그들은 결혼해서 함께 외쳤다. "아 이것이 사랑, 나의 사랑!"
그리고 암탉은 둥지에 들었고, 독수리 혼자 하늘 위로 날아올랐다.
— 샬럿 퍼킨스 길먼, 「결혼의 기쁨」

7. 여성의 일

난 장엄한 실제 역사에는 관심을 가질 수가 없어요. ……
교황이나 왕들 사이의 싸움이나 전쟁, 그도 아니면 돌림병 얘기만 하니까요.
남자들은 모두 옳고 잘난 것으로 표현되어 있는데
여자들 얘기는 아예 나오지도 않잖아요.
— 제인 오스틴, 「노생거 수도원」

여자들은 인류의 시간이 시작된 이래 세계 모든 지역에서,
온갖 형태의 사회에서 계속, 끊임없이, 항상, 모든 곳에서 일해왔다.
— 헤더 고든 크레모네시(Heather Gordon Cremonesi)

한 아프리카 여성에게 왜 그녀만 무거운 짐을 들고
남편은 아무 짐도 들지 않고 가는지 물어보자 이렇게 대답했다.
"만일 그가 짐을 지고 있는데 우리가 사자를 만나면 내가 어떻게 할 수 있겠어요?"
우리는 그가 얼마나 자주 사자를 만나는지,
그녀는 얼마나 자주 짐을 지고 가는지, 또 그녀가 혼자 짐을 지고 가다가
사자를 만난다면 어떻게 하는지 물어보았다.
— 영국인 선교사의 일기

1431년 잔 다르크는 남자 옷을 입었다는 죄목으로 유죄 선고를 받고 프랑스에서 화형당했다. 다음 10년간 중국인들은 지금의 베트남 지역에서 완전히 쫓겨났고, 아프리카의 건축가들과 석공들은 짐바브웨에 거대한 벽을 쌓기 시작했다. 그 세기 중반에 영국 사람들은 프랑스에서 쫓겨났고, 구텐베르크는 유럽 최초의 활판 인쇄본을 내놓았다. 세계의

학자들은 송가이 제국[역1] 팀북투대학의 자부심을 앞 다투어 높이고 있었다. 포르투갈 사람들은 그 전부터 이미 아프리카의 매력에 탐욕과 선망의 눈길을 던지고 있었다. 다른 지역에서도 제국주의의 영토 확장은 시대의 명령 같은 것이 되었다. 남아메리카에서는 잉카 제국이 굶주린 제단을 채우기 위해 소왕국들을 먹어치웠고, 오스만투르크는 별 생각없이 자기들의 제국을 설립함으로써 비잔틴 제국을 멸망시켰으며, 이반 3세는 몽골의 지배를 벗어 던지고 러시아 최초의 차르가 되었다.[1]

세기가 바뀔 즈음 콜럼버스가 신대륙을 발견했고, 그로부터 20년도 지나지 않아 최초의 흑인 노예가 미국으로 이송되었다. 다른 탐험가들(바스쿠 다 가마, 마젤란)도 미개척지의 답사를 통해 영토 경계선에 흔적을 남겼다(르네상스, 종교개혁). 이런 상황에 힘입어 버지니아 주 제임스타운에 최초로 영국인 영구 정착지 부락이 만들어졌다. 한편 포르투갈 사람들은 아프리카 전역을 마치 산불처럼 휩쓸면서 가는 길마다 모든 문명을 파괴하였다. 영국에서는 청교도들과 평등주의자들이 국왕을 살해했다. 인도에서는 또 다른 거대 제국인 무굴 왕조가 1707년 아우랑제브 왕의 죽음으로 아프리카와 마찬가지로 맥없이 무너졌고, 더 먼 동양에서는 만주족의 세력이 커져서 중국 역사상 최후의 위대한 왕조가 세워졌다.

이 모든 사건이 일어나는 동안에도 여성들은 세계 곳곳에서 자녀를 돌보고, 우유를 짜고, 밭을 갈고, 빨래하고, 요리하고, 청소하고, 바느

___

역1) 15, 16세기에 번성한 서아프리카의 무역 제국.

질하고, 환자를 치료하고, 죽어가는 사람 곁을 지키고, 죽은 자를 땅에 묻었다. 지금 이 순간에도 여성들은 어디선가 그런 일을 하고 있다. 국가나 시대에 상관없이 여성의 일이 갖는 놀라운 연속성이야말로 그것이 눈에 띄지 않는 이유들 중 하나일 것이다. 여성이 아이에게 젖을 먹이는 광경, 냄비를 젓거나 마루를 청소하는 광경은 우리가 숨 쉬는 공기만큼 자연스러워서, 근대 이전에는 마치 공기가 그랬던 것처럼 어떤 과학적 분석의 대상도 되지 못했다. 해야 할 일이 있으면 여성이 그 일을 했다. 교황, 왕, 전쟁, 발견, 전제정치와 정복 등 최전선에서 벌어지는 눈부신 활약의 배후에서 여성들은 아직까지도 여전히 정당한 대접을 받지 못하는 일을 하면서 실제로 역사라는 직물을 짜왔다.

여성의 노동이 주목받지 못하고 당연한 것으로 여겨지는 현상은 그들의 생활에도 똑같이 적용되었고, 이로써 여성들이 행한 일 대부분이 역사 기록에서 제외되었다. 예를 들어 농부의 1년 수확을 고기·우유·달걀·곡물 등으로 나누어 상세히 기록한 공식 서류를 생각해볼 수 있다. 하지만 그 수확 중에 아내의 노동 덕분에 얻어진 것이 얼마나 많은지는 결코 물어보지 않는다. 그런 질문 자체가 성립되지 않았을 것이다. 아내는 국법과 그녀 자신의 동의에 따라 남편에 속했고, 따라서 그녀의 노동과 그 성과 역시 남편의 것이기 때문이다. 분리해서 계산한다는 생각 자체가 어처구니없게 여겨졌을 것이다. 오직 전형적인 다수에 속하지 않은 여성들의 경우만 그 활약상이 기록되었다. 예를 들어, 죽은 남편이 하던 사업을 이어받기 위해 법적인 인가를 받으려는 과부들, 또는 혼자 힘으로 살아갈 수밖에 없는 버림받은 아내들이나 도망친 아내들 말이다. 한 주교가 행한 소유물 조사서를 보면 그런 여자들에 대한 이야기가 나온다. 1290년 부유하고 문란한 생활을 한 주부 파넬 포트주아와 그녀의 멋쟁이 정부인 니콜라스 플룩로즈 이야기, 뛰어난 사업 수완을 보인 워터퍼드[역2]의 에바 지퍼드 이야기가 그렇다. 14세기 아일랜드 여성인 에바 지퍼드는 한밤중에 남의 양 우리에 잠입해서 맨손으로 양 스무 마리의 털을 깎아내어 자기 것처럼 팔거나 실을 자았다. 하지만 그런 여성들은 예외적인 경우였다.[2]

물론 이 예외적이라는 말은 단지 공식적인 기록에 남게 된 과정에 있어서만 그렇다. 그들의 에너지나 심지어 인습에서 벗어난 직업 자체가 예외적이라는 말은 아니다. 여성의 일에 대한 가장 간단한 연구조차 **여성들이 가진 직업의 범위나 양, 중요성이 여성 자신에 의해서조차도 너무 과소평가되어왔음**을 보여준다. 여성들은 시대를 막론하고 그 종류가 무엇이든 간에 직업을 가지고 있었고 훌륭하게 일해왔다. 여성들은 이미 인류의 재생산을 위해 불평등하게 커다란 짐을 져야 했는데도 밭이나 공장에서도 일해야 했다. 그들이 그런 사실에 의문을 제기한 적도 없었다. 아내, 어머니, 주부로서의 역할만으로도 다른 종류의 일과 함께 할 수 없을 정도로 다양하고 많은 일을 해야 한다는 사실에 대해서도 마찬가지였다. 그들은 집안일, 사회의 일, 의술, 교육, 감정적이거나 성적인 일 등을 모두 해내야 했다. 조건이 열악하면 열악할수록, 가족을 부양하고 그들에게 되도록 최상의 환경을 제공하기 위해 더 힘들게

역2) 아일랜드의 항구도시.

일해야 했다.

예를 들어 미국 식민지의 여성들은 남편들보다 훨씬 더 방대한 범위의 기술과 융통성을 발휘해야 했다. 물론 남자들의 일은 땅을 개간하고, 나무를 베어 넘어뜨리고, 거친 땅에 돌처럼 박혀 있는 나무뿌리를 캐내는 등 힘겹고 끈기를 요하는 일이었다. 그러나 대부분의 남성들은 그처럼 힘들게 일했으니 다른 자잘한 일에서 해방되는 것이 당연하다고 생각했을 것이다. 빨래하고, 실을 잣고, 천을 짜고, 바느질하고, 북아메리카 원주민처럼 꺼져가는 잿불 속에서 옥수수를 굽고, 그 후에도 생선을 소금에 절이고, 마룻바닥을 문질러 닦고, 영국에서 들여온 온갖 식용식물들로 채소밭을 가꾸면서 어떤 것이 제대로 자랄지 확인하고, 남자들이 숲에서 잡아 온 힘줄투성이 칠면조에 맛을 내기 위해 양파와 약초를 곁들여보고, 아이들에게 독초를 조심하라고 일러주고, 처녀들에게 교리문답을 가르치고, 사내아이에게 읽은 법을 가르치고……. 이 끝없는 목록에는 영국에 있는 친지들에게 "여기서 우리가 얼마나 잘 해내고 있는지" 알려주기 위해 편지를 쓰는 일도 포함되었다. 결연하게 서명하는 것으로 끝을 맺곤 하던, 식민지에서 보내온 그 많은 편지들에서 확인할 수 있는 대로 말이다.

익숙한 식물과 꽃으로 가득한 영국식 정원을 만들고자 한 여자 개척자들의 시도는 감동적일 정도다. 우리는 이처럼 끝없이 이어지는 신세계 여성의 일 속에서, 인간의 활동이 흔적을 남기기 시작한 과거 어느 순간에 존재했던 옛 세계의 일과 이어지는 연속성을 보게 된다. 역사학자들과 인류학자들이 최근에 발견한 한 사실은, 항상 그와 관련되어 있던 여성들에게는 별로 비밀스러울 것도 없는 일이었다.

초기 여성의 노동은 고되고 끝이 없고 다양하고 하기 힘든 것이었
다. 만일 원시적인 노동 형태에 대한 목록이 만들어졌더라면, 남자
들이 한 가지 노동을 하는 동안 여자들은 다섯 가지 노동에 종사했
음을 알 수 있을 것이다.[3]

남자들이 했다는 그 한 가지 노동이 혹시 여성들을 감시하는 일은 아
니었을까?

어쨌든 이런 사실로 미루어볼 때, '일하는 여성'이 20세기 들어 생겨
난 특수한 문제라는 신화가 지속되는 까닭은 참으로 해명하기 어렵다.
가장 초기의 기록, 가령 비문 같은 것이 로마 전역에서 활동했던 세탁
부, 여성 사서와 의사, 산파, 재봉사, 미용사 등에 대해 언급하고 있다.
그리스 여성들은 더 엄격한 제약을 받아서, 특히 결혼한 여성들은 사
실 그들 남편 집의 **규방**(여자들의 처소)에 감금되었다. 새 신부를 아버지
의 집에서 남편의 집으로 실어 온 마차의 차축을 부수고 태워버리는 기
분 나쁜 혼례식 풍습은 이런 관례를 강화하기 위해 고안한 것이다. 하
지만 거기서조차 여성들은 간호사, 약초 판매상, 화환 제조상 등으로
일했다. 서기 1세기에 작가 아테나이오스는 3,000명의 여성들이 헤타
이라[역3] 음악가로 일하고 있다고 기록했으며, 4세기 아테네에서는 여자

역3) 고대 그리스의 직업적인 접대부.

연주자와 가수들이 부족하여 남성 고객들이 그들을 확보하기 위해 거리에서 싸움질을 할 정도였다.[4]

아무리 억압을 받았어도 이런 일은 특권적인 일에 속한다. 여성들 대부분은 사회에서 가장 지위가 낮고 천대받는 직업에 종사했다. 예를 들어, 북극 지방 여성들은 죽은 새의 날가죽으로 옷을 만들기 위해 그것을 입으로 씹어 부드럽게 하는 일을 했다. 또한 더 큰 짐승의 날가죽을 썩혀서 악취 나는 기름과 털을 벗겨내고, 그것을 깨끗하게 만들기 위해 오줌에 푹 담갔다가, 끝손질로 동물의 뇌로 문질러 보존처리하는 일도 여자들 몫이었다. 이런 작업은 '세상에서 가장 더러운 일'이자 '오직 여자들만 하는 일'이었다.[5]

하지만 그런 일은 부족의 생존에 꼭 필요했다. 짐승 가죽 없이는 장화도, 파카도, 바지도, 음식과 물을 담는 용기도, 카약[역4]도, 텐트도 없었을 것이기 때문이다. 게다가 그런 작업을 하려면 창조성과 정확성, 아주 방대한 범위의 기술이 필요했다. 하지만 이런 일들 중 어느 것도 여성들이 하는 일에 대한 존경이나 합당한 지위를 획득하지 못했다. 그런 일 덕분에 여성들이 다른 힘든 일을 면제받은 적도 없었다. '여성은 약하다'는 낭만주의 이후의 환상은 여성들로 구성된 군대가 즉석에서 타파한 또 다른 신화다. 바로 이 여성들이 이집트의 피라미드를 세웠고, 헤로도토스의 지적대로 리디아[역5]에 신전을 세운 석공이었고, 미얀

역4) 이누이트인들이 부목이나 고래뼈에 가죽을 입혀 만든 카누의 일종.
역5) 아나톨리아 서쪽의 고대국가.

마에 수로를 개선했고, 중국에서는 땅을 고르는 일을 했다. 심지어 러시아와 인접한 유럽과 동양 전역에서는 무거운 짐을 운반하는 일도 사실 여자들의 일로 간주되었다. (이누이트 여성 한 명이 130킬로그램 남짓한 무게의 돌을 등에 지고 나르는 경우도 있었다.) 쿠르드 사람들에게 전도를 하러 간 한 선교사는 짐을 실은 당나귀를 몰고 가다 좁은 비탈길을 만난 여성이 당나귀가 지고 있던 짐을 자기 어깨에 옮겨 짊어지고 당나귀를 끌고 가는 모습을 보고 깜짝 놀랐다. 그녀는 이미 40킬로그램 정도 되는 짐을 진 상태였고, 비어 있는 한 손으로는 방추를 들고 가면서 물레를 돌리고 있었던 것이다.

> 나는 종종 짐을 진 짐승처럼 보이는 여성들이 줄을 지어 노래하고
> 물레를 돌리면서 가파른 산길을 내려오는 모습을 보았다. …… 그
> 들은 등에 커다란 광주리를 메고 아이들을 그 광주리에 앉히거나
> 품에 안고서 나흘씩이나 무시무시한 이슈타친 고개를 넘어갔다.
> 갈 때는 시장에 내다 팔 포도를 날랐고, 올 때는 곡식을 사서 돌아
> 오곤 했다.[6]

이 인용문은 여자들의 일이 갖는 또 하나의 영구적이고 보편적인 성격을 강조한다. 오래된 영국 속담이 그 성격을 잘 요약해준다.

> 남자들의 일은 해가 지면 끝나지만,
> 여자들의 일은 끝나는 법이 없다.

남자들의 바깥일은 이른 새벽에 시작할지는 몰라도 어둠이 오면 반드시 끝난다. 그런데 선사시대의 동굴에서 처음으로 인공조명이 개발되면서 여자들의 노동시간은 무한히 확장되었다. 여가, 즉 노동이 끝난 후 정말로 휴식하는 시간 역시 오늘날과 마찬가지로 남자들의 특권이 되었다. 특히 방적기가 발명되기 전에 실을 잣는 일은 아무리 해도 끝나지 않는 일이었기에, 대개 '여자들의 일'로 받아들여지는 끝없고 반복적이고 끈기가 필요한 무보수 노동의 전형이 되었다. 분명 남성들은 실 잣는 일과 어떤 식으로든 관련된 일을 해야 한다는 생각만으로도 마치 성전환 수술을 강요받기라도 한 듯 혐오감을 표하며 진저리를 칠 것이다. 심지어 개화되었다는 에라스무스도 "물레와 방추가 참으로 모든 여성들의 도구이며 게으름을 피하기에 좋은 것"[7]이라는 견해를 확고하게 유지했다. 그러나 여성들에게 그들의 여가시간(아니, '무료한 시간'이라고 수정하자)을 위한 이 사려 깊은 준비가 그다지 반갑지 않았을 것이다. 그나마 집에서는 노동시간을 상대적으로 융통성 있게 조절할 가능성이라도 있었다. 그런 시간조차 산업화 초기 유럽의 공장들이 가차 없이 거둬들였을 때, 이 불쌍한 여성들은 조금씩 불평하기 시작했다. 중세 프랑스의 비단 방적공들이 부르던 짧고 신랄한 노동가에서도 이를 확인할 수 있다.

우리는 항상 비단실을 잣지만
평생 한 번도 잘 차려입지 못하겠지.
우리는 항상 가난하고 헐벗고

항상 배고프고 목마를 테지.

그들은 우리에게 작은 빵을 준다네.

아침에는 조금, 저녁에는 훨씬 더 조금.[8]

도회지의 소녀들은 시골 여성들보다 더 많이 배울 가능성이라도 있었지만, 시골 구석구석에서는 무수한 여성이 태어나서 일하다 죽는, 그들이 키우는 가축보다 나을 게 없는 삶을 살았다. 어쩌면 그래서 그들의 감정을 제대로 기록할 수 있는 사람이 하나도 없었을지 모른다. 당시 시골 여성들이 처한 운명을 기록한 것은 모두 그들과 동떨어진 환경의 사람들이었다.

이 아름다운 지방에서 우리는 여자들이 야만적인 대접을 받고 있다는 말을 하지 않을 수 없다. 여자들은 밭에서 일하고 농장 노동자로 쉴 새 없이 일해야만 한다. 그들의 외모는 몹시 거칠어져 대부분이 아름답지 않다. 햇볕에 타고 땀을 흘리고 고되게 일한 탓에 그들의 얼굴과 몸매가 망가지는 것이다. 그들은 열여덟 살도 되기 전에 소가죽 같은 얼굴에 축 늘어진 가슴, 못 박힌 손에 새우등을 갖게 된다.[9]

어떤 사회에서든 자기 땅을 갖지 못한 소작농의 삶이란 지독하게 힘겨운 것이었고, 남자들 역시 하루하루의 생활이 동물 수준으로 전락하는 현실에서 벗어날 수 없었다. 철학자 라 브뤼예르는 혁명 이전의 프랑스 전역을 여행했을 때 "지방 곳곳에서…… 햇볕에 타서 시커멓거나 납빛을 띤 야생동물 같은 남녀가…… 땅바닥에 달라붙어서 땅을 파는" 광경을 보고 충격을 받았다. 그는 반어적으로 이 생물들이 "마치 말하는 것 같은 소리"를 냈고, 밤에는 "우리 속으로 들어가 검은 빵과 물과 뿌리로 연명했다."라고 썼다.[10)]

이러한 라 브뤼예르의 관찰은 20세기에 만연한 또 하나의 심각한 오해를 잠재우는 데 도움이 된다. 즉 오늘날 우리가 알고 있듯 노동력이 항상 성별로 분리되어 있어서 '남자들의 일'과 '여자들의 일'이 달랐다는 오해 말이다. 물론 남자들은 방적 같은 일을 결코 하려 들지 않았을 테지만, 그들의 아내와 딸들에게도 똑같이 말할 수 있는 일은 별로 없었다. 현대 경제 분석가들이 강조하는 것처럼 말이다.

농업혁명과 산업혁명 이전에는 여성이 가질 수 없는 직업이 거의 없었다. 여성이 할 수 없을 정도로 너무 어려운 일도, 너무 힘겨운 노동도 없었다. 밭에서, 광산에서, 공장에서, 상점에서, 시장에서, 길에서, 직장에서, 그들의 가정에서 여자들은 남자들을 돕거나, 남자들이 없거나 죽었을 때 그들을 대신해 일했고, 자신의 노동으로 가족의 수입을 늘리기 위해 일하느라 바빴다.[11)]

따라서 실제로는 남성, 여성, 아이들이 모두 함께 일하는 협동이야말로 당연하고 뿌리 깊은 관습이었다. 이것은 사회가 더 '진보된' 형태를 띨수록 점차 사라지고 잊혀가는 방식이다. 일찍이 피니스테렐

(Finisterrel)을 방문했던 한 여행자는 집단 전체의 생존을 위해 구성원 모두가 헌신적으로 노동에 참가하는 모습을 다음과 같이 극적으로 기록했다.

칠흑 같은 어둠 속에서 폭풍우가 몰아쳐 파도가 높아질 때……
그 지역의 모든 거주민이 남자, 여자, 소녀, 아이를 가릴 것 없이
아주 바빠졌다. …… 그들은 옷도 입지 않고 미끄러운 바위 위에
맨발로 서서 장대와 기다란 갈퀴를 든 손을 심연을 향해 쭉 내밀
고 서 있는다. 그러다가 바다가 그들에게 주는 선물, 하지만 그들
이 끌어당기지 않으면 다시 바다가 거두어가버릴 선물을 거둬들
이는 것이다.[12]

이런 초기 사회 형태야말로 20세기를 살아가는 사람들에게 진정 평등한 작업 방식에 대해 뭔가를 가르쳐줄 수 있을지도 모르겠다. 그러나 여기서 여성 해초 수확자들이 향유했던 평등도 고작 한밤중에 위험한 바위 위에서 벌거벗고 집단노동에 참여하는 데까지만 확장되었을 뿐이다. 물론 그 과정에서 그들이 재미를 느꼈을 수도 있다. 하지만 실질적인 경제적 보상을 얻는 데는 실패했다. 노동자들의 보수와 관련해 남아 있는 기록을 살펴보면 어디서든 여자들은 남자들보다 적게 받거나전혀 받지 못한 것 같다. 남성 가장이 가족의 부양자라는 생각이 굳게자리 잡고 있었기 때문이다. 17세기 영국에서 남성 노동자는 '식사와음료 제공 없이' 8펜스를 받았지만, 여성은 그 4분의 3에 불과한 6펜스

만 받았다. 또한 남성 수확자는 '식사와 음료를 제공받고' 5펜스를 받았지만 여성 수확자는 3펜스를 받았을 뿐이다. 이 같은 남녀의 수입 차이는 오늘날까지도 세계 전역에서 똑같이 반복되고 있다.[13]

이런 기초적인 불평등은 사태를 더욱 심각하게 만들었다. 가족이 박봉으로 생존하려는 노력을 할 기회조차 갖지 못하게 될 때 아이들과 함께 남겨져 절망적인 투쟁을 계속해야 하는 쪽은 거의 늘 여자들이었기 때문이다. 중세 이래 유럽 전역의 교구 기록을 보면 '무력한' 아이들과 함께 '성촉절(聖燭節) 때부터 머물 곳도 없이' 지내는 '비탄에 빠진 가련한 여자들'이 올린 가슴에 사무치는 탄원이 가득하다. 숙박시설도 남성의 노동과 결부되는 경우가 많았기에, 그가 사라지면 그들 머리 위의 지붕도 사라지는 셈이었다. 잉글랜드 우스터의 집 없는 여성 엘리노어 윌리엄스는 "남편이 그동안 함께 살던 곳을 떠나 그녀가 모르는 어딘가로 가버렸을 때" 아이가 하나밖에 없는 것을 행운으로 여겼다. 엘리노어는 그녀의 주장대로 '머물 곳'만 구할 수 있다면 '힘겨운 노동을 해서라도 아이를 기를' 의지가 있었고, 그럴 능력도 있었다.[14] 편모 가정의 가장이 처하게 되는 전형적인 상황이 그렇듯, 엘리노어는 우선 숙박시설을 찾기 위해 고군분투해야 했고, 혼자 무거운 책임을 떠맡아야 했으며, 다른 무엇보다도 끝없이 일하고도 저임금에 만족할 수밖에 없는 노동을 하면서 지나치게 착취되는 미래를 앞두고 있었다. 이것은 오늘날에도 버림받은 여성 대부분이 처하는 운명이기도 하다.

당시에도 미혼여성이 가정 밖에서 직업을 가질 수 있도록 허용하는 나라들이 있었다. 그런 곳의 미혼 직장여성들은 엘리노어 같은 여성이 갖지 못한 안정된 결혼을 위한 수단으로 직업을 이용하기도 했는데 이 것은 별로 놀라운 일이 아니다. 엘리노어가 살았던 시대에 프랑스 시골 에서 공증인을 통해 약혼서약을 맺은 한 여성의 계약서를 보면, 그녀 가 자신이 일해서 벌어들인 것에 상당한 자부심을 보였음을 알 수 있 다. "농장 일꾼의 딸, 잔 발랑스는 브리우드에서 몇 년 동안 일해 벌어 들인 총 30파운드와 새 모직 드레스 한 벌, 시골 스타일의 모직 쇼트코 트, 밀짚 매트리스, 흰색 모직 담요, 소나무로 만든 장롱과 그 열쇠를 결 혼 지참금으로 지급한다."[15] 이것은 하녀의 궁핍한 월급을 감안할 때 상 당한 액수였다. 하지만 집안일은 여성들에게 깃털 침대는커녕 밀짚 매 트리스도 되지 못했다. 피프스 집안 하녀들의 비참한 생활상이 이런 사 실을 분명히 보여준다. 유명한 『일기』를 써서 자기애에 빠진 자신을 불 멸의 대열에 들어서게 한 그 집안의 주인은 기름기 흐르는 입에다 더듬 기 잘하는 손을 가졌을 뿐 아니라 종종 잔인한 모습을 보이기도 했다. 예를 들어, 하녀 제인이 앓아누워 할일을 미뤄둔 것을 알아차린 이 해 군 행정가는 "빗자루를 집어 들고 그녀가 자지러지게 비명을 질러댈 때까지 마구 때렸고, 그 소리 때문에 머리가 아팠다."라고 했다. 또 한 번은 피프스의 남동생이 하녀의 주의를 다른 곳으로 돌리는 바람에 빨 래를 하지 않자, 그는 아내를 시켜 이웃 사람들이 하녀의 울음소리를 들을 정도로 그녀를 때리게 했다. "그러고는 하녀를 밤새 지하창고에 가둬놓았다."[16]

피프스는 자신이 스스로 잔혹하고 고압적인 가장이라고 설명했다. 『일기』를 보면, 그는 아내의 '허술하고 불결한' 살림살이에서 끊임없이 잘못을 찾아내 잔인한 잔소리를 퍼부었다고 기록한다. 아내가 칠면조를 요리하다 손에 화상을 입었을 때, 찜통에 넣기에는 너무 큰 닭을 사왔을 때, 손님들이 왔는데 식탁에 덜 익은 요리를 내놓았을 때 그녀에게 불같이 화를 냈다. 양고기 요리를 위한 소스가 너무 달게 되었을 때에도 무섭게 질책을 쏟아 부었다. 피프스는 솔직하게도, 어떤 구실이든 생기기만 하면 '그 기회를 틈타' 아내에게 큰소리를 질러댔다고 쓰고 있다. 그러나 불우한 어린 시절을 보내고 열다섯 살에 결혼한 엘리자베스가 어떻게 살림살이를 배울 수 있었겠는가? 엄마 없이 자란 그녀는 어릴 때 아버지와 프랑스 근방을 방랑하며 지냈다. 피프스는 자신의 쾌락을 위해 흥청망청 돈을 써댔지만, 엘리자베스는 늘 빠듯한 돈으로 살림을 하느라 허덕일 수밖에 없었다. 그녀와 하녀는 저녁식사로 에일 맥주 한 잔과 치즈 한 장을 나눠 먹었지만, 피프스와 그의 친구들은 여덟 가지 요리가 나오는 저녁식사를 즐기면서 토하기 직전까지 잔뜩 먹어댔다. 남편이 런던 사교계로 놀러 다닐 때도 같이 가지 못하고 집에 갇혀 지내는 것이 답답하고 지루하다고 엘리자베스가 불평하자, 피프스는 그녀를 위해 일부러 할일을 만들어주었다. 그것은 "집안에 진흙을 잔뜩 발라놓고 이것을 다 치워놓으면 다른 것을 또 발라놓는 식으로, 오직 그녀의 일을 만들기 위해 집을 더럽히는 것이었다." 그러고는 엘리자베스가 그의 해결책을 불만스러워하자 벌컥 화를 냈다.

　여자들을 집안에 가둬놓고 외부세계에 접근할 통로를 세심하게 통제하는 유대-기독교의 강박적 욕망에 사로잡힌 서구사회는 여자들이 해야 할 실내노동이나 가사노동을 엄청나게 많이 만들어냈다. 도시에서 멀리 떨어진 곳의 여성일수록 더 방대한 범위의 활동을 즐겼고, 그런 활동의 대부분이 친구, 자녀와 함께하는, 유희 성격이 강한 집단노동이었다. 예를 들어 하와이 주변의 섬들에서는 산호초 안으로 물고기를 몰아넣어 잡기 위해 근처 바다에 둑을 세웠는데, 식량을 보장해주던 그 일은 폴리네시아 여성들의 일이었다. 그 모습을 지켜본 사람의 기록을 보면, "흥미진진한 놀이처럼 당신을 열중시키지 못하는 일은 아무 의미가 없다."라고 한 D. H. 로렌스의 말이 떠오른다.

여자들이 해가 뜨기도 전에 맹렬한 파도를 뚫고 카누를 띄웠다. 좁은 통로를 힘차게 내달린 후 카누를 뭍으로 끌어올린 그들은 우선 물결이 잔잔한 초호(礁湖) 앞에 야자수가 그늘을 드리우고 있는 부드러운 모래톱에 아이들을 내려놓고 일을 시작했다. 주로 산호초 덩어리를 잘라낸 후 독이 있는 사호(沙瑚)에 긁히지 않도록 주의하면서 좁은 입구에서 들어 올리는 일이었다. 그들은 중간중간 더위를 식히기 위해 물에 뛰어들어 잠수하거나 수영을 즐겼으며, 물고기와 코코넛으로 성찬을 즐겼다.

야외활동을 즐기는 것만으로도 많은 서양 여성들이 누린 것보다 큰 기본적 자유를 누렸다고 볼 수 있다. 이런 자유는 폴리네시아 여성들만 누린 것이 아니었다. 오스트레일리아 원주민 여성들도 한여름이면 온종일 물속에서 고기를 잡거나 해초를 따며 지냈다. 물론 중간에 쉬면서 즐기는 시간도 있었을 것이다. 미얀마 여성들도 유사한 활동을 했다.

물론 그곳 여성들은 남편이 있든 없든 논에서도 고되게 일해야 했고, 그럼에도 그들의 노동이 중요하게 여겨지지는 않았다. 그래도 그들에게는 자신이 살아가는 따뜻하고 풍요로운 세계를 즐길 여지가 있었다. 다른 여성들과 함께 시간을 보내고, 자신의 노동이 가치 있다고 느끼고, 그 성과물을 확인하고, 노력의 결실을 자신의 판단에 따라 적절하게 처리할 수 있는 여지가 있었다.

그렇지만 남성이든 여성이든, 여성에게 가장 중요하고 진정한 일은 바로 남편과 가족을 돌보는 것이라고 굳게 믿고 있었다. 그런데 이 일은 인류의 가장 초기 단계부터 아주 방대한 범위의 다양한 기술을 요구하는 것이었고, 앞에서 언급한 대로 결코 끝나지 않는 노동과 고무줄처럼 늘어나는 작업시간이 필요했다. 훌륭한 유대인 아내를 묘사하는 다음 글이 그 사실을 분명하게 보여준다.

> 그녀는 양모와 아마 섬유를 얻어다 기꺼이 직접 가공한다. …… 또한 새벽같이 일어나 가족들의 식사를 준비한다. …… 그녀는 신중하게 좋은 밭을 골라 사들이고, 자기 손으로 포도밭을 일군다. …… 그녀의 촛불은 밤에도 꺼지지 않는다. …… 그녀의 남편은 지역 유지가 되어 연장자들과 함께 자리한다. 그녀는 고운 천을 짜서 팔거나 그 천으로 옷을 만들어 판다. …… 그녀는 가족을 극진하게 보살피고 결코 게으른 생활을 하지 않는다.[18]

실을 잣고, 천을 짜고, 농사를 짓고, 부업으로 소규모 장사를 하고, 가사를 잘 돌보고, 연장자들과 함께 있는 힘겨운 일을 하는 남편을 내조하고, 게으른 생활과 지나치게 많은 잠을 성공적으로 피하고……. 가나안 땅의 아내는 3,000년 뒤 영국 아내들의 모습과 놀라울 정도로 비슷하다. 영국 여성들의 의무는 앤서니 피츠허버트 경이 쓴 『가사에 대한 책』에 자세히 나열되어 있다. 이 소책자는 '아내가 해야 할 일'을 1,555개 세부 항목으로 나누어 설명하고 있으며, 저자의 고의는 아니었겠지만 여성의 의무를 매우 심각하게 확신한 채 강조하는 데서 아이러니를 느끼게 한다.

> 우선 집안을 아주 질서정연하게 정돈해라. 젖소의 젖을 짜고, 가축 새끼들을 기르고 우유를 가공해라. …… 밀과 맥아를 갈아 빵을 굽고 양조할 수 있도록 준비해라. …… 시간이 날 때 버터와 치즈를 만들고, 아침저녁으로 돼지를 먹여라. …… 암탉과 오리와 거위가 알을 잘 낳는지 살피고…… 새끼가 부화하거든 까마귀나 기생충으로부터 안전하게 지키도록 살펴라.[19]

이것은 해야 할 일의 첫 번째 시작 부분에 불과하다. 그 뒤에는 계절별로 의무조항들이 있다. "3월이 되면 아내들은 밭을 가꾸어야 하며…… 아마와 대마 씨를 뿌리는 시기다." 그러고 나면 "잡초를 뽑고, 줄기를 뽑아 물에 담갔다가 씻어 말리고, 두드리고, 섬유를 뽑고, 쇠빗으로 훑은 후 실을 잣고, 자아둔 실을 감고, 그 실을 이용해서 천을 짜야" 한다. 또한 그렇게 만들어진 천으로 "홑이불, 식탁보, 수건, 셔츠,

옷가지나 다른 필요한 것을 만들어야" 한다. 만일 남편이 양을 가지고 있다면 양털을 이용해서 같은 과정을 반복해야 한다. 심지어 그렇게 하고 나서도 그녀의 일은 끝나지 않았다. 저자는 모든 가부장 사회가 최고의 관심을 보이는 여성들의 '나태함'이 얼마나 위험한지 지적하면서, "그 사이사이에 다른 일들을 해라." 하고 단호하게 명령한다. 다음은 그가 계속해서 지적하는 아내의 의무다.

갖가지 곡식을 모두 키질하고, 엿기름을 만들고 씻고 비틀어 짜고, 건초를 만들고, 곡식을 베고, 필요할 때면 남편을 도와 거름수레나 똥을 나르는 손수레를 채우고, 쟁기를 끌고, 건초나 곡물, 또는 다른 것들을 날라야 한다. 또한 시장에 가서 버터, 치즈, 우유, 달걀, 병아리, 식용 수탉, 암탉, 돼지, 거위, 추수한 곡식을 팔아야 한다. 그리고 집에 필요한 온갖 물품을 구입해야 하며, 벌어들인 돈과 지불한 돈을 잘 계산해서 남편에게 보고해야 한다.

이 모든 일을 완수하고 나서도 여성들은 밤마다 무수히 많은 양초를 태워가며 일해야 했다. 슈퍼우먼으로 이름난 튜더 왕가의 여성들도 이런 어마어마한 할일 목록 앞에서는 기가 죽었을 테니 여성이 더 나약한 존재임이 틀림없긴 한가 보다. 똥수레를 채우고 있기에는 인생이 너무 짧다고 판단했을 소수 영리한 여성들은 말할 필요도 없다. 사실 실제 삶 속에서는 앤서니 경이 모범적인 아내로 제시한 그런 여성은 만나보기도 힘들었을 것이다.

그러나 실제 여성이 아무리 그에 미치지 못할지라도 그런 기준이 존재한 것은 사실이었고, 이처럼 해야 할 일이 많은 역할을 위한 훈련은 아주 일찍부터 시작되었다. '교육을 잘 받은 소녀'라면 열다섯 살이 되기 전에 실을 잣고, 천을 짜고, 바느질하고, 온갖 종류의 옷을 만드는 일을 할 수 있어야 했다. 심지어 이런 안내서들은 귀에 거슬릴 정도로 소녀들에게 읽기를 가르치지 말아야 한다고 강조하면서도, 남편의 돈을 잘 계산하도록 '산수의 네 가지 계산법'은 배워야 한다고 주장했다. 르네상스 시기의 이탈리아 교부 한 명은 딸이 수녀가 될 것이 아니라면 읽기를 가르치는 것은 낭비라는 낡은 생각을 반복하면서도, 그녀가 배워야 할 것들에 대해 결코 책을 집어들 순간을 가질 수 없을 정도로 길고 긴 목록을 작성했다. "그녀에게 집안의 모든 일을 하는 법을 가르쳐라. 빵을 만들고, 닭의 내장을 손질하고, 키질하고, 요리하고, 세탁하고, 잠자리를 준비하고, 실을 잣고, 프랑스식 돈주머니를 만들고, 자수를 놓고, 모직이나 리넨 옷을 재단하고, 구두 밑창을 새로 까는 등등의 일을 가르쳐야 한다. 그래야 당신이 그녀를 시집보냈을 때 그녀가 야생 상태에서 방금 도착한 바보처럼 보이지 않을 것이다."[20] 파올로 데 체르탈도가 말한 '등등의 일'은 앤서니 경의 '다른 일들'과 비슷하게 불쾌한 여운이 있다. 분명 여자가 되기 위해 해야 할 일들도 결코 끝나지 않았을 것이다. 게다가 19세기가 될 때까지 전 유럽에서 소녀가 결혼할 수 있는 법적인 연령이 열두 살이었으니, 당시 어린 소녀들은 아주 바쁜 유년기를 보냈음이 틀림없다.

어쨌든 여성들은 요구되는 일을 다 해낼 수 있도록 갖가지 훈련을 받아야만 했다. 산업혁명 전에 아내들이 해야 했던 일 가운데 많은 것이 기술을 요구했기 때문이다. 나중에는 이런 기술들이 마치 여성이라면 거의 모두가 선천적으로 재주를 타고나는 전문 분야처럼 비칠 정도였고, 남자들에게는 이것이 종종 수수께끼처럼 보였을 것이다.

음식과 음료 조달

가정주부는 돼지를 도살해서 소금에 절이는 통에 잘 맞도록 마디마디를 자를 줄 알아야 했다. 또한 씨를 뿌리는 일부터 시작해서 수확하고, 이삭을 주워 모으고, 키질하고, 곡식을 빻아 저장하고, 빵을 굽는 등 모든 일을 정확하게 해낼 수 있을 때만 그녀의 가족이 빵을 먹을 수 있었다. 게다가 어느 나라에서든 양조자는 여성이어서, 북부 지역에서는 에일 맥주와 사과술을 만들었고, 남쪽에서는 포도주를 만들었다. 아프리카 앙골라의 키싸마족 여성들은 사람들이 좋아하는 야자나무 수액을 얻기 위해 야자나무를 타고 올라가는 일도 맡았다.

집안일에 필요한 도구 제작

상점들이 생겨나기 전에는 시장이 멀고 물건 값이 너무 비싸서 주로 여성들이 항아리, 커튼, 휴대용 침구, 해먹, 마루깔개, 양초, 그릇 등 필요한 거의 모든 것을 만들어야 했다. 또한 아기를 싸는 담요에서부터 남성용 외투까지 온갖 옷을 만들었다. 물론 남성 외출복을 만드는 일은 후에 '양복 재단'이라는 남자들의 직업으로 바뀌었다. 하지만 그때도 남자들이 낡은 옷을 수선하거나 '다른 용도로 바꿔 만들고', '넝마로 깔개를 만들고', 양말 구멍을 깁는 일까지 열의를 보이지는 않았다.

의사 · 간호사 · 산파 노릇

예전에는 노인과 젊은 사람들이 함께 살았고, 여성이 임신하고 수유하고 사산이나 유산을 경험하는 일도 잦았다. 그러다 보니 가족 중에 누군가는 늘 아프곤 했다. 아주 초기부터 질병의 종류에 따라 그것을 다루는 전문 의사가 따로 있었지만, 그런 전문가들은 너무 비싸거나 다른 곳에서 일하고 있거나 응급 상황에 제때 달려오기가 힘들었다. 따라서 모든 여성이 현실적이고 중대한 이런 분야의 기술을 조금씩 갖추게 되었다.

여성들이 이런 역할을 생활의 일부로 만들어갔음은 앤 허친슨의 생애에서도 확인할 수 있다. 미국 초기 성직자들의 권위에 도전한 종교적 급진주의자로 역사에 알려진 그녀는 17세기 보스턴에서 목회 봉사를 시작했다. 많은 여성들이 할 일이 너무 많아 일요예배에 참석하지 못하는 사실을 마음 아프게 여겼기 때문이다. 그녀는 각 가정을 방문하여 지난 예배의 설교 내용을 요약해주면서 '신의 목소리를 전달'했다. 하지만 그녀는 그러기 전부터 병구완과 산파 역할을 해낸 솜씨 덕분에 식민지의 여성 이주자들에게 널리 알려져 있었다. 당시 식민지에는 공인된 산파가 있었고, 그녀는 대담하게 일하는 여성의 진정한 모델이라 할 법한 여성이었다. 그녀는 1630년에 호송선을 타고 아메리카로 갔는데, 출발하기 전에는 여덟 척의 배 가운데 어느 배가 그녀의 봉사를 필요로 하게 될지 미리 알 수 없었을 것이다. 그래서 〈아르벨라〉호에 타고 있던 산모가 분만진통을 시작하자, 산파를 싣고 훨씬 앞에서 달리고 있던 〈주월〉호가 돛을 내리고 속도를 줄이도록 대포를 쏘아 신호를 보내야 했다. 용감무쌍한 산파는 〈아르벨라〉호가 가까이 다가오자 아기를 받으러 가기 위해 치마를 걷어 다리 사이에 올려 묶고는 배 옆으로 타고 내려와 길쭉한 보트로 대서양을 건너는, 머리카락이 쭈뼛해지는 모험을 감행했다. 산모와 아이가 무사히 생존한 것을 보면 이 여성의 기술은 분명 그녀의 용기에 버금가는 것이었음이 틀림없다. 그러나 식민지에서 18세가 넘은 미혼여성은 찾아보기도 힘들었고, 결혼한 여성치고 무릎 위에 아이 하나, 뱃속에 아이 하나 두지 않은 여성도 드물었으니, 그 모든 '출산'을 감당하려면 적어도 한 명 이상의 산파가 필요했을 것이다.

아주 뛰어난 영적 재능과 함께 지극히 현실적이고 노련한 솜씨를 갖춘 여성이었던 앤의 사례는, 끊임없이 생겨나는 잡다한 일들을 모두 해내는 주부들의 모습을 축약한 듯하다. 인도 문화권에서는 성스러운 신들을 섬기고 수호하는 종교적 관습이나 관행들을 유지하는 역할까지 대부분 여성의 몫이었다. 유대인들의 어머니는 모든 종교적 계율을 독실하게 지키면서 안식일 축제를 준비하였고, 그 덕분에 명예로운 대우를 받았다. 또한 영국에서는 아무리 미천한 신분의 여성일지라도 수확기에는 '축제의 여왕' 대접을 받았다. 하지만 훨씬 덜 고상하게 여겨지던 활동도 같은 여성들이 해야 할 몫이었다. 예를 들어 남자, 여자, 아이들이 벗어내는 어마어마한 양의 빨래는 몹시 힘겹고 부담스러운 의무였다. 셔츠, 모자, 네커치프, 남성 예복의 '폭 넓은 흰 칼라(아직도 영국 변호사들의 복장에서 볼 수 있다)', 여성용 칼라, 보디스, 여성용 하의, 깃 장식, 슈미즈, 속치마, 앞치마, 침대 시트에다 수건, '행주' 등 끝이 없다. 게다가 이 일은 우아한 사람들만을 위한 것이 아니었다. 식민지 이주자들과 함께 미국에 상륙한 더러운 리넨과 '변변찮은 옷'은 곧바로 여자들이 바다에 내던졌고, 그동안 남자들은 장전된 머스킷 총을 들고 주변을 서성거렸다. 그게 아메리카 원주민들의 사나운 공격으로부터 수비하기 위해서였는지, 몇 달이나 묵은 더러운 속옷에 우글거릴지도 모르는 벌레들을 처치하기 위해서였는지는 기록된 바가 없지만 말이다.

가정주부들은 가족의 청결과 위생을 책임졌기 때문에 결벽증을 보이며 가만히 앉아 있기만 할 수는 없었다. 어쩌면 그런 일의 유쾌한 측면도 이런 데서 비롯되었는지 모른다. 세계적으로 온갖 종류의 향기 좋은 비누와 가루비누를 만들어낸 것은 여성이었다. 또한 미국 여성들은 양아욱 뿌리로 일종의 칫솔을 처음 만들어 썼고, 흰 붓꽃 뿌리 가루와 호분에 베르가모트 향유나 라벤더 기름을 섞어 '치약'을 만들었다. 하지만 전반적으로 볼 때 즐거운 면보다는 비위에 거슬리는 일이 더 많았음이 틀림없다. 모두 알다시피 중세에는 마룻바닥에 향긋한 로즈마리와 루타, 신선한 마요라나를 섞은 골풀을 깔았다. 그런데 이 골풀로 만든 카펫 아래를 점령한 것들에 대해서는 깊이 생각해본 적이 없을 것이다. 에라스무스의 설명에 따르면 그것은 "맥주, 기름, 음식 부스러기, 뼈, 침, 개와 고양이의 배설물, 온갖 더러운 것들을 오랫동안 모은 것"이다.[21]

이보다 더 나쁜 것은 가족들의 몸에서 생기는 배설물을 처리하는, 인내심을 요하는 일이었다. 게다가 이런 배설물은 어쩔 수 없이 계속해서 생겨난다. 주로 밤에 치워 간다고 해서 '밤의 흙'이라고 하던(인도에서는 '접촉 금지물'이라 불렀다) 분뇨 수레를 끄는 것은 남자들이었을지 몰라도, 오두막이든 호화로운 대저택이든 간에 각 가정에서 요강을 비우고 화장실 문을 닫고 변기 청소를 한 후, 다음 사용자를 위해 쾌적하게 환기하는 일은 여자들이 했다. 그들은 여성 고유의 육체적 기능의 부산물도 직접 처리해야 했다. 즉 생리대나 '넝마조각'을 삶는 일이 20세기까지 지속되었다. 당시 여성 대부분이 마흔 살 넘게 살지 못했으므로, 그것은 평생 되풀이되는 일이었다.

이 모든 노동이 엄밀하게 볼 때 단순한 집안일이 아니라 순전히 **아내의 일**로 분류되었다. 아내의 일이란 여자들이 남편을 위해 해야 하는 모든 일, 즉 육체적·성적인 일, 종종 속이 메스꺼워지는 성격의 일을 포함했다. 가장 심한 경우 아내의 일은 여자들이 결혼했을 때만 하는 일을 뜻했다. 아무리 가난한 남자도 자기 밑에 누군가를 둘 필요가 있었기 때문이다. 프랑스 오베르뉴 지역의 영세농민 집단에 대해 묘사한 다음 글이 그런 사실을 잘 보여준다.

(아내는) 남편보다 늦게 잠자리에 들고, 그들보다 일찍 일어난다.

눈이 내릴 때면 아내들 중 한 명이 샘까지 가는 길을 깨끗하게 치워야 한다. 그녀는 다른 여성들을 위해 길이 평평하게 될 때까지 허리에 닿을 만큼 높이 쌓이곤 하는 눈 속을 왔다 갔다 할 것이다. 만일 남자가 직접 물을 길러 간다면 그는 수치스러운 인간이 되어 마을 전체의 조롱거리가 된다. 이 산골 농부들은 거칠고 야만적인 부족들이 늘 그렇듯 여자들을 심하게 멸시하고 포학하게 대했다. 그들은 여자들을, 자기들이 할 경우 위신이 떨어질 것 같은 천한 허드렛일을 하기 위해 태어난 노예로 간주했다.[22]

이런 아내의 일은 단순히 남편의 콧대를 세워주는 것만이 아니라 집단의 필요를 만족시키기 위한 것이기도 했다. 여성 자신과 자녀들을 위해서도 물을 길어 와야 하는 것이다. 하지만 아내의 일은 정말 저급한 일 중에서도 더 천대받는 일이었다. 가나안 땅에서 아브빌[역6]까지, 일본에서 페루까지, 아내의 고전적인 임무는 남편의 발을 씻겨주는 것이었다. 이것은 막달라 마리아가 예수 그리스도를 위해 수행한 의미심장한 의식이며, 그 후에는 그리스도가 행한 의식으로서 자신을 낮추는 행위다. 수세기 동안 유럽 전역에 널리 영향을 미친 프랑스의 책 『드 라 투르 랑드리 기사의 책』(1371)은 발을 씻어주는 행위가 '남편의 몸을 소중히 다룬다'는 상징적인 의미를 갖는다고 주장한다. 지구 반대편인 일본의 『마쿠라노 소시』 역시 발을 씻어주는 행위가 집으로 돌아온 주

역6) 프랑스 북부의 도시.

인에 대한 아내의 예의 바른 인사라며 비슷한 주장을 한다. 상류층 여성은 그 일을 하녀에게 넘길 수도 있었겠지만, 만일 그녀가 정말로 자신의 주인을 믿고 싶다면 직접 그 일을 했다.

'발끝부터 머리 꼭대기까지' 라는 말대로, 충실한 아내는 남편의 두피도 마사지하고 빗질하고 씻어줄 것이라는 기대를 받았다. 그 과정에서 엘리자베스 피프스는 이를 열여섯 마리나 찾아냈고, 이것은 최소한 남편 사무엘이 그의 최신 유행 모자 아래 적의와 호색 외에 다른 것을 간직하고 있다는 증거였다. 면도하고 씻고 마사지하고 자위행위를 도와주는 것(현대 영국에서는 '기분전환을 위한 마사지' 라고 부르며, 이제는 대리 아내들의 손으로 행해지는 행위)도 결혼계약의 일부였다. 그러나 가장 불쌍한 아내들은 아마 인도 남부에 있는 마이소르 왕국의 여성들일 것이다.

> 여자들은 남편이나 아들, 남자친척, 연인이 생리적 요구를 해결할
> 때면 항상 따라가서 그들이 용무를 마친 후 그들의 은밀한 부위를
> 씻어주었다. 남자가 "나 오줌 누러 갈 거야!" 하고 말하기만 하면,
> 그 집의 여자들 가운데 한 명은 꼭 그를 따라가야만 했다.[23]

다행스럽게도 아내의 일이 모두 이처럼 친밀하고 개인적인 성격을 띤 것은 아니었다. 게다가 아내라는 신분이 공적인 세계에서 장사를 할 수 있는 자유를 가져다주는 경우도 많았다. 암탉이 알을 너무 많이 낳았다면 남은 달걀을 시장에 내다 파는 것이 좋은 아내가 할 일인 것이

다. 어떤 여자들은 타고난 성격 때문에, 또 어떤 여자들은 불우한 환경 때문에 어쩔 수 없이 생계수단으로 장사를 했다. 상품을 사고파는 상업의 다양한 영역에 종사하는 여성들의 조합은 고대부터 세계 곳곳에 존재했다. 이것은 현대여성들이 집 밖에서 일한 최초의 여성이라는 20세기의 신화를 불식한다.

> (여성들은) 거래할 상품 대부분을 만들었을 뿐 아니라 그 상품을 교환하는 일에서도 실력을 발휘했다. 니카라과 같은 곳에서는 여성들이 단순히 상업에 종사하기만 한 것이 아니라 그것을 전적으로 통제했다. …… 티베트에서는 여성들로 구성된 위원회가 상업을 통제했다. …… 북아메리카의 모피 교역은 19세기까지 전적으로 여자들의 손에 맡겨졌다. …… 1960년대까지도 멜라네시아 군도, 뉴브리튼 섬, 뉴하노버 …… 아삼, 마니푸르 …… 말레이 반도 …… 미얀마 등 곳곳에서 여성들이 대부분의 소매업에 종사했고, 도매업 쪽에도 많이 종사했다.[24]

여성 상인이 최고의 지위를 누린 곳은 아프리카였다. 아프리카 대륙의 콩고와 카메룬에서 통상을 위한 사업장과 시장을 관리한 것은 여자들이었다. 나이지리아의 이보족은 여성으로 구성된 위원회가 시장을 운영하였고, '여왕' 한 명이 이 위원회를 이끌었다. 부분적으로 모권사회가 존재하던 시대부터 내려온 언어습관도 시장이라는 장소가 여자들이 모여서 소식과 소문을 교환하고 오랜 계약을 새롭게 갱신할 동기를 제공했음을 알려준다. 중요한 용건은 '내가 시장에 가서 그렇게 말하겠다' 는 진지한 약속 덕분에 이 시장에서 저 시장으로 수백 킬로가 넘는 거리를 거쳐 전달되었다.

상대적으로 열악한 조건에 처했다고 볼 수 있는 서양여성들은 주로 실내노동에 자신의 에너지를 쏟았고, 고도로 숙련된 다양한 기술에 숙달되었다. 15세기에 활동한 시인 프랑수아 비용이 찬미한 섬세한 장갑 제조인이나 요염한 바늘 제조공 '케이트' 처럼 말이다. 일반적으로 제약이 심하던 이런 직업세계로 여성이 뛰어들 수 있는 전통적인 방법은 가족 가운데 남자를 통하는 것이었다. 16세기 독일 여성들이 특정 직업에 종사할 수 있도록 허가하는 내용을 담은 다음 목록이 그 사실을 분명하게 보여준다.

네제 란트메닌 부인 : 대장장이.

카테리네 : 안드레아스 크레머의 과부, 정원사.

카테리네 레베스퇴킨 : 금 세공인.

아그네스 브라우마틴 : 한스 히팅하임의 과부, 짐마차 마부.

카테리네 : 헬레 헨젤의 과부, 곡물상.

엘제 폰 올템베르크 : 오벌린 룰린의 딸, 재봉사.

카테리네 : 하인리히 후센볼츠의 과부, 통 제조업자.[25]

그러나 이런 허가증은 종종 그것이 쓰인 양피지 조각만큼의 가치도 없었다. 왜냐하면 그것은 기껏해야 비밀의 언저리에 머물도록 마지못해 허락하는 것에 불과했고, 길드의 온전한 회원이 되는 가장 중요한 자격은 주지 않았기 때문이다.[26] 길드 회원 자격을 갖지 못하면 여성은 길드 사무실을 소유할 수 없었고, 활동범위를 조정하는 길드의 결정에 대해 어떤 발언권도 가질 수 없었다. 단순히 회원 자격의 문제였다면 일하느라 바쁜 여성들도 그냥 넘어갈 수 있었겠지만, 발언권 문제는 거센 반발을 불러일으켰고 여성 시위자들의 법적 투쟁과 청원이 줄을 이었다. 여성상인들은 다른 종류의 차별도 받았다. 지금도 그렇듯이 당시에도 일하는 여성들이 진짜 일자리가 필요한 남자들의 일자리를 빼앗았다는 비난을 받곤 했다. 더 불쾌한 것은 정확히 똑같은 일을 하고도 여성이 남성 동료들보다 항상 더 낮은 보수를 받았다는 데 있다. 그 근거는 여자들은 남자들만큼 직업이 필요하지 않으며, 더 느리게 일하고, 덜 생산하며, 덜 먹기 때문에 결국 생존을 위해 더 적은 양만 필요하다는 것이었다.

하지만 여성이 타고난 에너지와 재능을 유용한 일에 쏟아 붓는 것을 막을 수 있는 것은 아무것도 없었다. 일하는 여성들이 셀 수 없이 존재했음은 역사기록 도처에서 발견할 수 있으며, 이것은 사회가 주장하는 것과 실제로 행하는 것 사이에 커다란 간극이 존재함을 다시 한 번 확인시켜준다. 여성은 태곳적부터 꼭 필요한 일들을 해왔다. 사실 시의 위원들과 길드의 실력자들은 '아내, 딸, 과부, 하녀'의 활동을 제약하고자 온갖 노력을 기울였지만, 결국 그들은 자기들이 잘 알지도 못하던 힘, 즉 여성의 노동이 경제 전반에 미치는 중요한 영향력에 대항하느라 힘을 소모했을 뿐이다. 여성은 사회 전체의 일원으로서뿐 아니라 개인적인 생활에서도 늘 주변적인 존재로 취급되었지만(여자들이 일하는 것은 '용돈'을 벌기 위해서라는 생각은 오랫동안 지속되었다), 남자들이 아무 제약 없이 생산적인 노동에 몰두할 수 있으려면 여자들의 직접적인 생산(천짜기가 좋은 예다)이나 가사노동이나 아내의 일 같은 간접적인 노동이 사실상 핵심적이고 필요 불가결하다.

사업에서 놀라운 성공을 거둔 여성 가운데 많은 수가 과부가 되어 아내의 의무에서 해방된 경우였다. 그들이 자신을 위해 자신의 의지대로 옮겨 다닐 수 있게 된 덕분이었다. 한 세기 전에 종교에 헌신한 여성들과 마찬가지로, 활동적이고 유능한 여성 사업가들도 흔히 이야기되는 여성의 열등함을 그대로 수용하지 않았다. 그러기는커녕 자기만 아는 수단을 이용해서 주변 남성들 대부분보다 더 우수한 능력을 발휘함으로써 그런 편견을 조정하는 데 기여했다. 예를 들어 15세기 말 영국의 뛰어난 사업가 앨리스 체스터는 멀리 플랑드르와 스페인까지 가서 양털, 포도주, 철, 기름을 사고팔았고, 신 이외에 다른 이에게는 복종하지 않았다. 그녀는 자기가 다니는 교회에 신께 바치는 높은 제단을 새로 세우고 성단 뒤에 자리를 만들게 했는데, 이 역시 미래를 위한 빈틈없는 투자의 성격이 짙었다. 모든 여성 상인이 앨리스처럼 성공한 것은 아니다. 잉글랜드 중부지방의 중심지 코번트리 출신의 마저리 러셀은 스페인의 산탄데르 지역 남자들에게 800파운드에 상당하는 물품을 도난당했다. 엄청난 손실이었다. 슈루즈버리의 양조자 아그네스드 헤이지면에게 들이닥친 불운은 더 치명적이었다. 그녀는 술 한 통을 뜨거운 엿기름이 들어 있는 큰 통에 붓다가 미끄러져서 그만 통에 **빠져버렸고,**

너무 심한 화상으로 목숨을 잃었다. 아그네스의 죽음은 1296년 11월 검시관의 두루마리 기록부에 기록되어 있다. 섬뜩한 이야기를 덧붙이자면, 아그네스의 피부와 살, 머리카락의 일부가 녹았을 그 맥주가 평소보다 비싼 값이었음에도 모두 팔려 큰 이익을 냈다고 한다.[27]

앞에서 제시한 두 사례는 여성이 가정이라는 보호막에서 벗어나 과감하게 공적인 세계로 뛰어들지 못하도록 막는 위험이 존재했음을 보여준다. 하지만 많은 여성이 과감하게 모험에 뛰어들었고, 그런 모험은 장사와 상업 영역에 국한되지 않았다. 최초의 전문직 여성이 생겨난 시기도 이때다. 11세기에 내과와 부인과의사로 활동한 선구적인 여성 트로툴라(Trotula) 이후 특히 의학 분야에 특별한 관심을 보이는 여성들이 많았다. 트로툴라와 그녀의 친구들은 '살레르노의 숙녀들'이라 불렸는데, 그들은 중세 최초로 교회의 지배를 받지 않는 과학교육 기관을 설립했다. 그녀가 내세운 이론들도 혁명적이었지만(예를 들어 그녀는 불임이 여성뿐 아니라 남성에게도 책임이 있을 수 있다고 주장했다), 그녀가 평생 이룬 작업의 결정판이라 할 수 있는 저서 『여성의 질병』은 오랜 세대를 거치면서도 살아남았다. 하지만 당시 사람들은 그 책의 원저자가 트로툴라의 남편이나 다른 남성의사였음이 틀림없다고 여겼다. 여의사들은 항상 그런 어려움과 난관에 봉착했다. 1220년 세계의 손꼽히는 의대 중 하나인 파리대학 의학부에서는 여성의 입학을 금하고 파리대학 졸업자를 제외하고는 개업할 자격을 박탈하는 규칙을 신설했다. 1485년 프랑스의 샤를 8세는 여성이 외과의사로 활동하는 것을 금하는 법령을 포고했다. 하지만 이 두 조치는 개업의로 활동하고 있거나 그

교육을 받고자 하는 여성이 많았기 때문에 법으로 그 문제를 해결해야 할 정도였음을 반증한다.

원하는 여성들에게는 둘러 가는 방법이 있었다. 개인 자격으로 면허증을 신청하거나 트로룰라의 '살레르노의 숙녀들'처럼 여성들끼리 서로 가르쳐주는 방법도 있었고, 대학에 구애받지 않고 활동하는 이발사 겸 외과의사에게 배울 수도 있었으며, 여의사 지망생에게 좀 더 호의적인 지역으로 옮겨 갈 수도 있었다. 멀리 둘러 가는 이런 방법들과 여성 특유의 투지와 수완을 적당히 섞어 보완함으로써, 어떤 여성들은 심지어 가장 암울한 이 시기에 의술이 결코 남성의 전유물이 될 수 없음을 입증하는 데 성공했다. 예를 들어 프랑크푸르트 한 곳에서 1389년에서 1497년 사이에 인가를 받고 개업한 여의사는 열다섯 명이나 되었다. 그중에는 아랍에서 안과를 전공한 유대인 여성도 세 명 포함되어 있었다. 15세기에 독일 여성들은 대학에서 학위를 얻기 위해 의학 논문을 제출했고, 16세기에는 스위스의 산파이자 외과의사이던 여성이 새로운 제왕절개술을 개발했다. 남성 외과의들이 제왕절개술을 집도한 것은 이 명칭의 시조가 된 카이사르[역7] 시대부터인데, 사실상 그들이 독점하는 동안에는 수술 기술에서 아무런 진보도 이루지 못했다.

이런 놀라운 진보를 이룬 여성은 베른 출신의 마리 콜리네(Marie Colinet)다. 그녀는 자석을 사용해서 환자의 눈에 박힌 쇳조각을 뽑아내는 기술을 최초로 사용한 것으로도 유명한데, 이 방법은 오늘날까지 사

역7) 제왕절개술은 율리우스 카이사르가 이 방법으로 태어났다 하여 '시저의 절개'라 불린다.

용될 만큼 획기적인 기술이었다(후에 이런 성공적인 신기술은 마리의 남편이 개발한 것으로 인정되었다. 하지만 그는 마리가 수술하는 과정을 지켜보고 기록으로 남겼을 뿐이다). 이탈리아에서도 일부 대학은 프랑스의 선례를 따라 여성의 입학을 금했다. 하지만 14세기에 볼로냐대학에서는 도로테아 보치(Dorotea Bocchi)를 그녀의 아버지가 맡던 의학과 도덕철학의 교수로 임명했다. 볼로냐대학은 같은 시기에 25세의 마리아 디 노벨라를 수학교수 겸 학과장으로 임명하기도 하는 등 여성들의 편에 선 것으로 유명하다. 볼로냐대학에서 계속해서 여의사를 배출한 전통은, 1526년 세계에 알려진 최초의 여성 병리학자의 죽음으로 입증된다. 이 선구적인 여성은 피를 뽑아내고 염료용액을 주입하는 실험을 지치지도 않고 반복함으로써 혈액순환계를 상세하게 연구할 수 있도록 해주는 혁명적인 기술을 개발했다. 슬픔에 잠긴 약혼자의 기록대로 그녀는 '과로 때문에' 겨우 열아홉 살에 죽었다.[28]

하지만 여성이 의학계에 기여한 성과는 미약하고 불안정한 빛을 남겼을 뿐이고, 그나마도 항상 적대적인 도전을 받았다. 근대세계가 형태를 갖추어감에 따라 여자들에게서 결코 빼앗을 수 없는 유일한 직업은 남자들이 결코 할 수 없는 일, 계약조건을 충족시키려면 여성의 몸과 가슴과 질이 필요한 일, 바로 연극과 매춘이었다. 그러니 역사적으로 여배우와 매춘부가 그토록 자주 혼동된 것도 결코 우연이 아니다.

특히 연극은 처음에 여성에게 적지 않은 승리를 뜻했다. 역사적으로 많은 나라에서 연극에서의 여성 역할을 언제나 남자들이 맡아왔기 때문에 여성이 무대에 서는 일은 이 엄격한 관습을 깨는 일이었다. 이 관습의 시초는 그리스에서 종교의식의 일종으로 연극이 시작되던 시기로 거슬러 올라갈 수 있다. 여성들이 이런 연극에 참여하게 된 것은 결코 쉽지 않았다. 프랑스 여성들로 구성된 극단이 순회공연으로 런던의 무대에 처음 등장했을 때는 런던 전체가 마비될 정도였고, 국가적인 물의를 일으켰다. 손꼽히는 청교도였던 윌리엄 프린은 입에 거품을 물면서 그 사건을 기록했다.

프랑스 여성 몇몇이, 아니 차라리 괴물이라 부르는 쪽이 더 나을 것 같은 존재들이, 1629년 대천사 미카엘 축일 동안 블랙프라이어스 극장에서 프랑스 연극 한 편을 공연하려고 했다. 뻔뻔스럽고, 잡스럽고, 여자답지 못하고, 무례하고, 음탕하다고밖에 할 수 없을 이런 시도에 엄청난 사람들이 모여들었다.[29]

그런 생각을 한 사람이 프린만은 아니었다. 프랑스 여배우들은 런던의 세계적인 비평가들에게 인정받지 못했고 "무대에서 야유를 받고 돌팔매질을 당했다."

하지만 그들을 향해 던져지는 사과보다 더 심각한 문제는 여성들의 이 새로운 직업이 곧바로 전통적으로 늘 비난받으면서도 가장 오래 지속된 직업, 즉 매춘과 결부되었고 그런 평가가 오래 이어졌다는 데 있었다.[30] 독립된 삶을 살아가는 여성들, 자신이 원치 않는 상황에서는 결혼하지 않는 여성들, 스스로 돈을 벌어 쓰는 여성들, 문간에서 입장료 2펜스를 내고 들어왔음을 잊지 않는 치사한 녀석들의 시선 앞에 자기 몸을 노출하는 여성들, 그들이 매춘부 외에 달리 무엇이 될 수 있었겠는가? 게다가 여배우들은 정열적이고 자기주장이 강하고 제멋대로인 경향이 강했다. 그런 여성이 로체스터 백작의 연인이라 소문이 났지만 분명 그녀 자신 말고 다른 누구의 연인도 아닐 때, 그럴 때 그녀가 어떻게 불릴지는 분명하다. 로체스터 백작의 '연인'으로 알려진 유명한 여배우 엘리자베스 배리는 무대생활을 하는 동안 100번도 넘게 주역을 맡았지만, 대중의 관심은 그녀의 연기 경력만큼이나 격렬하고 다채로운 성생활에서 결코 떠나지 않았다. 배리는 〈경쟁자 여왕〉을 공연하다가 너무 감정적이 되어 실생활에서의 라이벌이기도 한 부텔 부인의 등을 찔러 심한 상처를 입혔다. 그 장면을 목격한 관객들은 두 매춘부가 한 명의 고객을 놓고 싸움질을 하는 매음굴의 악다구니를 떠올렸을 것이다.

어느 모로 보나 엘리자베스 배리나 다른 첫 세대 여배우들은, 두 세기 뒤에 용감하게 '서부로 향한' 미국 여성들만큼이나 선구적이었다. 영국의 왕정복고시대에 배리나 그녀의 라이벌들, 동료들과 함께 예술의 장벽을 무너뜨린 다른 여성들은 이전에 여성들이 늘 아무런 대가 없이 해오던 지적인 일에 대한 보수를 받아내는 데 성공한 최초의 여성이었다. 글을 썼거나 쓰기를 바라던 무수히 많은 여성 중에서 아프라 벤의 이름이 가장 먼저 떠오른다. 그녀가 근대 '최초의 여성작가'는 아니다. 아프라 앞에도 여성작가가 많았고, 특히 미국 시인 앤 브래드스트리트는 여덟 자녀와 함께 식민지에 정착하는 훨씬 더 힘겨운 상황에서 글을 쓴 여성이다. 하지만 아프라는 직업작가, 즉 자기 작품을 팔아 독립적으로 생계를 유지한 것으로 알려진 최초의 여성이다. 거의 20년에 달하는 창작생활을 시작하기 전에는 가정교사, 스파이, 세계를 두루 여행하는 모험가로 활동한 이 대담하고 재능 있는 여성은 희곡에도 손을 대 성공을 거두었다. 이 모든 것이 전에는 남성의 영역이었다. 그녀는 1680년대에만 열 편의 희곡을 썼고, 여러 편의 장편시를 썼으며, 프랑스어를 번역한 다섯 작품에 더해서 장편소설 다섯 편을 썼고, 결국 또 다른 '최초'에 대한 권리를 주장할 수 있게 되어 영국 최초의 소설가가 되었다. 물론 사람들은 그녀가 매춘부라고 말했다.

'매춘부'라는 단어가 돈을 벌기 위해 자신의 몸을 팔지 않는 여자들에 대해서도 아주 자유롭게 사용되었기 때문에, 그 말은 진짜 '유희를 위한 딸'을 모욕하는 의미를 잃어갔다. 포츠머스 공작부인 넬 귄은 찰스 2세의 다른 정부 중 한 명에게 매춘부라는 비아냥거림을 받자, 서슴없이 "사실 그게 바로 내 직업이지. 난 내가 더 나은 누구인 척할 마음은 없거든." 하고 선언했다.[31] 도덕주의자들의 비난에도 전 세계의 많은 여성이 넬의 견해를 되풀이해왔다. 역사 속에서 무수히 많은 여성이 단순히 '지독히도 가련한 보병'으로서만이 아니라 지휘자로서도 매춘업에 종사하였다. 1505년 교회 재판소에서 벌금형을 받은 런던 뱅크사이드[역8]의 매춘업소 주인 열 명 중 넷이 여성이었다.[32] 그것은 생계수단이었고 이를 억제하기 위한 형벌이 잦다고 해도 그로 인한 이득이 더 컸기 때문에 계속 유지되었다. 그 이득 중 하나는 분명 존경받는 기혼

역8) 블랙프라이어스 다리와 런던 다리 사이의 강변 지대를 가리키는데, 이곳에 극장과 여인숙이 많았다.

여성들이 감내해야 하는 속박으로부터의 자유였다. 물론 가정주부들 쪽에서는 그런 식으로 생각하지 않았다. 사실 양측 모두 상대쪽을 착취하는 남성들의 손아귀에 짓밟히는 생활을 하는 불쌍한 존재라고 여기면서 서로 경멸했다.

성적 평등과 경제적 균등을 요구하는 이 시대를 살아가는 사람들은 산업화 이전 사회에서 여성들이 가진 노동 경험에 대해 잘못된 판단을 내리기 쉽다. 그들의 일이 대체로 힘겹고, 시간이 오래 걸리고, 큰 노력이 필요한 것이었음은 사실이다. 하지만 그것이 원래 변함없이 억압적인 성격을 가졌던 것은 아니다. 여성들이 맡았던 능동적이고 다양한 역할, 그들의 활력과 능력, 모험심이 그 사실을 충분히 입증한다. 사실 법적인 권리는 물론이고 독립적인 정체성까지 박탈당한 당시 여성들에게는 일이 능력을 발휘하는 통로를 제공했다. 또한 일은 기동성과 자율성, 평등, 경제적 독립을 얻는 강력한 수단이다.

대부분의 땅을 소유하고 관리한 것은 남자들이었지만, 그렇다고 여성들이 계속해서 땅을 갈고 씨를 뿌리고 재배하는 일을 통해 아무 소득도 얻지 못한 것은 아니다. 여성들은 그들 나름의 수확물을 관리했다. 이것은 가사노동이라는 미시적 수준에서도 그랬고, 잉여 생산물을 매매나 교환을 통해 처분하는 거시적 관점에서도 그랬다. 따라서 아주 실제적인 관점에서 볼 때 농사를 짓는 부부는 법의 공허한 문구들로는 인정되지 않는 방식의 협력자였다. 여성은 집, 가족, 일의 중심에 있었고, 이 신성한 삼위일체 속에서 만족감과 자부심을 느끼면서 힘을 키우고 자유로울 수 있었다.

이런 설명이 너무 이상적이라고 느껴져서 진실이 아닌 것처럼 들릴 수도 있다. 하지만 진실이다. 단지 기계시대가 도래하면서 그 진실이 마치 한 번도 참이 아니었던 것처럼 일소되었을 뿐이다.

8. 혁명, 거대한 동력

혁명에는 항상 악마적인 것이 숨어 있다.
― 에드먼드 버크

모든 가정의 여자들이 아이들과 함께 탄약통을 만들고,
총알을 나르고, 전대를 만들고, 비스킷을 굽고, 함성을 지르고, 슬퍼했다.
또한 다시는 남편과 아들들을 볼 수 없게 될지 모르는데도
그들에게 자유를 위해 나가 싸우라고 격려하였다.
― 1775년 렉싱턴에서 벌어진 미국 독립전쟁 최초의 전투를
직접 목격하고 쓴 기사

뜨거운 열기 속에서 힘든 일을 하는 우리,
손목과 손가락 끝으로
피가 섞인 땀이 흘러내리네. 그래도 부지런히
손을 움직여 일하라 하네.
― 메리 콜리어(Mary Collier), 『여성의 노동』(1739)

혁명을 피해 갈 수는 없다.
― 벤저민 디즈레일리

여자들의 생활은 수백 년 동안, 아니 어쩌면 수천 년 동안 남편과 집
과 가족이라는 신성한 삼위일체 주변을 공전해왔다. 그 세 가지는 거의
변화를 보이지 않는 가정생활의 안정적이고 지속적인 특성 속에서 직
접적이고 영원하며 모든 것을 포괄하는 틀이 되었다. 하지만 단순히 사

회구조가 변화하는 수준이 아니라 극심한 소용돌이 속에서 붕괴되는 시대, 영구적일 것이라고 여기던 체제가 공중으로 사라져버리고 그들의 장엄한 신전과 화려한 궁전이 잔해도 남지 않을 정도로 산산조각 나는 시련의 시대에 태어나는 사람들도 있다. 그런 시대를 살아가는 여성들은 이중의 부담을 져야 했다. 산산조각 난 구시대의 유물을 부여잡고서 동시에 새로운 것이 주는 충격을 버텨 나가야 했던 것이다. 한쪽 팔을 들어 새로운 서광을 환영하는 동안, 다른 쪽 팔로는 여전히 아이를 요람에 누이거나 밭을 갈아야 했던 셈이다. 게다가 혁명의 한가운데에서도 음식과 사랑, 다정한 보살핌, 쉴 곳, 불빛과 삶이 있어야 했고, 이런 것들은 가정이라는 최전방에 서 있는 여성 전사들이 마련해야만 가능한 것이었다.

하지만 여성들이 진심으로 어떤 대의명분에 동참할 때면 가사노동의 의무라는 것이 혁명적 행동에 전혀 장애가 되지 않았다. 일을 할 때와 마찬가지로 전쟁을 치를 때도 여성들이 얼마나 유능함을 보였는지 살펴보면, 흔히 여자가 타고났다고 하는 육체적 약함이나 정신적 무능력, 어느 쪽도 그런 능력 발휘를 가로막지 않았다는 사실에 놀라게 된다. 처음 미국에서 독립을 원하는 분위기가 퍼질 때부터 여성들은 직접적으로 참여했다. 또는 그렇게 참여하고 싶게 하는 독립사상을 고취하는 데 아주 적극적으로 앞장섰다. 1676년 '베이컨 반란' [역1]이 일어났을 때 한 여성 중위는 베이컨의 밀사가 되어 시골 벽지를 오가면서 동조자

역1) 너새니얼 베이컨이 윌리엄 버틀리 총독의 아메리카 원주민 정책에 반대해 일으킨 반란으로 미국의 독립을 촉구하는 불씨가 되었다.

를 모집했다. 역시 같은 활동을 한 사라 그렌던은 '무시무시한 반란에 적극 관여하고 협조했다는' 이유로 이후의 특별사면에서 제외되었다. 또 한 명의 사라, 버지니아 주 제임스타운의 드러먼드 부인은 재판 중에 총독으로부터 죽음의 위협을 받자 그의 면전에서 막대기를 하나 부러뜨리며 조롱하듯 대답했다. "영국의 힘 따위는 이 부러진 막대기만큼도 무섭지 않다!"[1] 그녀의 이런 태도는 당시 선봉에 섰던 모든 여성의 기상을 대변한다. 반란이 실패로 돌아간 후에도 사라의 호전적인 태도는 변하지 않았다. 영국 왕실에서 몰수해 간 드러먼드 집안의 재산을 되찾기 위해 그녀는 격렬하고 끈덕지게 청원을 올렸고 결국 가족의 생명줄을 되찾는 데 성공했다. 형세가 역전되어 영국군이 바다에서 전멸한 것은 그로부터 100년 후의 일이었다.

공식적으로 미국 독립전쟁이 선포되었을 때도 무슨 일인가 벌어지기를 고대하던 여성들이 많은 기여를 했다. 혼기가 된 식민지 여성들은 모두 무장한 남자들을 만나고 싶어 안달하고 군 기피자를 경멸하는 것 같아 보였다. 1775년 10월 2일자 〈뉴욕 가제트〉지는 퀼트 모임을 하는 젊은 처녀들이 '영국 지지파' 청년의 웃옷을 벗기고는 당밀을 바르고 잡초를 붙이며 조롱했다는 이야기를 실었다. 출처가 의심스러운 또 다른 기록에 따르면 여성들이 군대 같은 집단을 형성해서 제복을 입거나 위기의 순간에 '남성의 용기'를 보였다고 한다. 여성들끼리도 서로 영웅적인 행동을 촉구했다. 엘리자 윌킨슨은 다른 용감한 과부들을 대변해서 모든 아내에게 남편을 지원병으로 내보내라고 설득하는 글을 썼다. "만일 내 남편이 조국을 위해 전쟁터에 나서기를 거부했다면, 나는

그를 영혼 깊은 곳에서부터 경멸했을 것이라고 믿기" 때문이었다.[2]

프로파간다의 성격이 강한 이런 일제 사격이 있었지만, 모든 여성이 같은 확신을 가졌던 것은 아니다. 25세에 두 아이의 엄마였던 사라 호킨스의 남편은 둘째가 갓 태어난 1775년에 보스턴을 공격하던 시민군에 입대하였다. 그가 없는 상황을 견딜 수 없었던 사라는 편지에 이렇게 썼다 "거의 매일 당신을 기다립니다. 하지만 난 다른 어떤 것에도 의지할 수가 없어요. 근심과 실망 외에…… 다른 어떤 것도 발견할 수가 없기 때문입니다." 또한 그녀는 남편의 사령관에게 빈정대는 안부 인사를 덧붙이면서("그분께 그의 연인이 더욱 외로운 밤을 보내기를 기원한다고 전해주세요.") 아내와 아이들을 떠난 남편을 비난했다. "귀여운 아기가 태어난 지 여섯 달이 되어가는데도 아기의 아버지는 모습을 보이지 않네요."[3] 사라는 남편이 또 다시 3년 동안 징병되는 것을 막기 위해 자기가 할 수 있는 온갖 수단을 동원했다. 그 까닭은 1777년 9월 8일 「코네티컷 커런트」지에 실린 글을 보면 분명하게 알 수 있다.

> 우리 도시에는 군인의 아내가 아주 많습니다. 왜 이 가련한 부인들이 이집 저집 뛰어다니며 생필품을 얻기 위해 구걸해야 하는 건가요. …… 애초에 그런 것을 제공하겠다고 엄숙하게 맹세한 시에서는 왜 그 여자들을 빈손으로 돌려보내는 거지요?

그것은 아무리 충성심이 강한 군인이라도 도저히 감당할 수 없는 것이었다. 브랜디와인 전투, 저먼타운 전투, 스토니 포인트 전투에 참가했던 경험 많은 군인 사무엘 글로버 하사관은 15개월이나 급료를 받지 못하자 1779년에 '군 동료들'과 함께 폭동을 일으켰다. 그는 총살되었다. 그의 부인은 미국 의회에 구제를 요청하면서 이렇게 물었다. "당신들에게 물어봅시다. 빤히 덮쳐오는 가난 앞에서, 자신과 가족들을 압박하는 부당함 앞에서…… 그 남자는 어떤 감정을 느꼈을까요?"[4]

이런 아내들은 남편을 잃으면 단순히 동반자, 연인, 친구를 잃는 데 그치는 것이 아니라 그들의 버팀목이자 기둥을 잃는 것임을 알고 있었다. 물론 그렇게 되면 다시 결혼할 수 있는 여자들도 있었을 것이다. 그리고 식민지시대의 홀아비들은 죽은 아내와 함께 쓰던 침대가 채 식기도 전에 놀라울 정도로 민첩하게 새 아내를 얻었다. 하지만 아들이 군에 입대할 정도로 자란 나이 든 어머니들이 사랑하는 아들을 새로 만들어 가질 수는 없는 일이다. 사실 이 문제는 더 첨예한 대립을 불렀다. 유명한 리빙스턴 가문을 방문한 연로한 친척 아주머니가 "워싱턴 씨가 그토록 나약한 것도 놀라울 것도 없다. 아들들을 군대에 보내지 않은 것을 보면 알 수 있다."라고 주장하면서, 조카에게 그의 어머니가 듣는 앞에서 "부모가 동의하든 하지 않든" 군에 지원해야 한다고 말했다. 그러자 "여자들 사이에서 날카로운 비명이 새어 나왔다."고 한다. 리빙스턴 부인이 두려워한 것은 1776년 9월 13일의 전투에서 '부상당해 죽어가는 청년'의 유언을 군목이 기록한 다음 글에서 확인할 수 있다.

내 어머니 좀 불러주시겠어요? 어머니가 여기 오셔서 절 치료해주기만 하신다면 거뜬히 나을 것 같아요. 아, 어머니, 얼마나 뵙고 싶은지요. 어머니는 제가 입대하는 것을 반대하셨는데, 이제 너무 죄송하군요. 어머니께 죄송하다고 전해주세요.[5]

그렇다고 미국 여성들이 헌신적으로 참여한 사실을 부정하거나 그 의미를 과소평가하려는 것은 아니다. 사실 '영광스러운 대의명분'은 여러 가지 의미로 여성들의 적극적인 지지에 의존했다. 여성들은 1769년에 있었던 영국산 차와 사치품, 비단, 공단, 고급 나사(羅絲) 등에 대한 불매운동에 적극 호응하였고, 이것은 초기 저항운동에 결정적인 역할을 했을 뿐 아니라 어떤 의미에서는 그런 불매운동 자체가 저항운동이었다. 여성들은 스스로 영국 제품 불매운동에 따른 부족분을 채우기 위해 적극적으로 노력했다. 매사추세츠 주 미들타운의 여성들은 1769년에 2만 522야드의 직물을 짰고, 펜실베이니아 주 랭커스터 시에서는 이를 능가하여 같은 기간 동안 3만 5,000야드의 천을 짰다. 미국 남성들은 '여성 포병대'의 힘을 잘 인식하고 있었다. 후에 두 번째 불매운동이 진행되는 동안에는 노스캐롤라이나 주의 이든턴 시 '주부'들이 의회의 결정을 이행하기 위해 공식적인 결의문을 작성하였는데, '미국 식민지 사상 최초로 알려진 미국 여성들의 정치활동'은 널리 칭송되고 선전되었다.[6]

여성들의 활동은 물레와 차탁 주변에만 머무르지 않았다. 전쟁이 시작되자 양쪽 진영 모두에서 여성들의 영웅적 행위가 시작되었다. 영국 측에서는 1777년 여름, 버고인 장군이 공격을 감행할 때 척탄병 지휘관의 아내 해리엇 애클랜드가 놀라운 활약을 하여 불후의 명성을 얻었다. 남편이 전투 중에 부상을 당해 포로로 잡힌 것을 알게 된 그녀는 작은 배를 훔쳐 타고 밤중에 저격병들을 뚫고 허드슨 강을 타고 내려가서 적의 수비대를 뚫고 들어갔다. 그녀는 새벽에 미국인들의 총 앞으로 뛰어들어 남편을 내놓으라고 요구했다. 그녀의 남편이 심각한 부상(존 다이크 애클랜드는 복부와 양쪽 다리에 관통상을 입었다)을 당했던 것을 감안할 때 더 놀라운 사실은, 해리엇이 위험을 뚫고 그를 무사히 영국 진영으로 데려왔을 뿐 아니라 그를 치료해서 건강을 완전히 회복되게 했다는 것이다.

역시 영국 지휘관의 아내인 리드셀 남작부인 역시 불굴의 활약을 했다. 모두 다섯 살 미만인 딸 셋을 데리고 미국에 도착한 그녀는 온갖 난관이 있었지만 남편 곁을 충실하게 지켰다. 직격탄이 쏟아질 때면 자기 몸으로 감싸 딸들의 생명을 구했고, 한번은 엿새 동안이나 음식도 없이 배설물로 가득한 지하실에서 지내며 구조대가 올 때까지 딸들과 다른 영국군 생존자들의 생명을 지킨 일도 있다. 전투에 직접 참가한 여성도 있다. 미국 측의 여성영웅 메리 루드비히 헤이스는 전투가 최고조에 달했을 때 용감하게 포병들에게 물을 날라줌으로써 '물주전자를 든 몰리'라는 별명을 얻었다. 게다가 원래 외과의사를 겸한 이발사였다가 포병대 하사관이 된 남편이 전투 중에 쓰러지자 메리는 그를 대신해서 대포를 쏘았고, 그 와중에 그녀가 보인 침착한 태도는 전설이 되었다. 포탄 한 알이 그녀의 속치마를 찢으면서 두 다리 사이로 지나갔을 때 그녀는 가만히 아래를 내려다보더니 "포탄이 더 높이 지나가지 않아서 다행이라고, 그랬더라면 다른 걸 뚫어버렸겠다고 태연하게 말하고는 임무를 계속 수행했다."[7]

미국 독립전쟁에서 여성들은 사회가 위기에 처할 때마다 가장들과 함께 적극적으로 참여하였다. 이것은 한 세기 전에 있었던 영국 내전에서 그들의 선조 여성들이 수행한 역할과 비교해볼 때 흥미로운 대조를 보인다. 신세계에서 누릴 수 있었던 더 큰 자유, 낡은 체제와 위계질서의 붕괴, 식민지 생활에 필수적인 연대감, 이 모든 것이 결합되어 여성들이 개인으로든 전체적으로든 훨씬 더 활발하게 이바지할 수 있는 상황을 만들었음이 분명하다. 반대로 영국 내전은 같은 국민끼리 지리멸렬하고 고통스럽게 충돌한 경우였다. 양측 모두 군건하지만 자가당착을 보이기도 한 충성심을 내세우며 '국왕 측'이나 '의회 측'으로 입장을 정했고, 완고한 부모와 자식들 사이는 물론이고 가장 친한 친구들 간에도 전선이 형성되는 일이 많았다.

이런 상황에서 여성의 이익을 위한 집단이 태어날 희망은 거의 없었다. 여성들이 연합하여 행동한 아주 예외적인 경우가 한 번 있기는 했지만, 그 시도가 어찌나 초라하게 실패했던지 다른 여성들에게 본보기가 되기는커녕 미리 단념하게 하는 역할을 했을 뿐이다. 문제의 발단은 1649년 네 명의 급진파 의원들이 체포되면서 시작되었다. "남자들이 감히 더는 청원할 수 없게 된" 상황에서 "여자들이 그들 대신에 나서게" 되었다. 사흘 동안 잇달아 수백 명의 여성들이 의회로 몰려가 그들의 석방을 청원했으나 총구를 위로 젖히고 반격하는 무장군인들에게 번번이 쫓겨나기만 했고, 결국 '의회의 어머니'를 자처하는 영국 의회로부터 다음과 같은 모욕적인 비난을 들으면서 강제 해산되었다.

그들이 청원하는 문제는 그들이 생각하는 것보다 훨씬 더 중대한 사안이고, 의회는 그들의 남편들에게 이미 대답을 주었다(이 말은 곧 의회는 남성들에게만 해명할 의무가 있다는 뜻이다). 이제 그들은 집으로 돌아가서 자기 일이나 신경 쓰고 자기 집안일에나 관여하기 바란다.[8]

후에 그 여성들은 "우리가 신의 모습을 본떠서 만들어졌고 그리스도 앞에서 남성들과 똑같이 소중하다고 믿었기에…… 우리가 당신들의 눈에 그토록 미천하게 비쳤다는 사실이 몹시 의아하고 가슴 아프다."라고 썼다. 세계가 이른바 혁명의 시대에 접어들 때 벌어진 이 사건은, 새로운 혁명국가에서는 모두가 평등해야 한다는 이념이 있어도, 어떤 사람들은 다른 사람들만큼 평등을 누릴 수 없게 태어났다는 사실을 여성들에게 환기하는 많은 사건 중 하나였을 뿐이다.

하지만 여성들의 집단행동은 진압되었을지 몰라도 개인적으로는 없어서는 안 될 존재였다. 특히 추방된 왕당파에게는 더 그랬다. 한 망명 귀족은 랄프 버니 경에게 보낸 편지에 "정말이지 지금처럼 여자들이 쓸모 있었던 적이 없습니다."라고 썼다.[9] 귀족계급 여성들은 남편을 위하여 '씩씩한 여군'이 되어 그들의 이익을 위해 싸우고 그들의 재산을 지켰다. 두드러진 활약을 한 무수히 많은 여성 중에서 가장 영웅적인 여성으로 메리 뱅크스 부인을 들 수 있다. 그녀는 딸들과 시녀들, 다섯 명의 남성만 이끌고 1643년 의회 측을 지지하는 군대에 대항해서 코프 성을 방어했다. 그들 모두가 성벽 아래로 돌멩이와 끓는 물, 시뻘겋게

타오르는 잿불을 던지는 일을 어찌나 열심히 했던지 포위군들이 '울부짖으며 달아났다'.[10]

물론 상류층 여성들만 그런 영웅적인 활약상을 보인 것은 아니다. 단지 귀족 여성들의 행동이 역사에 기록되어 전해질 가능성이 더 높았을 뿐이다. 이름 없는 많은 '여군'들도 전투에 직접 참가하여 큰 기여를 했고, 잉글랜드 도싯 주에 있는 작은 항구도시 라임이 포위되어 공격받았을 때 특히 두드러진 활약상을 보였다. 수비하는 측의 여성들은 전투가 한창인 낮에는 남자들의 탄띠를 채우는 틈틈이 돌멩이나 다른 던질 수 있는 무기들을 던져대는 식으로 전투 중인 남자들을 도왔고, 밤에는 남자들이 다음 날의 공격에 대비해서 잠시 눈을 붙일 수 있도록 망을 보았다. 그들의 노력을 열렬히 칭송한 그 지역의 시인은 '지난밤의 폭풍우가' 단순히 스튜어트 왕가를 전복시키는 데 머물지 않았음을 생생하게 전달한다.

무명의 여성 용사들에게

연약한 여성들이 더 강한 인간이었다.

아아, 놀랍도다! 누가 라임을 지켰던가? 가련한 여성들,

밤새 망을 보고도 한낮 내내 전투에 참가한 그들,

적이 성벽을 기어오를 때면

함성을 질러 이를 알려주었지.[11]

남자들과 함께 싸울 평등한 권리는 남자들과 똑같이 고통받을 권리를 뜻하기도 했다. 많은 여성들이 9년 동안 지속된 전쟁으로 격심한 고통을 겪었다. 한 하녀는 라임을 방어할 때 포탄을 맞아 불구가 되었지만 "정말이지 나는 예수 그리스도를 위해 내 한 손을 잃은 것을 진심으로 기쁘게 생각합니다. 그분을 위해서라면 다른 한 손은 물론이고 생명까지도 내놓을 준비가 되어 있어요."[12]라고 단호하게 선언했고, 앞으로 생계를 꾸려갈 수단을 잃은 것에 대한 사람들의 동정을 거부했다. 물론 모두가 그녀 같은 기백을 보이진 않았다.

어쨌든 17세기 영국 여성들은 함께 고통을 겪을 허울 좋은 평등은 누릴 수 있었지만, 상황을 그렇게 몰아가는 사건의 추이에 대한 영향력은 전혀 행사하지 못했다. 계급이 높든 낮든, 여성은 의회에서든 사소한 모임에서든 발언권을 전혀 갖지 못했다. 영국 내전 중에 여성은 아무리 강하고 유능하더라도 정책 결정 과정에서는 배제된 채 오로지 벌어진 사태에 대처하는 역할과 전략상의 도구 구실에만 한정되었고, 남편과 아들, 가정과 친구들을 잃는 막대한 손실을 겪어야 했다. 그렇게 볼 때 그들은 자신의 명분을 위해 싸운 승리자라기보다는 다른 이들을 위한 혁명의 열기에 희생된 것 같아 보인다.

전 세계를 들썩여놓은, 왕의 신성한 권리에 대한 공격은 영국 왕을 죽음으로 몰아넣었고, 한 세기 반이 더 지난 후에는 프랑스 왕이 같은 일을 겪었다. 그리고 여성들은 그제야 피비린내 나는 혁명 과업의 미숙한 동반자로나마 인정받게 되었다. 프랑스에서 1780년대에 있었던 격동과 뒤이은 소름 끼치는 사건들은 "혁명은 장미 향수로 만들어지지 않는다."[13]라고 하던 에드워드 불워 리턴[역2]의 단호하고도 섬뜩한 반어적 표현을 절감하게 한다. 프랑스 혁명기의 여성들은 우아한 여성의 모습과는 아주 거리가 멀었다. 아라비아에서 들여온 온갖 향수로도 이미 팔꿈치까지 핏속에 흠뻑 담근 손에서 달콤한 향기가 풍기게 할 수는 없었을 것이다. 사실 프랑스 혁명은 인류 역사에서 최초로 여성들이 주도 세력이 된 사건이었다. 하지만 그 파급 효과는 당대를 온통 뒤흔들어놓던 끊임없는 충격 속에서 전혀 충격적인 일이 못 되었다.

프랑스 혁명에서 여성의 활약이 두드러진 까닭으로 신세계 여성들의 성공적인 활약상에서 받은 영향을 들 수 있다. 하지만 그보다 더 근본적인 이유는 구체제 하에서 프랑스 국민이 처한 상황에 있었다. 귀족 계급과 상퀼로트(sans-culotte)[역3] 간의 차별로 생긴 심각한 상황은 남성과 여성 간의 차별문제를 희석할 정도였던 것이다. 같이 굶어죽을 평등보다 더 완벽한 민주주의가 어디 있겠는가. 남자들과 똑같이 굶주림과 좌절감, 절망에 사로잡힌 파리의 여성들은 '혁명이라는 거대한 엔진'을 가동하는 힘이 되었고, 그에 뒤따른 거센 피바다의 물결이 혁명의 무자비한 진행을 부추겼다.

여성들은 프랑스 혁명의 투쟁이 시작될 때부터 마치 기록 담당 천사나 복수의 여신, 또는 격분한 악마처럼 옵서버로서 함께했다. 바스티유 감옥을 습격할 때 선두에서 공격을 이끈 것은 아마존 여전사 복장을

역2) 영국의 정치가 · 시인 · 소설가 · 비평가.
역3) 원래 혁명 당시의 하층민 공화당원을 이르는 말로, 후에는 과격한 공화주의자, 급진적인 혁명가를 지칭하게 되었다.

한 한 여성이었다. 바스티유 감옥의 습격은 어쩌면 이미 파산해버린 체제를 상징하는 무의미한 요새를 공격한 공허한 승리인지도 모른다. 하지만 '시장 여성들의 날'에 일어난 사건은 분명 그렇지 않았다. 분노한 여성들이 빵을 얻기 위해 함부로 파리의 시장들을 샅샅이 뒤지고 다니면서 시작된 폭동은 그런 중대한 상황에서 왕이 파리를 떠나 있는 것에 대한 불만에 초점이 맞춰지면서 사태가 최악으로 치달았다. 1789년 10월 5일 베르사유 궁전을 향한 행진은 그렇게 시작되었고, 그 결과 루이 16세와 마리 앙투아네트와 왕세자, 운이 다한 카페 왕조의 나머지 일족의 운명이 결정되었다.

그 유명한 행진에 참여한 여성 8,000여 명 모두가 '영광스러운 명분'을 위해 모든 것을 무릅쓰는 냉혹한 혁명가는 아니었다. 유모였던 잔 마랭은 자신이 40명쯤 되는 여자들에 의해 억지로 떠밀렸다고 후에 증언했다. 그 여자들이 억지로 곤장을 손에 쥐여주면서 그녀가 거부하면 그걸 그녀에게 휘두르겠다고 위협했다는 것이다. 그녀가 항의하거나 (아직 아침식사도 하지 못했다, 돈이 한 푼도 없다는 등) 핑계를 대고 피하려 해도 "행진해! 행진하라고! 네가 뭘 가지고 있어야 할 필요는 없어!"라는 거센 외침소리에 묻혀버렸다.[14] 심지어 이 아마존 여전사들의 특별부대에 있던 모든 사람이 여자였던 것도 아니다. 여자로 변장한 남자들도 행렬에 무수히 많이 섞여 들었고, 어느 모로 보나 남자임이 분명한 남자들도 몇몇 여자들에게 강제로 끌려가 앞장서게 되었다. 여성들 무리 안에서도 당사자들끼리만 구분할 수 있는 다양한 계층이 뒤섞여 있었다. 말쑥하게 차려입고 세련된 말씨를 쓰는 부르주아 여성들도 생선

장수라든지 시장 장사꾼, 어디서나 가장 저급한 계층을 형성하는 매춘 여성들과 공통의 명분 속에서 함께 요란하게 소리를 질러대고 난폭한 모습을 보였다.

여성집단의 격분은 한번 폭발하기 시작하자 무시무시한 힘을 발휘했다. 그들은 중간에 상점이나 선술집을 약탈하기 위해서만 멈췄을 뿐 그대로 베르사유 궁으로 휘몰아치듯 몰려갔고, 가장 먼저 국민의회장을 습격했다. 그들의 맹공격 앞에서는, 만만찮은 적수인 미라보 백작의 지휘 아래 있던 하원의원들조차 속수무책이었다. 국왕의 대리인이 허둥지둥하며 나서서 격분한 주동자들을 달래보려 애썼지만, 팔레 루아얄[94]에서 꽃을 파는 여성이 시위대의 대표가 되어 "나으리, 저희는 빵을 원합니다."라고 겨우 말을 마치자마자 기절하는 바람에 수포로 돌아갔다. 동료들이 그녀를 바닥에 편히 누이려 했으나 궁전 수비대가 저지하였다. 밤이 되자 억수 같은 비가 쏟아지기 시작했고, 복수의 세 여신도 한풀 기세가 꺾인 것 같았다. 하지만 그것은 착각이었다. 날이 새기도 전에 시위대의 여성들은 근위병들을 뿔뿔이 흩어지게 만들면서 궁전 안으로 침략해 들어가 궁전 내부를 때려 부수기 시작했고, 왕비를 찾아다니면서 가증스러운 그녀의 오스트리아 피를 마지막 한 방울까지 뽑아내겠다고 악을 썼다. 여성들의 이 같은 분노로, 날이 저물기도 전에 마리 앙투아네트와 그녀의 가족은 국민의 포로가 되어 파리로 되돌아가는 생애 최후의 여행을 하게 되었다.

역4) 프랑스 부르봉 가의 왕손으로 1789년의 혁명 때 민중적 민주주의를 지지한 오를레앙 공의 저택. 혁명 당시 대중선동의 중심지였다.

되돌아보면 이 분노는 너무도 거세고 불가항력적이어서 정치적인 조치만으로는 가라앉힐 수 없는 것이었다. 여성의 신성한 의무, 아니 여성에게 부과되던 모든 규범이나 기준 자체가 와해되었고, 그것도 아무런 거리낌 없이, 되도록 공공연하게 그렇게 되었다. 여성들이 무리를 지어 국민의회장을 습격할 때 한 주교가 "질서를 지키시오!" 하고 명령하자 존경할 만한 부르주아 계급 여성들이 "네놈들의 질서 따윈 상관없어!"라고 말하면서 가장 가까이 있는 성직자의 머리통으로 공놀이를 하겠다고 위협한 일도 있다. 당시의 주석자들은 경악과 공포에 사로잡혀 부르주아 여성들이 여자 생선장수들에게 따로 언어수업을 받을 필요도 없었을 것 같다고 기록했다.[15] 한편 영광스러운 명분을 위해 깎아내릴 체통이라곤 애초에 없었던 매춘부들 역시 유사한 방식으로 그들 나름의 극단적인 표현을 찾았다. 당시의 무정부 상태 속에서 모두가 열광적으로 찾아 헤매던, 억압적인 규범으로부터의 해방을 그들은 외설이라는 새로운 극단을 통해 발견한 것이다. 파리 매춘부들이 벌인 사건 중 기묘하고 널리 알려진 것은, 그들이 왜 혁명의 돌격대라는 명성을 얻게 되었는지를 알게 한다. 1790년 7월 권총으로 무장한 매춘부들 한 무리가 왕실 기병대의 행진을 저지하고는 "너희가 혁명에 참가한다면 우리는 모두 너희 것이 되겠다!"라고 큰소리치면서, "국왕에게 죽음을!"이라고 외치라고 명했다. 군인들이 거부하자, 금발에 흰 피부를 가졌으며 열여섯 살이 넘지 않았을 매우 아름다운 소녀가 군인들 앞에 나서서 춤을 추기 시작했다. 그 장면을 목격한 사람은 이렇게 자세히 설명했다.

그녀는 자기 가슴을 드러내더니 두 손바닥으로 가슴을 움켜쥐고
는 일부러 엉덩이를 오리처럼 흔들어댔다. 다른 여자들이 즉시 그
녀에게 달려가더니 그녀의 치마를 들어올려, 얼굴이 붉어진 기병
대원들에게 상상할 수 있는 가장 멋진 몸매를 드러내 보이면서 소
리쳤다. "너희가 이걸 맛보고 싶다면, 그저 '국왕에게 죽음을!' 하
고 소리치란 말이다."[16]

이런 종류의 사건들은, 20년 전 미국 독립전쟁을 경험하면서 에드먼
드 버크가 혁명에 대해 한 말을 돌아보게 만든다. "법에 의해 억압된 사
람들은 무력 외에는 아무런 희망이 없다. 만일 법이 그들의 적이라면,
그들은 법의 적이 될 것이다. 그리고 바랄 것은 너무 많지만 잃을 것은
아무것도 없는 사람들은 항상 위협적인 존재로 남을 것이다."[17]

혁명 중이던 프랑스에는 그런 위험한 여자들이 넘쳐났다. 사회가 통
제능력을 상실하면서 전통적인 지배 원칙들이 무너졌지만, 아직 그것
들을 복원하거나 대체하지는 못한 상황이었다. 철두철미하게 뒤흔들
린 사회는 마치 변경지역처럼 야심가들과 대담무쌍한 자들, 강인한 자
들에게 활짝 열렸다. 혁명 초기에 슬그머니 등장해서 이전에는 여성들
이 상상도 못했을 높은 지위에 오른 여성들 가운데 테루아뉴 드 메리쿠
르는 아주 복잡한 인물이다. 런던과 나폴리에서 교육받은 재능 있는 가
수였던 그녀는 혁명 이전의 파리에서 고급 매춘부로 활동하며 재물을
많이 모았고, 바스티유 감옥을 습격할 때 아마존 여전사 복장을 하고
군중을 이끌었으며, 같은 해에 베르사유 궁으로 향하는 여성들의 행진

을 이끌었다. 3년 뒤인 1792년에 튈르리 궁전을 습격할 때도 그녀는 '아마존 여전사' 부대를 통솔했다.

드 메리쿠르는 단순한 '여전사'가 아니었다. 정치클럽의 우상이던 그녀는 혁명논쟁에 깊숙이 관여했고, 여성들의 정치클럽을 만들어 활동함으로써 이전에는 무시되던 여성 '시민'을 논쟁의 중심으로 끌어들였다. 하지만 그녀가 자신의 부와 생명을 내걸었던 대의명분은 결국 그녀를 저버리고 말았다. 공포정치 시대에 온건파를 지지한 그녀는 차츰 신망을 잃었고, 자신이 키우고 옹호한 파리의 여성 혁명가들에게 공격을 받아 심하게 구타당했다. 그 충격으로 이성을 잃은 그녀는 남은 생을 정신병원에 감금되어 지냈다. 드 메리쿠르의 지위가 절정에 달했을 때의 행동들은 쉽게 이해하기 힘든 것이었다. 당시 상황을 염두에 두더라도 그녀의 행동은 법률과 관습은 물론이고 심지어 인간의 기본적인 제약으로부터도 지나치게 벗어난 것처럼 보일 때가 많았다. 튈르리 궁전을 공격할 때 그녀는 민중들에게 미치는 자신의 영향력을 이용해서, 자신을 풍자하는 기사를 쓴 기자를 폭행하게 했다. 그녀가 흡혈귀 같다는 평판은 마지막까지 그녀를 쫓아다녔다. "최근 그녀가 저지른 살인사건 중 하나는 플랑드르 출신의 청년을 살해한 것으로, 전하는 바에 따르면 그는 처음으로 그녀를 유혹한 남자라고 한다. 그녀는…… 자기 손으로 그의 머리를 잘랐고…… 일종의 광적인 황홀경에 빠져서는 혁명가를 부르며 피가 고인 주변을 돌며 춤을 추었다."[18]

하지만 구체제에 맹렬한 반감을 가지고 이를 파괴하고자 열정적으로 활동한 점에서 드 메리쿠르는 결코 예외적인 여성이 아니었다. 마농 롤랑도 열정적으로 "평화는 우리를 퇴보시킨다. 우리는 오직 피를 통해서만 혁신을 이룰 수 있다."라고 주장했다.[19] 드 메리쿠르가 거리를 사로잡았다면, 독학으로 지성인이 된 천부적인 재능의 소유자 롤랑 부인은 상류층의 살롱을 사로잡았다. 그녀는 글을 통해서만이 아니라 직접 논쟁에 참가하여 혁명정책과 민주주의 이론을 표현하고 전파하는 역할을 했다. 비록 그녀가 남성 동료들과 완벽하게 평등한 관계 속에서 활동하지는 않았지만(그녀가 처음으로 쓴 급진적인 내용의 저술은 남편 이름으로 출간되었고, 그녀의 영향력이 절정에 달한 것도 1792년, 남편이 내무부 장관이었을 때다), 온건파였던 지롱드당에서 막강한 세력을 과시하는 인물이었다. 따라서 마농 롤랑의 이력은 인류 역사에서 최초로 한 여성이 자신의 능력으로 정계의 수뇌부에서 중추적인 지위를 차지했고 그 사실이 인정된 대표적인 사례다.

이 여성들은 단순히 남자들의 이익에 이바지하기 위해 노력하던 고전적인 여성의 대열에 끼지 않았다. 시대 전체가 대대적인 변화를 겪으면서 또 하나의 혁명적인 사상인 페미니즘이 뿌리를 내리고 자라기 시작한 것이다. 전에도 그런 사상이 없지는 않았지만, 그것은 무작위로 불어대는 바람을 타고 인간 사고의 표면에 산발적으로 흩뿌려진 씨앗에 불과했다. 단지 프랑스에서만 마리 르 자르 드 구르네 같은 선구적인 여성들이 논쟁을 벌일 때 사용하던 용어인 '여성문제'가 수년 동안 논의의 대상이 될 뿐이었다. 몽테뉴의 양녀인 마리는 여성의 교육받을 권리를 충실하게 옹호했고, 여성이 '선천적으로' 열등하다는 통념에 단호하게 저항한 운동가다. 그녀의 독립심, 순종하며 남의 비위나 맞추는 일이나 '여성스러운' 장식과 치장을 거부하는 태도, 그녀의 저서 『남성과 여성의 평등』(1622), 『부인들의 비탄』(1626) 등은 그녀에게 원초 페미니스트 자격을 부여한다. 그러나 이제 페미니스트들의 도전은 〈제3계급 여성들이 국왕에게 보내는 청원서〉에서 볼 수 있는 것처럼 함께 모여 항의하고 요구함으로써 명백하게 정치적인 성격을 띠게 되었다.

제3계급의 여자들은 다들 가난하게 태어납니다. 그들은 제대로 교육받지 못하거나 잘못된 교육을 받습니다. …… 15, 16세의 소녀들은 하루에 고작 5, 6수[역5]를 벌 수 있습니다. …… 그들은 결혼 지참금 없이 가난한 직공과 결혼하고…… 자기들이 키울 능력도 안 되는 아이들을 낳아 힘겨운 생활을 이끌어갑니다. …… 만일 여성들이 결혼하지 않은 채 늙어버리면, 그들은 눈물로 세월을 보내고 가까운 친지들의 멸시의 대상이 됩니다. 그런 불행을 피하기 위해, 폐하, 우리는 여성의 특권인 다음 기술을 사용하는 직업을 남자들이 가질 수 없도록 금해주시기를 간청합니다.[20]

남성들은 전통적으로 여성들이 수행하던 기술직에까지 대거 몰려들었다. 그뿐 아니라 여성들의 평균 일당이 겨우 14, 15수인 반면 남성들은 일당 30수를 벌어들였다. 그런 사실을 감안할 때 그들의 항의는 아

역5) 프랑스의 옛 화폐 단위.

주 유순한 느낌이고, 그런 인상은 그 항의서가 소심하기까지 한 포기 발언으로 끝을 맺으니 더 강화된다. "폐하, 저희는 교육을 받고 직업을 가질 수 있기를 바랍니다. 이것은 남성들의 권위를 침해하기 위해서가 아니라 생계수단을 얻기 위해서일 뿐입니다." 콩도르세 후작 같은 남성 팸플릿 저자들은 여성들을 '제3계급 중에서도 제3계급'으로 만든 부당함과 여성들의 고충에 관심을 집중시키는 데에 한결 덜 조심스러운 태도를 보였다.

심지어 계몽되었다는 남성들도, 평등한 권리의 원칙을 1만 2,000명이나 되는 여성의 경우는 무시한 채 단지 300~400명의 남성들을 위해서만 주장하였다. 습관의 힘을 이보다 더 강하게 입증하는 증거가 어디 있겠는가?[21]

하지만 "남성들이여, 과연 당신들이 정의를 실현할 수 있겠는가? 판단을 내리는 것은 여성들이다."라는 격렬한 슬로건을 내세우면서 프랑스에서 페미니즘의 기치를 온전히 펼쳐 보인 공적은 한 여성에게 돌아간다. 프랑스 국민의회는 혁명 초기에 〈인권 선언문〉을 발표했는데, 1791년 9월에 이미 올랭프 드 구즈(Olympe de Gouges)는 성숙한 페미니즘의 재치 있는 응답으로 〈여성의 권리 선언문〉을 발표했다.

여성은 자유롭게 태어나며 남성과 동등한 권리를 가진다. …… 법은 국민의 보편적인 의지의 표현이어야 한다. 모든 시민, 즉 남성과 여성이 동등하게 법을 만드는 데 참여해야 한다. …… 법은 모두에게 똑같이 적용되어야 한다. …… 남성이든 여성이든 모든 시민이 법 앞에서 평등하다. 따라서 그들의 능력에 입각해서, 그들의 능력과 재능이라는 기준 외에 다른 어떤 기준도 개입되지 않고, 모든 정부기관이나 신분, 직업에서 동등한 자격이 인정되어야 한다.[22]

당시의 분위기가 어떠했든지 간에 이것은 혁명적인 주장이었다. 게다가 그 속에는 더 중요한 주장이 숨어 있었다. 드 구즈는 마농 롤랑과 마찬가지로 정규교육을 받지 못했지만, 프랑스 여성들이 당면한 경제적 고충의 배후에 있는 문제의 본질을 파악하는 데 성공했다. 여성을 무능력하게 만드는 조건과 빈곤이 더 심각한 악순환 속에서 서로를 강화하고 영향을 미치는 방식을 폭로한 것이다. 그녀는 여성들의 저임금과 불안한 직업 전망은 그들이 제대로 교육을 받지 못한 데서 비롯되며, 이것이 여성들을 일찍 결혼이나 거리로 내몰고 있다고 주장했다. 또한 교육의 결핍은 남성이 여성의 정치적 권리를 부정할 빌미를 주었고, 정치적 권리가 없기 때문에 여성이 법률을 개정하거나 법적으로 교육의 권리나 동등한 임금 또는 평등권을 획득하는 것이 불가능해졌다. 이후 페미니즘의 역사는 드 구즈의 근본적인 분석이 본질적으로 정확함을 확인해온 것에 불과하다.

이것은 단순히 이론적인 주장에 머물지 않았다. 드 구즈는 "여성들이여, 깨어나라! 당신들의 권리를 인식하라!"라고 외쳤고, 이기적인 남성 혁명가들이 새로 도입한 노골적인 억압을 폭로했다. "남성 노예가 힘을 키워왔다. …… 그는 자유를 얻자 자기 동반자에게 부당한 태도를 보이고 있다. …… 혁명으로 여성들이 어떤 이득을 얻었는가? 더 공공연한 경멸밖에 없지 않은가!" 드 구즈는 '우리의 현명한 입법자'들을 빈정대며 비난하는 동시에 모든 여성에게 '남성들이 내세우는 근거 없는 우월의식에 이성의 힘으로 대항'할 것을 촉구했다.

하지만 이성은 혁명이 좀처럼 제공하지 않은 사치품이었다. 그리고 아무리 공허하더라도 남성들의 우월의식이 허식에 불과한 것도 아니었다. 남성 혁명가들은 여성의 지위를 개선할 생각이 전혀 없었다. 심지어 여성들의 주장을 인정할 생각도 없었다. 전쟁의 신호를 알리는 미라보의 유명한 선언도 "지금 우리는 남자의 역사를 시작한다."[23]였다. 혁명은 실제로 그렇게 진행되었다. 페미니즘의 논쟁점들은 처음부터 신중하고 계획적으로 억압된 형태로만 제기되었다.

이토록 혁명적인 페미니스트들이 그 격변의 소용돌이 속에서 어떻게 살아남을 수 있었겠는가? 그들은 여성이기 때문에 사회의 온전한 일원으로서 자격을 상실한 존재였다. 따라서 폭력적으로 서둘러 사회에서 제거될 때 아무런 보호도 받지 못했다. 드 구즈는 1793년 1월에 단두대에서 처형된 루이 16세의 죽음에 항의함으로써 자신의 죽음을 재촉하였다. 마농 롤랑은 자신을 옹호할 발언권도 전혀 주어지지 않은 공개재판의 희생자가 되었고, 영웅적인 힘과 품위를 잃지 않고 용감하게 죽음을 맞았다. 그녀는 자신을 심판한 재판관들에게 이렇게 말했다. "당신네 재판관들은 내가 볼 때 당신들이 살해한 위대한 남성들과 같은 운명에 처해져야 할 사람들이다. 나는 그들이 보인 용기를 단두대까지 가져갈 수 있도록 노력할 것이다."

드 구즈는 악명 높은 '뜨개질하는 여자들의 클럽'을 만들었고, 볼테르와 루소의 제자였던 롤랑은 마리 앙투아네트의 격렬한 반대자였다. 하지만 그토록 격렬한 혁명가였던 두 여성은 모두 양립할 수 없는 대립으로 프랑스 혁명의회가 분열되었을 때 온건파인 지롱드당을 지지했다. 드 구즈는 자신의 〈선언문〉에서 여성들이 '단두대로 갈 권리가 있다면' 의회에 참석하는 의원이 될 권리도 가져야 한다고 주장했다. 하지만 프랑스의 페미니스트 선각자들이 단축된 삶에서 누릴 수 있었던 진정한 평등은 단두대로 갈 권리뿐이었다. 두 여성 모두 과격파 자코뱅당의 사악한 천재 로베스피에르를 반대했기 때문에 비슷한 시기인 1793년 11월에 단두대에 올라야 했다.

하지만 공포정치 시대에 희생자가 된 여성들 대부분은 사실 혁명적 활동과 무관했다. 뤼실 데물랭은 단지 지롱드당 지도부의 아내라는 이유로 젊은 나이에 목숨을 잃었다. 로베스피에르는 뤼실의 어린 아들의 대부였다. 뤼실의 어머니가 로베스피에르에게 간절히 탄원했지만 그녀의 생명은 구할 수 없었다. 그보다 더 이해할 수 없는 것은 수없이 많은 무명의 희생자들이었다. 예를 들어 '푸아투에서 20명의 시골 소녀들'이 무더기로 파리로 끌려와 단두대에서 처형되었는데, 그들의 죄목이 무엇이었는지 현재로서는 알 길이 없다. 그들 중 한 명은 단두대로 오를 때 아이를 품에 안고 있었다. 인간의 생명을 전혀 존중하지 않던 시대에는 충분히 있을 수 있는 일이었다. 당통이 남긴 마지막 블랙 유머대로 남녀노소, 귀천을 가리지 않고 모든 사람의 머리가 한 광주리에 담겨 입을 맞추었다.

정치활동을 한 여성들은 적어도 적의 얼굴을 알아볼 줄 알았다. 드 구즈와 롤랑 둘 다 후에 자기들을 죽음으로 몰아넣게 될 로베스피에르에게 본능적으로 저항감을 보였다. 성인남성들의 보통선거권이 최초로 보장되면서 여성들은 전보다 더 분명하게 선거권에서 배제되었다. 드 메리쿠르가 조직했던 여성 클럽 중에서 가장 활발하게 활동한 혁명 공화파 여성들이 집회를 열고 여성의 참정권을 요구하는 청원서를 준비했지만 강제 해산되었다. 로베스피에르와 그가 이끄는 자코뱅 당원들은 여성을 정치에서 몰아내고 가정으로 돌아가게 만드는 일에 착수했다. 드 구즈와 롤랑이 죽은 불길한 11월에는 여성들로 구성된 모든 정치 그룹이 폐쇄되었다. 이후 프랑스에서 여성의 적극적인 정치 참여는 사실상 종결된 것이나 다름없었고, 여성이라는 사실이 더없는 행복이던 그 새벽의 자유는 이후의 많은 세대에게 단지 빛바랜 기억으로만 남았다. 마농 롤랑은 단두대에서 "오, 자유여! 너의 이름 아래 얼마나 끔찍한 범죄들이 저질러지는가!" 하고 외쳤다. 영어권에서는 프랑스 혁명의 슬로건이던 '자유'라는 간절한 염원에 함축되어 있는 미묘한 아이러니를 이해할 수 없을 것이다.[역6] 들라크루아가 여성의 모습으로 묘사한 것처럼 '자유'는 당연히 여성형 명사다. 하지만 자유는 '평등'

역6) 프랑스어에서 '자유'를 뜻하는 단어 'la liberté'는 여성형 명사다. 하지만 영어에는 성이 없으므로 그 뉘앙스를 알 수 없을 것이라는 뜻이다.

으로 향하는 도중에 남성들의 영원불변한 '박애'에 밀려 프랑스 혁명의 세 이념 중 최고의 지위에서 밀려났다.[역7]

신생 독립국인 미국에서 무력충돌이 있었듯이, 프랑스에서도 공포정치 시대를 거치는 일은 역사적 조건처럼 예견된 일이었다. 그리고 시대의 불가항력적인 요구 아래에서 고통받을 운명에 처한 사람들은 기껏해야 그런 혼란에도 생명을 유지하여 새로 복구된 세계를 목격할 수 있기를 희망하는 수밖에 없었다. 그럴 때 가장 끔찍한 일은 구체제를 전복시킨 격변의 소용돌이가 거의 아무 경고도 없이, 인질로 잡아놓는 일도 없이 생존자를 남기지 않는 경우일 것이다. 진정한 의미에서 세계전쟁이라 할 수 있는 산업혁명이 바로 그런 경우였다. 고대 로마시대 이래로 평화롭게 정착해온 시골의 농업사회 주민들에게 그것은 크나큰 재앙이었고, 그 영향은 즉각적이고 극적이고 영구적이었다.

> 18세기 전반기 영국은 사실 중세의 영국과 마찬가지로 평화롭고
> 원시적이었으며, 아직 상업과 교역의 소란한 함성으로 교란되지
> 않은 상태였다. 그런데 갑자기, 정말로 마른하늘에 날벼락처럼, 산
> 업혁명의 물결을 예고하는 폭풍이 불어닥쳤다.[20]

20세기 역사학자들은 사건이 지나고 나서 되돌아보는 위치에 있는

역7) 흔히 '박애'로 번역하는 'la fraternité'에는 남자들의 우애, 연대 등의 의미가 있다. 결국 저자는 남성들이 연대하여 여성들에게 평등권을 주지 않았기 때문에 여성이 자유를 얻을 수 없었음을 지적하고 있다.

8. 혁명, 거대한 동력 311

덕분에 기계시대를 열어놓는 연쇄적인 힘이 전부터 은밀하게 확립되고 있었음을 입증할 수 있었다. 그런 사실을 예견할 수 있게 하는 징후들이 있었던 것이다. 그러나 미처 깨닫기도 전에 이런 전쟁에 징집된 사람들에게는 당대의 사회적·경제적 흐름이 예고하는 바를 미리 알 수 있는 방법이 거의 없었고, 따라서 거기서 벗어나려는 행동을 취할 기회도 전혀 없었다. 다른 전쟁들과 달리 이 전쟁은 신체적 조건이 허락하는 남성 징집자들만이 아니라 여성과 아이들까지도 가련한 총알받이로 활용하여 사상자 명단에 포함시켰다.

철·석탄·증기, 18세기 영국에서 개발된 새로운 동력원들은 단순히 제조업 기술에서만 대변혁을 불러일으킨 것이 아니다. 전에는 나눌 수 없는 단일체를 구성하던 남편, 가정, 가족을 별개의 것으로 분리해 놓음으로써 놀라울 정도로 짧은 기간 동안 여성의 전통적인 생활구조를 철저히 와해했다. 산업화 이전 사회에서 주부의 일은 남편, 가정, 가족을 큰 노력 없이 하나로 결합시켰고, 주부는 자신의 세계에서는 물론이고 사물의 세계라는 폭넓은 범위에서도 확고하게 중심적인 위치에 있었다.

농경민이라는 역할 속에서 여성은 필요한 식량의 대부분을 생산했다. 우유를 짜고 버터와 치즈를 만드는 일을 포함해서 낙농업 전체를 관리하는 일 역시 여성의 손에 맡겨져 있었다. 또한 아마와 삼을 재배하고, 곡식을 제분하고, 가금과 돼지, 과수원과 채소밭을 돌보는 일 역시 여성의 몫이었다.[25]

농업경제에서 산업경제로 전환되고 시골에서 도시로, 가정에서 공장으로 중심이 이전되면서 여성은 이전에 갖던 유연한 적응력과 지위, 자기 일에 대한 통제력을 상실했다. 대신 그들에게는 저급하고 착취되는 직업을 가질 특권, 직장과 가사노동을 병행할 이중 부담, 이 시대 이후 항상 여성을 짓누른 자녀양육에 대한 단독 책임이 주어졌다. 이처럼 산업혁명으로 인한 변화들은 하나같이 여성의 생활에 불리한 영향을 주었으며, 전혀 예견치 못한 방식으로 재앙을 초래했다.

가장 단순한 수준에서 볼 때도, 가정에서 공장생산으로의 전환은 여성 노동자들에게 불리한 영향을 많이 미쳤다. 무엇보다 먼저 아내가 남편의 일을 도울 기회를 갖지 못하게 됨으로써 공동 협력자라는 이전의 지위를 상실했다. 산업화 이전에는 여성들이 남성들과 함께 일하는 경우가 많았다. 남녀가 긴밀하게 협력하고 수확하고 이삭을 줍고 볏짚을 묶고 탈곡하고 땅을 팠다. 중세부터 부부가 의지하며 살아가는 일의 은유로 내세우는 핵심적인 이미지가 남편이 밭고랑을 갈고 아내가 그 뒤를 따르면서 씨를 뿌리는 장면이었다. 수천 년을 이어진 이런 소박한 전원 풍경이 갓 태동한 새로운 혁명 때문에 맨 먼저 사라져갔다.

여성이 잃은 또 다른 것으로 그들이 벌어들일 수 있었던 상당한 액수의 돈과 함께, 생산단위였던 가정의 우두머리로서 여자들이 행사할 수 있었던 통제력을 들 수 있다. 산업화 이전의 주부는 가사노동과 상업활동 간에 거의, 또는 전혀 구분을 두지 않았다. 그녀는 술을 만들고, 빵을 굽고, 천을 짜고, 달걀을 거둬들이고, 돼지를 치는 등의 일을 했으며, 자기 집의 필요량 이상 생산된 것은 무엇이든 팔았다. 그녀가 더 열심히 일할수록, 부업이 더 성공적일수록 더 많은 돈을 벌었다. 게다가 농사일의 일정에 따라 함께 야외노동을 했고 서로 도와가며 노동을 배분했기 때문에 아내와 자녀의 생계를 책임지는 '남성 가장'의 개념은 존재하지도 않았다. 모두가 생산력을 가지고 있었고, 특히 아내는 두 곱으로 그러했다. 이와 달리 임금 노동자가 된 여성은 고정된 주급을 받게 되었고, 남자들의 임금은 물론이고 종종 아이들보다 더 적은 임금을 받는 신세가 되었다. 고용주들에게는 그 이유가 명명백백했다.

여성 노동자의 임금이 낮은 덕분에 여성은 가정을 돌보는 것이 가장 온당한 일일 뿐 아니라 가장 유익한 일임을 알게 된다. 게다가 낮은 임금을 줌으로써 여성들이 자식을 돌볼 의무를 남에게 떠넘기도록 부추기지 않게 된다(이 말은 엄마를 대신해서 아이를 돌보는 사람에게 월급을 줄 수 없으니 유모를 고용할 생각을 하지 못하게 된다는 뜻이다). …… 여성들만 고용하는 공장주 E씨는…… 결혼한 여성들을 선호하며, 특히 집에 먹여 살려야 할 가족들이 있는 여성들 위주로 고용한다. 그들은 미혼여성들보다 훨씬 더 말을 잘 듣고 다루기 쉬우며 생필품을 마련하기 위해 힘껏 노력할 수밖에 없는 상황이기 때문이다.[26]

이렇듯 공장 체계는 직공들을 '빌려 쓰는 기계로만' 간주하고 착취하는 동시에 그들의 인간성까지도 말살한다. 또한 처음부터, 그렇게 착취되는 사람들 안에서도 위계를 만들었다. 여성들은 어디서나 예외 없이 남성 동료들보다 더 힘든 일을 맡으면서도 임금을 덜 받았다. 모든 고용주가 의견 일치를 보였듯이, 남성들보다 여성들로 하여금 '심각한 육체적 피로를 참고 계속 일하도록 설득하는 일이 더 쉽다'고 한다. 따라서 '고용주 자신에게는 더 고분고분한 종이고, 공장의 기계들에는 더 능률적인 노예'이기에 '주인'에게는 더할 바 없는 투자인 셈이다. 한 개혁가는 이런 상황에 크게 분노하여 "끔찍하다! 그들이 원해서 하는 일이라 하지만, 주여, 그들을 도와주소서, 그 일꾼들은 감히 거절하지 못하는 것일 뿐이다."[27]라고 썼다.

전에는 자율적이던 여자들이 경제적으로 무력해지고 남자들에게 의존하도록 강요되자, 여성은 선천적으로 열등하다는 근대 특유의 관념이 다시 등장하였고 더 강화되었다. 여성이 남성에게 종속되는 관계 역시 여성의 일이 가정에서 공장으로 재배치됨으로써 새로운 전환점을 맞았다. 즉 이전에 여성들이 남편이나 아버지인 가부장의 힘에 예속되었다면, 고도로 발달한 산업사회의 조직에서는 모습을 보이지 않는 사장의 권위가 난폭하고 가혹한 작업감독의 일상적인 지배를 뒷받침했고 그의 횡포를 통해 표현된 것이다. 이런 상황은 '미국 제조업계의 쇠가죽 채찍이나 잘 길들인 혁대'의 사용을 개탄하는 미국 초기 공장들에 대한 다음 보고에서 잘 드러난다.

우리는 체벌을 당한 **많은** 여성들을 예로 들 수 있다. 열한 살 된 한 소녀는 굵은 나무 막대기로 맞아서 다리가 부러졌고, 다른 소녀는 방적공장의 감독관 행세를 하는 냉혹한 괴물한테 판자가 쪼개지도록 머리를 맞았다. …… 미국 여성들과 아이들을 감독하기 위해 외국인 감독관을 고용하는 경우가 많은데, **외국에서는** 반대로 미국인 감독관을 고용한다고 한다. 정말 유감스럽게도 이것은 제조공장의 포학한 규칙을 더 효과적으로 실행하기 위한 방편이다.[26]

가정에 기반을 둔 노동생활에서 공장의 기계적인 노동생활로 급격한 변화를 겪은 여성들에게 그런 가혹한 규율은 많은 충격 가운데 일부에 불과했다. 무엇보다도 끊임없는 노동시간이 가장 큰 문제였다. 새벽 5시부터 저녁 8시까지 일하는 것이 보통이었고, 심할 때는 새벽 3시에 시작해서 밤 10시까지 계속되었으며, 추가 수당은 전혀 없었다. 노동시간 자체는 가정에 있는 여성들의 작업량과 그리 다를 바 없었다. 그러나 잠시 일을 중단하거나 휴식하거나 일에 어떤 식으로든 변화를 줄 수 없는 상황에서 속도를 강요하는 노동은 육체적으로도 힘겨울 뿐 아니라 정신적으로도 고문이었다.

심지어 생활수준이 가장 낮은 가정도 공장과 비교하면 편안한 편이었다. 공장의 기계가 뿜어내는 열기 때문에 실내온도는 항상 섭씨 26~29도를 유지했고, 노동자들이 물 한 잔 마시기 위해 일을 중단하는 것도 허락되지 않았다. 심지어 그런 유혹을 느끼지 못하도록 빗물 한 방울도 실내로 들이치지 않도록 막아두었고, 닫힌 문이나 창문을 열면 벌금 1실링을 내야 했다. (아주 흥미롭게도 문이나 창문을 열 때의 벌금이 공장 화장실에서 동성애 행위를 하는 경우 부과되는 벌금액과 동일했다. "공원 두 명이 **변소에 같이 있는 것이 발견되면**, 각각 …… 1실링을 내야 한다.") 당시 직

접 눈으로 (또는 코로) 이런 작업 환경을 직접 경험한 사람이 남긴 기록
이 있다.

> 신선한 공기는 조금도 들이마실 수 없고…… 살인적인 열기에 한
> 몫 하는 유독 **가스**의 메스꺼운 악취…… 증기와 뒤섞인 고약한 냄
> 새…… 먼지, 솜가루라 불리는 미세한 가루, 그 불쌍한 사람들은
> 이런 것들을 들이마셔야 했다.[20]

그러므로 모든 산업 노동자들이, 흔히 뭉뚱그려서 '폐병'이라 부르
는 폐질환에 걸리기 일쑤였음은 놀라운 일도 아니다. 그런 질환으로 입
는 구체적인 손상은 업종과 아주 긴밀한 관계가 있었다. 칼을 만들거나
가는 일을 하는 사람들은 '호흡곤란'으로 고통받았고, 기침을 하고, 먼
지와 점액을 토하고, "밤이면 땀을 흘리고 설사를 하고 심하게 마르는
등 폐질환의 온갖 증세를 다 보였다." 그러다 결국은 쇠약해진 몸에 급
작스런 통증을 느끼기 일쑤였다. 레이스 세공자들에게 닥치는 질병도
비슷했다. 그들은 어릴 때부터 오랫동안 상체를 구부리고 일을 해야 했
는데, 일하는 중간에 등이 아파 일을 중단하지 못하도록 코르셋 안에
나무로 만든 견고한 지지대를 착용해야 했다. 이것은 젊은 여성들의 흉
골과 늑골, 흉곽을 변형시키고 갖가지 호흡기 질환으로 고통받게 했으
며, 특히 폐병으로 쇠약해지는 경우가 가장 많았다.

공장에서 오랫동안 일하는 젊은 여성들은 빨리 "늙고 쇠약해지고 불
구가 되고 마흔 살이면 일을 더는 할 수 없게" 되었다. 하지만 이런 손

상은 그들이 감수해야 하는 많은 위험 가운데 하나일 뿐이었다. 초기에 설립된 공장에서는 부상도 잦았다. 특히 여성들은 치렁치렁한 옷과 치마, 속치마, 앞치마, 긴 머리 때문에 부상의 위험이 남성들보다 컸다. 공장 기록을 보면, 방적기의 '실 뽑는 틀 아래쪽으로 말려' 들어가 '불구가 된 메리 리처드' 처럼 여성 노동자들이 부상당한 사례가 아주 많다.[30] 하지만 상황이 이런데도 공장노동이 석탄 채굴업보다는 선호되었다. 석탄 채굴업은 당시 여성들에게 강요된 가장 위험하고 지위가 낮은 형태의 노동이었다. 탄갱에서 일하는 여성들의 모습을 처음 접한 사람들에게 그것은 지옥의 광경, 그 자체로 보였다. 엄청난 충격을 받은 한 유한계급 남성은 이렇게 기록했다. "그들은 마치 개처럼 사슬과 띠를 붙들어 매고 있었고, 갑옷을 입고서 손수레에 실려 가거나 반 벌거숭이로 시커멓고 축축하게 젖은 채 팔다리로 기어 다니면서 뒤로 무거운 짐을 질질 끄는 등 이루 형언할 수 없을 정도로 혐오스럽고 괴상한 모습을 하고 있었다!"

물론 탄광에서 일하는 여성들에게는 외모에 신경을 쓸 시간도 없었고 그럴 필요도 없었다. 그 일은 지독하게 잔인할 정도로 힘겨운 것이어서, 소녀가 교대하고 지상으로 올라오기 위해 바구니에 오르자마자 기진맥진해서 기절하는 일도 드물지 않았다. 그렇게 되면 대개 버들가지로 만든 얇은 수송 바구니에서 탄갱 바닥으로 굴러 떨어져 죽게 된다. 여자들이 끌어당겨야 하는 손수레의 무게 역시 또 다른 비극의 원인이었다. 625킬로그램 가량 되는 광차가 자칫 잘못하면 '끌어당기는 사람'을 짜부라뜨리거나 눌러버리곤 했던 것이다. 일반적인 작업환경도 끔찍할 정도로 열악했다. 어린 소녀들은 16~18인치(약 40~46센티미터) 높이밖에 되지 않는 통로를 기어 다녀야 했고, 성인여성들도 30인치(약 76센티미터)를 넘지 않는 높이의 갱도를 통과해야 했다. 그들은 하루에 열네 시간 정도 잠시도 일어서거나 팔다리를 뻗지 못한 채 15~30킬로미터를 기어 다니는 셈이었다. 요크서의 탄광 노동자였던 파니 드레이크의 증언에 따르면, 겨울에 종아리까지 물이 차 있는 곳에서 6개월 동안 일했다고 했다. 이 일로 그녀의 발은 '마치 불에 덴 것처럼' 껍질이 벗겨졌다. 랭커셔와 이웃한 주에 있는 리틀 볼턴의 베티 해리스는 수레를 끌어당길 수 있도록 연결한 허리띠와 사슬 때문에 격심한 고통을 겪었다. 허리띠와 사슬에 옆구리 살이 베이고 물집이 생겨 '결국 피부가 벗겨졌기' 때문이다. 하지만 정말 그녀가 괴로웠던 건 '임신했을 때'였다.[31]

증언할 당시 베티는 37세였다. 이런 직업은 여성들이 나이가 들수록 더 힘들어지는 것이었다. 특히 그들이 임신을 자주 하는 경우 더 그랬다. 스코틀랜드 탄광 노동자 이사벨 호그에 따르면, '분만할 때 격심한 고통'을 겪을 뿐 아니라 '유산도 잦았고 생명이 위태로운 경우도 많았다.' 이스트로디언(East Lothian)의 탄갱에서 일했던 이사벨 윌슨은 다섯 번이나 유산을 했고, 막내는 금요일 저녁에 교대근무를 마친 후 토요일 아침에 낳았다. 역시 탄갱에서 일했던 베티 워들은 이사벨처럼 시간을 잘 맞추지 못했다. 그녀의 아이는 탄갱 바닥에서 태어났고, 그녀는 아이를 치마로 감싼 후 굴대 위로 끌어올려야 했다. 그녀는 '벨트와 사슬'이 분만을 앞당겼다고 했다.

그리고 나서도 이 여성들은 일을 했다. 짐을 들어 올리는 장치도 없는 광산에서는 여성들이 직접 석탄을 등에 지고 땅 위로 날랐다. 스코틀랜드 여성 메리 던컨은 "(지상까지) 하루에 40~50번씩 오르내렸고, 한 번에 약 2킬로그램씩 나를 수 있었다. 어떤 여자들은 2.5~3킬로그램까지 나르기도 했지만, 그것은 지나치게 무리한 양이었다." 그런 식으로 여성들은 1인당 하루에 석탄 1.5~2톤을 지상으로 져 날랐고, 그 일에 대한 임금은 대개 8펜스를 넘지 않았다. 스코틀랜드 토목기사 로버트 발드는 일이 너무 힘들어서 '몹시 구슬프게 흐느끼면서' 탄갱으로 올라오는 여성들과 마주친 경험을 기록으로 남겼다. 그에 따르면 한 "기혼 여성이…… 너무 무거운 석탄을 진 탓에 온몸을 벌벌 떨면서 신음하고 있었고, 거의 무릎을 꺾고 쓰러지기 직전의 상태에서" 이후 그의 머리에서 떠나지 않던 목소리로 말했다. "아아…… 나으리, 이건 힘든, 정말 너무 힘든 일입니다. 처음으로 석탄을 나르려고 시도했던 여자의 등짝을 신께서 부숴버리셨다면, 그래서 아무도 다시는 그럴 엄두를 내지 못했더라면 좋았을 텐데요."[32]

17세기 뉴캐슬의 공작부인 마거릿의 맹렬한 비난을 보면 산업혁명기 여성 노동자들의 생활을 더할 나위 없이 완벽하게 알 수 있다. "여자들이 **박쥐**나 **올빼미**처럼 살면서 **짐승**처럼 일하고 **벌레**처럼 죽어간다." 그런데 이 여성들은 지독하게 힘겨운 노동과 짓뭉개진 희망, 잘려나간 생명 외에도 더한 고통을 받아야 했다. 그들 자신이 어릴 때부터 마치 노예처럼 혹사당한 것처럼, 후에 자신의 자녀들 역시 그렇게 파괴되는 것을 지켜보는 것 외에 다른 대안이 없는 데서 온 고통이었다.

어린 소녀들은 다섯 살만 되면 석탄을 실은 수레가 지나갈 길을 만들기 위해 탄갱으로 내려가기 시작했다. "대개 부모들이 여자아이가 남자아이보다 더 어릴 때부터 정밀한 작업을 잘할 수 있다고 생각했기에…… 소녀들이 항상 소년들보다 더 일찍부터 일을 시작해야" 했다.[33] 이것이 어머니나 아이, 양쪽 모두에게 의미했던 바는 17세의 섬유산업 노동자와 나눈 다음 대화에서 확인할 수 있다. 그녀는 10년째 영국 북부에 있는 공장에서 일하고 있었다.

"내가 일을 시작한 지 반년 정도 지났을 때부터, 무릎과 발목이 약해지기 시작했어요. 그게 낫지 않고 계속되면서 점점 나빠지기만 했죠. 아침이면 걸을 수 없을 정도로 아파서 동생들이 공장까지 1.5킬로미터가 족히 넘는 거리를 부축해주거나 함께 달려주곤 했어요. 그럴 때도 너무 아파서 나는 제대로 걸을 수 없어 다리를 끌곤 했지요. 우리가 5분이라도 지각하면 감독관이 가죽 끈을 들고 온몸에 멍이 들 때까지 때렸어요. …… 일곱 살 때만 해도 나 역시 다른 애들처럼 몸이 굽지 않았고 건강했는데……"

"네 어머니는 혼자되셨는데…… 널 돌봐줄 수 없었니?"

"네."

"네가 허리가 구부정하게 되고 불구가 되어가는 것을 보면서 네 어머니가 많이 슬퍼하셨니?"

"종종 어머니가 흐느끼는 모습을 봤어요. 왜 우시는지 여쭤보았지만 그때는 대답하지 않으시더군요. 나중에야 말씀해주셨어요."[34]

'가난한 노동계급의 자식' 들은 말로만 아이였다. 부모와 똑같은 시간 동안 일해야 했고 거의 성인 작업량에 해당하는 일을 맡아야 했기 때문이다. (성인남성 광부들이 아이가 날라야 할 석탄을 등에 지워주다가 도리어 자기가 부상당했다는 기록도 많다.) 아이들이 이처럼 터무니없는 강요에 조금이라도 주춤하는 모습을 보일라치면 무지막지하고 가학적인 처벌을 받았다. 못을 만드는 일을 하던 한 '나쁜' 소년이 작업대에서 꼼짝 못하게 귀에 못이 박힌 일도 있었고, '말을 안 듣는' 한 소녀가 머리채를 붙잡힌 채 공장 안을 질질 끌려 다닌 일도 있었다. 대부분의 가족들은 자기 아이를 학대하는 자들에게 항의하지 못했다. 아이가 또다시 그런 처벌을 받을지도 모른다는 두려움, '일자리'를 잃을지도 모른다는, 그래서 아이가 벌어들이는 수입을 잃을지도 모른다는 두려움 때문이었다. 하지만 어린 아들이 피를 토할 때까지 굴림대(직기의 일부로 2, 3야드 정도의 길이에 지름 5인치가량 되는 나무 기둥)로 두들겨 맞는 것을 본 한 여성은 도저히 분노를 억누를 수 없었다. 그 소년의 말은 다음과 같다.

나는 어머니에게, 불평을 하면 내가 더 얻어맞게 될 뿐이니 제발 참아달라고 간청했다. 다음 날 아침 내가 일하러 갈 때 따라온 어머니가 나를 때린 작업반장에게 가더니 거칠게 나무랐다. …… 어머니가 나가자마자 그는 내가 일러바쳤다고 다시 심하게 때렸다. 청년들 중 한 명이…… 밖으로 나가 어머니를 찾아서 이야기했고, 어머니는 다시 들어와서 내게 뭘로 두들겨 맞았는지 물었다. 하지만 나는 감히 대답할 용기가 없었다. 구경꾼들이 굴림대를 가리켰고, 어머니는 바로 그것을 집어들더니 녀석의 머리 쪽으로 마구 휘둘러 그의 눈자위가 시퍼렇게 멍들었다.[35]

이런 사례들은 여성들이 산업혁명으로 인해 학대받고 고통받고 약탈되는, 연옥에 처해지는 운명에 그저 굴복하지만은 않았음을 분명하게 보여준다. 물론 산업화 이전의 생활 역시 흔히 생각하듯 장밋빛으로 물든 목가적인 생활은 아니었다. 농민들의 이상향에서 갑작스레 장면이 바뀌어 음침하고 극악무도한 공장이 등장한 것은 아니라는 말이다. 라 브뤼예르가 '마치 야생동물처럼' 흙구덩이에 파묻혀 살면서 일만 하다가 죽어가는 것으로 묘사한 시골 여성들은, 만일 후세의 사람들이 자기들의 생활을 마치 잃어버린 낙원인 양 묘사하는 것을 알았다면 누구보다 놀랐을 것이다. 더구나 이 다사다난한 시대의 모든 폐단을 공장 조직 탓으로 돌리고 비난할 수는 없는 일이다. 예를 들어, 도시의 인구 집중과 절망적인 빈곤이라는 현대의 폐단은 인구 급증에서 그 원인을 찾을 수 있다. 그리고 당시의 급작스런 인구 증가는 분만 때나 유아기의 생존율이 증가하였고, 더 많은 여성들이 출산으로 사망하지 않고 계속해서 아이를 낳을 수 있게 되었기 때문이다. 그렇게 볼 때 재앙을 부른 변화들은 새로 발견된 어떤 것 탓이 아니라 자연의 힘, 권력의 가장 오래된 원천에서 나온 것이다.

비록 기계에 대항해서 악전고투하다 고통 속에 쓰러져간 사람들이 많긴 했지만, 산업혁명은 사회 전체의 생존을 위해 불가피한 격변이었다고들 주장한다. 근대 최초의 사회철학자 프랜시스 베이컨은 "새로운 치료법을 쓰지 않는 자는 새로운 질병에 걸릴 수밖에 없다."라고 경고했다. 그리고 당시의 손꼽히는 역사학자 T. S. 애슈턴은 산업혁명이라는 대격변 덕분에 다른 종류의 재앙을 피할 수 있었다는 주장을 설득력 있게 제시한다.

> 그 시대의 중심문제는 이전 시대와 비교해서 수적으로 훨씬 증가한 자녀 세대를 어떻게 먹이고 입히고 고용할 것인가였다. 아일랜드 역시 같은 문제에 봉착했다. 그 문제를 해결하는 데 실패한 아일랜드는 1740년대에 해외이주, 기아, 질병으로 인구의 5분의 1가량을 잃었다. 만일 영국이 계속 농업과 수공업에 집착했다면 같은 운명에서 벗어나기 힘들었을 것이다. …… 오늘날 인도와 중국 대륙에는 전염병에 시달리고 굶주리고 가축들보다 별로 나을 게 없는 삶을 살아가는 사람들로 가득하다. 그들은 낮이면 가축들과 함께 일하고 밤이면 같은 잠자리에 든다. 아시아의 이 같은 상황은 산업혁명을 거치지 않고서 인구만 증가시킨 사람들의 운명이다.[36]

역사적 사건들이 벌어지지 않았다면 초래되었을 상황을 염두에 둔 이런 주장은 강한 설득력을 지닌다. 하지만 진보의 행렬에 짓밟히는 사람들 입장에서는 그 행진을 환영할 수 없었을 것이다. 여자들은 불가항력적인 기술혁신으로 탄생한 남자들의 기계를 돌려야 했고, 쥐꼬리만한 수당에 모욕적인 대접을 받아가며 기계동력이라는 새로운 신을 섬

거야 할 운명에 처했다. 그런 여성들 입장에서는 발명이야말로 필요의 어머니라 해야 할 것이다.[역8] 하지만 여성들이 그토록 힘든 일을 하여 얻는 임금만으로는 생존이 불가능했다. 따라서 기혼여성이든 혼기에 이른 여성들이든 생존을 위해 필수적이라고 하는 강철 같은 원칙에 따라 결혼이라는 족쇄에 묶였다. 간혹 독신으로 남는 여성도 있었지만, 그들은 자신의 변칙적인 상태에 대해 자신이 가진 모든 것으로 값을 치렀다. 이따금 그들이 갖지 않은 것까지 지불해야 하는 경우도 있었다. 유례없이 많은 여성 부랑자들이 거리를 떠돌았다. 1817년 6월 한 달 동안 잉글랜드 중부의 럭비 구빈구에서만 18명의 여성 유랑자들을 구제했는데, 그들 중 한 명은 여덟 명의 남성에게 '당한' 경험이 있었다. 런던의 치안판사들은 여성들의 자살이 계속 증가한다고 기록했다. 또 다른 여성들은 글자 그대로 쓰러져서 죽어버렸다. 어떤 사람이 세인트폴 대성당 근처에 있는 집을 사려고 방문했다가, 집안에 지독하게 야윈 세 여자가 죽어 있고 다락방에는 기아로 거의 죽을 지경에 이른 두 여자와 열여섯 살 된 소녀가 쓰러져 있는 것을 발견하고 기겁한 일도 있다.[37] 이런 상황에서 여자들은 생존을 위해 다시 종속관계로 돌아가는 수밖에 없었다. 그리고 그동안 남자들은 자연과 기계에 대한 지배력을 더 확고히 할 수 있었다. 이 지배력은 광범위하게 서로 맞물려 아직까지도 유지되고 있다.

역8) 원래 속담은 '필요는 발명의 어머니'다. 저자는 산업혁명으로 기계가 발명되면서 그 기계에 매달려 일할 저임금 여성 노동자가 생겨나게 된 사실을, 속담을 뒤집어 역설적으로 표현하였다.

혁명은 늘 사고방식의 대변혁이기도 하다. 또한 혁신한다는 말은 단순히 개선한다는 말과 다르다. 그런데 18세기의 혁명을 살펴보면 제각각 다른 기반과 성격을 가지고 있는데도 공통점을 한 가지 발견할 수 있다. 그것은 그 혁명들이 모두 특정한 사람들을 위한 것이었지, 모든 사람을 위한 것은 아니었다는 사실이다. 완전히 전복되고 타도된 것도 이전에 존재하던 모든 이념이 아니라 일부 이념들뿐이었다. 그리고 살아남은 이념들 중 가장 영속적인 힘을 보인 것은 바로 남성의 선천적인 우월성이라는 이념이었다. 탐험가들과 제국주의자들이 영토 확장의 거대한 물결을 타고 다른 나라의 영토를 개척해 들어갈 때도, 시대에 역행하는 만병통치약인 남성의 우월성은 그들과 함께 마치 전염병 바이러스처럼 아무런 제재나 점검도 없이 퍼졌다. 사실 이 이념이야말로 백인 남성들이 새로운 영토 전체에 널리 보급해야 한다고 굳게 믿은 여러 항목 중에 맨 앞에 있는 것이었다.

9. 제국의 위세

버지니아 주에 가본 사람이라면 누구든
그곳이 남자들을 위한 땅임을 분명히 알게 될 것이다.
— 마이클 드레이턴, 「버지니아 주 여행에 바치는 송가」(1605)

새로 건설하는 식민지를 후대에까지 유지하려면
여자들도 남자들과 함께 식민지로 가야 한다.
여자들 없이는 식민지가 결코 영원히 지속되지 않을 것이다.
— 프랜시스 베이컨, 버지니아 주 문제로 영국 왕실 평의회에 제출한 보고서(1609)

아니, 결코 안 된다! 오, 신이여,
저런 저주받을 매춘부들을 더는 받아들일 수 없습니다!
— 시드니 항으로 들어오는 여죄수 수송선을 발견한
최초의 함대에 탄 클라크 대위, 1790년 6월

전 세계의 여성들은 그 피부색이 어떻든 간에 그저 여자일 뿐이다.
— 라이더 해거드, 「솔로몬 왕의 금광」(1886)

산업혁명은 자연의 약탈을 초래했다. 그리고 산업혁명의 성장을 촉진하고 그 시장을 제공한 제국주의의 공격은 전 세계의 약탈을 의미했다. 1796년에서 1818년 사이에 대영제국은 실론 섬, 남아프리카, 인도, 미얀마, 아삼 등지를 점령했다. 1842년에는 아편전쟁으로 식민지가 늘어나서 홍콩, 펀자브, 카슈미르, 아프가니스탄, 싱가포르 등을 포함하게 되었다. 제국주의가 영국에서만 기승을 부린 것은 아니다. 네덜란드, 스페인, 프랑스, 포르투갈 등이 럭비 시합에서 스크리미지 라인을 두고 몸싸움을 벌이듯 전 세계를 나눠 가지며 앞 다투어 약탈했다. 한편 미국에서는 서부개척에 나섰다. 이것은 미국을 처음 설립한 자들의 제국주의적 이념을 다시 흉내 내는 것으로, 이로써 미국은 밖이 아니라 안으로 눈을 돌린 제국이 되었다. 이런 움직임들은 현대세계를 형성하는 데 결정적인 역할을 하였다. 오늘날까지도 남아프리카공화국의 인종차별 정책부터 과대망상에 사로잡혀 불을 뿜어대는 미합중국의 작태에 이르는 모든 것에서, 손에 총을 들고 시간의 모래밭을 활보하며 가로지르는 거대한 제국주의 남성의 발자취를 발견할 수 있다.

노래나 이야기, 신화, 회고담, 무엇보다 공식적인 역사에서 제국은 늘 영웅적인 남성이 거둔 성과물로 간주되었다. 알렉산더 대왕이 이미 알려진 최후의 국경선을 뚫고 나간 후 더는 정복할 세계가 남아 있지 않음을 한탄한 이래 여성들은 사료에서 모습을 감추었다. 1620년 〈메이플라워〉 호를 타고 역사적인 항해를 한 사람들 가운데 필그림 파더스[역1)의 이름은 플리머스 부두의 기념비에 새겨졌다. 하지만 함께 항해한 열여덟 명의 여성에 대해서는 아무런 언급도 없다. 키플링의 표현을 빌리면, 차가운 눈을 한 모험가들이 '담배 냄새와 피 냄새'를 널리 퍼트리면서 제국의 경계선이 점점 더 넓어졌다는 것이다. 이처럼 남성들이 적들과 맞서 싸웠다는 전형적인 허구는 라이더 해거드의 서사시

역1) 원래 순례 사제를 뜻하는 말로, 여기서는 미국 역사에서 식민지 시대 뉴잉글랜드 최초의 영구 식민지가 된 매사추세츠 플리머스에 정착한 사람들을 가리킨다.

「솔로몬 왕의 금광」에서 "나는 인류 역사를 통틀어 **속치마 입은 사람**은 하나도 없었음을 확실하게 말할 수 있다."라고 한 주인공의 호언장담으로 요약할 수 있다. 하지만 포트엘리자베스나 메릴랜드 같은 지명만 보더라도, 여성들의 영향력은 부인할 수 없는 흔적을 남겼다. 베이컨이 주장한 대로 여성들은 그리스 시대부터 식민지 개척자로 활약하였고, 제국의 생존에 필수적인 존재였기 때문이다. 북아메리카를 개척할 때 제국의 핏줄을 가지고 태어난 최초의 아이는 여자아이였다. 1587년 예수 승천일에 로어노크 섬[역2]에서 건강하게 태어난 이 아이는 버지니아 데어라는 이름을 갖게 되었다. 오스트레일리아에서 태어난 최초의 백인 역시 레베카 스몰이란 여자아이였다. 이 아이는 1788년 최초의 함대가 오스트레일리아에 상륙한 직후 태어났다. 비록 레베카는 랄프클라크 대위가 그토록 혐오한 '저주받을 매춘부' 중 한 명의 자식이었지만, 그런 비난 속에서도 건강하게 살아남아 선교사와 결혼했고 자신의 새 조국에 어린 국민을 열네 명이나 선사했다.

　제국주의의 역사 속에서 여성들은 항상 거기 있었다. 여자들 없이는 남자들이 살아갈 수 없다는 지극히 당연한 이유 때문이었다. 여성 일꾼들 없이 안정되고 장기적으로 식민지에 정착한 예는 세계 역사를 통틀어 전무하다. 케이프 식민지 최초의 총독이던 네덜란드 출신의 반 리벡대령은 부하들이 가축을 돌보고 버터와 치즈를 만드는 등 자기들에게 절실히 필요한 일을 하는 데 전적으로 무능하다는 사실을 발견하고 충

역2) 노스캐롤라이나 주 데어 군 근해의 섬.

격을 받았다. 그는 곧 부족한 부분을 메우기 위해 암스테르담과 로테르담에 있는 고아원에서 소녀들을 모집해서 데려오라는 명령을 내렸다. 베이컨의 충고를 받아들인 영국은 처음부터 그 문제를 염두에 두고 있었다. 버지니아 주 제임스타운에 성공적인 식민지 부락을 건설하는 일을 맡았던 런던 상회에서는 남자들과 함께 신세계에 '정착'하면서 '아내가 될 젊은 여성들'을 정기적으로 파견했다. 이들은 '훌륭한 외모에 제대로 교육받은 처녀들'이어야 했고, '특히 그들이 받은 훌륭한 훈육 덕분에 식민지로 갈 것을 권유받는' 사람들이었다. 그러나 아무리 훌륭한 외모나 교육도 그들이 상품 취급받는 것을 막아주지는 못했다. 여자들은 버지니아에 도착하면 최상품 담배 120파운드의 값으로 '팔렸고', 이것은 1인당 500달러에 해당하는 가격이었다. 그러면 그들은 자기를 사들인 식민지 주민들에게 넘겨져 평생 하녀나 아내로 살았다.

어떤 소녀들은 자신에게 일어나는 일에 거의 결정권을 갖지 못하는 경우도 많았다. 바로 극빈층이나 고아 소녀들이었다. 그들은 런던 거리에서 더는 찾아보기 힘들 정도로 속속 징발되어 놀랄 만큼 신속하게 파견되었으며, 한 번도 들어보지 못한 나라에서 만나본 적도 없는 주인들 밑에서 도제살이를 하는 계약에 묶였다. 이렇게 반강제로 징발되어 억지 지원자가 된 여성 여섯 중에 다섯은 배가 육지에 도착하기도 전에 사망하였다. 살아남은 사람들도 그다지 나은 상황은 아니었다. 다습한 지역인 제임스타운은 건강한 남자들도 적리(赤痢),[역3] 열사병, 학질에

역3) 이질.

걸리기 쉬운 열악한 환경이었고, '추위에 떨며 굶어죽는' 일도 많아 마치 파리처럼 죽어갔다. 여자들은 머지않아 모기에 물리거나 말라리아, 열병에 걸려 죽을 거라는 소문이 분분한 속에서 배에 태워졌다.

환경이 열악하면 열악할수록 여성 부족을 메우기 위해 더 대대적인 학대와 공격이 필요했다. 처음부터 여자들은 남자들보다 훨씬 더 가벼운 위반 행위를 저질러도 오스트레일리아 유배지로 보내졌다. 남성 유형수는 생명과 관련된 심각한 범죄나 악질적이고 반복된 범죄 행위를 저질렀을 때 유죄 선고를 받았다. 여성 범죄자들은 지금도 그렇듯 그때도 전체 유형수 열 명 중 한 명도 되지 않는 극소수에 불과했다. 그래서 여성의 숫자를 일정하게 유지하라는 제국의 명령에 얽매인 영국 판사들은 아주 하찮은 위반 행위를 한 여성들에게도 유배형을 내렸다. 귀족 여성의 하녀였던 한 여성은 주인의 장갑인지 머리핀인지를 '빌렸다가' 가장 난폭한 노상강도, '시체 도굴자' 또는 살인자와 같은 등급의 범죄자가 되었다.

'정직한' 여성들을 들여오려는 계획은 실행할 때보다 고안할 때가 더 쉬웠다. 상황은 처음부터 착취하기 좋은 방향으로 돌아갔다. 여성 한 명당 담배 120파운드의 값이 나가던 것이 2년 사이에 150파운드로 치솟자, 런던 상회의 사원 한 명은 '버지니아에게 황제 폐하를 위해 헌신할 자유민의 딸들을 모집한다'는 '위탁서'를 날조하기도 했다. R. F. 브리드라는 가명을 쓰면서 인간 상인을 자처하던 한 남성은 '23세 이하의 훌륭한 처녀 16명'을 배로 호버트 시까지 나를 테니 1인당 150기니를 달라고 영국 정부에 제안했다. 런던 이민관리위원회의 지휘 아래 수송될 '자격 있는 여성들'이 선별되었고, 청부업자 존 마셜의 배에 실려 이송되었다. 하지만 막상 배가 도착했을 때 보니, 간절히 기다리던 뱃짐의 등급은 '무자격자' 쪽의 비율이 더 높았다 한다. (감정가들은 그들이 '매춘부와 거지들!'이라고 했다.) 마셜이 배에 승객을 최대한 많이 태우기 위해 '런던 거리를 휩쓴' 것이다. 게다가 일단 배에 오르자 무자격자들은 잠시도 지체하지 않고 자격자들에게 영향을 미쳐 자기들 쪽으로 끌어들였다.

> 배 위의 관리는 느슨했고, 방탕한 생활과 술주정으로 떠들썩한 광경이 계속되었다. …… 그 여자들은 도착하자마자 혐오스런 장면을 연출했고, 식민지에 매춘 인구를 증가시켰으며, 오스트레일리아를 교화하기는커녕 타락시키는 일을 더 많이 했다.[1]

여성이민연합에서 나서서 그들의 행동을 바로잡기는 했지만, 여성 부족 문제는 여전히 남아서 1879년까지도 오스트레일리아 남성들은 여성 부족으로 곤란을 겪었다. 이런 사실은 오로지 결혼하고자 하는 남성들을 위한 신문인 〈결혼신문〉에 실린 광고에서 확인할 수 있다.

· 아내 구함. 집과 1년에 500파운드의 수입이 있는 시골 청년.
· 일할 수 있는 아내 구함. 마노라 구에 있는 소농. 넓은 땅과 양을 많이 소유하고 있음.
· 아내 구함. 퀸즐랜드 주의 청년. 읽고 쓸 줄 알아서 남편의 사업을

도울 수 있는 숙녀 원함.[2]

하지만 여성들에게 요구되는 일들은 그들의 노동 능력을 훨씬 능가하는 것이었다. 본국에서 데려온 여성들의 가장 중요한 일이 재생산이었음은 의심의 여지가 없다. 열악한 기후와 질병, 위험 등으로 유아 사망률이 증가하고 있었기에 더 그러했다. 매사추세츠 주에 자리 잡은 새 뮤얼 슈얼 목사는 아내가 40년의 결혼생활 동안 열네 명의 아이를 낳았지만, 그녀가 죽고 넉 달도 채 되기 전에 '임신할 수 있을 정도로 젊은' 새 신부를 찾아 나섰다. 또한 여성들에게는 품위를 유지하고, 규범을 준수하고, 남자들을 교화하는, 좀 더 모호한 의무도 요구되었다. '원주민처럼 생활'하는 식민지 주민의 수가 늘어나는 데 당황한 영국 정부는 '영국 장미'를 배에 가득 실어 날랐다. 그들은 도착하자마자 기독교 정신을 앞세워 원주민 정부(情婦)들을 몰아내는 데 성공했다. 여행가였던 폰 후브너 남작이 대놓고 탄복한 대로 "요술 지팡이라도 가진 듯 순식간에 이처럼 건전한 변화를 이루어낸 것은 용감하고 헌신적이며 훌륭한 교육을 받고 (기독교 정신으로 가정을 지키는 수호신으로) 제대로 양성된 영국 여성들이다."[3]

결국 영국 여성들은 우수한 혈통의 순수성을 유지하고 당시의 큰 고민거리였던 '잡혼'을 피하기 위해 대영제국이 의도적으로 활용한 도구였다. 늙은 제국주의자들은 심지어 영국 여성이 옆에 있기만 해도 "많은 청년들을 술과 (원주민 여성과 성관계를 갖는) **타락**으로부터 구한다."라고 생각했다. 분홍빛과 흰빛이 도는 섬세한 피부, 생기 넘치면서도 연약한 자태, 순수하고 감히 침범할 수 없는 신성한 존재로 대변되던 영국 여성들은 '대영제국, 가정, 진정한 아름다움'이라는 가치를 구현하는 존재가 되었다. 그토록 많은 영국 남자들이 지켜내기 위해 고통받고 죽어간 바로 그 가치 말이다.

민족의 도덕심을 지키는 과업이 다양한 민족으로 구성된 식민지를 가진 제국이나 가부장적 남성들만의 관심사는 아니었다. 1847년, 여성 복지에 크게 이바지한 박애주의자 캐롤라인 치점이 오스트레일리아에 있는 '선량하고 위대한 국민을 교화'할 비결로 다음과 같은 의견을 영국 정부에 제시했다. "국가에서 파견할 수 있는 모든 목사, 국가에서 임명할 수 있는 모든 남자 교사, 국가에서 설립할 수 있는 모든 교회, 국가에서 보낼 수 있는 모든 책, 이 모든 것을 갖춘다 한들 식민지 남성들이 '신의 파수꾼'이라 부르는 존재, 즉 선량하고 고결한 여성들 없이는 결코 그리 큰 효과를 거둘 수 없을 것입니다."[4] 심지어 자기 어머니의 눈에도 결코 선량하거나 고결하게 보이지 않았을 여성들조차 사내들이 규범을 지키도록 교화할 중요한 임무를 맡았다.

'미국 서부 지방' 개척사를 연구한 어떤 역사학자에 따르면, "남성 중심적인 사회는 대부분 거친 성격을 보이는 편이다. 그런 사실을 고려한다면, 서부를 길들이는 과정에서 더 온화한 쪽인 여성들이 중요한 역할을 수행하였음을 인정할 수밖에 없다." 몬태나 주의 한 노인 역시도 "많은 광부들이 술집에서 멋쟁이 처녀들과 마주칠 수도 있다고 생각하지 않았다면 세수를 하는 일도, 머리를 빗는 일도 없었을 것"[5]이라고 말했다.

이렇게 볼 때 여자들은 처음부터 오직 남자들이 바라는 조건으로, 즉 지배와 통치라는 가부장의 가장 우선적인 요구를 만족시키기 위한 도구로서만 제국의 모험에 관여할 수 있었다. 그리고 일단 발을 들여놓은 여성들에게는 강력한 체제가 끊임없이 그들의 용도를 상기시켰고, 그들을 영구적으로 최하층 계급에 속하도록 묶어두었다. 미국의 초기 법률은 독신 여성에게 토지를 양도하지 못하도록 금지했으며, 여성이 '가족의 관리' 하에 살도록 규제했다.

1634년 메릴랜드의 법에 따르면 토지를 물려받은 여성은 모두 7년 안에 결혼해야 하며, 이를 어길 경우 그 땅은 그녀와 가장 가까운 남자 친척에게 넘어가게 되었다. 세일럼의 한 여성은 '치안판사를 모독' 했다는 죄목으로 채찍질을 당하는 태형을 선고받았고, 그 후에는 '윗사람을 모독' 했다는 비슷한 죄목으로 '30분 동안 혀에 나무 조각을 찔러 두는' 벌을 받았다. '당당한 기백의 소유자였고, 계시에 몹시 열중' 했던 '여성 전도사' 메리 다이어가 겪어야 했던 일이다. 그녀는 가까스로 생명을 보존하여 보스턴에서 추방되었지만, 다시 송환되어 교수형에 처해졌다.[6]

대영제국이 영토를 확장하기 위해 오스트레일리아로 눈을 돌리면서 여성을 혹사하고 학대하는 일 역시 극에 치달았다. 처음부터 오스트레일리아는 박해를 피해 떠나갈 수 있는 안식처로서가 아니라 범죄자를 격리 수용하기 위한 유배지로 선택된 곳이었다. 따라서 그곳에서의 생활은 당시 영국의 생활상을 거꾸로 뒤집어놓은 수준조차 되지 못했다. 이런 상황에서는 거친 이국 땅으로 추방되는 것만으로도 충분히 가혹한 처벌이었다. 그런데 여성들은 오직 여성이라는 이유만으로 자신에게 부과된 가혹한 형량에 더해서 이중의 처벌로 고통받아야 했다. 죄인 신분은 그들로부터 인간의 자율성과 권리를 모두 앗아가는 역할을 했기 때문이다. 여자들은 형을 선고받는 순간부터 사냥이 허락된 존재가 되었다. 여성 유형자에 대한 성적 학대는 그들을 수송하는 배의 선원들에서부터 시작되었다. 그 광경을 직접 목격한 어떤 사람이 몹시 고통스러워하며 1819년 교도소 국가 문제를 담당하는 의회 특별위원회에 다음과 같이 보고했다.

> 그 여성들은 자기들이 선장과 선원들에게 온갖 종류의 모욕을 당하고 있음을…… 내게 알려왔다. 그들에 따르면 선장은 종종 사람들 앞에서 여자들의 옷을 벗긴 후 채찍질을 했고, 젊은 여성 한 명은 학대를 당하다 못해 바다에 몸을 던져 죽었다고 한다. 또한 그는 여성의 팔과 가슴, 몸 여기저기에 상처가 생길 때까지 밧줄로 때렸다고 한다.[7]

또한 "선장의 명령으로…… 가장 비열한 목적을 위해…… 여자들 중 가장 어리고 외모가 뛰어난 여성들을 선별"하는 일도 있었다. 심지어 전문직 남성들조차 동승한 여성들을 기괴하게 학대하는 일을 부끄럽게 여기지 않았다. 여성 유형수 중 한 명이었던 엘리자베스 바버는 자신이 탄 배에서 외과의사 조수가 "열병에 걸린 여성들을 치료하는 동안 자기 진찰실을 선상 매음굴로 활용하면서 순진한 처녀들을 유혹하

여 타락시킨 더러운 비열한"이라고 비난했다.[8]

당시의 일반적인 사고방식을 가진 남성의 눈으로 볼 때 여성 유형수는 버림받은 여자를 뜻했고, 버림받은 여자는 바로 매춘부를 뜻했다. 결국 그들은 모두 같은 흠집을 지닌 여자들로 받아들여진 것이다. 식민지 최초의 치안판사라 할 수 있는 이는 자신도 과거에 유형수였으면서 여성 유형수들을 '여성 전체의 명예를 더럽히는 가장 혐오스러운 것'으로 여겼다. 또 어떤 사람은 더더욱 부정적이어서, 그 여자들은 "있을 수 있는 가장 저급한 것들이고…… 다들 담배 피고 술을 마시며 사실 쉬운 말밖에 할 줄 모르는 것들로, 나는 그들이 **모두 매춘부**라고 생각한다."[9]라고 했다.

오스트레일리아로 이송된 여성 유형수들(1788년 최초의 함대에는 남자 586명, 여자 192명이 타고 있었다) 중 일부가 **과거에** 매춘부였음은 분명히 사실이다. 하지만 그들이 실제로 매춘부였든 아니든 별 차이가 없었다. 일단 오스트레일리아에 도착한 여성들은 모두 매춘부로 취급되었고, 그들을 요구하는 첫 번째 남자에게 바로 팔려갔기 때문이다. 이런 만행이 너무도 쉽고 태연자약하게 벌어지는 것을 보고 충격을 받은 사람들 중 일부는 이런 만행을 격렬하게 비난하기도 했다. 자유민 이주자 중 한 명은 고국에 보내는 편지에 이렇게 썼다.

아마 거의 믿기 어려운 일이겠지만, 여성 유형수를 실은 배가 도착하면 세관은 하녀로 쓰기 위해서만이 아니라 공공연히 성교의 대상으로도 쓸 수 있는 마음에 드는 여자를 고르려고 몰려든 식민지

주민들로 북적거린다. …… 이런 일이 식민지 전체를 거대한 매음 굴보다 더 나을 게 없는 곳으로 만들고 있다.[10]

한 남성이 개인적으로 이용할 수 있는 여성 유형수의 숫자에는 아무런 제한이 없었다. 사실상 여성 유형수들은 남자들에게 기본적인 생필품과 함께 지급되는 셈이었다. 심지어 특별히 군부대를 위해 여성들을 할당하는 경우도 있었다. 1803년에 40명의 여성 유형수들이 "뉴사우스웨일스 부대원들에게 지급"되었다는 기록이 남아 있다.[11]

이처럼 여성들을 매춘으로 몰아넣는 일은 그들이 원래 저지른 범죄에 대한 처벌을 이중으로 받게 하는 것이었다. 그들은 유형이라는 처벌을 이미 받은 데 더해서 매춘을 강요당하는 처벌까지 받아야 했던 것이다. 이런 상황에 처한 여성에게 최상의 희망이란 기껏해야 한 명의 남성 보호자를 확보하는 일이었다. 하지만 '지난번에 이송된 여자'의 운명은 대개 다음 배가 도착하여 '신선한 먹잇감'이 들어 있는 뱃짐을 부려놓자마자 거리로 내팽개쳐지는 것이었다.

여성들에게는 어떤 혜택이나 특권도 주기를 거부한 사회가 형벌은 최대한으로 주었다. 게다가 제국은 아무리 낮은 지위의 여성들에게도 남성들과 똑같이 모든 의무를 지도록 했다. 예를 들어, 뜨겁게 내리쬐는 폭염의 고통을 성별에 따라 면제해주는 일은 없었다. 인도에서 '혹서가 6개월간 지속'되는 동안에는 그늘에서도 기온이 섭씨 45도로 올랐고, 한밤중에도 35도 밑으로 떨어지는 적이 없었으며, 주야로 '뜨겁게 달궈진 쇳덩이 같은 공기가 얼굴에 느껴졌다'고 한다. 그 희생자 중

한 명은 "우리는 『성경』에서 부자들이 떨어진다는 지옥에서나 뿜어 나올 듯한 열기로 고문을 당했다."라고 했다. 잠에서 깨어 침대에 우글거리는 붉은개미 떼를 발견하는 경우도 있었다. 아삼에서든 애리조나 주에서든 그럴 때는 침대 다리 밑에 물이 가득 채워진 주석 깡통을 두는 것 외에 다른 해결책이 없었다. 그 지역의 명소를 둘러보다 다리에 온통 거머리들이 달라붙은 것을 발견하는 일도 있었다. 인도에 체재하던 한 여성은 그런 경험을 아주 차분하게 기록했다. "이곳이 얼마나 멋진 곳인지 당신에게 설명할 수가 없네요. 강 양쪽 언덕은 세상에서 가장 아름다운 꽃들로 뒤덮여 있고 아래쪽 바닥에는 맑은 물이 회색 돌멩이들 위로 흘러갑니다. …… 많은 거머리가 나를 물었고, 거무스레하고 살진 구역질나는 벌레들…… 스물다섯 군데 정도 물렸는데도 전혀 아프지 않지만 피가 엄청나게 흐르네요."

사회적으로 최고 지위에 속한 사람들도 그런 상황에서 보호받지 못했다. 인도 사령관의 부인이 일 때문에 악몽 같은 여행을 마치고 탈진한 상태로 심라에 돌아와서 겪은 일이 그 사실을 입증해준다. 걷잡을 수 없이 흘러내리는 땀 때문에 수건으로 몸을 감싸고 침대로 간 그녀는 침대 위에서 피를 빨아먹는 거대한 벌레를 쉰 마리도 넘게 발견했고, 밤새 그 벌레들을 잡느라 잠을 잘 수 없었다. 딸에게 보내는 편지에서 그녀는 "나는 돌아왔다는 사실을 기뻐하면서…… 새벽 4시까지 벌레를 잡았다."라고 했다.[13] 미국 서부나 그보다 훨씬 더 위험한 지역에서처럼 굶주린 약탈자가 벌레가 아니라 늑대인 경우 그런 해결책은 더욱 불가피했다. 스코틀랜드 선교사 가문 출신으로 아프리카에서 널리 알려진 앤 모펏은 황소가 끄는 짐마차를 타고 가다가 갑자기 달려드는 사자의 공격을 피해 도망친 적이 있었다. 그날 밤 내내 그녀는 자기 대신 사자 밥이 된 황소의 뼈를 사자가 깨물어 먹는 소리를 들으며 쓰러져 있었다.

하지만 거대한 약탈자들 중 가장 위험한 것은 뭐니 뭐니 해도 두 다리로 걸어 다니는 동물, 바로 인간이었다. 따라서 개척지를 다니는 여성은 항상 자신을 방어할 준비를 하고 있어야 했다. 선교 목사였던 안나 쇼 박사는 외딴 변경으로 갈 때 마부로 고용한 남자에게 강간당할 위험에 처한 적이 있었다.

나는 무릎 위에 있던 여행 가방으로 손을 살짝 밀어 넣었다. 권총이 손에 닿았다. 이제껏 인간의 손에 닿은 어떤 것도 그토록 커다란 위안을 주지는 못했을 것이다. 하나님께 감사의 기도를 올리며 깊이 숨을 들이쉬고는 그것을 꺼내 공이치기를 잡아당겼다. ……갑작스레 달칵 하고 울리는 소리를 들은 그가 그 사실을 알아채고 외쳤다. "세상에! 감히 쏠 수 없을걸!" 순간 공포로 머리카락이 곤두서는 걸 느꼈다. 여자가 경험할 수 있는 최악의 악몽을 꾸고 있는 것 같았다.[14]

자기를 강간하려는 남자에게 총구를 겨누고 밤새도록 어두운 숲 깊숙이 마차를 몰도록 한 안나의 끔찍한 여행은 다행히도 만족스런 성과를 거두었다. 그녀가 외딴 곳에 도착하자 『성경』과 함께 총을 휴대한 여성 설교자를 구경하기 위해 벌목꾼들이 모두 읍내로 몰려나왔다. 예배를 마치고 거둬들인 헌금은 식민지 역사상 가장 많은 액수였고, 무엇보다 안나 자신이 바로 큰 성공이었다. 물론 그녀의 설교 덕분만은 아니었다. 당시 그곳에 있던 남자 중 한 명이 후에 이렇게 말했다고 한다. "그녀의 설교? 난 그녀가 뭐라고 했는지 모르겠소. 하지만 자그마한 여자가 정말 용기가 대단하지 않소!"

안나의 경험은 대영제국의 식민지에서 다반사였다. 남자들이 남자로 있는 이상 여자들은 항상 그 사실을 염두에 두어야만 했다. 혼자 사는 남자의 육욕만이 위협은 아니었다. 사실 식민지 생활은 도처에 도사린 위험을 안고 살아가는 것이었다. 여성들은 유럽에서 바느질을 익히거나 집안일을 배운 것처럼 자연스럽게 갖가지 종류의 새로운 기술들을 익혔다. 그들은 황소, 노새, 낙타, 코끼리 같은 네 발 달린 동물을 타고 원거리를 이동하는 법을 배웠고, 길잡이로 고용한 남자가 밤에 도둑으로 변해 달려들 때면 모두 내버려둔 채 급히 도망치는 법을 배웠다. 또한 미국 북부 대초원 지역에 살던 현명한 마거릿 캐링턴처럼 온갖 위기 상황에 대처하는 법을 배웠다. 캐링턴은 매일같이 닥쳐오는 재난을 아무 불평 없이 척척 해치웠다. "한밤중에 눈이 1미터 가까이 쌓여서 천막 기둥이 우지끈 소리를 내며 꺾이기도 했고, 천막이 빨갛게 달아오른 난로 파이프에 닿아 불이 붙기도 했고, 눈더미가 쏟아져 들어와 침대가 흥건하게 젖은 적도 있고, 물통이 얼거나…… 대초원의 바람이…… 침대 시트와 식탁보를 갈가리 찢어놓거나 초원 저편으로 날려버리기도 했다……"[15]

마거릿이 해내야 했던 일 중에서 가장 힘겨운 일은 빨래였음이 틀림 없다. 하지만 깔끔한 식탁보에 신경 쓰는 주부다운 모습만 강조하다 보면, 이 여자들이 '여자의 일'로 간주되던 피할 수 없는 부담에 더해서 전통적으로 남자의 일로 여기던 것들까지도 능숙하게 해냈어야 한다는 사실을 흐려놓는다. 흑인 여성으로 노예 출신인 수지 킹 테일러는 "머스킷 총을 아주 잘 다룰 줄 알아서, 똑바로 서서 총을 쏠 수 있었고 과녁을 맞추는 일도 많았다."고 자신했다. 그녀는 총을 발사한 후에 재장전하는 법을 배웠고, 총을 분해해서 손질한 후 다시 조립할 줄도 알았다. 미국 남북전쟁 때 "돈 한 푼 받지 않고…… 그저 연대와 함께하는 것이 허락되었다는 사실만으로도 기쁘게 생각하면서" 북부연합의 연대에 복무하는 4년 동안 직접 익힌 기술이었다.[16] 당시 수지는 전투에 참가했을 뿐 아니라 간호도 맡았기에, 북부연합 측에서는 애당초 공짜로 얻은 것에서 이중의 소득을 누렸다.

여성들의 이런 대담함과 뛰어난 능력이 주변 남성들의 사기를 심각할 정도로 떨어뜨리는 일도 왕왕 있었다. 애니 블랑슈 소칼스키는 남편이 군인이어서 혼자 생활했는데, 컬래머티 제인[역4]에 버금갈 정도로 표적을 정확하게 맞추는 명사수에 말을 잘 타기로도 유명했다. 그녀는 항상 자신이 직접 잡은 이리 가죽으로 만든 옷을 입었고, 어디든 자신이 키우는 개 열세 마리와 함께 다녔다. 그녀는 13이 '미국 국기에 있는 가로줄의 수와 일치'한다고 말하곤 했다. 한번은 말을 탄 그녀가 이리 가

역4) 미국 서부개척 시대의 유명한 여성 명사수인 마사 제인 버크의 별명.

죽 옷을 휘날리며 질주해서 부대 선두에 서 있던 서먼 장군을 지나치자 그 광경에 깜짝 놀란 지휘관이 "도대체 저게 뭐냐? 여자 야만인이냐, 포니족이냐, 수족이냐. 뭐냐?" 하고 외친 일도 있다.[17]

높은 계급, 사회적 지위와 함께 제국의 식민지가 제공하는 자유를 즐길 수 있었던 일부 여성들은 정말로 어마어마한 행운을 누렸다. 대영제국의 기세가 절정일 때는 키플링의 표현대로 '꿈결인 듯' 황홀한 생활이었다. 인도 사령관의 부인이 인도 토후국 왕의 궁전을 방문하는 사람들이 묵는 숙소를 묘사한 글을 보면 잘 알 수 있다.

> 멋지게 마무리된 옅은 파란색 비단 벽걸이가 걸려 있고, 욕실에는 뤼드 페[역5]에서 들여온 온갖 유명한 목욕용 향료와 향수가 즐비하더구나. 다음 날 우리는 빨간 벨벳과 황금으로 만들어진 의자에 앉아 성을 방문했단다. …… 설화석고처럼 희고 보드라운 대리석이 깔려 있고 휘장이 둘러진 푸르다의 안마당을 네게도 보여주고 싶구나.[18]

이 정도는 낮 동안의 눈요기에 불과했다. 밤이면 형형색색의 등불을 꽃처럼 매단 나무 아래에서 '달밤의 향연'이 벌어졌다. 500~1,000명 정도 되는 사람들이 환상적인 옷을 입고, 초칠을 해서 윤을 내고 수국으로 장식한 마룻바닥에서 밤새도록 춤을 추는 것이다. 세계의 진귀한 것

역5) 파리의 거리 이름.

을 두루 섭렵했다는 사람들도 이러한 인도의 신비한 마력에 깊이 매혹되곤 했다. 인도 사령관의 부인은 몹시 감동해서 "보름달이 뜨자 활짝 핀 장미꽃으로 가득 찬 정원이 눈에 들어오는데, 요정의 나라가 따로 없구나!" 하고 감탄했다. 인도는 계급의 고저를 막론하고 그들을 감동시켰다. 중위로 근무하는 아들을 찾아갔던 한 영국 여성은 자신의 처음이자 유일한 인도 방문 경험에 대해 다음과 같이 표현했다. "내가 얼마나 행복한지, 매혹적이고 자유로운 이곳의 생활과 멋진 사람들, 아름다운 사리와 보석들, 아름다운 얼굴들 덕에 내가 얼마나 커다란 즐거움을 느꼈는지 제대로 표현할 수가 없다."[19]

하지만 영국 여성들 대부분의 인생은 그런 화려한 잔치가 아니었다. 게다가 별안간 자취를 감춘 영화에 대한 이런 향수는 대부분의 여성이 겪어야 했던 지독한 시련이라는 현실을 부정하게 할 뿐이었다. 선교사의 아내였던 메리 에드워드에게는 자신의 집에서 몇 달 동안이나 폐를 끼치며 머물던 리빙스턴 박사가 그저 편하기만 한 손님은 아니었을 것이다. 더구나 그가 경솔하게 사자를 자극해서 공격을 당했을 때도 에드워드 부인은 곪아서 구더기가 우글거리는 그의 상처를 치료해야 했다. 결국 퉁명스럽고 오만하며 구세주를 신봉하는 리빙스턴을 간호하는 일이 그나마 남아 있던 그녀의 인내심을 바닥내버리는 구실을 했음이 틀림없다.[20]

그나마 리빙스턴은 회복되기라도 했지만, 진정으로 사랑하는 사람을 간호해야 했는데 성공하지 못한 이들은 더한 고통에 직면해야 했다. 토머스 메트캐프 경의 아내 역시 그런 상황에 처했다. 델리에 파견되어

근무하던 이 영국인은 불운하게도 정치적 희생양이 되었다. 여왕이 무굴 제국에 대한 오랜 원한을 갚으려는 와중에 그가 독살된 것이다. 제국이 생명을 앗아간 사람들 중에는 그다지 유명하지 않은 사람들도 많았다. 그중에는 인도 주재 외교관과 결혼한 지니 골디도 포함된다. 그녀는 17세에 결혼해서 임신했다가 한 차례 유산했고, 두 번째 분만 중에 감염으로 사망했다. 이 모든 것이 겨우 18개월 만에 벌어진 일이었다. 혼자 남겨진 그녀의 남편은 마치 자신이 '살인자가 된 느낌'이라고 썼다.[21]

이런 개인적인 비극은 수천, 수만의 사례에서 뽑아낸 단편에 불과하다. 사실 아메리카 대륙에 정착하기 시작했을 때부터, 식민지 전체가 안팎으로 무시무시한 공격을 받았다. 밖에서는 적의 공격이, 안에서는 질병의 공포가 폭풍처럼 휩쓸었고, 셀 수 없이 쓰러져간 사람들의 무덤 위로 씨를 뿌려야 했다. 결국 제국의 활약상에는 실패, 좌절, 죽음에 대해 들려주는 끝없는 만가가 포함되어 있다.

그것은 듣기만 해도 고통스러운 내용인 경우가 많다. 페샤와르에 있는 자선병원에서 수간호사로 일하던 스태프 부인은 같은 병원에서 의사로 근무하던 남편이 총에 맞아 쓰러지는 모습을 봐야 했다. 자기 아들을 살려내지 못한 데 앙심을 품은 남자의 총에 맞은 것이다. 그녀는 주변의 만류를 뿌리치고 병원에 남아 남편의 생명을 앗아간 사람들을 위해 평생을 바쳤다. 후에 그녀는 다시 한 번 극도로 용기 있는 행동을 보였다. 남편을 살해한 사람과 같은 부족 사람들이 영국군 장교의 아내를 살해하고 그들의 딸을 유괴했을 때, 파슈토어(語)를 유창하게 할 줄 알았던 스태프 부인은 소녀의 생명을 구하기 위해 자진해서 혼자 적진으로 들어갔다. 결국 그녀는 아무런 희생 없이 인질을 무사히 데리고 나오는 데 성공했다.

그렇지만 대부분의 여성들은 행복한 결말을 맞지 못했다. 베리스퍼드 부인처럼 죽을 때까지 싸우다가 최후에는 붉은 피바다 속에 쓰러진 여성도 있다. 그녀는 1857년에 일어난 인도 폭동의 끔찍한 학살에 희생된 여성들 중 한 명이다. 남편이 지점장으로 있는 델리은행이 공격당했을 때 그녀는 자신에게 소중한 모든 것을 지키기 위하여 당당하게 대항했다.

> 베리스퍼드 씨는…… 아내와 가족들을 데리고 별채 지붕 위로 피신했다. 거기서 다시 궁지에 몰리자 그는 손에 칼을 들었고, 그의 아내는 작살을 들고 용감하게 그를 도왔다. 그들은 결연하게 계단 입구를 방어했고 용감하게 저항했다. …… 한 남자가 부인의 작살에 찔려 떨어져 죽었다.[22]

그러나 저항하는 사람들의 수는 절망적일 정도로 적었기 때문에, "저항은 죽음의 고통을 연장하는 일에 불과했다." 더 버티지 못하고 붙잡혀 난도질당한 베리스퍼드 부인은 대영제국을 위해 고귀한 사랑의 모범을 보인 또 하나의 사례가 되었다. "결코 꺾이지 않는 사랑, 생명을 바치는 사랑, 최후의 희생도 두려워하지 않는 사랑"의 전형이 된 것이다.[23]

'최후의 희생', 즉 전쟁이 한창일 때 조국을 위해 적의 손에 죽는 일은 물론 남자들의 운명인 경우가 훨씬 많았다. 그러나 제국의 아내들이 일상적으로 겪는 위험, 거의 어떤 상황에서도 출산을 피할 수 없는 상황 역시 전선에서 군인들이 직면하는 위험만큼이나 컸다. 심지어 베리스퍼드 가족이 생명을 걸고 싸우고 있는 동안에도, 장교의 아내였던 해리엇 티틀러는 델리를 탈출하기 위해 덜커덕거리면서 달리는 군수품 수레에 실린 채로 아무런 도움도 받지 못하고 혼자서 아이를 낳고 있었다. 비슷한 예는 많이 있다. 쉼 없이 옮겨 다니는 데이비드 (리빙스턴) 때문에 아프리카 여기저기로 끌려 다니던 메리 리빙스턴은 그나마 다행스럽게 '들판에서 해산을 기다릴' 수 있었다. 그 일을 알게 된 메리의 어머니가 리빙스턴을 질책하는 편지를 보냈지만 아무 소득도 거두지 못했다.

자네에게는 소중한 아이 한 명을 잃고 다른 애들도 겨우 살려낸 일만으로도 충분하지 않았단 말인가? …… 임신한 여자가 어린아이 셋을 데리고…… 야만인과 맹수가 들끓는 아프리카의 거친 땅을 이리저리 끌려 다녀야 하다니! 자네가 선교 사업을 시작하고 싶은 곳을 정해서 그곳에 정착했다면 상황은 달랐을 것이네. 설령 그곳이 달나라에 있는 산꼭대기였다 한들 내 아무 말도 하지 않을 것이네. 하지만 탐험가 무리들과 함께 다니다니, 너무 터무니없는 일 아닌가.[24]

터무니없든 그렇지 않든 간에, 일은 그렇게 되어버렸다. 메리는 가시나무 한 그루 외에는 비를 피할 곳도 없는 주가 강변에서 아이를 낳았다. "이보다 더 편하고 시기적절하게 아이를 낳은 적이 없다."라는 것이 다섯 번째로 아버지가 된 리빙스턴의 의견이었다.

하지만 메리 리빙스턴은 적어도 자신에게 어떤 일이 닥칠지 알고는 있었다. 일찍 결혼해서 결혼생활의 비밀에 대해 알려줄 어머니나 여자 친척들도 없이 대영제국의 식민지로 떠나는 배에 오른 소녀들의 경우는 황당한 결과를 볼 때도 있었다. 3월에 델리에서 결혼식을 올린 어린 신부 에밀리 베일리는 심라에서의 길고 긴 신혼여행을 중단하고 귀국할 수밖에 없었다. 10월에 그녀의 "건강이 너무 좋지 않아서" 의사가 영국으로 돌아가라고 권유했기 때문이다.

하지만 그녀는 배를 타기 전날 짐을 싸서 미리 부친 후에 "갑자기 아기가 태어나는 바람에 깜짝 놀랐다."고 한다.[25] 의사는 곧 산모와 아기 외에 환자를 한 명 더 받게 되었다. 막 아버지가 된 남편이 그 소식을 듣고 기절했기 때문이다. 그는 의식을 되찾자마자 예기치 못한 아기를 위해 서둘러 옷을 사러 갔는데, 의기양양하게 돌아오는 그의 손에 들려 있던 것은 "섬세하게 자수를 놓은 프랑스제 삼베 유아복과 플러시 천으로 된 분홍 망토"였다. 갓 태어난 아기의 옷으로는 그다지 어울리지 않는 것들이었지만, 성교를 하면 아기가 생긴다는 사실을 몰랐던 남자, 자신의 아내가 임신을 해서 진행 중이었다는 사실을 몰랐던 남자가 아기에게는 기저귀가 필요하다는 사실을 깨닫기를 기대할 수는 없는 일 아닌가.

하지만 경험을 많이 쌓은 여성들에게도 제국의 아내로 살아가는 일은 쉽지 않았다. 가장 커다란 고통은 바로 자신이 낳은 아이들과 헤어지도록 강요되는 일이었다. 헛간에서, 길에서, 짐마차에서, 또는 낯선 강가에서 낳을 수밖에 없었던 아이들 말이다. 당시 대영제국에서는 제국의 아이들을 더운 기후에서 키우면 안 되며, 그럴 수도 없다고 철석같이 믿고 있었다. 그런데 아내의 의무는 항상 남편의 옆에 머무르는 것이었다.

인도에 거주하던 영국인 소설가 M. M. 케이의 회상에 따르면 "해마다 엄마들이 울면서 자식들을 항구로 데려가…… 그들을 '고향'으로 데려가 줄 친구나 유모의 손에 맡겼다. 그들은 친척들에게 맡겨지기도 했지만 대부분 낯선 사람들 손에 자랐다." (러디어드 키플링과 그의 여동생 트릭스가 그런 경우다.) 거머리가 물어대는데도 아랑곳하지 않고 침착한 태도를 보이던 여성도 떨어져 있는 자식들 생각에는 이렇게 한탄했다. "마치 내가 뿔뿔이 흩어진 내 가족들 사이에 떠 있는 관 같다는 느낌이 든다." 하지만 케이에 따르면 이런 식으로 자식들과 헤어지지 않은 사람들도 결국 다른 방식으로 자식들을 잃게 되었다. "인도에는 죽은 아이들의 무덤이 여기저기 널려 있었고, 여자들은 아이 다섯을 낳으면 그중 적어도 셋은 잃었다."[26]

기혼여성들을 짓누르는 이런 육체적·감정적 부담을 생각해볼 때, 당시 제국의 상황을 활용할 수 있었던 층은 대개 독신 여성들이었다는 사실은 별로 놀라울 것이 없다. 이전에 제약된 삶을 살던 여성들에게는 역사상 그 선례를 찾을 수 없을 정도로 많은 가능성과 기회가 그곳에는 널려 있었다. 공장에서 일하던 소녀 메리 슬레서는 아프리카로 가서 선교 활동을 하겠다는 야심을 실현하기 위해서 10년이 넘는 긴 기간 동안 저축하고 공부했다. 결국 그녀는 아프리카로 갔고, 그곳에서 인간 제물을 바치거나 쌍둥이가 태어나면 한쪽을 살해하는 등의 악습에 강하게 맞서 싸워 커다란 성과를 거두었다. 정부에서도 공로를 인정하여 그녀를 치안판사로 임명했다. 그녀는 독신이었지만, 인간 제물이 되는 운명에서 벗어난 열두 쌍이 넘는 쌍둥이들이 그녀의 자식이 되었다. 아마 스코틀랜드에 있었더라면 그녀는 여전히 공장의 기계 앞에 있었을 것이다.

메리 슬레서는 여성 탐험가의 긴 계보를 잇는 진정한 후예였다. 그녀 외에도 46세에 시리아의 한 족장에게 노예로 잡혀가서는 그가 이끄는 부족의 여왕이 된 놀라운 여성 제인 디그비가 있고, 최초로 아라비아 반도를 찾아간 앤 블런트 부인도 있다. 몇몇 운 좋은 여성들은 여행을 통해 고통스러울 정도로 권태로운 생활에서 탈출할 수 있었고, 이것은 더 부풀릴 수 없을 정도로 큰 기회였다. 예를 들어 이사벨라 버드 (Isabella Bird)는 '런던의 평온하기 그지없는 생활' 때문에 '신경쇠약'에 걸릴 정도로 '예민한' 여성이었다. 하지만 그녀는 어디든 다른 곳으로만 가면 말을 타고 하루에 50킬로미터 정도를 달리고, 심한 눈보라 속에서도 한뎃잠을 자고, 회색곰이나 무시무시한 중국 폭도들을 만나도 태연하게 맞설 수 있었다.

모험에 뛰어든 여성들은 빅토리아시대의 경직된 성적 억압에서도 벗어날 수 있었다. 영국지리협회 최초의 여성 회원인 버드는 오스트레일리아, 태평양, 중국, 이라크, 티베트 등지에서 여러 남성들을 두루 섭렵했고, 미국 서부에서 '진짜 데스페라도'라 불리던 '로키 마운틴 짐'을 만나 마음을 빼앗겼다. 한편 유명한 인시류(鱗翅類) 학자 마거릿 파운튼(Margaret Fountaine)은 여행을 다니면서 자신이 수집한 나비보다 더 많은 수의 남자들을 만났고, 시리아에서 매혹적인 젊은 남자 통역관을 만났을 때는 그를 유혹해 동거하였다. 또 여자친구와 단둘이서 터키와 이라크를 여행하다가 이슬람 광신도들의 손에 죽을 뻔하기도 한 루이자 제브(Louisa Jebb)는 '소리를 질러대면서 춤추는 남자들'과 우연히 마주친 경험을 기록으로 남겼다. '한때는 고상한 응접실에 앉아 뜨개질을 하던' 그녀였지만 전혀 망설이지 않고 그들 속으로 뛰어들었다고 한다.

> 거친 반항심이 나를 사로잡았다. 나는 무리 속으로 뛰어들며 외쳤다. "날 미치게 해줘요! 나도 미치고 싶다고요!"
> 남자들이 내 손을 잡았고, 우리는 계속해서 껑충거리며 뛰고, 빙빙 돌고, 발을 굴렀다. 곧 나도 야만인이 되어 하얀 달 아래서 유쾌한 자유를 만끽하였다.[27]

윈체스터에서 하는 카드놀이도, 첼튼엄에서의 체스도, 말보로 궁에서의 마작도 이런 기쁨과 비교하면 빛바랜 오락에 불과했다. 벨레타나 성 베르나르 고개에서 왈츠를 춘다 한들 다시 전과 같은 감흥으로 다가올 수 있었겠는가?

큰돈을 벌기 위해 길을 떠난 여성들 역시 대담한 모험가였다. 자메이카의 여성 사업가이자 여행가, 금광 시굴자이자 작가이며 '여의사'이기도 한 메리 시콜(Mary Seacole)이 그러했다. 크리올린으로서 스코틀랜드 혈통과 노예의 피가 섞여 있던 그녀는 킹스턴에서 사업을 해서 번창하던 중에 영국군을 따라 크림 반도로 갔고, 거기서 군대에 식량을 공급하는 일에 헌신함으로써 이름을 떨쳤다. 과부였던 시콜 부인은 이것이 자신의 선택이었지 다른 사람의 강요에 의한 것이 아니었음을 열성적으로 강조했다. "내가 보호자 없는 여성으로 남은 것은 나 자신의 힘에 대한 자신감 때문이었지, 결코 부득이한 상황 때문이 아니었다."[28] 메리 레이베이(Mary Reibey)도 시콜과 마찬가지로 '자신의 힘에 대한 자신감'을 가질 자격이 있는 여성이다. 1790년 열세 살 때 말 한 마리를 훔쳤다는 이유로 오스트레일리아 유배형에 처해졌지만, 그녀는 매번 시기적절하게 호텔 경영자, 곡물상, 수입업자, 선박왕, 택지개발업자 등을 거치면서 오스트레일리아 역사상 가장 성공한 여성 사업가가 되었다.

하지만 여성 사업가들은 대부분 가장 손쉽게 손에 넣을 수 있는 상품인 자신의 육체를 파는 쪽을 택했다. 이들 중 개척시대의 미국 서부 지방에 있는 술집에서 일하던 여자들은 굳이 그들의 실생활을 미화하지 않더라도 신화적 존재가 될 정도의 생활을 했다. 캘리포니아 주 요하네스버그에 은광이 있었는데, 그곳 생활의 추억을 담고 있는 글, 「해티와 작은 에바, 같은 길을 걸은 소녀들에게 바친다」에 "남자들이 은을 캤디면, 그들은 금을 캤다."라는 구절이 있다.[29] 한 여행객은 댄스홀에서 일하는 '약 75명의' 소녀들이 자기에게로 몰려온 충격적인 경험을 기록하기도 했다.

> 그 여자들은 모두 비슷한 애칭으로 불렸다. 버진, 치카코, 릴, 번티, 오리건의 암말, 유타의 암망아지, 펀치그래스, 블랙비어와 새끼 여우, '위글스'라 불리던 자매들. …… 돈만 내면 원하는 대로 선택할 수 있다. 하지만 조심하지 않으면 그들이 당신 돈을 모조리 써버릴지도 모른다! …… 그곳은 뭘 하든 돈이 많이 들고, 뺨에 화장을 잔뜩 한 여자들이 골목마다 서서 우리를 유혹한다. 그런데도 우리가 간절히 그곳을 떠나고 싶어 하는 게 이상한 일인가?[30]

남자들은 깊고 깊은 땅속에 묻힌 금을 캐내기 위해 길고 힘겹고 불행한 세월을 보냈지만, 여자들은 바로 그들의 주머니에서 금을 캐냈다. 텍사스 주 도슨에서 마지막까지 '댄스홀의 여자'로 활동한 호노라 온슈타인(Honora Ornstein)은 수차례에 걸쳐 손쉽게 재물을 거머쥐는 데 성공했고, '다이아몬드 이빨 릴'이라는 별명을 얻었다. 유희의 딸들 중에서 최고의 성공을 거둔 여왕으로 간주되는 줄리아 벌레트(Julia Bulette)는 1859년 전설적인 컴스톡 광맥이 발견된 직후 버지니아 시에 도착했다. 그녀는 시굴자들에게 시간당 1,000달러의 접대비를 청구했고, 러시아 황후나 인도 왕비가 부럽지 않을 정도로 비싼 보석을 수집했다. 하지만 이런 여성들을 낭만적으로만 그리다 보면 그들이 감수해야 했던 위험을 간과하기 쉽다. (영화 「돌아오지 않는 강」에서 매릴린 먼로가 많은 배역이 그런 낭만적인 환상의 전형적인 사례다.) 온슈타인은 전 재산을 잃자 미쳐서 40여 년의 여생을 워싱턴 주에 있는 정신병원에서 보냈다. 벌레트는 자신이 소유한 대저택의 호화로운 침실에서 알 수 없는 살인자에 의해 목이 졸려 숨졌다. 살인자는 그녀를 죽인 후 그녀가 수집한 보석과 귀중품을 모두 훔쳐 갔다. 제국은 '보호자 없는 여자들'에게 왜 여성에게 보호가 필요한지 상기함으로써 그들을 요령 있게 다루었다. 본질적으로 모험은 남자들의 영역, 남자들에게만 허락된 것이었다. 여성이 그런 모험에 뛰어들려면 남자들의 지배와 통치를 최상으로 대변해주는 사례가 될 위험을 감수해야 했다. 다시 말해 자신의 파멸을 무릅써야 했다.

식민지를 개척하는 쪽의 여성들은 적어도 자신의 삶에서 선택의 여지를 가질 수 있었다. 그 형태가 황금을 얻기 위해 남자를 우려먹는 쪽이든, '직업여성'이 되든, 여행가나 상인, 또는 단순히 기회주의자가 되든 간에 말이다. 제국주의가 기승을 부릴 때 가장 불운하고 준비 없이 당하는 쪽은 식민지로 개척되는 곳의 여성들이었다. 그들은 특정 국가에 태어났다는 이유만으로 동족 남성들뿐 아니라 백인 남성들의 통치를 받는 이중의 희생자가 되었다. '유희를 위한 여성들'의 존재가 입증하듯, 식민지가 건설되는 과정에서 신세계의 여성들은 구세계의 가치관과 억압을 그대로 강요받았다. 특히 구세계에서 신세계로 수출된 비가시적인 상품 중 하나가 여성을 성녀와 창녀로 나누는 오랜 가부장적 관습이었다. 제국주의자들의 자의적인 상상에 따르면 원시시대부터 깊은 잠에 빠져 있던 '처녀림'이 위대한 백인 남성의 공격 덕분에 오랜 무기력 상태에서 벗어날 수 있기를 기다리고 있었던 것처럼 보인다. 하지만 그런 이미지는 사실과 전혀 다르다. 그들도 나름의 효과적인 사회정치 체계를 가지고 있었다. 물론 그 대부분의 체계에서도 여성들은 남성들에게 종속되어 있었다. 그런데 이제 거기에 더해 냉혹하고 불가피한 이해관계에 따라 식민지를 개척한 백인 남성의 지배권이 이미 존재하던 남성 지배와 맞물리게 되었다. 결국 성차별과 인종차별의 상호작용 속에서 원주민 여성들은 모든 서열의 밑바닥에서도 가장 낮은 계급에 속하게 되었다.

원주민 여성들은 동족 사이에서도 끔찍할 정도로 낮은 지위로 강등되기도 했다. 뉴헤브리디스 군도에서 선교 활동을 하던 코드링턴 박사는 한 청년이 통과의례로 정화를 위한 목욕의식을 치르는 장면을 우연히 목격한 여성이 어떤 일을 당했는지 전해준다. 그녀는 곧바로 자신의 '죄'를 용서받기 위해 전도학교로 도망쳐 왔다. 하지만 부족 남성들이 그녀를 쫓아왔고, 그녀는 자진해서 그들에게 항복하고는 한마디 불평도 없이 산 채로 매장되었다.

이처럼 여성의 생명을 경시한 예는 거의 모든 식민지에서 찾아볼 수 있다. 백인 '지배자들'이 여성의 신비를 찬양하는 역설적인 형식을 취하면서 실제 여성들이 처한 현실을 부정하는 이상, 여성의 생명에 대한 경시는 백인들이 '피지배 민족'을 이해할 희망을 가로막는 주된 장벽이 되었다. 무자비한 제국주의자이든 아직 미숙한 식민지 관료이든, 1838년에 십대 초반의 소녀를 산 제물로 바친 다음 일화와 유사한 사건을 접한 이들은 원주민 남성들을 절망적이고 구제불능인 미개인으로 평가하는 자신의 판단을 더 굳혔을 뿐이다.

그녀의 몸 절반은 붉게, 나머지 절반은 검게 칠해졌다. 그녀를 일종의 사다리에 묶은 채 약한 불 위에서 천천히 굽다가 화살을 여러 발 쏘았다. 의식을 이끄는 우두머리가 그녀의 심장을 끄집어내 삼켰고, 나머지 육신은 잘게 잘라서 바구니에 담아 근처 밭으로 옮겼다. 새로 거둔 곡물의 씨앗에 생명을 불어넣기 위해 밭 여기저기에 피를 짜내 흩뿌리려는 것이었다. 또한 감자, 콩, 씨앗들을 심은 땅을 비옥하게 하기 위해 살을 곤죽이 되도록 으깨서 그 위에 문질렀다.[31]

앵글로색슨 남성들은 소녀를 불에 익혀 죽이는 장면을 보고 기겁을 했을 것이다. 특히 그 소녀들이 다른 용도에 유용해 보일 정도로 충분히 매혹적일 때 말이다. 하지만 제국의 남성들이 원주민 여성들에게 행한 행동은 어떤 점에서 보더라도 이미 동족 남성들에게 종속된 이 여성들이 사실 두 번씩이나 되풀이해서 식민지화되었음을 확실히 보여줄 뿐이었다. 처녀지의 강탈이라는 제국주의자들의 은유는 그대로 확대되어 그 땅의 모든 여성 역시 정복자들이 원하는 대로 다룰 수 있는 소유물이 되었기 때문이다. 모든 식민지가 제국의 군인들이 휴식하고 기분을 전환할 수 있도록 마련된 잠재적이고 무한한 정부의 저장고였다. 그러고도 지배자들은 식민지 여성들이 그런 대접을 받음으로써 스스로 커다란 은혜를 입었다고 느낄 것이라는 억설을 내놓았다.

하지만 실제로는 이전에 아주 존경받던 여성들조차 양쪽 세계에서 최악의 상황에 빠지곤 했다. 아스텍의 귀족이었던 라 말린친('멕시코의 이브'라는 뜻)이 전형적인 경우다. 그녀는 코르테스가 1519년에 멕시코를 침략했을 때 정복자를 달래려는 노력의 일환으로 그에게 주어졌다. 그녀는 그의 정부였을 뿐 아니라 통역관이자 조언자로 활약하면서 끊임없이 자신의 나라와 국민들에 대한 그의 정책을 완화하는 공을 세웠다. 그러나 당시 멕시코 사람들은 그녀를 '팔려간 여자'를 뜻하는 라 벤다, 또는 '몸을 망친 여자'를 뜻하는 라 친사다 등으로 불렀다.[32]

반대로 이런 상황을 권력과 명성을 얻기 위한 도약의 발판으로 삼은 여성들도 있다. 윌리엄 존슨 경은 북아메리카 식민지를 담당하던 영국인 감독관으로서 인도 정세에도 정통한 사람이었다. 그는 젊은 모호크 족 여성을 정부로 삼았는데, 그럼으로써 스스로 의도하지는 않았겠지만 그 지방 역사의 흐름을 뒤바꿔놓게 되었다. 그가 '몰리 브랜트'라 불렀던 그 여성은 존슨이 그 지역 부족들과 경계선을 결정하거나 다른 중요한 사안을 결정할 때 지극히 중요한 역할을 했으며, 그때 결정된 경계선은 오늘날까지도 유효하다. 존슨은 몰리를 존중하여 자신의 공식적인 아내로 대접했다. 그녀는 1759년부터 모두 아홉 명의 자녀를 낳았고, 그가 죽을 때까지 그의 아내로 관사에서 함께 살았다. 영국 정부에서도 그녀의 공로를 인정하여 존슨이 사망한 후에 그녀에게 연금을 지급했다.

백인 남성 중에는 원주민 아내나 정부를 애정과 존경으로 대하면서 자신의 아내로 받아들인 사람들도 많았다. 캐나다에 있는 허드슨 베이 상회의 직원이었던 한 남성도 그랬다. 그는 고국에 보내는 편지에 자신과 함께 살고 있는 오지브와족 여성이 단순한 정부가 아니라고 썼다.

제 아내에 대해 아직 아무런 말씀도 드리지 않았기에, 어쩌면 제가 그녀를 조금 부끄럽게 여긴다고 추측하실지도 모르겠습니다. 하지만 그렇게 생각하신다면 잘못 아신 겁니다. 정확히 말해서 그녀가 귀족 남성의 식탁머리에 앉아 자리를 빛낼 종류의 여성은 아닙니다. 하지만 그녀는 그런 장난감 같은 존재보다 더 나은 대접을 받을 가치가 있는 사람입니다. …… 외모 얘기를 하자면, 그녀는 그녀의 남편에게 아주 잘 어울리는 미모입니다.[33]

하지만 전 세계로 퍼져 나간 제국주의 남성들의 '현지처'들은 '갈색 여자', '스쿼',[역6] '갈색 냄비' 아무개 씨의 '걸어 다니는 구리 조각' 또는 훨씬 더 심한 호칭으로 불리곤 했다. 또한 뻔히 예상할 수 있는 일이지만, 몇 년 동안이나 관계가 지속되거나 심지어 아이를 낳아 가정을 이루고 살았다 해도 남자가 '백인 사회'로 소환되거나 전근하는 경우에 그런 관계가 더는 유지되지 못했다.

원주민 여성의 성은 끔찍할 정도로 잔인하게 착취되었는데, 그런 일이 가장 심각했던 곳은 오스트레일리아다. 거기서는 백인 남성들이 원

역6) 북아메리카 원주민 말로 여자, 아내라는 뜻.

주민을 단순히 수준 낮은 인간 정도가 아니라 저급한 동물로 취급했으며, 자신의 말이나 개보다 더 심하게 학대하는 경우도 많았다. 다음은 1837년 영국의 식민지 행정관으로 원주민 문제를 담당했던 조지 아우구스투스 로빈슨이 구출한 '스무 살 정도 된…… 원주민 여성' 사라의 꾸밈없는 증언이다.

"누가 당신을 잡아갔나?"

"검사관 제임스 알렌이었고, 빌 존슨이 그와 함께 있었다."

"그때 당신은 몇 살이었나?"

"그들에게 붙잡혔을 때 난 큰 소녀였다."

"그들이 당신을 어떻게 데려갔나?"

"목에 줄을 묶어 개처럼 끌고 갔다."

"그 후에 어디로 갔나?"

"숲속에서 하룻밤 머물렀는데 그들이 내 손과 발을 묶었다."

"검사관들이 여자들을 때렸나?"

"그렇다. 아주 많이 때렸다. 그들이 한 소년의 귀를 잘라 그 소년이 죽었고, 어떤 여자의 엉덩이 한쪽을 도려내기도 했다."

"더턴이 당신을 때린 적이 있나?"

"그렇다. 밧줄로 나를 때렸다."

로빈슨은 원주민 여성들에 대한 태형이 잦으며 식량이 부족할 때면 그들의 엉덩이 살을 베어내기도 한다는 것을 알아내고 이를 규제하고

자 하였다. 하지만 그런 일이 마치 일상적인 관행처럼 행해져서 검사관들은 '원주민 여자'에 대한 자신의 '권리'를 잃지 않으려고 격렬하게 반발했다. 로빈슨은 이런 종류의 증거들을 훨씬 더 많이 수집한 후에야, 원주민 여성들이 흔히 생각하는 것처럼 백인 주인과 함께하는 것이 행복해서 그들은 떠나지 않는 것이 아니라는 사실을 백인 관계 당국에 입증할 수 있었다.

모든 일에는 반대되는 측면이 있는 것처럼, 정복자와 비정복자의 관계가 항상 그렇게 부정적이지는 않았다. 특히 종교적 신념이나 인도주의적 원칙에 강하게 고무된 제국의 여성들이, 무덤에 들어가기 전까지는 아무 도움도 받지 못할 게 분명할 사람들을 돕기 위해 나섰다. 파키스탄의 라호르에서 공공보건의로 활동하던 여성이 난산으로 불려간 일을 기록한 것이 있는데, 그런 상황이 결코 드물지 않았다 한다.

추운 겨울 새벽 세 시…… 사회계급에서 추방된 탈락자들의 집, 작은 진흙집의 실내는 대략 2.4×3.6미터 넓이였다. 방에는 세 세대가 모여 열 명의 사람들이 있었고, 모두 깊이 잠든 환자를 지키고 있었다. 또 양 한 마리, 염소 두 마리, 닭 몇 마리와 암소 한 마리가 같이 있었는데, 집주인이 이웃을 믿지 못했기 때문이다. 조명이라고는 흙으로 만든 항아리에 켜둔 등불밖에 없었다. 난방 역시 인간과 동물의 몸에서 나오는 열기 외에는 전혀 없었다. 출입문 말고는 아무 틈이 없었는데, 그 문은 닫혀 있었다. 방 안쪽에 붙은 작은 골방에는 간이침대 네 개가 서로 포개진 채 놓여 있었는데, 모두 누

군가가 누워 있었다. 밑에서 세 번째 침대에 출산 중인 여성이 누워 있었다.[34]

몹시 다급한 상황이었지만, 산파로 불려간 의사는 키가 너무 작아 환자를 볼 수도 없었다. 다행히도 암소가 간이침대가 포개져 있는 바닥에 꼼짝 않고 엎드려 있었다. 산파는 이 참을성 많은 동물의 등에 서서 오랜 악전고투 끝에 성공적으로 '한 쌍의 인도 아이들, 남녀 쌍둥이!'를 받아냈다.

제국 여성들이 항상 식민지 여성들을 일방적으로 돕는 방식이었던 것은 아니다. 스코틀랜드 선교사 메리 모팻은 아프리카 이웃들에게 칼라하리 사막의 쿠루만 골짜기에서 생활하는 법을 배웠다고 깊은 애정을 담아 기록하였다. "아마도 다른 사람들에게는 우리가 적어도 일주일에 한 번씩 마룻바닥에 소똥을 바르는 일이 이상하게 비칠 것이다. 처음에는 메리도 '그 더러운 것'을 사용하지 않고 살아보려고 아주 열심히 노력했다.

이곳에 머문 지 얼마 되지 않아 나는 그 방법을 택하게 되었고, 이제는 그렇게 하게 된 것을 기쁘게 여긴다. 요즘은 토요일까지 기다리기 힘들 정도로 그 일을 좋아한다. 다른 어떤 방법보다 훌륭하게 먼지를 가라앉히며, 그렇지 않았다면 엄청나게 늘어났을 벼룩을 모두 잡아준다. 밝고 선명한 녹색인…… 그것을 물과 섞어서 되도록 얇게 깔아둔다. 지금 나는, 잘 문질러 닦으면 가장 훌륭한 방으

로 변모시키는 소똥을 항상 그래온 대로 흡족할 만큼 듬뿍 발라둔 마룻바닥을 내려다보고 있다.[35]

하지만 제국의 성장은 토착민들과의 협력을 뜻하기보다는 지배력의 확립을 의미했고, 이것은 시간이 갈수록 약해지기는커녕 더 강화되는 목표였다. 예를 들어, 남아프리카에서 백인 정착민들은 흑인들이 어떤 방식으로든 평등을 쟁취하는 데 지독한 적대감을 보였다. 가부장적인 표현방식 그대로 그들의 '종속물'인 흑인들이 자유로이 풀려난다면 백인 후예들과 그 땅을 놓고 경쟁할 것이기 때문이다. 1835년에서 1848년까지의 대대적인 이동도 그래서 일어난 것이다. 흑인 해방을 받아들일 수 없었던 이들이 대거 케이프를 떠난 것이다. 그리고 나탈, 트란스발, 오렌지 자유주 등의 신생 식민지역에서는 기존 식민지에서 점차 자취를 감추기 시작하던 흑백 차별 장벽이 다시 공공연히 받아들여졌다. 이 정책이 아주 성공적으로 받아들여져서 1910년에 새 영토와 케이프 주가 합병된 이후 그들의 후손들은 흑인 원주민 반투족의 자치구에서 자유주의의 흔적을 모조리 뿌리 뽑는 데 성공했고, 나중에까지 이어진 지독하게 파괴적인 전제정치를 행했다.

백인들에게 굴복하여 낯선 가치관을 강요받은 것은 민족 단위에서만 벌어진 일이 아니다. 개인들 역시 이질적인 백인 남성의 가치관 탓에 다양한 방식으로 고통받았다. 특히 여성들에게 혹독할 정도로 억압적인 전통을 끝낼 능력도, 그럴 의도도 없던 식민지 통치자들은 그나마 여성들에게 약간의 권한이나 경제적인 통제력을 인정해주던 기존 관습을 아무런 가책도 느끼지 않고 공격했다. 사실 이런 공격의 강도는 제국이 통치하던 기간에 더 심각해졌다. 예를 들어, 서아프리카에서는 여성들이 늘 시장경제를 지배하였고 영향력 있는 상인으로 성장하는 경우도 많았는데, 이런 구조를 용납할 수 없었던 백인 식민주의자들은 조직적으로 시장 여성들을 억압하면서 서양의 방식을 도입하였다. 물론 기존 여성 상인들이 동요하여 격렬하게 시위를 벌였지만, 결국 경제적 권력은 모조리 남자들 손에 넘어갔다. 오랜 역사를 가지고 있으며 모권사회의 유물이라 할 수 있는 '어머니들의 위원회'에서 회장으로 선출된 오무 오쿠웨이(Omu Okwei)는 결국 마지막 '시장의 여왕'이 되었다. 영국인들은 1943년에 오쿠웨이가 사망하자 원래 어머니들의 위원회에서 소유했던 모든 소매상인에 대한 통제권을 그 지역 공공기관으로 이양했고, 이로써 어머니들의 위원회는 철저히 해체되었다.[36]

여기서 제국의 성장이 부른 모순을 발견할 수 있다. 어떤 여성들은 신세계, 미지의 세계를 발견한 반면, 또 다른 여성들은 낡은 관습에 묶여 지위가 더 하락하는 운명에 처했고 지금까지도 그 악순환에서 벗어나지 못한 채 고군분투하고 있다. 특히 '브리타니아[역7]의 딸들'이 전자의 경우에 속했다. 그들은 답답하고 편협한 고국에서 벗어날 기회를 포착한 덕분에 의사, 교사, 지도자, 전사, 또는 밭에서 일하는 농민이 되었다. 식민지 개척 초기의 여성들은 뛰어난 기술과 용기, 비상한 수완을 보이며 활동했다. 그들은 여성이 선천적으로 열등하다는 통념의 세

역7) 대영제국을 여성으로 의인화한 것.

례를 받아야 했지만, 동시에 아직 유아 단계에 있는 공동체에 그들의 기여가 꼭 필요하다는 사실도 알고 있었다. 하지만 시간이 흘러감에 따라, 모국과 모사회를 자처하던 제국의 올가미가 점점 더 가혹하게 조여왔고, 여성들이 갓 얻어낸 독립심과 주도권은 미처 성장하고 뿌리를 내릴 기회를 얻기도 전에 압살되었다.

강경한 제국주의자들이 자기미화를 위해 꾸며낸 이야기는 가혹할 정도로 사실과 반대된다. 인류 역사를 되돌아볼 때 제국의 성장은 우리가 가질 수 있었던 기회를 대대적으로 망쳐놓은 것 이상의 의미를 갖지 못한다. 결국 제국주의자들이 말 그대로 물려준 백인 남성 중심의 가부장제는 시대가 달라져도 사라지지 않고 변형된 형태로 계승되었다. 또한 '어머니 같은' 나라라는 억지스러운 이름 아래, 역사가 시작된 이래 가부장이 원했거나 필요했던 모든 것들이 유지되고 있는 것이다. 그 전형적인 사례를 민주주의가 태동하던 시기의 미국에서 찾아볼 수 있다. 미국 헌법을 제정한 자들은 이중적인 체제를 재연하는 쪽을 택했다. 당시 애비게일 애덤스는 남편 존에게 이렇게 간절하게 부탁했다. "당신이 숙녀들을 기억해주기를 바라요. …… 부디 남편들 손에 그렇게 거대한 권력을 쥐여주지 마세요. 남자들은 상황만 허락하면 다들 폭군이 될 테니까요."[37)]

정말로 남자들은 폭군이 될 수 있었고, 실제로 그렇게 되었다. 가부장의 기구는 과거에 그랬던 대로 여자들과 아이들, 토착민족들을 억압하는 기반이 되었다. 그들은 젊은 청년들이 고향을 떠나 낯선 곳에서 벌레처럼 죽어가게 했으며, 여자, 아이, 청년, 토착민들을 이기적이고 망상에 사로잡힌 집념의 도구로 삼았다. 이처럼 부도덕한 지배계층이 성차별과 인종차별을 모두 내세울 때 여성들은 이중의 희생자가 되었다. 최악의 잔혹성을 보인 폭동을 일으켜 반란을 꾀한 인도 용병들은 카운포르^{역8)}가 함락된 이후 영국 여성들을 **비비가**(여자들의 집)에 감금했다. 그곳은 백인 장교들이 인도인 정부들을 가둬놓던 곳이다. 여자들의 피로 자신을 더럽히기 싫었던 용병들은 그곳으로 도살자들을 들여보냈다.

영국군이 카운포르를 탈환했을 때 비비가는 이미 피로 뒤덮여 있었다. 건물 여기저기에 여자들의 속옷과 머리카락, 절단된 사지와 벌거벗은 시체가 흩어져 있었다. 군인들은 한 어린 소녀의 머리카락을 나눠 가진 후 그 머리카락의 숫자대로 용병들을 죽이겠다고 맹세했다. 영국 측 사령관이었던 닐 장군은 반란군들에 대한 처벌이 "그들에게 가장 꺼림칙하며 결코 잊지 못할 정도로 엄해야 한다."라고 선언했다. 그것은 포로로 붙잡힌 사람들로 하여금 비비가에 가득한 피를 핥아서 제거하도록 강요하는 것이었다. 이것은 인도인들의 종교에 따르면 지옥에서 영원한 고통을 당할 정도로 커다란 죄악이었다. 그런 처벌을 거친 용병들에게는 태형이 기다리고 있었고, 그 후에야 교수형에 처해졌다. 이런 "잔인하고 광기 어린 보복은 영국 역사에서 가장 수치스런 과거"로 남았다.³⁸⁾

이 소름 끼치는 학살이나 그 여파에서 아주 분명하게 드러나는 제국

역8) 칸푸르의 옛 명칭.

의 기치는 지극히 단순 명료하다. 그것은 바로 지배와 통치였다. 제국은 갖가지 새로운 자유를 약속으로 내걸며 전진했지만, 결국 그들이 내놓은 것은 그런 자유와 무관했다. 그들은 그저 여성들을 전 세계의 최하층, 영원히 종속된 인종으로 만들어놓는 데 기여했을 뿐이다. 그러나 마치 영원히 이어질 듯하던 제국의 전성기 배후에서 무언가가 꿈틀대고 있었다. 수천 년에 걸친 인류 역사의 흐름에 커다란 방향 전환이 일어나고 있었던 것이다.

4부. 반전(反轉)의 시대

차터하우스에 앉아 「모든 남자들」(15세기 영국의 도덕극)을 관람하다가
문득 '왜 「모든 여자들」이 아니었을까?' 하고 자문해보았다.

— 조지 버나드 쇼

10. 여성의 권리

당신은 성적으로든 학식에서든, 감성과 지성,
천부적인 재능의 양과 질에서든 열등한 존재에 속한다오.
— 시인 콜리지가 그의 아내 사라에게

남편과 아내는 하나의 통합체이며, 그 통합체를 대표하는 것은 남편이다.
— 윌리엄 블랙스톤 경, 「영국의 가장 위대한 법률가」

인류의 역사는 여성에 대한 남성의 반복적인 위해와 강탈의 역사이며,
여성을 억압하는 절대적인 질서 확립을 공공연한 목적으로 삼고 있다.
— 1848년 미국 세네카폴스에서 개최된 제1회 여성권리대회의 〈취지 선언〉

여왕은 '여성의 권리' 운운하는 이 정신 나가고 사악한 바보짓을 저지하는 데
전 국민이 동참해줄 것을 진심으로 간절히 바란다.
— 1870년, 빅토리아 여왕이 테오도르 마틴 경에게

　　1848년에 영국의 도슨 부인이 이혼 신청서를 제출했다. 그녀의 남편
은 공공연하게 바람을 피웠고, 그녀를 말채찍으로 마구 때리거나 금속
못이 박힌 빗으로 폭행하곤 했다. 그녀의 신청은 기각되었다. 이 결정
은 또 다른 불행한 부인 세실리아 마리아 코크런이 이혼불가 판결을 받
은 8년 전의 판례에 따른 것이었다. 불행한 결혼생활에서 벗어나 어머
니와 프랑스에서 살려던 세실리아는 남편의 계략에 영국으로 되돌아
가게 되었고, 그는 그녀가 다시는 자신을 떠나지 못하도록 감금했다.

그녀의 어머니가 세실리아를 구출하기 위해 인신보호영장을 신청했지만, 이것은 여왕좌법원[역1]에 구태의연한 법의 입장을 재천명할 기회를 주었을 뿐이다. 즉 여성들은 영원히 아버지나 남편의 보호 아래 살아야 하며, 여성은 결혼함으로써 시민권을 상실하여 법률상 사망한 존재가 되는 데 동의한 것이나 마찬가지라는 입장이 새삼 확인되었다. 더 나아가 "영국의 법은 남편에게 아내를 전적으로 소유할 권리를 주며, 여기에는 어떤 의심도 있을 수 없다. …… (남편은) 무력으로 아내를 감금할 수 있고…… 그녀를 때릴 수도 있다." 코크런에게 아내를 감금할 자유를 주기 위해서는 아내 측의 자유를 희생해야만 한다. 이를 위해 판사는 서슴없이 선언했다.

> (세실리아 코코런을) 풀어주기를 거절하며, 그녀에게 영원한 감금을 선고한다는 사실을 강조하고 싶다. 나는 결혼생활의 행복은 상호 양보와 관용에서 생겨난다고 확신한다. 그러한 상호 양보와 관용은 부부간 결속이 확고할 때 생겨나는 것으로, 결속이 약한 경우에는 누릴 수 없다.[1]

특별한 소수의 상황에서만 이런 판결이 내려진 것이 아니다. 같은 시기에 애디슨 부인이라는 여성도 가학적인 남편이 그녀의 여동생과 바

역1) 과거 영국의 코먼 로 상급법원의 하나로 군주 앞에서 개정되는 것이 원칙이기 때문에 군주가 있는 곳이면 어디서든 열릴 수 있었다.

람피우는 것을 입증했는데도 이혼신청이 기각되었다. 테우시 부인이라는 여성은 대법관조차 "여성이 (이혼을) 청구한 사례 중 이보다 더 적합한 이유가 있는 경우는 들어본 기억이 없다."라고 할 정도의 상황이었지만 "전 국민의 윤리의식에 해를 끼친다는 이유로" 이혼을 허락받지 못했다.

당시는 사회적으로 모든 것이 해체되는 상황이었지만 결혼의 신성한 '유대'는 전에 없이 더 확고해졌다. 1700년에서 1850년까지 히드라 같은 머리를 가진[역2] 혁명이라는 괴물이 유럽과 아메리카 대륙을 뒤흔들면서 수천 년 동안 인류를 종속시켜온 사슬을 끊어내고 있었다. 제국의 모험가들이 아프리카, 인도, 아라비아, 동양 등 각지로 다니면서 지리적 지식의 한계가 무너졌고, 세계지도도 다시 그려졌다. 실제로 모험을 떠나지 않고 집에만 틀어박혀 있는 사람들도 휴대용 시계, 연속장전이 가능한 라이플 총, 조면기(繰綿機), 무선 전신술, 전기 발전기, 피트먼의 속기술 등을 향유할 수 있었다. 그러나 무지와 거리의 장벽이 마치 존재한 적도 없었던 양 무너지는 와중에도, 전혀 변화를 겪지 않고 남아 있는 예외가 하나 있었다. 그것은 세계 각처에서 여성들이 성의 노예가 되어 갇혀 지내는 상황이었다. 사실 인류문명이 시작될 때부터 그런 상황은 조금도 변하지 않았다.

인류의 진보가 20세기까지 계속되어 왔지만 남성의 우월성에 대한 보편적인 신념에는 현실적인 변화가 전혀 없었다. 여성들은 여전히 어

역2) 히드라는 헤라클레스가 죽인 괴물로, 머리 하나를 자르면 그 자리에서 머리 두 개가 생겨난다고 한다.

릴 때부터 남자들이 더 소중하다고 배웠다. 예를 들어 혁명 직후 프랑스에서는 식사 시간에 "그 집의 가장이 제일 먼저 상을 받고 그다음으로 다른 남자들이 나이와 신분 순으로 대접을 받는다. 그 집의 여주인과 딸들, 여성 방문객은 남자들 중 제일 마지막 순서에 해당하는 사람들이 자기 몫을 챙길 때까지 식사를 시작하지 않았다."[2] 19세기 중반에는 이런 우선권이 남성의 특권으로 굳어졌다. 이런 특권들은 남자들이 가질 수 있는 모든 것을 여성들에게 절대 주지 않음으로써 유지된다. 1848년 뉴욕 주의 세네카폴스에서 여성권리대회가 열렸을 때 엘리자베스 케이디 스탠턴이 작성하여 발표한 〈취지 선언〉은 남성들이 여성들에게 가한 부당한 행위들을 하나하나 열거하고 있다.

남성은 여성이 아무도 빼앗을 수 없는 선거권을 행사하도록 결코 허용하지 않았다.

……

남성은 여성이 결혼함으로써 법률상 시민권을 상실하도록 만들었다. 남성은 온갖 재산권은 물론이고 여성이 벌어들인 임금에 대한 권리까지도 강탈하였다. …… 남편은 사실상 아내의 주인이 되었다.

……

남성은 이혼법을 만들 때…… 여성의 행복은 전혀 개의치 않았다.

……

남성은 벌이가 좋은 거의 모든 직업을 독차지했다.

……

남성은 온전한 교육을 받을 수 있는 교육시설을 여성이 이용하지 못하도록 막았으며……,

남성은 남자와 여자에게 다르게 적용되는 도덕규범을 확립함으로써 대중의 그릇된 정서를 조장하였다.[3]

물론 남자들은 그런 식으로 생각하지 않았을 것이다. 또한 그런 구조 덕분에 이득을 보는 자들만이 현실에 만족했던 것도 아니다. 대부분의 여성들도 그런 부당한 구조를 열렬하게 지지한 것이다. 캐롤라인 노턴 (Caroline Norton)의 남편은 변호사라는 직업을 이용하여 그녀를 간통으로 고소하고, 아이들을 빼앗고, 생계유지를 위한 최소한의 생활비도 전혀 주지 않았다. 게다가 나중에 그녀가 직접 글을 써서 돈을 좀 벌게 되자 법적인 권리를 행사하여 그녀의 수입을 압수하고 그녀가 쓴 모든 작품의 저작권도 빼앗았다. 남성 지배의 횡포를 절감한 캐롤라인은 그런 횡포를 뒷받침하는 법률을 개정하기 위해 캠페인을 벌였지만, 그러면서도 여전히 "나는 개인적으로…… 신의 존재를 믿는 것처럼 남자들이 선천적으로 우월하다는 것을 믿는다. 여성의 타고난 지위는 남자보다 열등하다."[4]라고 주장했다. 캐롤라인 노턴은 자신이 '수백만 여성들'의 의견을 대변했다고 확신했으며 "'평등한 권리'를 주장하고 '평등한 지성'을 강조하는 얼토당토않고 어리석은 이론들은 전체 여성의 의견이 아니다."라고 했다.

이런 견해는 세계적으로 전폭적인 지지를 받았다. 영국의 빅토리아 여왕도 "자신도 속해 있는 저급한 성이 **여성의 권리** 운운하는 이 정신

나가고 사악한 바보짓에······ 거의 공포감이라 할 정도의"[5] 완강한 적대감을 표현했다. 이것은 세계 전역의 지배층 대다수가 느끼는 감정이었다. "여성이 자신의 여성다움을 내버리는 일을 가만두면, 증오감에 불타고 냉혹한 (그리고 혐오스러운) 존재가 될지도 모른다."는 빅토리아 여왕의 두려움은 전 세계 여성들이 나이와 계급을 초월해서 공유하고 있었다. 당시 미국 여성들은 참정권 갖기를 거부하며 적극적으로 투쟁한 역사상 최초의 집단이다. 다른 나라에서도 소수 선거법 개정론자들이 여성의 권리를 국가적 협의사항으로 만드는 데 성공하기만 하면, 남녀를 불문하고 그 반대자들이 남성의 천부적인 지배권을 강조하면서 들고일어나 격렬하게 반발했고, 그 와중에 개정론자들이 육체적인 공격을 당하는 경우가 많았다.

사실 남성 지배는 '천부적'이기는커녕, 당시에 서둘러서 날조된 이념이었다. 편파적인 법이나 사회적 금기를 통한 가부장제의 제재는 전반적으로 새로운 국면을 맞고 있었다. 남성들이 남근을 내세워 오랫동안 누려온 특권의 일부라도 손에 넣기 위해서라면 자신의 '여성다움을 내던질' 용의가 있는 여성들이 대거 등장했기 때문이다. 사회주의 개혁운동가 비어트리스 웨브는 1889년 3월, 자신의 새 연구 과제를 상의하기 위해 런던대학의 마셜 교수를 방문했다. 그는, 이미 경험 많은 연구원으로서 상당한 양의 작업을 진행 중이던 웨브에게 선배를 자처하면서 다음과 같이 충고했다.

여자는 종속적인 존재다. 여성이 종속되기를 거부한다면 어떤 남자와도 결혼할 수 없을 것이다. 사실 결혼은 남성이 자유를 희생하는 일이다. 그럼에도 남자들이 그런 희생을 묵인하는 것은 여성과 남성의 육체적·정신적 결합을 위해서다. 따라서 여성은 남성들이 불쾌감을 느낄 정도로 능력을 계발해서는 안 된다. 여성들이 보이는 힘, 용기, 독립심 같은 것들은 전혀 매력적이지 않으며, 여성이 남성의 영역에 뛰어들어 경쟁하는 것은 단연 불쾌한 행동이다. …… 그는 웃으면서 "만일 그래도 당신들이 우리와 경쟁하겠다면, 우리는 당신들과 결혼하지 않을 것"이라고 말을 맺었다.[6]

여성의 열등함을 재차 강조하는 일은 단순히 개인적인 의견표명 수준에 머물지 않았다. 공포에 사로잡혀 전전긍긍하는 가부장들 배후에서 다양한 역사적 요인이 결합하여 새로운 여성 억압의 도구들을 만들어냈다. 멋진 신세계를 만들어내겠다던 사회체계와 함께 새로운 소박과 함정, 채찍, 몽둥이들이 등장하였다. 그런 요인들은 대략 다음 세 가지로 나눌 수 있는데, 이들은 서로 다르지만 밀접한 연관 속에서 함께 성장하였다.

· 고도의 산업조직과 자본주의의 부상
· 근대과학의 탄생과 '여성의 본성'에 대한 재규정
· 사회변화에 대한 입법자들의 반응

이 셋 중에서 산업화로 야기된 손상을 확인하는 것이 가장 쉽다. 남

아프리카공화국의 페미니스트 올리브 슈라이너에 따르면 공장생산
체제는 "여성이 오랫동안 소유해온 생산적·사회적 노동의 영역을 침
탈했다."

> 우리가 쓰던 물레는 모두 파괴되었다. 이제는 우리가 온 국민의 옷
> 을 만들어 입힌다고 자랑할 수 없게 되었다. …… 그나마 아직 반
> 죽통과 술통이 남아 있긴 하지만, 이제 틀에 넣어 쪄낸 빵이 바로
> 우리 대문 앞까지 배달되고 있다.[7]

구식 가족경제가 붕괴하면서 여성은 입지와 성취감을 누리던 중심
에서 밀려났다. 대신 엄격한 성차별이 유지되는 노동시장에 들어섰고,
남자가 '생계수단을 벌어들이는 자'라는 새로운 개념이 생겨났다. 자
동적으로 여성은 전보다 더 열등하고 하찮은 존재로 분류되었다. 새로
운 노동환경은 여성들을 제빵이나 양조 같은 생산적인 노동으로부터
격리할 뿐 아니라 그들의 남편으로부터도 격리하였다. 과거에 부부는
가족이라는 노동단위 안에서 서로 의지하는 소중한 동료였지만, 이제
여성들은 자기 남편이 산업생산의 복잡한 업무를 위해 특별훈련을 받
는 것을 그저 바라만봐야 했다. 그럴수록 여성은 더 질이 낮고 임시적
이고 보수가 박한 노동에 한정될 수밖에 없었고, 이처럼 전체 경제에
기여하는 바가 미약하니 더 열등한 지위에 놓일 수밖에 없었다.

구조적이고 조직적인 성차별은 새로 생겨난 '노동계급' 여성들만이
아니라 모든 여성에게 악영향을 미쳤다. 산업화 이전에는 여성들 대부

분의 생활과 노동이 가족단위로 이루어졌다. 가정적인 측면과 상업적인 측면을 아우르던 당시 가족에는 자녀들뿐 아니라 과부나 고아가 된 친척, 연로한 친척, 하녀, 하인, 도제들이 포함되었다. 그런데 가정과 일이 분리되면서 여성은 수입이 좋은 노동은 물론이고 남성들과도 격리되었고 자녀들, 다른 여성들, 자신의 생활에 대한 통제력, 외부세계로 이어주는 통로까지 잃게 되었다. 부유한 남성과 유한계급 여성들도 사태를 통제하거나 영향력을 행사하지 못한 점에서는 '노동에 종사하는 빈민' 계층의 학대받는 아내들과 매한가지였다. 사실 여성들 대부분이 어떤 방식으로든 계속해서 일할 수밖에 없는 상황이었지만, 자신의 일터에서 전혀 발언권을 갖지 못하게 되었다. 19세기가 진행될수록 경제는 발달하였지만, 남녀 모두 이전에 대다수를 차지하던 중간 계층에서 밀려나 양 극단으로 몰리는 현상이 심화되었다.

여성이 사회의 격리된 계층, 새로운 하위 계층을 형성하게 되면서 그들이 유례없이 복잡한 문제를 제기한다는 인식이 높아졌다. 이른바 '여성문제'는 그런 식으로 생겨났다. 새로운 딜레마는 새로운 해결책이 필요했다. 19세기에 새로 생겨난 모든 학문 중에서 과학이야말로 골머리를 앓는 지배층에게 가장 유용한 도구였다. 과학은 편리하게도 절대적 확실성을 보장해줄 뿐만 아니라 인간의 뇌를 마이크로밀리그램 단위까지 정밀하게 측정해줄 수 있었다. 이렇게 하여 '두개학(頭蓋學)'이라는 새로운 과학이 태어났다.[8] 두개학은 지적 능력이 뇌의 크기와 직접적인 연관이 있다는 가설을 아무 근거 없이 받아들인 다음, 백인 남성의 뇌가 흑인, 아시아인, 아메리카 원주민 또는 어떤 '피지배 민족'의 뇌보다도 크다는 사실을 '입증'하기 시작했다.

또한 두개학은 남자의 뇌가 거의 항상 여자의 뇌보다 더 크다는 사실을 논란의 여지없이 입증함으로써 '여성문제'에도 크게 이바지했다. 하지만 그런 주장에 근거해서 남성의 우월성을 정당화하는 것도 잠시였고, 곧 난관에 부딪혔다. 뇌의 크기만 놓고 보면 여성이 남성에 미치지 못하지만, 신체 크기 대비 뇌의 크기 비율로 보면 여성이 항상 남성보다 앞섰기 때문이다. 남성이 우월한 지적 능력을 가졌다는 주장은 남성의 지배권을 정당화해주는 극히 중대한 사안이었기에, 이런 반론은 심각한 문제를 초래했다. 하지만 두개학은 인간의 지적 능력이 뇌 전체의 크기에 비례하기보다는 전두엽이나 두정부(頭頂部), 또는 후두부에 있다는 식으로 교묘하게 난국을 헤쳐 나갔다. 남자의 뇌 가운데 여자의 것보다 더 큰 것이 확실한 부위면 어디든 바로 그것이 지적 능력을 결정한다는 주장이었다. 하지만 정말로 남근과 뇌의 크기가 이 세계의 지배자를 결정하는 근거가 된다면, 왜 고래가 세계를 통치하지 않는 것일까? 뒤틀린 과학만능주의가 횡행할 때는 그런 물음조차 제기되지 않았다.

사실 세계를 주름잡던 통치자들이 자기가 너무 커버린 원숭이보다 조금 더 나은 존재임을 입증하느라 바쁠 때, 고래는 관심의 대상이 될 수도 없었을 것이다. 게다가 진화론이 두개학을 거들기 시작하면서, 여성의 지적 능력을 반박하는 주장은 그 자체로 완결되어버렸다. 다윈은 '좀 덜 진화된 여성의 뇌'를 '열등한 인종의 특징이자 과거 저급한 문명의 특징'으로 처리해버렸다.[9] 이처럼 근대세계가 확립되면서 등장한 오만한 과학만능주의는 참신한 진리를 위한 객관적 연구가 아니라 해묵은 거짓말을 그럴듯하게 재구성하는 데 이용되었다. 심지어 과학 자체가 권력의 새로운 도구가 되었다. 지식의 거대한 처녀림인 과학은 눈 깜짝할 사이에 남자들의 식민지가 되었고, 이로써 본질과 당위의 내용은 물론이고 무엇이 '정상'이고 무엇이 '자연스러운' 것인지를 정의할 권리까지도 남자들 손아귀에 들어갔다. 과학의 승리는 인류문명이 시작된 이래 계속된 권력의 이양 과정을 마무리 지었다. 태초에 여성의 초자연적인 자궁에 있던 권력의 궁극적인 원천, 의미의 기반, 창조능력이 중간에 신성한 남근을 거쳐 이제 남성의 두뇌로 옮겨 간 것이다. 그러는 동시에 위대한 어머니의 역할은 근본적으로 왜곡되었다. 남성의 과학적인 정신이 만들어낸, 여성에 대한 왜소하고 위축된 해석은 오늘날까지도 우리를 옭아매고 무기력하게 만든다.

결국 산업화와 근대과학은 여성의 역할과 목적에 대한 새로운 정의를 날조했고, 바로 이것이 여성의 열등한 지위를 강화했을 뿐 아니라 이전보다 더 열악하게 만들었다. 의사, 생리학자, 생물학자, 부인과 의사, 골상학자, 돌팔이 의사 등 모두가 '여성의 본질'에 대해 무수히 많은 '과학적인 설명'을 제시했고 '여성문제'에 공헌했다. 하지만 그들이 발견한 사실이라는 것은 애당초 길을 걸어가는 아무 남자나 붙잡고 물어도 말해줄 수 있는 내용뿐이었다. 그들 모두 결국 남자는 강하지만 여자는 약하고, 따라서 남성의 지배가 정당할 뿐 아니라 불가피하다는 주장을 내세운 셈이니 말이다. 친절하고 유능한 의사들이 특별히 공헌한 점이라고는 여성이 '타고난 신체구조 탓으로' 평생 고통받을 수밖에 없음을 '과학적으로 입증'한 것밖에 없다. 그 고통의 내용은 미국 부인과학회 회장이었던 조지 J. 엥겔만 박사가 감동적으로 들려준다. 다음은 그가 폐경기의 일과성 열감에 대해 설명할 때 말한 것이다.

많은 젊은 여성이 사춘기에 난폭하게 순결을 잃으면서 영구적인 불구가 된다. 이 시기를 무사히 지나가고 출산의 위험에 노출되지 않는다 해도, 계속 생리를 해야 하는 점에는 변함이 없다. 그리고 결국 성적인 격정에서 벗어나 항구의 평온한 바다에서 안식을 찾기도 전에 폐경기라는 최후의 난관을 거치게 된다.[10]

여성의 선천적인 신체기능은 모두 생명을 위협하는 고비로 간주된다. 따라서 합리적이고 과학적인 남성이라면 누구든 그처럼 허약한 존재를 믿을 수 없게 된다. 이제 여성의 육체만이 아니라 그 정신까지도 유사 생물학의 정밀한 검사대에 올려졌다. 두개학자들은 여성에게도 정신에 해당하는 것이 존재함을 참으로 마지못해 인정했지만, 그것의 특성은 절망적일 정도로 연약했다. 여성은 선천적으로 신경장애와 정신적 불안정에 시달릴 수밖에 없는 운명이며, 어떤 교육으로도 여성의 작은 뇌수가 가진 결함을 치유할 수 없다는 것이다. 도리어 젊은 숙녀들을 교육하는 일은 그들의 허약한 정신기관에 '과도한 자극'을 줄 수 있으므로 헤아릴 수 없을 정도로 위험하다고 보았다. 칼라일이 진화론 논쟁과 관련해서 '전체 기독교도들 중 제일가는 멍청이'라며 맹렬히 비난했던 철학자 허버트 스펜서는 젊은 여성들의 '뇌를 억지로 촉진'

하는 일의 나쁜 영향에 대해 도맡아서 떠들어댄 인물이다. 그는 만일 여성들이 카툴루스[역3]의 시집을 한 권이라도 접하는 날이면, 질병 체질(신경과민), 위황병('녹색병' 또는 빈혈증), 히스테리, 발육정지, 과도한 체중저하 등의 질병에 시달리는 건 약과에 불과하며 더 심각한 결과를 초래할 수도 있다고 보았다. 스펜서는 뇌에 지나친 부담을 주면 '가슴이 납작한 소녀들을 만들어낸다'고 경고했고, '고도의 긴장이 필요한 교육을 받은' 소녀들은 결코 '건강한 아이를 낳을' 수 없다고 주장했다.[11]

여성이 '자연스러운' 무지에서 벗어나면 '조그맣고 약하고 병에 잘 걸리는 자손'을 얻을 것이라며 두려워했던 남성이 스펜서만은 아니다. 그런데 너무 약한 정신을 가진 탓에 그런 나약함에서 벗어나는 교육도 받을 수 없는 존재라면, 다른 모든 일에서도 부적합하다고 간주될 수밖에 없다. 따라서 여성들에게 전가된 육체적·정신적 약점은 그들에게 어떤 시민권이나 법적 권리도 주기를 거부하는, 정말이지 여성이 처한 '자연상태'에 어떤 변화를 주는 것도 거부하는 근거가 되었다. 1907년에도 한 영국 백작은 다음과 같은 이유를 들어 여성들에게 특정 지역에 국한된 제한적인 선거권을 허용하는 법안이 통과되는 것을 막았다.

그들은 너무 신경질적이고 냉정한 이성보다는 지나치게 감정에 이끌려서…… 어떤 종류의 타협이든 거부하는 경향이 있다. 나는

역3) 로마의 시인.

여성들을 정부가 신뢰할 만한 안내자로 생각할 수 없다. 그들은 아주 위험한 안내자다.[12]

영국 귀족계급의 실력자 한 명도 이런 의견을 지지했으며, 그것이 전체 남성의 이익을 위한 것임을 전혀 숨기지 않았다. "만일 지금까지 그래온 것처럼 여성들에게 선천적으로 타고난 것 외에 어떤 인위적인 교육도 허락하지 않는 입장을 철회한다면, 만일 여성이 가정생활에서 정치생활로 옮겨 가도록 허용한다면…… 그런 변화로 가정이 무너지고 모든 가족 구성원의 행복이 파괴될 수밖에 없음을 두려워하는 것이다." 비록 그가 '인위적인' 또는 다른 어떤 종류의 교육이 초래할 부담에 대해서는 전혀 언급하지 않고 넘어갔지만, 문제가 그의 지배권을 유지하는 데 있음은 분명하게 알 수 있다. 결국 요지는 여성이 자신에게 강요된 열등한 지위에서 벗어나려 시도하는 일이 사회조직에 해를 끼칠 수 있기 때문에 저지되어야만 한다는 것이다.

그런데 여성들의 낮은 지위와 시민권 상실을 자연 상태처럼 유지하려면 아주 많은 사회적·문화적 강제력이 필요했다. 이제까지 여성해방의 적으로 산업혁명, 상식과 이성에 대한 과학의 승리를 들었는데, 그 세 번째 적이자 공공연하게 압박하던 힘을 행사하던 요인은 19세기의 법률이었다. 법에 기반을 둔 여성 억압은 특히 나폴레옹 법전을 당대 가장 진보적인 법률로 칭송하며 환영한 프랑스에서 가장 노골적이었다. 나폴레옹 법전에 열광했던 이유가 과연 당시 가장 포괄적으로 여성을 억압하는 법령이 포함되어 있음을 몰랐기 때문인지, 아니면 제대로 인식했기 때문인지 역사적으로 확인할 길은 없다.

구체제 하에서 기혼여성들은 폭넓은 자유를 누렸고, 자기 재산을 관리할 권리를 행사했고, 지역사회에서 영향력 있는 지위를 차지했다. 혁명 후에는 이혼도 수월해져서 그 권리가 더 확대되었다. 그러나 나폴레옹은 프랑스의 법률을 로마시대의, 아니 그보다는 코르시카 섬의 도덕에 근거해 재확립하겠다고 결심했고, 결국 여성을 전적으로 남성에게 종속시키고 남성의 모든 욕망에 노예처럼 복종케 하는 법률을 확고하게 제정했다.

나폴레옹 법전을 제정할 때 나폴레옹 개인의 성향이 작용했음은 의심할 바가 없다. 그는 스탈 부인(Madame de Staël)역4)의 아들에게 '여자들은 뜨개질에 전념해야 한다'고 일러주었다. 하지만 정작 스탈 부인의 명성은 그녀의 바느질 솜씨 덕분이 아니었다.

여성에 대한 나폴레옹의 태도는 변함없이 편협하고 반동적이고 노골적이며 성차별적이었다. 그는 자신이 국가의 유일한 권력자가 되어야 하는 것처럼, 모든 남성이 자기 가족에게 전적인 통제권을 행사해야 한다고 굳게 믿었다. 그가 자신의 '개혁안'을 최고 행정재판소에 밀어붙이면서, 남편은 아내에게 "부인, 당신은 극장에 가서는 안 되오. 당신은 이러저러한 사람을 손님으로 집에 들여서는 안 되오. 당신이 낳을 아이들이 내 자식이어야 하기 때문이오."라고 말할 수 있는 절대적 권력과 권리를 소유해야 한다고 선언했다. 마찬가지로 모든 여성은 "자

역4) 작가, 정치선전가, 사교계의 좌담가. 유럽 사상사에 낭만주의 이론가로서 이바지했다.

기 가족의 보호에서 벗어나면 남편의 보호하에 들어가야 한다는 것을 깨달아야 한다."[13]

나폴레옹 법전은 남편에게 전례가 없을 정도로 엄청난 전제권력을 부여했다. 남편은 자기 마음대로 아내를 어떤 곳에 머물게 하거나 다른 곳으로 가도록 강요할 수 있었다. 아내가 소유했거나 벌어들인 재산 역시 모두 남편의 소유였다. 이혼할 때도 아내에게는 부부 공동의 재산에 아무런 권리가 없어서, 남편이 아이들과 집, 모든 재산을 차지했다. 또한 아내가 간통을 범했을 때는 최고 2년까지 감옥에 갇히지만, 남편은 그런 부담으로부터 자유로웠다. 프랑스 여성들은 나폴레옹 민법전이 정식 법안으로 통과된 1804년 이후보다 중세시대에 살기가 더 편했다. 프랑스 여성들이 근대에 와서 겪은 비극은 지구 곳곳에서 셀 수도 없이 반복되었다. 나폴레옹 법전이 미터법과 함께 새로운 모범으로 채택되어 문명화된 세계 전체로 퍼져나갔기 때문이다.

그런데 가부장제의 힘이 이처럼 활발하게 재정비되는 와중에, 바로 이런 억압구조 안에 미래의 패배의 씨앗이 숨어 있었다. 산업혁명으로 여성들은 새로운 정체성과 목적을 절실하게 추구할 수밖에 없었고, 의도한 것은 아니었겠지만 결국 산업혁명이 여성들의 손에 그 수단을 제공했다. 산업혁명이 부를 창출하는 데 성공함으로써, 남편의 사회적 성공의 상징처럼 한가한 아내들이 등장하게 된 것이다. 필요를 능가하는 생산물과 부의 창출은 일할 필요가 없는 여성들을 만들어냈다. 또한 남성이 전적으로 여성을 부양해야 한다는, 역사적으로 유례없는 개념도 생겨났다. 따라서 부상하는 부르주아 계급 여성들 대다수가 인형과 애완동물 사이의 어딘가에 있는 림보^{역5)}에 머물게 되었다. 그들에게 맡겨진 고전적인 '안사람' 역할은 오늘날에도 받아들여지는 여성의 역할이다. 유한계급의 부인에게는 일을 하거나 중요한 역할을 하는 일이 허용되지 않았고, 대신 당시 유행하기 시작한 실없는 겉치레 예법이 주어졌다. 비턴 부인의 '가정 부인의 교양', 에밀리 포스트의 예법에 대한 안내서들, 그리고 『꽃의 언어』 같은 것들 말이다.

하지만 시간이 흘러가면서, 역사학자 아모리 드 리앙쿠르의 표현대로 "여자들에게 쓸모없는 존재가 되기를 요구하는 남자들의 이 괴벽스런 정신질환은 으뜸가는 실수였음이 입증되었다." 왜냐하면 "역사적으로 볼 때 여성들은 항상 어떤 방식으로든 사태의 핵심으로 뛰어들었고, 결코 오랫동안 한가하게 놀면서 지내거나 선반에 올려진 장식물로 남아 있지 않았기" 때문이다.¹⁴⁾ 무위를 강요당한 '유한부인'들은 도리어 기력을 약화하고 사기를 꺾는 자신의 생활방식, 즉 돈이나 지위, 사회적 의미에서 남편에게 의존해야 하는 자신의 상황에 의문을 제기할 시간을 얻게 되었다. 엄격하게 말해 이처럼 어리석고 부자연스런 생활방식을 모든 여성이 소망하는 가장 고상한 생활방식이라며 억지로 강요함으로써, 실제 생활과 그것에 대한 상상 사이의 모순이 거의 수습하기 힘들 정도로 자라났다.

다른 한편에는 일하는 여성들이 있었다. 그들은 자신의 운명에 대해

역5) 로마 가톨릭 신학에서, 비록 벌을 받지는 않지만 하느님과 함께 영원히 천국에 사는 기쁨을 누리지 못하는 영혼이 머문다고 본, 천국과 지옥 사이에 있는 경계 지역.

의문을 제기할 여가도 누릴 수 없었다. 신이자 주인인 남편에게 전적으로 종속된 그들은 새로 등장한 '이중노동'에 허덕였다. 낮에는 전업 노동자로 일하고, 밤에 남은 시간에는 집안의 온갖 잡일을 도맡아야 했던 것이다. 그러나 이 여성들은 결혼 전에 짧게나마 새로 등장한 신흥 노동계급의 일부가 되는 경험을 했다. 산업사회가 발달하면서 자본주의로 이행해가는 과도기에, 은행업과 재정 쪽에서, 상업과 소매업에서, 전신술과 타자 기술같이 아주 새로운 기술이 필요한 영역에서, 전에 한 번도 존재한 적이 없던 다양한 직업이 생겨났다. 수많은 젊은 여성들이 속기사, 전화 교환수, 출납원, 비서, 점원으로 활동하면서 '직업여성'이라는 새로운 집단을 형성했다. 이러한 새로운 경험 덕분에 그들은 "학교에서 배우는 프랑스어나 음악, 무도법, 꽃그림, 바느질, 척추교정판을 열심히 사용하는 일 등이 반드시 보수가 좋은 직장을 얻는 데 도움을 주는 것은 아니라는" 사실을 깨달았다.[15] 게다가 영국의 개혁운동가, 라이(Rye) 같은 사회주의 노동자들은 젊은 여성들이 결혼하기 전에만 일한다는 통념을 경험에 입각해서 반박했다. 1861년에 라이는 '일하는 젊은 여성들'의 상황을 다음과 같이 설명했다.

내 사무실은 매일 일자리를 구하는 사람들로 북적댄다. 영국 곳곳의 사람들이 내게 간절하게 직업에 관해 문의를 해왔다. 불행히도 나만 특이하게 이런 경험을 하는 게 아니다. …… 앞에서 언급한 일자리에 지원하는 여성들만 **하루에** 120명이 넘는다. 하지만 그들은 말 그대로 자기들 중 단 한 명을 위한 일자리도 없다는 사실을

분명히 깨달을 뿐이다.[16]

이런 상황에서 일하는 여성들은 모든 것을 가져다주고 '생계를 책임지는 가장'의 신화를 부정할 수밖에 없었고, 유한계급 여성들과 마찬가지로 자신의 생활과 이익이 남자들의 그것과 동떨어져 있음을 절실하게 깨달았다. 더구나 그들은 결혼 전에 경제적 독립이 주는 달콤함을 맛보다가 결혼하고 나서 그것을 강탈당한 사람들이다. 그런 여성들에게 평균 남성임금의 절반밖에 되지 않는 자신의 임금은 물론이고, 경제적 의존 자체가 자신을 끊임없이 상대적으로 왜소하게 만드는 굴욕이었을 것이다.

흔히 남자들이 평가하던 여성의 가치를 여성들이 그대로 받아들일 수 없었던 다른 요인도 있었다. 피와 죽음, 불과 기근으로 점철된 제국의 모험을 겪어낸 여성들이 여성의 나약함을 주장하는 과학자들의 새로운 발견을 곧이곧대로 받아들일 수는 없었다. 플로렌스 나이팅게일은 역사 속에 '등불을 든 여인'으로 남았다. 하지만 실제로 크림 반도에서는 그녀가 간호용품이 필요해서 잠겨 있던 저장실을 맹렬하게 공격한 행동 때문에 '망치를 든 여인'으로 불렸다.[17] 그녀가 가장 심각하게 방해받거나 모욕을 당할 때에도, 감히 그녀에게 '열등한 여성'이기 때문에 어쩔 수 없다고 말할 사람은 아무도 없었다. 그것은 흑인 노예들을 미국 최남부 지방에서 몰래 빼내어 북부로 데려가서 자유롭게 살게 한 '지하철도' 조직 활동으로 유명한 해리엇 터브먼에게도 해당하는 이야기다. 그녀는 남북전쟁 동안 750명이 넘는 흑인을 해방시키는

활동을 지휘한 '장군'이었고, 미국 역사에서 군사작전을 계획하고 실행한 유일한 여성이었다.[18]

　이런 여성들, 전율 속에서 위업을 이뤄낸 여성들은 당시 남성들이 열렬히 옹호하던 피상적이고 모욕적인 여성상에 만족하며 편안하게 살아갈 수 없었다. 터브먼처럼 노예 출신인 노예폐지론자 소저너 트루스가 1851년 여성권리대회에서 한 연설은 그런 여성들의 분노를 더할 수 없이 폭발적으로 표현하였다.

> 저기 있는 저 남자가 여자들은 마차를 탈 때 도움을 받아야 한다고, 도랑을 건널 때도 안겨서 건너야 하며, 어디서든 가장 좋은 자리를 차지할 필요가 있다고 말한다. 하지만 누구도 내가 마차에 타거나 웅덩이를 건널 때 도움을 준 적이 없고, 내게 제일 편한 자리를 주지도 않았다. 난 여자가 아닌가?
>
> 이 팔을 보라! 나는 쟁기질을 하고 밭일을 하고 수확해서 헛간에 쌓는 일을 했는데, 어떤 남자도 나보다 더 일을 잘하지 못했다. 난 여자가 아닌가?
>
> 난 남자들만큼 많이 일할 수 있었고, 남자들만큼 많이 먹을 수 있었다. 물론 내가 그만큼 얻을 수 있었을 때 말이다. 채찍질을 당할 때도 남자들처럼 견딜 수 있었다. 난 여자가 아닌가?
>
> 난 열세 명의 자식을 낳았고 그들 대부분이 노예시장에서 팔려 나가는 걸 보았다. 나는 내 어머니의 슬픔까지 떠올리며 울부짖었지만, 예수님 외에 누구도 내 절규를 들어주지 않았다. **난 여자가 아**

니란 말인가?[19]

가부장의 권력을 더 강화하기 위해 무지막지하고 서투른 시도를 하다 결국 여성들의 분노가 폭발하도록 방아쇠를 당긴 이들은 과학자들이 아니라 입법자들이었다. 여성들은 기본적인 정의와 개인적 자유, 인간으로서 온전한 지위를 요구하며 아우성쳤다. 이 외침은 마지막으로 '혁명의 세기'를 장식한 거대한 정치적 격변의 물결로 이어졌다. 여성의 권리 주장은, 산업사회 도처에서 새로운 사회 참여 수단을 얻어내는 데 성공한 남성의 전례를 그대로 따랐다. 본질적으로 민주주의 이념은 특정 시민집단에게 승인한 것을 합법적으로 다른 시민집단에게 금지할 수 없다. 물론 실권자들은 그렇게 생각하지 않았기에 그런 부분적인 박탈을 시도했다. 민주주의의 요구에 따라 어쩔 수 없이 낡은 법률을 개정해야 하는 상황이 되자, 정부에서는 남자들이 새로 획득한 모든 권리를 고의적이고 절대적으로 여성들에게 주지 않는 방식을 택했다. 이것은 그들에게 사상 초유의 기회였다. 대서양 양편에서 '인권the Rights of Man'은 말 그대로 남자의 권리로 해석되었다.

특히 영국 여성들이 이런 상황을 모욕적으로 받아들였다. 남자들은 '모든 남자에게 한 표씩' 부여하는 새로운 권리를 얻어내고 있었지만, 여자들은 이전에는 존재한 적 없는 제약들에 얽매이게 되었음을 깨달았기 때문이다. 여성을 차별대우해도 된다는 법적인 근거는 과거에 없었다. 여성이 의회에 진출하는 것을 금하는 법도 없었고, 실제로 수세기 동안 샤프츠버리, 바킹, 윌턴, 성 메리 윈체스터 등의 대수녀원장들이 의회에 진출하였다. 스튜어트 왕조가 지배하던 때까지도 귀족 여성들은 의원 후보자들 중에서 당선자를 선출할 권리를 행사했다. 그러던 여성들이 가만히 앉은 채 자신의 정치적 특권을 빼앗길 리가 없다. 도싯의 백작부인은 자기 모르게 왕실 임명자를 갈아치우려던 시도에 거센 분노를 표했다. "권력 침탈자(크롬웰)가 나를 속였고, 왕실이 나를 푸대접을 했다(백작부인은 찰스 2세에게 화를 낸 것이다). 하지만 나는 그따위 명령에 복종하지 않을 것이다. 당신들이 택한 사람은 결코 오래 버티지 못할 것이다."[20] 비록 이런 권리가 상류층 여성들에게 한정되긴 했지만, 남성만 통치권을 갖는다는 절대적인 원칙을 깨뜨리는 중요한 권리였다. 그런데 이제 여성들은 '의회의 어머니' 역사에서 전례를 찾을 수 없는 법령들로 법적 형식을 갖추어 특권을 박탈당했다. 그 법령들은 모두 남성 시민만을 위한 개혁을 주장했고, 남성 시민의 이익만 증진하였다. 바로 이 법령들이 결국 여성운동의 도화선이 되었다.

그것은 머지않아 불이 붙도록 만반의 준비가 된 곳에 불똥이 떨어진 격이었다. 지금 와서 보면 여성운동이 19세기 중반에 난데없이 일어난 것처럼 보이지만, 사실 18세기가 끝나기 전부터 그 뿌리를 내리고 있었다. 여성들의 목소리가 수천 년의 침묵을 깨뜨리고 마침내 드높이 울려 퍼지던 그때부터 말이다. 오랜 세월 동안 남성 지배의 이념을 마지못해 받아들였던 여성들이 드디어 그 고색창연하고 낡아 빠진 허위의식의 정체를 간파했고, 그런 허위의식이 조장해온 비열한 관례와 관습을 하나하나 들추어내면서 공격하기 시작했다. 아직 페미니스트로 자처할 줄은 몰랐지만 사고방식의 거대한 혁명을 촉진한 최초의 인물로 메리 울스턴크래프트(Mary Wollstonecraft)를 들 수 있다. 전체적으로 메리의 인생은 가난하고 친구 하나 없는 소녀 누구에게나 일어날 수 있었을 평범한 것이다. '한 귀족 여성의 말동무'로 고용되었고, 학교를 설립하려다 실패했고, 프랑스를 여행했고, 한 남자와 연애를 했지만 그는 두 아이와 그녀를 버리고 떠나버렸다. 메리 울스턴크래프트는 이런 싸구려 통속소설 같은 과거를 바탕으로 가장 강력하고 수준 높은 페미니즘 비평서라 할 수 있는 『여성의 권리 옹호』(1792)를 써냈다.

메리의 출발점은 '남성이 여성에게 휘두르는 횡포'와 '그 배후에 숨어 있는 유해한 부패의 근원'에 대한 걷잡을 수 없는 분노였다.[21] 그녀는 이 분노를 바탕으로 자신이 직접 겪은 모든 사회악을 추적했는데, 거기에는 교육받을 기회의 박탈, 성취감을 가질 수 있는 일을 갖지 못하게 하는 것, 여성은 단 한 번의 경솔한 언동으로도 매춘부 대접을 받는 반면, 남성은 '쾌락을 추구하는 자, 까다로운 호색가' 등으로 불리며 오히려 명성을 높이는 성적인 이중 규범이 포함되었다.

그녀는 기존의 남녀관계를 해롭고 일방적인 착취로 보았고("남자들은 여자의 몸은 취하면서 여자의 정신은 녹슬게 내버려둔다.") 인습적으로 강요되는 여성의 행동규범을 경멸하고 거부했다. "그들이 우리에게 온순하고 다소곳하게 길든 짐승이 되라고 충고하다니, 이 얼마나 모욕적인가!" 『여성의 권리 옹호』는 여성의 교육받을 권리, 일할 권리, 남성과 동등한 존재로 함께 살아갈 권리를 강력하게 요구한다. 이것은 이후 페미니즘이 계속해서 관심을 가진 문제를 명료하게 표현하는 동시에 쉽게 무시할 수 없는 방식으로 도전장을 던진 것이었다. 무지와 그릇된 유년기에 계속 머물도록 강요받음으로써 여성들이 얼마나 고통받는지가 극적으로 폭로된 마당에 '아름다운 성이라 불리는 여성'이 신과 남자가 부과한 운명에 만족한다는 허구가 더는 유지될 수 없었기 때문이다.

물론 아름답지 못한 성에 속한 자들까지 이런 전면적인 공격을 기꺼이 받아들일 수는 없었을 것이다. 그 공격이 자기들의 관습과 윤리, 정신적 무지는 물론이고 자기들이 누리는 권력과 특권에 대해서까지 퍼부어졌기 때문이다. 어떤 남자도 자신을 폭군이라고 생각하지는 않는다. 메리 울스턴크래프트가 그처럼 견고한 가식의 문을 깨부수었을 때도, 그녀가 문 뒤에서 발견한 진실에 대해 병적일 정도로 흥분한 격렬한 반발이 일었다. 울스턴크래프트를 추종하던 프랑스 여성 플로라 트리스탕(Flora Tristan)은 미처 문제를 검토하기도 전에 "말도 안 돼!"라고 남자들의 외침을 듣는 일도 공격하는 여자들 입장에서 보면 커다란 즐거움이라고 했다. 트리스탕의 삶 자체가 페미니스트 투쟁의 역사와 같다. 어린 시절 아버지의 죽음으로 가난하게 살아야 했던 그녀는 짧은 기간 불행한 결혼생활을 했는데, 그 영향은 성인이 된 그녀의 삶 전체에 어두운 그림자를 드리웠다. 나폴레옹 법전 때문에 이혼을 할 수도, 아이들을 만나볼 수도 없었던 것이다. 그녀가 자서전 『한 파리아족[역6]의 여정』을 출간했을 때 그녀의 남편은 그녀를 살해하려 했다. 그녀는 사회에 바람직하지 못한 사람으로 몰려 경찰들에게 시달림을 받다가

역6) 인도의 카스트 제도에 포함되지도 못하는 최하층민으로 불가촉 천민이다.

1844년 불과 41세에 죽음을 맞이했다. 사회주의자였던 트리스탕은 교육과 일할 권리를 요구하는 울스턴크래프트의 주장을 전심전력으로 지지했다. 또한 그녀가 '남녀가 법적으로 평등한 권리'를 누리는 것만이 '인류가 화합할 수 있는 유일한 수단'이라고 주장함으로써 페미니즘에 또 다른 기여를 했다.[22] 항상 자기들만 인류에 속하는 것으로 받아들이고, 남자들만이 더할 나위없이 화합을 잘한다고 느끼는 남성들은 이런 제안을 이해할 수 없었을 것이다.

여성들이 자신의 이익을 남성의 이익과 별개의 것으로 받아들이기 시작한 것처럼, 일부 남성들도 여성을 희생시킴으로써만 향유할 수 있는 특권들을 거부함으로써 다른 남자들과 구별되기 시작했다. 1825년 사회주의 철학자 윌리엄 톰슨(William Thomson)은 묻혀버릴 뻔했던 자유사상가 휠러(Wheeler) 부인의 사상에 고취되어 『인류의 절반을 차지하는 여성들이 자신을 정치와 시민과 가정의 노예로 두고자 하는, 나머지 인류의 절반 남성들의 요구에 항의하는 호소』를 출간하였다. 거의 예언적이라 할 만큼 비범하고 특이한 이 호소문은 성적 억압과 인종적 억압을 결부시키고 있다. 즉 여성은 남성의 횡포로 '서인도 제도에 있는 흑인과 같은 처지'로 전락하여 '본의 아니게 번식기계이자 가사를 도맡은 노예'가 되었다는 것이다.

결혼생활이 노예제도와 같다는 논지는 이 책에서 끈질기게 반복된다. "가정은 아내의 감옥이다. 남편은 가정이 마치 평온한 천국인 양 치장하지만, 자신은 집 밖에다 그다지 평온하지 않은 종류의 천국을 만들어내려 애쓴다. …… 자신의 집에 갖춘 모든 것이 그의 소유물이며,

그중에서 가장 비천한 것은 바로 번식기계인 그의 아내다." 톰슨은 정치적 평등이 주어질 때에만 여성이 자유로워질 수 있다고 생각했고, 전 세계 여성들의 가슴에 반항을 남기기 위해 여성의 참정권을 요청하는 고무적인 외침으로 끝을 맺었다.

> 영국 여성들이여, 깨어나라! 모든 나라에서 당신들, 여성들은 낮은 지위에서 벗어나지 못하고 있다. 깨어나라. 당신들이 육체적 · 정신적 능력을 온전히 계발하고 발현할 때 누리게 될 행복을 생각하라. …… 당신들을 속박함으로써 남자들 역시 무지와 압제의 악덕에 묶여 있다. 당신들이 해방될 때 남자들도 참된 지식과 자유와 행복을 얻을 것이다.[23]

톰슨은 여성들을 지지했다는 이유로 다른 남성들의 멸시 속에서 사회적으로 매장되었다. 40년 뒤인 1869년에는 존 스튜어트 밀이 방대하고 지극히 논리적인 글 『여성의 종속』을 통해 제목대로 여성들의 종속 상태를 폭로하기 위해 노력했다. 하지만 여성문제에 공감하는 동료 남성의 지지가 아무리 강하더라도, 결국 자유와 정의, 온전한 인간으로서의 지위를 얻기 위한 투쟁은 여성들이 직접 싸워서 얻어내야 하는 것이었다. 드디어 사상 최초로 여성들이 계획하고 이끈 여성의 권리운동이 역사적인 첫발을 내디뎠다.

힘과 존엄성, 정의를 요구하는 여성들의 함성이 그 지도자들에 의해 울려 퍼졌다. 권리운동의 지도자들은 활발한 정치활동을 했을 뿐만 아니라 개인적으로도 비범한 자질을 갖춤으로써 성공을 거둘 수 있었고, 그들의 완강한 의지는 가히 전 세계적인 모험담이 되어 여성들을 고무하였다. 영국 여성들은 팽크허스트 부인[역7]을 위해서라면 목숨이라도 기꺼이 내놓을 것이라고 내무대신에게 통고했다. 팽크허스트 부인이 겁을 먹고 주저하는 젊은 여성 참정권자에게 "신에게 기도하세요. **그녀**가 당신의 말을 들을 것입니다!"라고 충고했다는 이야기는 그녀가 무의식적으로 발휘한 구세주적인 힘을 드러낸다. 또 다른 지도자들은 자기들이 내세우는 명분의 숭고한 간결함에서 힘을 끌어냈다. 수잔 B. 앤서니(Susan B. Anthony)의 유명한 말, "남자들은 더할 나위 없는 권리를 누리지만, 여자들은 더는 축소될 수 없는 권리밖에 누리지 못한다." 처럼 말이다.

무엇보다도 여성들은 집요하게 계속 매달렸다. 프랑스에서 최초로 여성권리요구협회를 결성한 마리아 드렘(Maria Desraismes)은 이미 1866년부터 널리 알려진 페미니스트이자 반교권주의자였다. 그녀의 마지막 저술인 『인류 속의 이브』는 1891년에 출간되었다. 엘리자베스 케이디 스탠턴은 77세 되던 1892년에 전미 여성참정권협회 회장직에서 은퇴했다. 그녀에 이어 차기 회장직을 맡은 수잔 B. 앤서니는 8년 후 여든 살이 되어서야 물러났다. 여성들은 세계 곳곳에서 당연히 누려야 할 여성의 권리를 쟁취하기 위해 대립세력을 무찌르거나 변화시킬 때까지 계속 투쟁했다.

역7) 영국 여성 참정권운동의 대표적 인물인 에멀린 팽크허스트를 말한다.

그런데 기회는 영국에서 생겨났다. 미국에서는 이미 여성이 더 큰 영향력을 행사하고 있었다. 특히 서부 지역에서 미국의 민주주의 이념과 여성들이 남성들과 함께 적극적으로 공동 개척자 역할을 수행한 사실이 결합되어 여성이 유리한 위치에 있었다. 반대로 영국은 세계에서 가장 빠르고 가장 성공적인 산업혁명과 해가 지지 않는 제국의 영광을 등에 업고 의기양양해진 상황이었다. 당시 영국 정부는 중요한 국가사업에서 전적으로 여성을 배제하고자 했고, 1832년에는 최초의 개혁법안으로 이런 배제를 합법적이고 영속적으로 제도화하려 들었다. 이 법안은 과거에 선거권을 갖지 못했던 아주 많은 사람들에게 선거권을 주는 내용을 담고 있었는데, 영국 법률사상 최초로 그 수혜자가 '남성'으로 한정되었다.

즉시 거센 항의가 뒤따랐다. 남성들도 이 항의를 지지했다. 남성들의 지지가 없었다면 여성들의 투쟁은 더 오래 걸렸을지도 모른다. 1832년 8월 3일, 급진적 개혁가이자 '웅변가'로 알려진 헌트는 동일한 자격을 갖춘 여성은 남성과 마찬가지로 선거권을 가져야 한다고 주장하는 탄원서를 의회에 제출했다. 그는 미국 독립전쟁과 프랑스 혁명의 이념에 기초해서 의원 선출권이 없다면 과세도 없어야 하며, 여자들이 남자들과 똑같이 엄격한 처벌을 받는 이상 같은 질의 생활을 누려야 한다고 역설했다.

헌트의 청원은 야비하고 바보 같은 소동 속에서 야유를 받으며 기각되었다. 이 사건은 오늘날까지도 여성문제와 관련해서 영국 의회의 오점으로 남았다. 그러나 이제 모든 전방에서 공식적으로 전투가 시작되었다. 1840년 세계노예제반대대회[역8]에 참가한 영국의 노예제 폐지론자들은 미국 여성 동지들에게 페미니스트로서의 관점에 동의한다는 의사를 전달하였다. 이것이 1848년 세네카폴스 대회로 이어졌다. 이 대회는 대서양 건너편에서 벌어지는 '여성 참정권' 투쟁에 정식으로 개입했다. 1869년 엘리자베스 케이디 스탠턴과 수잔 B. 앤서니가 급진적인 페미니스트 신문 「레벌루션(Revolution)」을 창간했고, 이제 여성들이 추구하는 변화의 성격은 의심의 여지 없이 분명해졌다.

참정권 운동은 늘 모든 해방 프로그램의 주춧돌이었다. 참정권이 없다는 사실은 여성의 예속을 가장 분명하게 드러내는 상징이었기 때문이다. 그러나 여성의 권리를 위한 투쟁에는 다른 종류의 자유를 얻기 위한 싸움도 포함되어 있었다. 인류를 억압하는 가장 오래된 체제인 종교는 항상 페미니스트들의 공격 리스트 상단에 위치하였다.

하지만 이번만큼은 여자들만 종교를 공격한 것이 아니었다. 1840년대 이후로, 거의 독일인으로 구성된 일군의 학자들이 발표한 연구 결과들은 『성경』의 가치를 역사적 자료로 축소할 뿐 아니라 『성경』 구절들의 위상에도 커다란 변화를 초래했다. 지질학적인 발견들 또한 전통적인 기독교 신앙에 불리하게 작용했다. 1830년 찰스 라이엘의 『지질학 원리』가 출간되자 창조에 대한 『성경』의 설명이 단순한 신화에 불과하다는 확고한 증거 앞에서 전 세계가 당황했다. 창조론은 '원숭이

역8) 런던에서 열렸으며, 루크레티아 모트와 케이디 스탠턴이 참가하고자 하였으나 여성이라는 이유로 거부당했다. 이것이 1848년 세네카폴스에서 여성권리대회를 개최하는 계기가 되었다.

인간' 찰스 다윈의 진화론이 발표되었을 때 한 번 더 치명적인 타격을 입었다. 진화론은 인간이 유일하게 신의 작품이 되는 특권을 누렸다는 것은 허위이며, 다른 동물들과 마찬가지로 시간이 흐르면서 진화해왔음을 보여주었기 때문이다. 역사학자, 언어학자, 지질학자, 다윈설 신봉자 등으로 구성된 연합군의 맹공격 덕분에 1850년 무렵에는 이미 제정신이 박힌 사람이라면 누구도 계속해서 남성의 우월성을 강조하는 『성경』 구절이나 『성경』 자체가 말 그대로 참이라고 믿을 수 없게 되었다. 그런 믿음은 10년 또는 20년 전에야 가능한 일이었다. 피 냄새를 맡은 페미니스트 자유사상가들은 사냥감을 맹렬하게 추격하여 포위했다. 그들은 아담이 이브에게 굴복할 정도로 나약한 데다 나중에는 그런 사실에 푸념이나 늘어놓는 존재였다고 하면서, 도대체 어떻게 해서 남자들은 그런 아담의 이야기에 기반을 두고 남성이 우월하다는 이론을 확립할 수 있는지를 되물었다. 기독교가 여성을 비하한다는 공격은 여러 방면에서 제기되었다. 1876년 로마 가톨릭의 본거지인 이탈리아에서 제기된 다음과 같은 맹공격도 그 한 예다.

여성들은 교회의 영향력에서 벗어나 새로운 문화를 접해야 한다. …… 그럴 때에만, 비는 예수가 우리에게 보낸 것이고 천둥은 신의 분노와 위협의 신호이며, 성공적인 수확과 풍년 또는 흉년이 신의 의지에 달렸다고 믿거나 자식들로 하여금 그렇게 믿도록 하는 짓을 그만둘 수 있을 것이다. 그런 믿음은 그들의 지성이 계발되는 것을 막고 있다.[24]

그러나 가장 급진적인 공격이 시작된 곳은 엘리자베스 케이디 스탠턴과 수잔 B. 앤서니가 있는 미국이었다. 그들은 『성경』이 지난 2,000년 동안 여성의 발전을 가로막는 가장 큰 장애물이었다고 굳게 믿었다. 스탠턴에게 『구약성경』은 '무식하고 미개한 사람들의 역사에 불과' 했다. 그것이 후에 교묘하게 조작되어 여성들의 종속이 필요한 남성들에게 '거룩한 권위'를 제공했다는 것이다. 하지만 여성들이 이 우주적인 사기극의 본질과 범위를 파악한 것은, 거대한 작업을 거쳐 마침내 완성된 『여성의 성경』(1895~1898)을 통해 진실이 밝혀지면서부터다. 수천년 동안 신은 존경받는 지위와 신성함의 가면 아래 반(反)페미니즘을 은폐해왔다. 하지만 이제 그는 벌거벗은 임금님이 되어 허연 수염을 흩날리는 늙은 가장의 모습을 드러내게 되었다.

페미니즘은 기독교가 그토록 많은 국가들에 심어온 여성 비하의 견해를 거부했다. 이것은 여권운동의 또 다른 핵심 사안인 교육에 대한 교구에도 커다란 영향을 미쳤다. 여성들의 무지는 기독교의 독단으로 굳어졌던 것이었다. 이브의 죄가 지식의 나무에 접근한 데서 비롯되었으므로, 그에 대한 처벌로 그녀는 영원히 지식을 박탈당한 것이다. 이런 입장은 수세기 동안 아무런 도전도 받지 않으면서 여성들을 정신적 무지 속에서 양육하게 만들었고, 결국 여성들은 어리석은 존재라고 비난받았다. 18세기에 메리 워틀리 몬터규 백작부인은 "우리는 지독하게 무지한 사람이 되도록 교육받았고, 어떤 예술도 우리의 천부적인 이성을 억압하는 일을 등한시하지 않았다."라고 통렬하게 반발했다.[25]

18세기 말에는 그때까지 여성들을 위한 교육으로 통용되던 것에 대한 반발과 항의가 널리 퍼졌다. 이미 선구적인 교육자 한나 울리가 특유의 신랄함으로 "이 타락한 시대를 살아가는 사람들 대부분이 여성은 자기 남편의 침대와 다른 사람의 침대를 구분할 수 있을 정도만 배우면 된다고 생각한다."라고 논평한 바 있었다. 그러니 과거에 소녀들을 교육한 사례들을 살펴봐도 아무런 도움이 되지 못했다. '박식한 여성들'이 많던 서구의 오랜 전통이 있지만, 그들의 성공은 개인적이고 예외적인 것이었다. 14세기 이탈리아에서 법률가로 활동했던 총명한 단드레아 자매는 아버지에게 교육을 받았다. 15세기 키프로스의 여왕 카테리나 코르나르는 오빠들에게 교육받았고, 16세기의 시인이자 '인본주의의 여사제' 였던 툴리아 다라고나는 연인들에게 교육받았다. 여기에 여성교육을 위한 기반을 찾을 여지는 전혀 없었다. 게다가 '블루 스타킹[역9]'들의 이력 역시 그다지 용기를 북돋지 못하는 것이었다.

예를 들어, '색슨의 요정' 으로 불리던 엘리자베스 엘스토브의 경우만 봐도 그렇다. 그녀는 '믿을 수 없을 정도로 근면' 하게 앵글로색슨어를 연구하여 상상을 초월한 진전을 본 여성이다. 하지만 여성을 위한 학교를 유지하려는 그녀의 고군분투는 성공하지 못했고 그녀는 지독한 빈곤 속에서 생을 마감했다. 여성을 위한 교육기관 중 최악의 운명을 겪은 것은 세계 최초로 여성들에게 고등교육을 실시하기 위해 메리 애스텔(Mary Astell)이 설립한 여자대학이다. 17세기 말에 설립된 그 학

역9) 원래 1750년대 런던에서 카드놀이로 소일하기보다 문학 토론을 애호하는 사교 모임에 출석하는 남녀를 가리키는 말이었으나, 1790년대에는 문학과 지적인 문제에 관심을 갖는 여성을 빈정대는 데 사용되었다. 18세기 후반부터 19세기 초에는 대부분의 페미니스트들에게 이 딱지가 붙었다.

교는 앤 여왕에게 1만 파운드의 지원금을 약속받았지만, 얼마나 지독한 방해를 받았던지 이후 150년 동안 그와 유사한 지원은 제안조차 되지 않았다. 하지만 말썽 많은 '여성문제'를 둘러싸고 혁명적 사상이 들끓기 시작하면서 소녀들을 위한 교육을 더 이상은 협의사항에서 제외할 수 없게 되었다. 톰슨이 뒤떨어진 여성들 편에 서서 『인류의 절반을 차지하는 여성들이…… 나머지 인류의 절반 남성들의 요구에 항의하는 호소』를 출판한 바로 그해에 태어난, 빅토리아 여왕 시대의 한 아버지 토머스 헉슬리는 한 세대를 거치면서 여론이 얼마나 많이 달라졌는지를 보여준다.

나는 여성들 열 명 중 아홉 명을 포함하는 인류의 절반이 순전히 무지한 종교적 미신에 사로잡혀 있는데도 어떻게 우리가 계속 진보를 이루어낼 수 있을지 모르겠다. 내 생각을 실제로 입증하기 위해 나는…… 딸들도 아들들과 똑같이 과학교육을 시키기로…… 결심했다. 적어도 그애들만큼은 남자를 붙잡기 위해 결혼시장에 나서지 않게 할 것이다.[26]

코튼 매더[역10]를 거쳐 토머스 모어 경과 에라스무스까지 거슬러 올라가는 훌륭한 계보를 잇는 이런 개화된 남성들의 견해는 이루 헤아릴 수

역10) 미국 개신교의 목사이자 저술가. 마녀 재판에서 판사가 유령 증거, 즉 자신이 아는 어떤 사람의 모습으로 유령이 나타나 자기를 공격했다는 마녀 피해자의 증언을 증거로 채택하지 못하도록 하는 일과 천연두 예방접종을 요구하는 투쟁의 지도자였다.

없는 영향력을 행사했다. 예를 들어, 바버러 보디콘은 1865년에 여성의 투표권에 대해 다룬 영국 최초의 논문을 읽고 나서 유럽 참정권 투쟁에 적극 동참했다. 또한 그녀는 페미니즘 출판물에 자금을 댔고, 케임브리지에 거턴 칼리지^{역11)}를 설립할 수 있도록 후원했다. 이 모든 일은 그녀가 헉슬리처럼 자신의 딸이 아들과 동등한 교육을 받을 수 있도록 배려한 진보적인 교육자의 손에서 자랐기 때문에 가능했다.

하지만 여성의 교육문제에서 진정한 돌파구는, 참정권 투쟁이 진행되었을 때와 마찬가지로 여성들이 직접 그 문제에 뛰어들었을 때 얻을 수 있었다. 1821년 미국에서 엠마 H. 윌러드(Emma H. Willard)가 용감하게 트로이 여성신학교를 설립한 것을 출발점으로 해서, 1893년 도로시아 비일(Dorothea Beale)이 영국 옥스퍼드에 성 힐다 단과대학을 창설할 때까지, 여러 방면에서 잇달아 성과를 거두었다. 사실 개혁가들 내부에서도 거센 의견 대립이 잦았는데도 이런 성공을 거둔 것은 놀라운 일이다. 미국의 캐서린 비처 같은 사람은 여성의 전통적인 역할을 열렬히 지지했고, 소녀들이 받는 교육의 내용은 결혼생활에 적응하도록 돕는 '가정과학' 이어야 한다고 주장했다. 한편 거턴 칼리지를 설립한 에밀리 데이비스 같은 사람들은 그런 의견에 반대하여, 여학생들에게도 남자들과 동등한 교육의 기회를 주고 똑같은 자격을 갖출 수 있도록 하기 위해 확고부동한 결의를 보이면서 동료들과 싸웠다. 하지만 그런 분열은 극복되었다. 영미 쪽에서만 여성 교육기관이 폭발적으로 증가한 것

역11) 여자대학.

은 아니다. 1860년대 이래 뉴질랜드의 리어먼스 화이트 달림플 (Learmonth White Dalrymple), 그리스의 칼리오피 케하지아(Kalliopi Kehajia), 인도의 판디타 라마바이(Pandita Ramabai), 러시아의 마리아 트루브니코바(Marya Trubnikova) 등 수많은 여성들이 소녀들의 교육을 촉진하기 위해 다른 여성들과 협력하여 유치원에서 대학원까지 다양한 단계의 교육시설을 설립하고자 노력하였다.

고등교육을 받는 여학생들이 늘어나면서(여성 개혁가들은 만일 남자들이 대학에 여학생들을 받아들이지 않는다면 직접 학교를 세워서라도 뜻을 이룰 수 있음을 보였다) 여성이 전문직에 종사할 권리 역시 더는 보류될 수 없게 되었다. 남자 의사들은 왜 여자들이 간호사가 되지 않고 의사가 되고 싶어 하는지 알아내려고 골머리를 앓았겠지만, 여성 지원자들은 자기들의 선택이 옳음을 입증하는 데 별로 시간이 걸리지 않았다. 영국 최초의 여의사 엘리자베스 가렛 앤더슨의 말대로 "1년에 20파운드를 버는 일보다 1,000파운드를 벌 수 있는 직업을 선호하는 건 너무도 당연한 일"이니 말이다.[27] 이 솔직한 발언 배후에는 페미니스트들의 강력한 이상주의가 숨어 있다. 가렛 앤더슨은 미국 최초의 여의사 엘리자베스 블랙웰의 강의를 들은 후 의사가 되겠다는 결심을 하게 되었다. 후에 그녀는 블랙웰이 그랬듯 참정권 운동에 동참하고 여성을 위한 진료소를 열었으며, 1908년에는 서퍽 주 앨드버러 시의 시장이 되었다. 영국 최초의 여성 시장이 된 그녀는 자신의 영향력을 바탕으로 다방면으로 여성들을 돕기 위해 활약하였다.

이 여성들은 보수파들의 적대적인 행동을 수없이 접해야 했고, 이에 대항하기 위해 자신의 신념을 관철할 크나큰 용기가 필요했다. 오스트레일리아의 의사 해리엇 클리스비는 여러 해 동안 영국과 미국에서 고군분투한 후에야 1865년에 35세의 나이로 마침내 의사 자격증을 받을 수 있었다. 하지만 미국이 의학 공부를 희망하는 여성들에게 항상 이처럼 호의적이었던 것은 아니다. 1850년 해리엇 헌트는 학장 올리버 웬들 홈즈에게 하버드 의대 입학 허가를 받았지만, '그녀가 정숙함을 내던지는 일'에 반대하며 시위하는 학생들 때문에 중퇴할 수밖에 없었고 복학하지 못했다.

심지어 의사 면허증을 받은 후에도 여의사들에게 쏟아지는 모욕과 방해는 끝나지 않았다. 빌마 후고나이-바르타(Vilma Hugonnai-Wartha)는 헝가리 최초의 여의사가 되기 위해 의대에 입학하기도 전에 라틴어와 수학 시험을 봐야 했고, 의대 교수의 보조 간호사로 일해야 했으며, 두 편의 학위논문을 발표해야 했고, 특별 구술시험을 거쳐야 했다. 물론 남학생들이 거치는 일반 수업과정도 똑같이 이수해야 했다. 그녀는 1879년에 이 모든 과정을 성공적으로 마쳤지만, 여성이기 때문에 산파 면허증밖에 받을 수 없다는 통지를 받았다. 결국 그녀는 취리히대학으로 가서야 의사 자격증을 받는 데 성공했는데, 이번에는 남자 의사와 동업을 할 경우에만 여성에게 개업을 허락하는 새로운 법률이 생겨 또 한 번 난관에 부딪혔다.

여성이 새로 전문직에 도전할 때년 매번 똑같은 일이 반복되었다. 게다가 각 나라마다 제각기 다른 특수한 상황이어서 페미니즘 역시 상황에 따라 다른 방식으로 도전해야 했다. 즉 페미니즘의 투쟁은 모든 나라에서 통용될 수 있는 일반적인 원칙을 밀어붙이는 방식이 아니라 특정 지역이나 국가의 상황과 관례에 따라 가능한 것을 얻어내는 방식으로 진행되었다. 인도에서는 사로지니 나이두와 아발라 보세가 다른 여성들과 함께 과부 화장(火葬) 풍습과 카스트 제도에 대항하는 캠페인을 벌였고, 일본에서는 이치카와 후사에(市川房枝)를 중심으로 공창제도에 대항하여 투쟁했다. 인도의 경우 여성이 단지 여성이라는 이유 때문에 같은 계급의 남성들보다 항상 더 낮은 계급에 속하게 되는 근본 원인이 카스트 제도에 있었고, 일본의 경우 수천의 일본 여성들이 실질적인 노예 신세로 전락하여 살아간 까닭이 공창제도에 있었던 것이다.

하지만 여성의 권리를 위한 투쟁에 불을 붙인 모든 명분 중 가장 중요한 것은 바로 미국 남부의 노예제도에 대항한 공동 투쟁이었다. 흑인들이 처한 곤경이 불러일으킨 혐오감과 문제의식이 많은 여성들로 하여금 황급히 자유를 추구하도록 자극했다. 흑인 해방운동가 사라 그림케는 4살 때 여자 노예가 잔인하게 채찍질당하는 것을 보았는데 평생 그 장면을 기억에서 지우지 않았다. 그녀는 노예교육을 금하는 법에 대항하여 어릴 때부터 자신의 노예에게 읽고 쓰는 법을 가르쳤고 그 때문에 그녀 자신이 채찍질을 당하기도 했다. 이런 상황에서 노예제 폐지운동은 페미니즘의 요람이 되었다. 남성 중심 사회에 대한 거세고 완강한 적대감이 이 여성들을 여성의 권리를 요구하는 적극적인 운동가로 변화시킨 덕분이다. 사라 그림케는 선언했다. "우리 여성들에게 호의를 베풀어달라는 게 아니다. 그저 우리의 목을 짓누르고 있는 그들의 발을 치우라고 요구하는 것이다." 그리고 노예해방과 여성해방이라는 두 명분 사이에 어떤 대립이 생기더라도 해결책은 단 하나일 수밖에 없었다. 루시 스톤은 매사추세츠 노예제폐지협회에서 강연할 때 이렇게 말했다. "노예제 폐지론자가 되기 전부터 나는 여자였다. 나는 여자들을 대변해서 말할 수밖에 없다."[28]

그들은 실제로 그렇게 했다. 세계 곳곳에서 목청 높여 교육을, 법률 개혁을, 고용을, 시민권을, 다른 무엇보다도 '여성들에게 투표권을!' 요구하며 외쳤다. 투표권 문제가 갖는 상징적 힘은, 그것이 다른 모든 것들이 얻어질 때까지도 주어지지 않았다는 사실만 보더라도 분명하게 드러난다. 여성들이 중등교육기관에서, 대학에서 전문직에서 받아들여지고 재산권을 인정받고 이혼법이 통과될 때까지도 온전한 시민권을 갖추었다는 신성한 증거는 여전히 허락되지 않았다. 예상대로 미국이 선두에 섰다. 1869년 서부의 와이오밍 주에서 여성에게 선거권을 준 것이다. 여성들에게 선거권을 준 최초의 국가가 되는 명예는 1893년에 뉴질랜드가 차지했다. 그때까지도 영국 정부는 팽크허스트 부인과 그녀의 추종자들, 여성 참정권 운동에 동참한 여성들에 대항해서 비열한 지연 전술을 쓰고 있었다. 그러는 동안 오스트레일리아, 덴마크, 핀란드, 아이슬란드, 노르웨이, 러시아가 여성들에게 투표권을 주었다. 영국에서 승리를 거둔 것은 1918년이 되어서였다. 무수히 많은 연설과 탄원, 조롱과 저항을 거친 후 모든 것이 끝났다. 여성들의 과실로 치부되던 것이 이제는 올바른 것이 되었다. 여자들이 승리한 것이다.

아니, 그런데 그들이 정말 승리했던가? 올랭프 드 구즈는 단두대 위에서 혁명은 결코 여자들 편을 들지 않는다고 외쳤다. 여성이 그토록 오랜 세월 동안 투쟁하여 얻어낸 권리는 본질적으로 남성의 권리였다. 여성들에게는 남성들의 특권이라는 오랜 요새를 공격하고 여전히 남성의 지배가 유지되는 성을 습격하여 밀고 들어가는 것 외에 다른 선택의 여지가 없었다. 그러나 그것을 최종적인 승리로 여긴 사람들은 기만당한 것이다. 물론 승리를 거둔 순간에도 자기들 앞에 놓인 것을 명확하게 파악할 줄 아는 사람들은 있었다.

아무도 페미니즘 운동을 제대로 이해하지 못하고 있다. 진정 새로운 여성의 영혼조차 현대여성들은 단지 남성이 되고 싶어서 참정권과 교육, 경제적 자유를 얻기 위해 싸운다고 착각하는 우를 범하고 있지만, 그런 사실을 제대로 파악하는 사람조차 없다. 그런 생각은 남자들이 만들어낸 것이다. 과거 오랜 세월 동안 그래왔듯 오늘날의 여성들은 여자가 될 자유를 위해 싸운다.[20]

여자가 된다는 것, 그것은 무엇이었을까? 그 대답을 찾아 나서는 과정에서 또 하나의 투쟁, 또 다른 전쟁터를 거쳐야 했다. 전 세계의 여성 부대는 지쳤지만 아무런 불평 없이 무기를 짊어지고 다시 한 번 앞으로 행진했다.

11. 몸의 정치학

자신의 몸을 소유하고 통제할 수 없는 여성은 자유롭다고 말할 수 없다.
— 마거릿 생어

아내의 정신적·육체적 자율성을 남편의 의지와 지배에 종속시키는 일은
어떤 구실이나 약속을 대더라도 허용될 수 없다.
아내와 어머니 역할은 오직 아내 자신만이 선택할 수 있는 것이다.
— 엘리자베스 울스텐홈 엘미

여성에게 호의적이지 않은 것처럼 보이는 비교가 행해질 때마다,
여자들은 우리 남성 분석가들이 여성에 대한 뿌리 깊은
편견을 극복하지 못했다는 의심을 표현할 수 있었다. ……
우리는 그저 이렇게 말해야 했다.
"이것은 당신에게 해당하는 것이 아닙니다.
당신은 여성적이라기보다 남성적이기 때문에 예외랍니다."
— 지그문트 프로이트

마침내 투표권을 쥐었다. 그것은 여성의 권리를 위한 투쟁에서 가장 중요한 안건이자 중심적인 상징이었고, 여성이 얻어낸 다른 모든 권리와 자유, 즉 교육을 받을 권리, 시민권, 전문직에 종사할 자격, 재산의 소유권 등을 대변하는 것이었다. 그러나 열네 살 미혼모에게 고등교육을 받을 수 있는 기회가 대체 무슨 소용이 있을까? 20대에 열일곱 번째 아이를 낳은 후 자궁이 빠져 나와 혼자 투표소까지 걸어갈 수도 없는

중년여성에게 투표할 권리는 무슨 의미가 있을까?

여성의 권리를 위한 투쟁이 한창 진행 중이던 때에도 많은 여성들이 여성의 육체적 해방 없이는 그것이 공허한 승리에 불과하다는 사실을 깨닫고 있었다. 1919년 미국산아제한연맹의 빅터 로빈슨은 피임을 위한 투쟁이 자유를 위한 투쟁의 초석이자 정점이라고 주장했다. 그는 여성이 한 단계씩 진보할 때마다 그 앞을 가로막는 장애에 직면했듯, 피임할 권리를 주장할 때도 마찬가지 저항에 부딪힐 것이라고 경고했다.

처음 여성들이 고등교육을 받을 권리를 주장했을 때, 남성들은 식물학을 공부한 여성은 다른 존경받는 여성들과 다른 성기를 가졌다고 했다. 여성이 의학의 문을 두드렸을 때, 해부학 수업을 들을 수 있는 여성은 훌륭한 아내가 될 자격이 없다고 선언했다. 여자들이 출산의 고통을 덜기 위해 마취약을 요구하자, 남자들은 고통 없이 아이를 낳은 여성은 자식을 사랑할 수 없다고 가르쳤다. 기혼여성이 재산을 소유할 권리를 요구했을 때, 남자들은 그런 과격한 요구는 여성의 영향력을 전적으로 파괴할 것이고 가족의 결속을 깨뜨리며 결혼생활의 진정한 행복을 앗아갈 것이라고 단언했다. 그리고 남성들은 자기들이 정의를 사랑하지 않아서 변화에 반대하는 것이 아니라, 정의보다 여성을 더욱 사랑하기 때문에 그렇게 하는 것이라고 맹세했다. 여자들이 시민권을 얻기 위해 싸우는 긴 세월 동안, 남자들은 노름판이나 술집에 모여서 여자들이 가정을 파괴하고 있다고 한탄하며 서로의 처지를 동정하곤 했다. 이제 여성은 자신의 육체를 통제할 권리를 요구한다. 그러자 남자들은 여성이 피임법을 배우면 모성 자체가 폐기될 것이라며 들고일어났다. 어찌 보면 남자들은 항상 여자들이 인류의 소멸을 꾀한다는 두려움에 시달리면서 사는 것 같다. 그런 남자들을 합리적으로 설득하려 드는 일은 어리석은 짓이다. 그저 피임법이 보편적으로 확산되고 분별 있게 활용됨으로써 이런 유형의 인간이 사라지기를 희망할 뿐이다.[1]

당시 피임에 대한 요구는 몸을 위한 투쟁의 핵심적인 논제이자 중심축이었고, 여성의 권리운동에서 투표권과 동일한 비중을 차지했다. 그런데 이런 요구 속에는 단순히 출산을 통제하는 기술을 넘어서는 훨씬 많은 것이 함축되어 있었다. 만일 여성이 '신체적 조건의 횡포'에서 벗어날 수 있다면 자율적인 개인이 될 가능성이 생기기 때문이다. 만일 여성이 성행위, 임신, 출산, 수유, 임신이라는 끝없는 순환에서 빠져 나올 수 있다면, 개인적 성장과 사회적 정체성의 확립이 가능해지는 것이다. 만일 섹스가 원하지 않는 임신과 사회적 재앙, 심지어 출산 중의 죽음이라는 무시무시한 결과를 동반하지 않을 수 있다면, 여성은 죄를 거듭 짓는 죄 많은 존재이기 때문에 그런 처벌을 받는 것이 정당하다는 시각에서도 벗어날 수 있게 된다. 만일 모든 여성이 그런 굳은 믿음 속에서 자신의 몸을 통제하고 관리할 수 있다면, 가부장과 그의 권력이 어떻게 힘을 가질 수 있겠는가?

그것은 가도 가도 끝이 보이지 않는 끔찍한 투쟁이었고, 지금까지도 계속되고 있다. 문제는 여성의 성 자체를 다시 정의하는 일, 여성이 단순히 남성의 씨앗을 품기 위한 수단으로 간주되지 않을 권리를 획득하는 일이었다. 새로 등장한 산업사회는 19세기의 '진보', 특히 '과학적' 진단을 등에 업고 여성을 나약하고 쉽게 유혹에 빠지는 존재로 재규정했고, 여성들은 그런 견해에 갇혀 헤어나지 못하였다. 여성이 그처럼 나약한 존재로 정의되는 원인은 예측할 수 없는 자궁, '지혜도 의지도 없이 방황하는 자궁'에 있었다. 근대의학 전문가들에게 여성은 '가장 신비롭고 숭고한 자연의 수수께끼, 감탄할 정도로 잘 만들어진 재생산의 수단' 이상의 존재가 아니었다.[2] 사실 그런 견해는 이전의 남성들 역시 공유하던 것이다. 350년을 거슬러 올라가보면 "그게 여자들이 존재하는 이유다!"라고 한 루터의 무례하기 그지없는 폭탄선언을 접하게 된다.

여성을 자궁에 의해 지배되는 존재로 간주한다면 그런 조건은 평생 벗어날 수 없는 것이 된다. 19세기의 부인과 의사들은 여성을 일곱 단계로 구분했는데, 이것은 셰익스피어식 비약과 하나도 다를 것이 없다. 여성으로서의 탄생, 생리의 시작, 처녀성 상실, 임신, 출산, 수유, 폐경기, 이 모든 단계가 오직 '여자의 인생에서 가장 커다란 명예이자 기쁨인 **모성**'에만 초점을 맞추고 있으며, '모든 여성의 선천적인 사명은 아내와 어머니로서의 임무'라는 사실을 끊임없이 상기시킨다. 모성은 여성의 '선천적인 운명'에 막중한 비중을 차지하여 '여성이 아이를 낳기 전까지는 불완전하고 아직 발달이 덜 된 존재'로 간주될 정도였다. 그런데 훌륭한 의사들의 눈에 그 진행 과정은 그다지 자연스럽게 비치지 않았나 보다.

평생 아프지 않고 살 수 있는 여성은 아무도 없다. '여자들에게 단
골손님처럼 찾아오는 것' 때문에 고통받는 여성도 있고 그렇지 않
은 여성도 있다. 어느 쪽이든 여성은 정상적으로 또는 비정상적으
로 아프다. …… 자연이 여성 전체를 무력하게 만든다.[3]

여성 전체라고? 전적으로 아무런 예외 없이 그렇단다. 유명한 산부인
과 의사 한 명이 자기 환자들에게 이렇게 말했다. "만일 여성이 골반 기
관들 때문에 자신이 어떤 위험에 처했는지 알았다면, 유모차에서 거리
로 발을 내딛지 않았을 것이다."

여성의 골반 안에 들어 있는 신체기관들이 위협적이라는 주장은 단
순히 웃어 넘길 문제가 아니었다. 여성이 오직 생식만을 위한 존재로
간주되었기 때문에, 여성들이 경험하는 모든 질병이 생식기의 치료를
통해 다루어진 것이다. 부인과 의사들은 빈혈, '히스테리', 정신착란,
범죄 행위 등을 치료하기 위해 종종 한쪽 난소나 나팔관을 제거하는 생
식기 수술을 집도했다. 그 때문에 환자가 원래 상태에서 벗어나거나 고
통이 줄어들기는커녕 더욱 의사에게 의지하게 되었는데도 말이다.
'도덕적인 효과'를 위해 확장법이나 소파술[역1]을 행하는 경우도 다반
사였다. 이런 외과적 강간은 숙녀답지 않거나 거친 소녀들에게 특히 권

역1) 강제로 자궁경부를 넓히거나 자궁 내벽을 긁어내는 일.

장되었다. 이중 가장 잔인하지만 '고상한 시술'로 옹호되던 것이 생식기 절제다. 그것은 이른바 '여성 할례'라 불리던, 클리토리스와 외음부를 절제하던 수술이다. 19세기 내내 그리고 20세기까지도 자위와 환각, '질막 염증', '척추 염증', '히스테리성 조증' 등을 치료하기 위해 이 수술이 행해졌고 특히 간질병을 치료하기 위해 권장되었다.[4] '진보된' 나라들 중에서도 단연 선두에 있던 영국과 미국은 이런 특수한 외과 분야에서 자기만족 속에서 뒷걸음질 행진을 하여 근동과 중동의 암흑시대로 향하였다. 근동과 중동에서는 그때까지도 여성의 성기를 절제하는 시술이 여성성을 회복하거나 유지하기 위한 효과적인 치료법으로 간주되고 있었다.

하지만 여자들이 항상 그들 성의 무력한 희생자로 머물기만 한 것은 아니다. 역사적으로 섹스, 월경, 재생산 문제가 다루어진 과정을 살펴보면, 여자들이 얼마나 일관되게 통제수단을 추구해왔는지, 얼마나 자주 그런 수단을 손에 넣었는지를 알 수 있다. 특히 피임과 관련될 때 더 그랬다. 지금도 그렇지만 출산은 여성이 선천적으로 수행하는 육체활동 중 가장 생명을 위협하는 것이기에, 그것을 최소화하거나 피하고자 하는 강한 욕망 역시 늘 존재했다. 선사시대부터 현재에 이르기까지 전 세계 여성들이 전심전력을 다해 만들어낸 피임 장치나 약은 놀라울 정도로 방대하다. 게다가 어찌 보면 불임의 축복을 줄 수 있을 것처럼 보이기만 하면 그 무엇이든 서둘러 이용된 것 같아, 여성의 '본능적인 모성' 신화를 간접적으로 반증하는 사례가 될 정도다.

여성들이 활용하던 피임법을 살펴보면 대부분의 경우 어찌나 소름 끼치는 내용이 많은지, 그런 요법보다 더 나쁠 만한 것은 원하지 않는 임신밖에 없어 보일 정도다. 일본의 『마쿠라노 소시』에서는 수은, 쇠 등에, 거머리를 "걸쭉해질 때까지 함께 끓인 후, 그것이 펄펄 끓어올랐을 때 마셔라."라고 권한다.[5] 석면으로 된 목구멍을 갖지 못한 사람들에게는 '찬물에 원숭이골'을 채썰어 넣고 '많은 양의 순무'와 거울에서 떼어낸 은박을 함께 우려낸 물을 마시라고 권했다. 이상할 정도로 동물의 배설물에 집착하는 나라들도 많았다. 이집트인들의 피임법에 대해 최초로 언급한 기원전 1850년의 파피루스는 꿀과 악어 똥으로 만든 질 마개를 제안한다. 다른 아프리카 지역에서는, 당연히 그 지역에서 손쉽게 신선한 것을 구할 수 있어야 하기 때문에, 코끼리 똥을 선호했다. 서기 900년 무렵에는 똥에 대한 열광이 영국에까지 파급되었다. 당시 영국에서는 "뜨거운 석탄에 올린 신선한 말똥을 치마 속 넓적다리 사이에 놓고 김을 쐬면서 땀을 많이 흘리도록 한다."[6]는 등 너무 끔찍해서 혐오 요법으로밖에 볼 수 없는 피임법이 권장되었다.

다른 예방조치들은 장애물에 의존하는 방법이었다. 일본에서는 고무 피임기구의 선조라 할 수 있는 기구를 사용했다. 대나무를 종이처럼 얇게 저며 원형으로 자른 후 기름을 먹인 것이었는데, 실제로 사용하면 너무 쉽게 빠져버리거나 찢어졌을 것이다. 바나트 지역에 거주하던 독일계 헝가리 여성들 역시 밀랍을 녹여 만든 원반을 자궁 경부에 삽입하는 유사한 방법을 택했는데 일본에서 쓴 것보나는 너 든든했을 것으로 보인다. 세계 곳곳에서 갖가지 원료를 이용해서 정자가 자궁 입구로 진입하는 것을 막는 마개를 만들어 사용했다. 계란, 낙타 입에서 얻은 거품, 호두나무 잎들, 사프란,^{역2)} 양파, 페퍼민트, 말린 뿌리, 미역, 넝마, 아편, 풀잎 등등 사용된 재료는 끝도 없다. 그중 가장 특이한 것은 카사노바의 특수한 비법이다. 알칼리성 용액에 담근 '금으로 만든 공'(크기는 기록되어 있지 않다)과 레몬 반쪽을 우둘투둘한 끝이 안쪽으로 들어가게끔 질 안으로 밀어 넣어서 자궁 경부를 막는 방식이었는데, 레몬의 잘린 면이 페니스에 눌리면서 성교 중에 즙이 흘러나오게 되었다. 그 비법의 피임효과는 알 수 없지만, 남녀 모두 그로 인해 잊을 수 없는 경험을 했음은 분명하다. 그토록 많은 바람둥이들이 망각 속에 묻혔는데도 유독 카사노바만은 역사에 길이 남을 정도로 바람둥이 행진을 계속할 수 있었던 까닭을 이해할 수 있을 듯하다.

이렇듯 과거 여성들은 가만히 누워서 성교를 할 수만은 없었다. 오히려 바쁘게 움직이는 것이 임신을 막는 대책으로 널리 권장되었다. "성교의 결정적인 순간 남자가 정액을 방출하려 할 때 여자는 정액이 자궁 속으로 너무 깊숙하게 방사되지 않도록 숨을 멈추고 몸을 약간 뒤로 빼야 한다."⁷⁾ 서기 2세기 무렵 그리스에서 부인과 의사로 활동한 에페소스의 소라누스가 권한 이 방식은 수세기 동안 계속 사용되었다. 로마의 매춘부든 스페인의 백작부인이든 모든 여성이 성행위 중에 격렬하게 움직여야 정액이 배출된다고 배웠다. 그런 조언을 해준 사람은 분명 여성이 숨을 멈추고 가만히 누워 있는 쪽보다 섹스 파트너로서 더 많은 움직임을 보이기를 원했을 것이다.

역2) 붓꽃과에 속하는 다년생 식물.

여성들 사이에서도 같은 믿음이 압도적이었다. 아이슬란드에서 페루까지 나이 든 여성들이 권하는 묘책에는 항상 기침하기, 재채기하기, 껑충거리며 돌아다니기 등이 있었고, 심지어 정액을 방출하거나 얼리기 위해 밖으로 뛰어나가 눈 위를 구르는 방법도 있었다. 그중 가장 흔한 방법으로는 '요강에 시원하게 오줌 누기'가 있었다. 이 방법은 매춘 업계에서(그들의 점잖은 자매들 사이에서도) 수천 년 동안 널리 행해졌고, 그 후에 포도주나 식초로 씻는 방법과 함께 오늘날에도 여전히 사용되고 있다. 곧바로 사후 방책을 쓸 수 없는 상황에서는 부적 같은 소극적인 방법이 동원되었다. 수정을 피하기 위해 여자들이 목 주위에 두르던 부적으로는 죽은 아이의 이齒,『코란』구절, 또는 달이 지기 전에 생포한 족제비의 왼쪽 고환 등이 있었다.

어쩔 수 없는 결과를 초래하지 않고 섹스를 즐기기 위해 늘 여자들만 노력한 것은 아니다. 소박한 형태에서 시작된 콘돔의 긴 역사가 그 분명한 증거다. 하지만 리넨, 동물 내장, 양의 맹장, 물고기의 얇은 막, 가죽, 거북 껍데기 또는 뿔 등으로 만들어진 도구들이 만족스러운 사랑 나누기에 도움이 된다고 보기는 힘들다. 1650년에 세비녜 부인은 "가죽에 금박을 입혀 만든" 덮개는 "완전한 쾌락을 막는 갑옷이고, 단지 감염의 위험을 막기 위한 것일 뿐"이라고 불평했다.[8] 사실 콘돔은 원래 콜럼버스와 그의 선원들이 신세계에서 수입해 유럽 전역으로 퍼트린 성병을 예방하기 위해 고안된, 여성이 아니라 남성을 보호하기 위한 것이었다. 남자들이 여자를 임신시키고 싶지 않을 때는 **중절 성교**(中絶性交)로 알려진 까다롭고 김빠지는 방법을 사용했다. 그것은 "절정에 이르렀을 때 요도 아래쪽(어디쯤일까?)을 눌러 사정을 억제하면서 성교를 중단하고, 억지로 질 밖에다 사정하는” 방법이었다.[9] 실행하는 데 큰 노력이 필요한 이런 조치는 성행위를 하는 남녀 모두에게 장애가 되었을 것이다.

이런 피임법들은 많은 점에서 기쁨보다는 시련이었음이 틀림없다. 오늘날까지도 아일랜드에서는 원시적이지만 기본적인 출산 통제술로 만혼이 흔하다. 임신을 피하기 위한 다른 관행들 역시 그만큼 참담하다. 중절 성교, ‘안전한 기간’ 또는 ‘바티칸 룰렛’,[역3] 결혼생활의 절제 또는 서로의 ‘도덕적 자제’, 이런 것들 역시 성교 당사자들을 감각적 만족이나 쾌감을 누릴 가능성에서 멀어지게 했음이 틀림없다. 그보다 더 나쁜 결과를 초래할 수도 있었다. 지금까지 여성들이 사용한 피임법들 중 많은 수가 혐오스러울 뿐 아니라 지극히 위험한 경우가 많았다. 죽은 노새의 귀에서 파낸 오물을 먹거나 거울 뒤에 입힌 수은이 함유된 은박을 먹는 일, 대장장이들이 도구를 식히기 위해 담아두는 물을 마시는 것(거기 함유된 납 성분 때문이다), 질 안에 양털, 나무 껍데기나 뿌리, 명반, 부식제 등으로 만든 마개를 집어넣는 일, 이 모든 일이 여성을 죽이는 가장 단순한 방법으로 임신을 막곤 했던 것이다.

다른 무엇보다 이런 방법들은 효력이 없었다. 꿀이나 아라비아고무 같은 몇몇 성분은 정자의 운동을 저지하거나 정자를 죽이는 효과를 가

역3) 배란주기를 계산해서 성관계를 갖는 자연주기법. 가톨릭에서 권장했으나 실패율이 높아 바티칸 룰렛이라 불린다.

졌겠지만, 인간의 재생산 기관은 너무나 강력하고 복잡해서 20세기의 과학적 지식이 총동원되기 전까지 다른 어떤 것에도 굴복하지 않았다. 게다가 여성의 가임 기간은 12세에 시작해 50세 이후까지도 지속될 수 있었다. 그 긴 기간 동안 원할 때만 아이를 가질 수 있으려면 튼튼한 위장과 떨리지 않는 손, 강철 같은 신경, 거의 상상할 수 없을 정도로 이어지는 행운이 필요했다.

사실 과거 오랜 세월 동안 대부분의 여성이 무엇을 바랐든 간에, 임신과 관련해서 선택권을 원했던 것은 아니다. 아이들은 신이 보내주는 것이라 믿었기 때문이다. '더 많은 아이를 가질수록 더 많은 축복을 받는다'는 것은 독실한 엘리자베스 여왕 시대의 신조였다. 또한 어머니가 되는 일은 여성의 가장 중요한 역할이자 임무였다. 정말이지 여성이 따로 직업을 가질 수 있게 되기 전에는 어머니가 되는 일만이 여성이 힘을 가질 수 있는 원천이자 의미 있는 존재가 될 수 있는 근거였다. 스탈 부인이 나폴레옹에게 "이 세상에서 가장 위대한 여성은 누굴까요?"라고 물었을 때, 그 조그만 독재자는 전혀 망설이지 않고 '아이를 가장 많이 낳은 여자'라고 대답했다.[10] 이것은 단순히 비열한 코르시카 남자의 편견만은 아니었다. 미국에서는 청교도 윤리가 방대한 신세계와 결합하여 자식을 많이 낳는 것을 당연한 의무로 만들었고, 로마 가톨릭의 지배를 받는 사람들은 천주교 신자를 늘릴 의무를 결코 등한시할 수 없도록 강요되었다.

다른 곳에서도 마찬가지였다. 특히 가난한 나라일수록 유아 사망률이 높아 계속 이를 보충하는 정책을 펼쳤고, 결국 빈곤, 과도한 출산, 부모의 무지, 아이들의 사망이 복잡하게 얽혀 서로 상승작용을 하게 되었다. 또한 세계 거의 모든 곳에서 가난하건 부유하건 간에 어떤 식으로든 출산 과정에 개입하는 데 거부감을 느꼈다. 빅토리아 여왕 시대에 총리를 지낸 윌리엄 글래드스턴이 딸에게 받은 편지 내용처럼, 그런 일은 '신에 대항하는 일일 뿐 아니라 자연에 위배된다' 는 감정이 이의의 여지도 없이 깊이 자리 잡고 있었다. [11] 아직 대부분의 사회에서 신생아나 산모가 항상 살아남을 수 있다는 보장도 없던 때였다. 출산을 마친 여성들의 기도는 대개 '죽음의 그림자가 드리워진 계곡' 을 안전하게 빠져 나온 것에 감사 드리는 내용이다. 아마 그래서 모든 사회가 동양에서는 동시적인 형태로, 서양에서는 연속적인 형태로 일부다처제를 허용함으로써 아내를 충당하도록 도왔을 것이다.

이런 상황이 여성들의 삶에 어떤 영향을 주었는지는 르네상스기의 상인 그레고리오 다티의 일기에서 확인할 수 있다. 다티의 첫 번째 "소중한 아내, 반데카는 유산 후유증으로 아홉 달을 앓은 후 천국으로 갔다." 그 후 다티는 '타타르족 노예 소녀' 로 간단히 자신을 위로했고, 그녀는 그의 아들을 임신했다. 하지만 합법적인 자식을 갖고 싶었던 그는 다른 여성과 결혼했다. 그의 두 번째 아내는 9년 동안 여덟 명의 자식을 낳은 후 출산 중에 사망했다. 그의 세 번째 아내는 열한 명의 자녀를 낳았으며, 그 후 "신께서 아내 지네브라의 축복받은 영혼을 거둬 가셨다. 그녀 역시 난산으로 오래 고통받다가 사망했다." 단념할 줄 모르는 다티는 다시 결혼했고, 그의 네 번째 아내는 여섯 명의 아이를 낳았고, 한 번 유산했다. 그는 다섯 명의 여자에게 30년 동안 스물여덟 번이나

임신시킨 후에야 사망자를 기록하는 일을 멈추었다.[12]

　다티의 행동이나 상황은 그다지 보기 드문 경우였다고 할 수 없다. 분만 과정에서 그의 아내들이 겪은 질병과 죽음의 위험도 당시는 물론이고 이후 오랜 세월이 흐르는 동안에도 결코 드문 일이 아니었다. 19세기에 토머스 제퍼슨은 아내가 출산 중에 사망했을 때도, 역시 출산을 두 달 앞둔 딸에게 출산은 '팔꿈치로 슬쩍 찌르는 정도의 일'이라고 쓴 편지를 보냈다. 그의 확신에 그저 놀랄 수밖에 없다. 딸의 고통 앞에서 세비녜 부인이 표현한 불안감이 훨씬 더 솔직해 보인다. 그녀는 하나밖에 없는 소중한 딸이 결혼하자마자 2년 동안 세 번이나 임신한 데다 한 번은 심각한 유산을 겪자 몹시 분노에 찬 편지를 사위에게 보냈다. "자네가 사랑하는 여인의 아름다움과 건강, 신앙심, 생명이 자네가 그녀로 하여금 겪게 만드는 잦은 고통으로 모두 파괴될 수 있다네."라고 경고하면서, "내가 자네에게서 자네 아내를 데려와야겠네! 내가 그 애를 죽이라고 자네에게 줬다고 생각하는가?"라고 위협했다. 딸 프랑수아즈는 무사히 아이를 낳았지만 그녀의 두려움은 끝나지 않았다. 분만 직후 그녀는, 모유 수유를 한다고 해서 임신이 되지 않을 것이라 생각하지 말라고 급하게 훈계한 것이다. "다시 생리를 시작하고 나서도 네가 그리냥과 사랑을 나눌 생각이라면, 네가 이미 임신했다고 생각하는 게 좋을 거다. 만일 네 산파들 중 누군가 너에게 다르게 말한다면, 그건 네 남편이 그녀를 매수했기 때문일 게다!"[13]

　이런 지극히 평범한 상황에서 죽음을 불사하는 이기적인 호색가로 남느냐, 아니면 내키진 않지만 금욕생활을 하느냐 하는 선택의 기로에 놓인 남편의 입장도 그다지 행복하지는 않았다. 그래도 그는 어떻든 성생활을 계속 영위할 수는 있는 쪽이다. 하지만 대부분의 여성들은 그렇지 못했다. 근대세계는 자신들이 이루어낸 진보와 번영을 커다란 자랑거리로 삼았지만, 그 덕분에 귀를 열게 된 서양 여성들은 출산환경이 더 나아지기는커녕 더 악화되었음을 발견하고 몹시 당황했다. 여성의 생명과 직결될 수 있는 중대한 권력, 즉 분만하는 여성을 다루는 자격을 놓고 벌인 길고 긴 싸움에서 결국 남자들이 승리를 거두었기 때문이다. 사실 여성 치료사들에 대한 남자들의 공격은 전혀 새로울 것이 없었다. 마녀사냥의 많은 동기 중 하나가 대학교육을 받은 남성 의사들이 여성 의사들을 제거하는 데 있었다. 결국 남자 의사들은 의약품, 산과용 겸자, 마취, 정규적인 의료훈련 등의 출현에 힘입어 오랫동안 여성들이 수행해오던 분만 보조의 역할을 강탈하는 데 성공했고, 스스로 최고 **조산원**이 되었다.

전문가의 권위로 무장한 이 새로운 남자들은 아무 어려움 없이 이전부터 활동하던 여성들을 밀어낼 수 있었고, 이것은 남자 조산원들이 엄청난 실수를 저질렀을 때에도 마찬가지였다. '영국 산과학의 대가'로 불리며 새로운 방법을 도입한 '위대한 윌리엄 스멜리'는 자신이 신생아의 탯줄을 너무 서투르게 잘라서 아이가 거의 죽을 지경으로 출혈한 적이 있음을 고백했다. 하지만 자신이 들어오면서 방에서 몰아낸 수상쩍은 산파에게는 그것이 신생아의 경련을 막기 위해 만들어낸 획기적인 신기술이라고 말했다. 후에 그는 평생 그토록 공포에 질려본 적이 없다고 밝혔다.[14]

서양에 클로로포름과 소독약이 도입되면서 의학은 마침내 가장 음울한 편견에서 벗어나기 시작했다. 그 편견은 1848년 영국의 선도적인 부인과 의사조차 출산 중에 여성이 고통을 겪고 죽음을 당하는 일은 '필요악'이며 '심지어 복음의 은총'이라고 주장할 정도로 뿌리 깊은 것이었다.[15] 하지만 비서구 지역에서 여성들이 생명을 잃는 것을 운명처럼 받아들이는 태도를 제거하거나 이런 죽음을 조장하는 관습과 전통을 변화시킬 가능성은 전혀 없어 보였다. 인도에서 외과의로 활동하던 영국 여성 본 박사는 영국의 인도 지배 마지막 시기에 다음과 같은 절망적인 보고서를 보냈다.

> 마룻바닥에 그 여인이 있었다. 그녀 옆에는 지저분한 노파 몇 명이 있었는데, 그들의 손은 먼지로 더러웠고 머리에는 이가 우글거렸다. …… 환자는 사흘 동안 진통 중이었는데, 그들은 아이를 꺼내지 못하고 있었다. 검사를 해보니 외음부가 붓고 찢어져 있었다. 노파들이 우리에게 정말 힘든 상황이라면서 자기들이 손발을 동원해서 아이를 꺼내려 했지만 실패했다고 말했다. …… 클로로포름으로 마취를 하고 산과용 겸자로 아이를 꺼냈다. 우리는 산모 몸 안에 있는 접시꽃 뿌리를 발견했다. 간혹 끈이나 모과 씨를 싼 더러운 넝마조각이 자궁 안에 들어 있기도 했다. …… 이런 일을 당하는 것이 가난한 사람들만은 아니다. 대학에서 학위까지 받은 인도 남자들의 아내들도 불결한 넝마 조각으로 틀어막혀진 채 이 시장 노파들의 도움을 받으며 분만하였다.[16]

본은 여성들이 겪는 고통, 감염이나 사망의 위험이 근본적으로 그 여자들을 돌보는 노파들 탓이라기보다 남편들의 태도 탓임을 아주 분명하게 파악하였다. 후기 산업국가들에서도 같은 진단이 내려지기 시작했다. 분명 서구의 여성들은 상대적으로 훨씬 더 진보된 조건에서 살아가고 있었다. 그러나 그들은 스스로 남성 중심 사회의 시각과 기대라는 덫에 걸려 혹사당하고 있음을 깨달았다. 이제 서양 여성들은 참정권 투쟁에서 보인 용기를 가지고, 성생활이 야기하는 최종적인 책임 문제를 제기하기 시작했다. 이것은 여성의 인권을 요구하는 더 포괄적인 프로그램의 일부였고, 이 목표를 이루기 위해서는 다른 거대한 과업에 직면할 수밖에 없었다. 그 과업이란 여성과 남성의 성의식을 변화시키는 일이었고, 결국은 여성의 몸을 이용할 남성의 권리에 대해 한 번도 의문을 제기해본 적이 없던 남자들의 태도를 바꿔놓는 일이었다.

남성이 여성의 육체의 주인이자 소유자로 자처하는 한, 여성은 결코 자기 자신의 주인이 될 수 없다. 19세기 내내 격렬한 불안감과 무질서, 혁명의 행렬이 이어졌지만, 대다수 남성들의 머릿속에 존재하는 생각, 중세의 암흑시대 또는 그 이전까지 거슬러 올라갈 수 있는 생각, 즉 여성을 성적 도구로 보는 견해를 전혀 뒤흔들지 못한 채 스치고 지나갔다. 프리드리히 엥겔스는 1844년 영국 북부 지방을 여행하는 동안 자신이 방문한 모든 공장에서 "공장의 강제적인 예속관계가 다른 예속관계보다 훨씬 더 심각해서 공장주에게 **초야권**을 주는 일"이 '당연하게' 받아들여지고 있다고 기록했다. 또한 "해고하겠다는 위협만으로도 열에 아홉은 저항을 포기"했기 때문에 '소녀'의 승낙은 이름뿐이었다. 한마디로 공장주는 "자기 공장을 하렘으로 만들었다." 큰 권력을 쥐고 있던 공장주들은 '피고용인들의 몸과 돈을 지배하는 군주'이자 절대적인 통치자였다.[17]

이것은 소수 '운 나쁜' 공장 소녀들만의 문제가 아니었다. 자유를 위해 투쟁하면서 점차 억압에 예민해진 감각을 갖게 된 페미니스트들은 '여성을 성의 노예로 만드는 체제'에서 살고 있음을 깨달았다. 크리스타벨 팽크허스트는 그 원인으로 여성의 재생산 기능만 강조하는 남성들과 '여자는 성기를 제외하면 아무런 의미도 없는 존재라는 주장'을 들었다. 물론 남자들은 여자들이 어머니라는 존경받는 역할을 수행하기 위해 태어났다는 식으로 둘러대고 싶어 하지만, 그것은 얄팍한 눈속임에 불과했다. "그렇게 말하는 남자들이 실제로 의도하는 바는, 여자들은 일차적으로 남자들의 성적 만족을 위해 만들어졌으며, 그다음으로 그가 자녀를 원하는 경우 자식을 낳기 위해 만들어졌는데, 물론 그럴 때도 그가 원하는 수 이상의 자녀를 낳아서는 안 된다."[18]라는 것이었다.

여성의 권리운동에 참가한 사람들 중 팽크허스트 집안 여자들과 그 지지자들이 속했던 인습 타파적인 진영에서만 이런 급진적인 견해를 가진 것은 아니다. 사회개혁운동가 조세핀 버틀러가 주도하던 전국여성협회에 소속된 온건파들 역시 모든 여성을 매춘부로 취급하는 성폭력에 온 힘을 다해 대항했다. 그들은 남자들이 성을 '자유로이 향유할 권리'란 사실상 야비한 착취일 뿐이며, 자의적으로 여성을 '순수한 쪽'과 '타락한 쪽'으로 나눠놓아 '여성들의 자매애'를 파괴한다고 비난했다. 또한 버틀러는 '순수하고' 존경받을 만한 여성으로 분류되었다고 '타락한' 여성들보다 덜 착취당하는 것은 아니라는 사실을 강조했다. 단지 그 여성들의 육체는 성적 쾌락이 아니라 다른 성적 목적을 위한 수단, 즉 후계자에게 재산을 물려주게 하는 '연결관' 으로 지정되었을 뿐이라는 것이다.

버틀러가 '남성들의 방종' 과 '강자의 약자에 대한 지독한 횡포' 를 공격하자 격분한 남자들은 그녀를 '매춘부보다 나을 게 없는 여자' 로 낙인찍었다. 그러고는 자기들은 그런 비열한 존재가 아니라며 앞 다투어 항변했다. 그러나 여성들의 반발이 너무 거세져서 마침내 더는 어떻게 할 수 없을 정도로 극에 달했다.

> 오래도록 정욕에 빠진 남자에게 성관계 문제를 모조리 통제하도록 내맡겨왔지만 그 정도면 충분하다. 이제 남자의 관대함에 기대서만 특권을 누리던 인류의 어머니가 분노하여 일어난다. 그들이 이 문제를 아무 두려움 없이 철저히 검토하게 해라.[19]

엘리자베스 케이디 스탠턴은 동료 루시 스톤이나 수잔 B. 앤서니와 달리, 남녀관계를 성의 전쟁으로 파악하는 아주 적극적인 관점을 가지고 있었다. 비록 여성들이 온전한 시민권과 투표권을 갖기 위한 투쟁에 깊이 관여하긴 했지만, 그녀는 남자들에게 여자들의 몸을 소유하고 통제할 권리를 주는, 남자들이 만들어낸 법과 제도 자체에 개인적으로 격렬한 분노를 느꼈다. 영국에서는 '첼튼엄의 스위니 양' 이 스탠턴의 분노를 공유하고 있었다. 그녀 역시 여성에 대한 착취가 우연이나 자연스러운 일이 아니라 이미 확립된 성**제도**에서 비롯되었음을 분명하게 인식했다.

> 남자들의 규범, 남자들이 만들어낸 종교, 남자들의 도덕규범이 여자들에게 미친 영향을 생각해보라. 여자들은 자연의 유기체 진화 과정에서 최고의 성과라 할 수 있는 딸들이 불필요한 존재로 간주되어 가차 없이 살해되는 것을 목격했다. 또한 생물학적으로 '결함이 있는 변종', 영양실조와 열악한 환경의 산물, 따라서 불완전한 존재라 할 수 있는 아들들이 그녀를 누르고 주인, 신, 폭군의 자리에 오르는 것을 목격했다! …… 교회, 정부, 종교, 법률, 편견, 관습, 전통, 탐욕, 정욕, 증오, 부정, 이기심, 무지, 오만, 이 모든 것이 공모하여 여성이 남성의 성적 지배를 받게 했다![20]

모든 사람이 스위니의 의견에 동의하지는 않았다. 특히 여성이 논쟁의 여지없이 우월하다는 공공연한 선언에 대해서는 더 그랬다. 그러나 그녀가 진정한 페미니스트로서 격분하여 남성을 공격하는 모습에 많은 여성들이 전율하였다. 피조물을 강탈하던 지배자들이 우생학적 실패작에 불과하며, 그들의 뇌는 허약하고, 그들의 육체는 '정욕에 빠져 있고 질병에 걸려 있으며', 그들의 정액은 '치즈 냄새 나는 유독한 배설물'에 불과하다는 주장은 놀라운 감동을 주었다. 스위니가 정액을 자유롭게 정액이라고 부른 용기에 힘을 얻은 여성들은 '이 문제를' 엘리자베스 케이디 스탠턴이 요청한 대로 '아무 두려움 없이 철저하게 검토' 하기 시작했다.

이제 페미니스트들은 사회 곳곳에 만연한 매춘에 관심을 쏟기 시작했다. 더구나 19세기에 새로 확립된 법률들은 매춘 문제를 다룰 때 정작 매춘의 존재 이유이자 여성들의 착취자였던 남성들은 전혀 염두에 두지 않았다. 이것은 여성들을 더욱 고통받게 만드는 처사였다. 구체적인 상황은 각 나라마다 다른 형태를 띠고 있었다. 예를 들어, 프랑스에서는 유아 매춘에 반대하는 캠페인이 다양한 형식으로 진행되었지만 좀처럼 긍정적인 반응을 얻을 수 없었다. 영국 개혁운동가들을 심각한 고민에 빠뜨린 '백인 노예무역'의 어린 희생자들 대부분이 프랑스의 수요를 감당하는 데 이용되었기 때문이다. 또한 프랑스의 개혁운동가들은 대중의 오락을 위해 경찰이 정기적으로 매춘 여성들을 공공연히 구타하는 비참한 상황에 대해 국가적 양심을 불러일으키기 위해 노력했으나 별다른 성과를 거두지 못했다. 그들은 여전히 "치마와 블라우스가 갈기갈기 찢어진 채 먼지와 진흙을 뒤집어쓴 여성들을 걷어차고 주먹질하고 머리카락을 질질 끌고 다녔다."[21]

영국에서는 매춘부들에 대한 폭력이 성병 예방법이라는 공식적인 형태로 행해졌다. 이 법은 오직 여자들만 성병에 걸리거나 옮길 수 있다고 가정한 듯, 매춘 여성들만 정기적인 내진으로 성병 감염 여부를 검사받도록 강요하는 폭력적이고 굴욕적인 내용이었다. 그러나 나라마다 다양한 차이를 보이는 속에서도 각국의 개혁운동가들이 받아들인 가장 근본적인 사명은 일치했다. 그것은 남자들이 지위 고하를 막론하고 휘두르는 성적 **권리**를 철회하는 일이었다. 이를 위한 투쟁이 구체적인 형태를 갖추면서 중요한 주장 두 가지가 대두하였다. 두 주장 모두 20세기에 여성들이 독자적인 삶을 살아갈 수 있도록 흐름을 변화시키는 계기가 되었다.

첫 번째 주장은 모든 권리 중에서도 가장 기본적인 육체적 권리라 할 수 있는 **거절할 권리**에 바탕을 두고 있었다. 산업혁명 전에는 '노처녀' 만큼 동정과 경멸의 대상이 된 존재가 거의 없었다. 흔히 노처녀는 열심히 남자를 찾고 있는, 남자 없이는 아무 가치도 없는 존재로 간주되었다. 자기 앞에 나타난 남자면 직접 만나보지도 않고 청혼에 응할 것이라고 말이다. 그러니 여성이 축복된 결혼생활보다 이런 독신의 비참한 상황을 선택할 수 있다는 생각은 전적으로 황당하게 비쳤을 것이다. 하지만 19세기 여성운동은 독신여성들에게 인생의 목적과 그 목적을 달성할 힘을 제공함으로써 독자적인 견해와 자부심을 길러주었다. 법률 개혁, 참정권, 소녀들을 위한 교육, 금주, 노예제도 폐지 등등의 다양한 프로그램 속에서 미혼여성들은 개인적 성취가 주는 기쁨을 발견했고, 그와 함께 결혼이 가장 중요하다는 생각에 의문을 제기할 용기를 얻었다. 세계에서 가장 유명한 미혼여성으로 크림전쟁에서 영웅적인 활약을 보인 플로렌스 나이팅게일을 들 수 있다. 그녀는 자신의 자율성과 인격, 자기 몸을 소중하게 지키는 일을 소중하게 여긴다는 사실을 솔직하게 드러내면서 결혼을 거부했다. 또한 "여자들은 **그것**(한 남자의 청혼)을 받아들임으로써 자기 삶의 모든 것을 희생해야 한다.

…… **그의** 뒤에서 자신을 억눌러야 하는 것이다."[22]라고 선언함으로써 자신의 결혼 거부 의사를 아주 분명하게 표현했다.

새로운 자각에 이른 미혼여성에게는 남자들이 필요하지 않았다. 하지만 그렇다고 성에 눈뜨지 않고 처녀나 독신으로 살기를 바란다는 의미는 아니었다. 성적으로 거절할 권리와 함께 선택할 권리가 있었기 때문이다. 그리고 마음에 드는 대로 자유롭게 선택할 수 있게 되자 많은 여성들이 여성을 선택하는 일이 두드러지게 증가했다. 전통적인 윤리 체계는 이미 겪어온 충격에 더해서 여성들의 동성애가 만연한 현실에 직면하게 되었다. 여성들의 동성애가 19세기에 등장한 새로운 사건은 아니다. 단지 과거에는 여성들의 개인적·가정적 활동 대부분이 그렇듯이 '주류' 사회, 즉 남성사회의 눈에 띄지 않았을 뿐이다. 여자들의 동성애를 흔히 있는 사회적 관행으로 받아들인 남자들도 많았는데 이 것은 그들이 이 문제를 남성 중심의 자기만족 속에서 바라보았기 때문이다. 예를 들어, 앙리 2세의 왕궁을 드나들던 여자들에 대한 글을 쓴 브랑톰은, 여자들 간의 섹스를 '남자들과 더 멋진 사랑을 나누기 위한 연습'에 불과한 일로 보았고, '뿔'이 개입할 위험이 없기 때문에 남편들도 기꺼이 받아들일 수 있는 행위라고 옹호했다.

하지만 이런 닳고 닳은 궁정인들의 방종한 의견을 교회에서 받아들인 적은 없다. 비록 『성경』에서는 여자 동성애에 대해 딱 한 번밖에 언급하지 않았지만(물론 바울로가 이를 금지하는 내용이다. 그 말고 누가 이 문제를 다루겠는가?), 기독교는 이런 '부자연스런 악덕'에 대한 격렬한 혐오를 키웠고 그 죗값으로 사형을 선고했다. 유럽에서 1721년에 독일 여성 카타리나 마르가레테 링크가 남자로 변장해서 다른 여성과 결혼하려 했다는 이유로 화형에 처해졌다. 이 사건은 유사한 사건들에서 드러난 가부장의 분노가 정확히 어디서 기인했는지를 알게 해준다. 링크의 죄는 '아내'와 사랑을 나눈 데 있는 것이 아니라 그렇게 하기 위해 남자 복장을 했다는 데 있었다. 유사하게, 교회 안에서도 '소돔의 도구(딜도)', 즉 남성의 성기를 닮은 도구를 사용하다 붙잡힌 수녀들이나 여신도들 역시 어떤 자비도 기대할 수 없었다. 성직자들, 아버지들, 남편들의 생각에 여자들이 서로 키스하고 애무하고 함께 침대에 누워 오르가슴을 맛보기 위해 자위행위를 하는 것은 그다지 끔찍해 보이지 않았다. 그것은 여자들의 성욕에 대해 그들이 갖고 있는 생각에 부합했고, 심지어 그들의 남근 중심적인 공상을 만족시켜주었다. 고전시대부터 포르노그라피에 흔히 등장하는 '두 명의 레즈비언과 한 명의 남자'라는 설정은 심지어 오늘날까지도 계속 통하는 소재다.

하지만 당대의 주류에서 벗어나겠다는 의식적인 정치적 결단을 내린 여성들이 등장하면서, 여자들 간의 사랑이라는 문제는 새로운 시각에서 받아들일 필요가 있게 되었다. 1892년 테네시 주의 젊은 여성 앨리스 미첼이 '아무도 절대 그녀를 뺏어갈 수 없도록' 연인 프레다 워드를 살해했다. 이 사건으로, 점잔 빼던 미국인들도 더는 그런 행동이 구대륙, 특히 프랑스 포르노그라피에서나 볼 수 있는 일이라고 주장할 수 없게 되었다. 게다가 1900년부터 유럽의 레즈비언들은 함께 힘을 모으면서 동성애자의 긍지를 깨닫기 시작하였다. 다음과 같이 외친 독일의 과학자도 마찬가지였다.

자매들이여, 용기를 내서 당신들도 '정상적인' 세계에서 살아갈 권리가 있음을 보여라! 이 세계에 도전해라. 그러면 그들은 당신을 허용하고, 당신을 인정하고, 심지어 당신을 부러워할 것이다.[23]

하지만 그녀의 확신은 너무 시기상조였다. 유럽도 미국도 처음에는 경험이 별로 없었고 레즈비언을 남근 중심적으로 보는 그릇된 생각에 사로잡혀 별달리 반대하는 태도를 보이지 않았다. 여자들 사이의 '낭만적인 우정', '감정적인 애착', '같은 영혼들 간의 사랑', 심지어 보스턴 결혼[역4]까지 자유롭게 허용했던 것이다. 하지만 여성들이 그런 결합의 밑바닥에 섹스가 개입됨을 감추지 않았을 때, 그 즉시 반응이 나타났다. 페니스 없이 클리토리스 둘만으로도 행복하게 지낼 수 있다면, 남근 지배의 가설은 뿌리에서부터 흔들리기 때문이었다. 갑자기 남자들은 손가락이나 혓바닥 또는 다른 여성이 자기들의 신성한 기관보다 더 훌륭하게 역할을 수행할 수 있다는 도전에 직면한 셈이다. 이미 경제적·정치적 평등을 얻어낸 여성들은 심지어 남자들이 전혀 없다 해도 잘 지낼 수 있게 되었다.

이것은 아마겟돈이었다. 여자 동성애들은 자신의 성 정체성을 숨기지 않고 길을 개척하기 위해 싸워나갔지만, 바로 자기들의 코앞에서 문이 닫히는 경험을 했을 뿐 아니라 모든 통로가 막혀버리는 것을 발견했

___

역4) 19세기 후반 미국에서 직업이나 유산이 있어서 남성에게 의존할 필요 없이 자기들끼리 인생을 보내는 두 여성을 가리키는 말. 이런 여성 대부분이 페미니스트였다.

다. 1928년 영국 작가 래드클리프 홀은 관용을 요청하는 탄원서 『고독의 샘』을 출간했다. 세례명은 마거릿이지만 항상 존으로 불린 래드클리프 홀은 글 속에 '동성애'에 대한 부정적인 견해가 숨어 있다는 이유로 이후의 레즈비언 페미니스트들에게 비난받았다. 여주인공이 연인에게 "나는 신이 이마에 흔적을 남긴 사람들 중 한 명이다. 나는 카인처럼 표식이 남아 있는 흠 있는 존재다."라고 고백한 것이다. 그러나 그 레즈비언 주인공은 모든 자매들을 대변해서 잊히지 않을 것 같은 최후의 외침을 남겼다. "오, 신이시여, 세상 사람들 앞에서 우리를 인정해주소서. 우리에게도 존재할 권리를 주소서!"[24] 하지만 아무도 이 외침을 귀담아듣지 않았다. 래드클리프 홀은 고발당했고, 이 일이 시간을 끌면서 사회적으로나 재정적으로 완전히 몰락했다. 그녀의 지적대로 남성들이 만들어낸 사회는 자기 권위에 도전하는 힘을 발견하자마자 격분하여 맹렬한 공격을 감행한 것이다.

하지만 가부장들은 관용과 승인을 요구하는 레즈비언들의 주장에 큰 관심을 보일 여유가 별로 없었다. 산업사회 곳곳에서 다른 전투가 진행 중이었기 때문이다. 아직 목에 핏대를 세울 정도는 아니었지만, 변화의 조짐을 그들도 느끼고 있었다. 19세기 중반부터 페미니스트들이 매춘과 아동 강간, 여성에 대한 폭력 등을 문제 삼기 시작했고, 남자들은 이제껏 누려온 성적 권리를 하나씩 잃어갔다. 이제 성과 관련된 모든 전투, 여성의 육체를 지배하는 남자들의 권력을 파괴하거나 축소하기 위한 여성들의 노력은 피임을 위한 투쟁으로 집약되었다. 근대의 '산아제한'은 마거릿 생어의 표현대로 몸의 해방을 추구하는 운동의 상징이자 핵심으로, 선거권이 시민권 운동에 차지한 역할과 같다. 산아제한운동과 참정권운동 둘 다 분노와 편집증, 원한에 사로잡힌 폭발적인 반발을 불러일으켜서, 양쪽 모두 참가하는 사람들에게 집념과 끈기를 요구했다. 하지만 그 둘 중에서 여성 개개인에게 더 직접적으로 다가가는 힘을 가진 것은 산아제한 문제였다. 아내가 투표권을 갖는다고 결혼생활에 큰 변화가 생기는 건 아니라고 생각하던 남편이라도, 모든 삶의 성생활에 긍정적이든 부정적이든 커다란 변화를 부를 위험이 있는 사안에 대해서 아내와 같은 의견을 갖기란 거의 불가능했다.

새로 등장한 피임법은 역사상 최초로 효력이 있다는 점에서 오래전부터 존재해온 약이나 장치들과는 달랐다. 자궁 경부나 음경에 장벽이나 마개, 덮개를 사용하려는 생각은 인류가 존재한 이래 항상 있었다. 하지만 전에는 공상에 불과하던 것이 과학기술 덕분에 확실하고 비용이 많이 들지 않는 도구로 현실화된 것이다. 가장 중요한 계기는 1840년대에 고무를 경화하는 기술을 개발한 일이다. 독일 의사 빌데는 철과 은을 섞어 피임용 마개를 만들었다. 경화고무 덕분에 이 마개를 인체에 적합한 것으로 개발하여 보급할 수 있었고, 바로 이것이 근대식 콘돔의 기원이다. 1870년대에는 질 세척용 주사기가 개발되어 특허를 받았다. 이것은 '자연의 길'에 개입하려는 의도 없이 개인 위생을 위해서라면 여성도 구입할 수 있었다. 이제 여성들은 만족스럽고도 정확하게 정액을 관리할 수 있게 되었다.

그러나 과학은 여기서 멈추지 않았고, 그 수혜자가 될 대중의 의견보다 훨씬 앞질러 갔다. 근대 최초로 이 문제에 대한 논의가 시작된 것은 개혁운동가 프랜시스 플레이스가 "성교 전에 질 속에 넣었다가 끝난 후 두 겹으로 꼬여 있는 실을 잡아당겨 빼낼 수 있는 사방 1인치 정도 되는 스펀지 조각"을 널리 칭찬하면서부터다. 그에 대해 거의 히스테리라 할 만한 반응이 쏟아졌다. 대서양 양쪽에서 의료업에 종사하는 남자들이 자기 작업에 대한 존경을 잃을까 두려워하면서 '자연을 부도덕하게 왜곡하는 짓'에서 손을 떼고 물러났다. 그들은 계획적으로 임신을 피하면서 오직 섹스 자체를 위해 섹스하는 일은 '부부의 수음'에 불과하고, '막힌 정자' 하나하나가 '간접적인 영아살해'에 해당한다고 주장했다. 영국의사협회의 예레미야, C. H. F. 루스 박사도 이를 극구 비난하면서 "그런 짓은 다른 모든 범죄와 마찬가지로 결코 벌을 피할 수 없다."라고 했다.

만성 자궁염…… 백대하…… 월경 과다…… 혈낭종…… 통각 과민과 지각 과민…… 악성 종양…… 난소 수종…… 완전한 불임, 자살로 이끄는 광증, 가장 불쾌한 여자 색정증 등이 거기서 생기는 질병이다. [25]

개혁운동가들이 위에서 열거한 만성질환만 두려워하면 끝날 일이 아니었다. 1877년 영국의 사회개혁운동가 애니 베전트는 금고형을 받았다. 다행히 감옥행은 면했지만, '부적합한' 어머니로서 딸의 후견인 자격을 잃었다. 10년 후 영국인 의사 H. A. 올벗은 『아내를 위한 지침서』에 산아제한에 대해 썼다는 이유로 의사 명부에서 이름이 삭제되었다. 그러나 분개한 가부장들의 맹위가 아무리 하늘로 치솟아도 형세는 변하고 있었다. 1882년 네덜란드 최초의 여의사 알레타 야콥스는 세계 최초로 산아제한 상담소를 개설했다. 이 문제를 다룬 차세대 여성운동가인 영국의 메리 스톱스와 미국의 마거릿 생어는 대립 세력이 이미 지쳐서 힘이 고갈되었으며 승리가 임박했음을 깨달았다. 이제 섹스와 생식작용을 굳게 결부시키던 고리는 붕괴되었다. 두 사람 모두 미래가 보장되었다고 생각했다. 생어와 스톱스는 같은 지향점을 가졌지만 서로 다른 동기에서 이 투쟁에 뛰어들었다. 생어는 너무 많은 자식들 탓에 절망적인 가난과 육체적 고통에 시달리는 어머니들의 어깨에서 짐을 덜어주고자 했다. 스톱스는 피임으로 여성들이 '부부애'의 낙원에서 해방을 맛보기를 기다렸다. 어떻든 두 사람 모두 여성을 승리자로 보았다. 투쟁이 절정일 때 생어는 '여성의 반란'이라는 제목으로 여성운동 잡지를 내기 시작했다. 이제 혁명은 끝나고 목표가 달성되었다. '여성 반란군'은 새로운 환경이 주는 이득을 누리는 법을 배우면서 살아가기만 하면 될 것 같았다.

그럴 수 있을 것처럼 보였다. 기회만 주어졌다면 분명 그렇게 했을 것이다. 하지만 현실은 그렇지가 않았다. 19세기 페미니즘을 발생시킨 바로 그 역사적 환경이 남자들의 반응도 끌어냈기 때문이다. 서양 곳곳에서 법률이나 직장, 가정에서 아버지 신의 자리를 차지하던 존재가 왕좌에서 밀려났다. 하지만 그곳을 떠나지 않고 멈춰 선 남자들은 상처 입은 자존심을 안고 큰 소리로 복권을 주장했다. 바로 이때 절묘하게도 한 남자가 등장했다. 빈의 지그문트 프로이트였다. 그는 남성을 우주의 중심이라는 자리에 합법적으로 복위시키는 데 지극히 중요한 역할을 하게 될 문화적 작업에 착수하고 있었다.

여성들에게 가장 커다란 불행은 프로이트가 19세기 중반에 독일 중산층 사회에서 태어난 일이다. 여성의 성에 대한 일반적인 견해를 새로 만들어낼 운명을 타고난 남성에게 그보다 더 최악의 환경은 없었을 것이다. 어리석고 편협하며 보수적이고 파괴적인 사회구조에서 여성들은 머리 빈 인형으로 전락하거나 히스테리와 기억 상실증에 걸린 환자로 몰렸다. 프로이트의 입장은 당시 여성운동이 대대적으로 일어났음에도 유대교 가부장제의 행로에서 조금도 벗어나지 않은 것이었다. 이런 사실은 그가 약혼녀를 힐책하는 편지에서도 분명히 드러난다.

여자들이 남자들처럼 살려고 노력하는 일은 정말이지 실패할 수밖에 없는 생각이오. 만일 사랑하는 여성이 내 경쟁자가 되려 한다면, 나는 이렇게 말할 거요. …… 나는 그녀를 좋아한다고, 그녀가 경쟁에서 물러나 내 가정의 평온하고 비경쟁적인 활동에 전념하기를 간청하노라고 말이오. …… 나는 법률과 교육을 개혁하려 드는 모든 활동이 실패하리라고 믿소. 남성이 사회적 지위를 획득하기 훨씬 전부터 자연은 아름다움과 매력과 부드러움을 여성의 운명으로 결정했기 때문이오. 전에는 여성들에게 주지 않았던 많은 것을 법률과 관습이 줄지도 모르오. 하지만 여성의 지위는 분명 지금 상태 그대로 유지될 것이오. 젊을 때는 흠모되는 연인으로, 분별 있는 나이에 접어들어서는 사랑하는 아내로 말이오.[26]

남녀 간 권력관계를 현 상태로 유지하기 위해 귀부인이 무대 전면에 재등장했다. 그러자 전에 공동 주역을 맡았던 남성도 무대 중앙으로 되돌아갔다. 놀랍지도 않은 일이다. 프로이트는 숭고한 무의식과 함께 남근상을 되살려냈다. 마치 그동안 여성운동이 전혀 존재하지도 않았거나 성과도 없었던 것처럼 말이다. 물론 그 거대한 뱀이 실제로 완전히 사라진 적은 한 번도 없었다. 단지 여자들이 끝을 모르는 남자들의 성적 특권을 공격하여 무너뜨리기 시작하면서, 대가리를 숨기고 움츠러들어 있었다. 그런데 신진 독일 극작가가 새 희곡을 내놓으면서 그것이 다시 주역을 맡은 것이다.

줄거리는 단순하다. 한 어린 소년이 성장하면서 어머니를 사랑하게 된다. 어느 날 그는 대단히 경이로운 것, 즉 성인남성의 음경을 발견한다. 유감스럽게도 그것은 그의 것이 아니다. 어린 소년은 당황하고 의기소침해진다. 한편, 그의 누이도 이 위대한 물건을 보았다. 그녀 역시 강한 분노를 느낀다. 그녀는 그걸 갖지 못했기 때문이다. 어린 남동생은 어떻든 존속 살해를 부추기는 증오와 거세공포를 극복할 것이고, 성장하면서 자신이 갖고 놀 물건을 갖게 될 것이다. 하지만 소녀는 그 신성한 물건에 대한 유년기의 선망에서 벗어나지 못한다. 결국 오이디푸스 드라마의 교훈은 간단하다. 소녀보다 소년이 더 낫고, 세상에 페니스보다 더 굉장하고 강력하고 소중하고 가치 있는 것은 없다는 것이다.

누구도 이런 출발점을 논리적으로 확대한 견해에서 벗어날 방법은 없다. 여성은 '외부로 돌출된 성기의 결핍' 때문에 성적으로 열등한 존재다. 여성이라는 사실은 불완전함을 의미할 뿐이다. 더구나 '내 물건이 네 것보다 더 크다'의 성장 단계에 고착된 프로이트에게는 '여성의 페니스'인 클리토리스가 애처로울 정도로 부족해 보일 수밖에 없다. 그런데 전혀 인상을 남기지 못할 정도로 작은 크기의 클리토리스가 겉보기와는 달리 지극히 민감하다. 그 사실을 깨달은 프로이트는 그것을 일종의 발달장애 때문이라고 설명했다. 클리토리스가 흥분하는 것은 '남성성의 유아적 단계'라는 것이다. 그는 '예민하게 흥분하는 기능'이 클리토리스에서 질로 옮겨갈 때에만 여성이 성적으로 성숙해진다고 했다. 질 오르가슴은 진정한 여성이 되었다는 표시이고, 클리토리스 오르가슴은 '과거로 거슬러가서 다시 출발하는 것'을 뜻한단다. 이런 주장이 갖는 함축을 미국의 생물학자가 훌륭하게 요약했다.

프로이트의 질 오르가슴 이론은 여성들에게 성숙하고 진정한 여성이 되기 위해 스스로 감각을 부정하고 자신의 성욕에 대한 지식을 부인하라고 요구했다. 이것은 참으로 사람을 쇠진시키는 억압적인 기획이다. 그로 인한 영향은 아주 크고 방대했다. 많은 여성들에게 그것은 열등감, 무력감, 죄책감만 더 키울 뿐인 성과 없는 노력이었다. 이 이론이 '불감증'을 해명하고 치료하기 위한 것이라고 주장하지만, 사실상 여성들이 오르가슴을 경험하기 가장 힘든 방식으로 섹스를 하도록 요구함으로써 오르가슴의 결핍을 확실하게 보장한다. …… 그것은 여성의 성욕을 페니스에 입각해서만 정의함으로써 성욕을 남근 중심으로만 파악하는 입장을 강화했다.[27]

프로이트의 유산은 여성의 가장 개인적이고 은밀한 부분인 성이 향후에 남성 '전문가들'에게 강탈되도록 만들었다. 그런데 그 남자들은 한 번도 여성들에게 어떻게 생각하거나 느끼는지 물어본 적이 없었고, 여성들이 어떤 식으로든 제공하는 증거들을 거들떠보지도 않았다. 그러면서도 여전히 여성의 성이 단계에 따라 어떠한 것이고 어떠한 것이 되어야 할지를 여성들보다 더 잘 알고 있다는 권위를 가질 수 있었다. 남자들에게 이것은 아주 풍부하고 새로운 땅, 해묵은 어머니 자연이 과학이라는 이름의 새로운 아버지 신에게 봉사하게 될 영토였다. 그리고 그녀의 두개골에서 전부터 반복된 이야기를 짜냈다. 남자는 강하고 여자는 약하며, 남자는 능동적이고 여자는 수동적이며, 남자는 지배하고 여자는 순종한다는 이야기다. 심지어 순종할 때도 여자들은 더없이 우아한 태도로 순종한단다. 다음은 프로이트의 여제자 마리 보나파르트 공주가 여성의 성욕을 다룬 책에서 '진정한 여성'에 대해 설명하는 부분이다.

> 난자든 사랑받는 여성이든 **여성적인 것**의 역할은 전적으로 기다리는 데 있다. 질은 정자를 기다리는 난자와 마찬가지로 수동적인 수면 상태에 빠져 정지한 채 음경이 접근하기를 기다려야 한다. 정말이지 시대를 초월하는 여성성의 신화인 잠자는 숲속의 미녀는 우리가 갖는 최초의 생물학적 관계를 반복해서 들려준다.[26]

정말 훌륭한 술책이 아닐 수 없다. 게다가 그것은 아주 적절한 시기에 등장했다. 피임에 대한 지식과 기술이 보급되면서 여성들이 자기 몸을 직접 통제하기 직전의 상황이었다. 그렇게 되면 서양에서 남자들이 계속되는 출산을 빌미로 어떻게든 아내를 '임신해서 부엌에 맨발로' 머물 수밖에 없도록 만들어 붙잡아두기가 점점 더 힘들어질 것이었다. 그러나 용감무쌍한 개혁운동가들의 희망과는 반대로, 여성이 그들의 성 때문에 억압되는 일은 끝나지 않았다. 여자들이 성을 빌미로 더는 감금되고 억압받지 않게 되었을 때, 그들이 너무 많은 아이를 낳지 않겠다고 거부할 수 있게 됨으로써 오랜 덫에서 벗어났을 때, 늘 그 자리에 존재해오던 권력자들이 여러 가지 의미에서 최고의 카드를 들이댔기 때문이다. 그것은 여성이 심리적으로 억압된 존재로서 불감증에 대한 공포와 '진정한 여성'이 아니라는 것에 대한 공포, '미성숙한 남성'이나 불완전한 아이라는 공포로 위협받는다는 주장이다.

그것은 완벽했다. 도처에서 빈 출신 거짓말쟁이의 말이 떠돌았고, 불안에 빠진 여성들이 그의 도움으로 완전해지기 위해 고군분투했다. 마거릿 생어는 "자신의 몸을 소유하고 통제할 수 없는 여성은 자유롭다고 말할 수 없다."라고 했다. 하지만 손수 만든 작품을 굽어보니 참 보기에 좋았던 아버지의 혼은 그 상황을 기꺼이 받아들였다.

12. 시대의 딸

진리는 권위의 딸이 아니라 시대의 딸이다.
— 프랜시스 베이컨

제대로 읽어보면 역사는 하나님 아버지를 길들이려는 시도의 기록이고……
우리가 문명이라 부르는 것의 가장 위대한 승리는 인간 남성의 교화다.
— 막스 러너

그토록 많은 낡은 관념들이 새로 만들어져야 하는 이 20세기에
남성들과 여성들은 자기들의 남성성과 여성성을 어떻게 생각해야 할까?
— 마거릿 미드

1914년 8월 4일, 영국의 외무성 대신 에드워드 그레이 경은 어두워지는 런던의 화이트홀 가를 내려다보면서 말했다. "유럽 전역에 있는 등불이 꺼지고 있다. 우리가 살아 있는 동안에는 그 빛을 다시 볼 수 없을 것이다."

별로 의아할 것도 없는 말이다. 전쟁에 참여한 나라들은 전쟁이 끝났을 때 가스나 전기요금도 지불할 수 없는 처지가 되었다. 이 전쟁에 참여한 탓에 영국에서만 5만 파운드가 넘는 비용이 들었고, 폐허가 된 시설을 모두 복구하는 데 든 비용은 그 두 배가 넘었다.[1] 더 나은 주거환경과 공공시설의 개선, 식량 조달에 사용될 수 있었던 돈이 무력 다툼에 소비되었고, 유럽 전역에서 수백만 명이 살아갈 집도 양식도 없이

남겨졌다.

그래도 그들은 행운아였다. 4년 동안 1천만 명이 넘는 사람들이 전쟁 신의 제물이 되었다. 이 전쟁의 신은 오늘날까지도 많은 인간 제물을 요구한다. 정부의 고위직 늙은이들은 도대체 무엇 때문에 자국의 뛰어난 청년들을 전장으로 내보내 적국의 청년들을 살해하거나 자신들을 살해당하게 했을까? 그 이유가 무엇이었든 간에 많은 여성이 연인, 남편, 아들을 잃거나 그들을 얻을 기회를 잃었다. 그런 여성들은 전쟁에 멋지게 이바지한 덕분에 그들의 사회적·법적 지위가 강화되었다는 말을 들어도 너무 비싼 대가를 치렀다고 생각했을 것이다.

그런데 정작 자유와 평등이라는 목표는 전보다 더 멀어져버리고 말았다. 전쟁이 한창일 때 영국 간호사 에디트 카벨은 부상병들의 탈출을 도와주었다는 이유로 독일인들에게 총살되었고, 네덜란드 무용수 마타 하리는 이른바 독일 스파이라는 혐의를 받고 프랑스인들에게 총살되었다.[2] 여성은 여전히 다른 모든 부분에서 남성이 누리는 특권에서 배제되었지만, 총대 앞에 설 평등만큼은 크게 신장되었다. 상황이나 남자들이 얼마나 변하지 않았는지를 섬뜩하게 상기시켜주는 에피소드이다.

1차 세계대전의 이런 교훈은 2차 세계대전에서도 똑같이 반복되고 강화되었다. 파시즘의 등장으로 남성적인 힘과 과장된 남자다움이 강조되면서 여성들이 바로 그 전 세기에 투쟁하여 얻어낸 거의 모든 성과가 훼손되었다. 특히 나치즘은 '그레트헨 이미지'로 대변되는 여성성에 집착했다. 히틀러는 여성해방이 욕구 불만과 제구실을 못하는 생식선에서 비롯된 타락의 조짐이라 보았고, 괴벨스[역1]는 "암새는 배우자를 위해 자신을 치장하며 오직 그를 위해서만 알을 낳는다." 하고 선언했다. 여성문제에 대한 나치의 입장은 아리아인과 비아리아인의 불평등주의만큼이나 확고한 남녀 불평등주의였다. 하지만 여성들의 역사가 항상 보여준 대로, 이런 불평등을 한결같이 유지하려면 아주 많은 폭력이 필요했다. 역사학자 리처드 그룬버거에 따르면 이렇다.

바이마르 헌법[역2]은 여자들에게 선거권을 주었다. 극좌파에서는 로자 룩셈부르크와 클라라 체트킨 같은 페미니스트 엘리트가, 우파에서는 몇몇 독일 의회 의원들이 전후 정치무대의 형태를 잡는 데 도움을 주었다. 이 정치가들과 일하는 여성 군중 사이에 제2의 성의 선구적 지도자들이 있었다. 그들은 약 10만 명의 여선생, 1만 3,000명의 여성 음악가, 3,000명의 의사로 구성된 전문직 여성들이었다.[3]

이제 이 모든 여성들이 공적인 생활에서 쫓겨났다. 1921년 1월에 나치는 여성들이 당의 어떤 직책도 맡을 수 없도록 영구적으로 차단하는 첫 번째 법령을 선포했다. 당과 전쟁사업을 위해 여자들이 해야 할 일은 아리아인의 희망인 미래의 아이들을 수적으로 늘리는 것이었기 때

역1) 독일 나치 정권의 선전장관.
역2) 1919년에 제정된 독일공화국의 헌법.

문이다. '아이, 기도, 부엌' 이라는 낡은 표어를 붙들고 과거로 돌아가는 여성들에게는 '그들의 본질적인 존엄성에 걸맞은 존중' 이 약속되었다.

하지만 그런 약속조차 일부 여성에게만 해당했다. 여성을 존중하겠다는 나치의 약속이 얼마나 제한된 것이었는지는 다음과 같은 사례에서 분명하게 알 수 있다. 나치는 당의 이념에 부합하여 나치 특유의 효율성으로 관리되는 체제를 만들었다.

> 아우슈비츠 24구에는 40개의 방이 있는 매음굴이 있다. 독일인 수용자를 위한 방은 검은 삼각형, 선택된 소수의 이민족 아첨꾼들을 위한 방은 녹색 삼각형으로 표시되었다. 이 '푸프 하우스' 를 방문할 수 있는 티켓은 공로에 대한 보상으로 주어졌고, 나치 친위대가 관리했다. 그곳을 관리하는 여자는 '창녀 엄마' 라 불렸다. 여자들은 하루 두 시간씩 일주일에 세 번 일했다. …… 창녀 엄마는 20분마다 벨을 울렸다(오븐에 든 고기를 뒤집는 간격과 동일하다).[4]

나치 정권은 독창적이고 정교한 잔인성으로 악명 높다. 바로 그런 능력 덕분에 그들은 그때까지 시도된 적이 없던 매춘부 활용법을 발견했다. 그것은 여성들의 몸에서 나오는 열기로 죽은 남자의 생명을 되살릴 수 있는지 알아보기 위한 실험에 동원하는 일이었다. 수용소의 남성 입소자들을 얼음물에 빠뜨려 죽인 후 그 몸에 여성들을 끈으로 묶는 실험이었다. 다하우에 있는 독일 공군 소속의 지그문트 라쉬 박사가 주도한 이 '과학 실험'의 목적은, 독일 공군 조종사가 얼음으로 뒤덮인 바다에 빠졌을 때 살아남을 수 있는지 알아보기 위한 것이었다. 태양등,[역3] 뜨거운 물병, 심지어 전기충격 요법까지 모두 시도한 후, 여성이 갖고 있는 '동물의 열기'에 대한 생각이 실험자들 머리에 떠올랐다. 히믈러[역4]가 수용소에 있는 자신의 부관 폴에게 내린 지령에서 유일한 조건은 그 여자들이 **독일인** 매춘부여서는 안 된다는 것이었다.[5]

유대인 대학살에 비춰 볼 때 이 여자들은 운이 좋은 편이었는지도 모른다. 수용소 밖에서는 소수 여성들이 일반적인 시류에 대항하고 있었다. 당시 대부분의 여성들이 미친 듯이 히틀러에게 열광하고 있었고, 이것이 히틀러가 권력을 잡게 된 핵심 요인 중 하나였다. 하지만 무명의 여학생 힐트군트 자센하우스는 이 시류에 저항하는 여성들 중 한 명이었다. 그녀는 손을 흔들며 나치를 환영하는 일을 피하기 위해 자기 팔을 유리 조각으로 찌르는 쪽을 택했다. 레지스탕스에서 활동한 여성도 많았다. 여성들은 무장 병력에서 배제되었기에, 지적인 방식으로 반파시스트 운동을 하거나 게릴라 활동을 했다. 역사적으로 볼 때 여성들의 이런 활동은 전혀 새로운 일이 아니다. 여자들이 적에 대항해서 은밀하게 활약한 사례는 들릴라와 야엘의 시대로 거슬러 올라갈 수 있다. 전쟁이 공개적으로 발발했을 때는 전투 자체를 신화화하기 위해서 남자들이 '더 약한 성'을 지키고 보호하기 위해 싸운다는 낡은 거짓말을

역3) 치료나 미용을 위해 자외선을 발생시키는 등.
역4) 나치 정권의 군사령관.

반복했기 때문에 여자들의 활동이 대체로 눈에 띄지 않았다. 그러나 내전이나 혁명적인 격변의 시기에는 여성의 기여를 은폐하거나 부인할 수 없었다. 사실 여러 근대혁명의 성공은 결정적으로 여성에게 의존하였다. 여자들이 보수주의를 벗어 던질 때면, 피델 카스트로의 말대로 '남자들보다 두 배는 더 혁명적인' 모습을 보이는 것이다.

여성이 급진적 활동에 참가하는 것은 전혀 예외적인 일이 아니다. 역사상 혁명적인 운동은 모두 여성을 위한 가장 숭고한 이상과 함께 시작되었다. 1851년에서 1864년 사이에 중국을 휩쓴 태평천국의 난은 원래 모든 여성에게 사회적 평등과 교육에서 완전한 평등권을 주기 위해 출발했다. 그런 맥락에서 볼 때 흔히 그 운동의 기반으로 기억되는 원시 공산주의보다 훨씬 더 혁명적인 제안을 내세운 운동이었다고 할 수 있다. 하지만 더 중요한 사실은, 전쟁이나 혁명이 여성을 **위한** 것이었든 아니든 간에 여성은 항상 **그 일부**였고, 모든 단계에서 **그 안에** 깊이 연루되어 있었다는 점이다. 브라질에 대항한 파라과이 전쟁에서 피리베부이의 마지막 항쟁으로 600명의 여성이 사망했다. 이 피비린내 나는 대참사는 1864년에서 1870년까지 계속된 파라과이 전쟁에서 여성들이 참여한 수많은 전투 가운데 하나에 불과하다. 여군의 존재가 이처럼 부각된 것은 공격 수단으로 활용할 수 있는 군수품이 비참할 정도로 부족한 데다 일반 남성 군인 사상자가 어마어마했기 때문이다. 그래서 1868년 피리베부이에서는 여자들이 나서서 적들에게 돌멩이와 모래, 빈병들을 던지다가 쓰러져갔다. 이 일은 군대 역사에서 가장 숭고하지만 헛된 도전 행위로 남았다.[6]

여자들은 혁명의 혼란 속에서 다시 한 번 군인으로 전방에서 활약했다. 최후의 정식 여군 제도는 서기 7세기에 아일랜드에서 폐지되었다. 그러나 아주 초기의 모권사회까지 맥이 닿아 있는 여군의 전통 자체가 완전히 사라진 적은 한 번도 없다. 예를 들어, 1863년 리처드 버튼 경은 아프리카 다호메[역5)의 '역사적인 아마존'에 대해 조롱하는 글을 남겼다. "대부분 나이가 많고 다들 소름끼치는 외모에…… 장교들은 엉덩이 크기로 뽑은 게 분명한데…… 그들은 양떼 같은 정확성을 보이며 작전을 수행했다……."[7] 하지만 버튼은 2,500명의 병력을 갖춘 이 군대가 잘 무장되었고 전투에 유능했다는 것 또한 인정했다. 게다가 그들 모두가 늙고 추했을 리는 없다. 2,500명의 아마존들이 모두 왕의 공식적인 아내였기 때문이다.

공식적으로 여성을 전방에 내세우는 일을 거부하고 있지만, 근대 초기 이래 놀라울 정도로 많은 여성이 다양한 종류의 실전에 참가했다. 16세기 스페인의 카탈리나 데 에라우소는 서원하기 전날 밤 수녀원을 탈출하여 남아메리카 전역에서 스페인 사람을 위해 싸웠다. 1693년 강제 징집된 남편을 찾기 위해 영국군에 입대했던 '키트' 카바나는 프랑스인에 대항해서 훌륭하게 싸운 덕분에 기병으로 진급했다. 또한 1748년 영국이 퐁디셰리[역6]를 해상 공격했을 때 열두 군데를 다친 한나 스넬은 자신이 여자라는 사실이 드러나지 않도록 하기 위해 사타구니에 박

역5) 현재의 베냉 공화국.
역6) 인도의 연방 직할 주.

힌 탄환을 직접 뽑아냈다. 쿠바의 로레타 벨라스케스는 열병으로 세 아이를 모두 잃자 남부동맹군에 입대하여 미국 남북전쟁에서 활약했다. 그리고 영국 교구목사의 딸 플로라 샌드스는 1차 세계대전에서 불가리아인들에게 대항하는 세르비아인들의 보병 부대를 통솔하였다. 그 밖에도 무수히 많은 여군이 전쟁에 적극 가담하였다. 이것은 여성이 전시에 부상병을 치료하고 전사자들에게 애도를 표하는 소극적인 역할만 했다는 통념과는 현격한 대조를 보인다.

남성과 나란히 전투에 뛰어든 여성들은 전통적인 여성의 역할로는 접근조차 할 수 없던 힘을 행사할 수 있었다. 1895년 이후 필리핀 혁명의 주요 전투에 모두 참가해 스페인인들에게 대항해서 싸운 필리피나는 여성 용사·영웅으로 널리 알려진 자신의 명성을 이용하여 부상자들을 위한 병원을 설립했다. 그녀는 그곳에서 남자들에게 '이나(어머니)'로 알려졌다. 그녀만큼 동정심이 많지는 않았지만, 대등한 용기를 보인 여성으로 러시아 볼셰비키의 군인 마리아 보카레바를 들 수 있다(그녀의 인간적인 온정은 어린 시절의 매춘 경험과 남편의 학대로 모두 메말라 버린 것으로 보인다). 군복무 중에 용맹을 떨친 보카레바는 2,000명의 우수한 여성 지원자들로만 구성된 초특급 공격부대 '죽음의 여성부대'를 조직했다. 이 돌격대가 얼마나 승승장구했던지 러시아 전역에서 비슷한 부대가 여럿 조직되었으며, 여성들도 하룻밤에 1,500명이나 지원할 정도로 전투에 참가하고자 하는 강한 열의를 보였다고 한다.[8]

그렇지만 대체로 여성들은 남성적 패턴에 따르는 군인보다는 반체제 운동가로서 개혁운동에 크게 이바지했다. 이런 전통은 특히 남아메리카에서 두드러진다. 게르트루디스 보카네그라는 멕시코 독립전쟁 동안 여성들의 지하조직망을 만들어 활동하다가 1817년 정부에 체포되어 고문을 받다가 죽었다. 중국 혁명기의 치우친(秋瑾)도 같은 행로를 걸었다. 잔 다르크를 모델로 삼았으며 페미니스트 의식이 투철했던 그녀는 1898년 만주국의 지배자에 대항하는 투쟁에 온몸을 던졌다. 그러나 계획했던 조직적인 반란이 실패해 1907년 처형되었다. 그렇다고 치우친 필생의 사업이 모조리 붕괴된 것은 아니었다. 그녀가 온갖 고문을 겪으면서도 영웅적으로 저항한 덕분에 그녀의 조직망은 무사했다 (그녀는 '가을바람과 비가 우리를 슬프게 한다'라는 뜻을 오직 일곱 자의 한자에 담아 써냈고 아무도 연루시키지 않았다). 게다가 그녀가 보인 용기는 많은 후예들을 고무시켰고, 최후에는 그녀가 목숨을 바친 대의가 승리를 거둘 수 있었다.

하지만 역사의 눈에 비춰볼 때 진정한 승리자는 명분을 위해 싸운 여성들이 아니라 명분 자체인 것처럼 보일 때가 많다. 살아남을 수도 있었을 많은 여성이 죽어간 것이다. 러시아의 소피아 페로프스카야 역시 그랬다. 그녀는 1881년 러시아의 차르 알렉산드르 2세의 암살을 계획했지만, 그때 보였던 명석함과 신념은 연인이 체포되자 모조리 사라져버렸다. 그녀는 안전에 아무런 주의도 하지 않고서 자기 생명을 내던져버렸다. 살아남은 사람들도 무시무시한 대가를 치렀다. 페로프스카야의 동지이자 친구였던 엘리자베타 코발스카야는 시베리아에서 20년을 보냈고, 역시 그들의 동지였던 베라 피그네르도 네바 강가의 끔찍한 수용소에서 같은 형량을 선고받았다. 훗날 피그네르는 회고록에 그곳의 생활이 '생명의 시계를 정지' 시키는 것이었다고 기록했다. 하지만 그중에서도 가장 안타까운 것은 아마도 베라 류바토비치의 이야기일 것이다. 연인과 함께 제네바로 도피한 그녀는 그곳에서 아이를 낳았다. 하지만 연인이 비밀경찰에 체포되자 류바토비치는 아이를 남겨두고 그를 찾아 떠났고, 이번에는 그녀가 체포되어 시베리아 유형에 처해졌다. 모든 것이 그렇게 끝나고 말았다.[9]

그렇지만 어떤 위험도 진정한 혁명가들을 막을 수는 없었다. 근대세계를 개조하는 데 필요했던 최후의 격변 중에서 중국혁명은 여성들이 아주 오랫동안 준비활동을 했다는 점에서 차이점을 보인다. 여성 지원자들은 이 최후의 웅장한 투쟁에 제일 먼저 동참했다. 그중에는 십대의 나이에 무기를 들고 뛰어든 여성들도 많았다. 덩잉차오 역시 남편 저우언라이와 함께 '중국에 공산주의를 심기 위해' 가정과 가족을 버리고 장장 1만 5,000킬로미터에 이르는 고된 행군을 감행하였다. 그녀는 1934년에서 1935년까지의 대장정[역7]에 참가한 서른다섯 명밖에 안 되는 여성들 중 한 명이었다. 덩잉차오는 남편이 새로운 중국의 총리가 되는 것을 볼 때까지 살았고, 그녀 자신도 정부의 고위직을 두루 거쳤다. 중국 최초의 페미니스트라 할 수 있는 허샹잉은 1920년대에 머리카락을 짧게 자르는 혁명적인 행위에 동참했고, 그런 투쟁 중에 남편을 잃었다. 그녀의 남편은 1925년에 암살되었다. 페미니스트적 도전의 몸짓으로 단발을 유행시켰던 샹징위는 1927년 공산주의자들을 제거하

역7) 중국 공산군의 역사적 대행군.

려는 '백색 테러' 역8)에 희생되었다. 그녀는 최후의 연설을 하지 못하도록 입에 재갈이 물린 채 총살되었다.

하지만 1930년대, 1950년대, 1970년대에도 혁명의 신호탄은 계속 쏘아올려졌다. 스페인에서는 '라 파시오나리아(시계꽃)'라는 필명을 사용하던 돌로레스 이바루리가 '노 파사란(그들은 통과할 수 없다)!'이라는 강력한 반파시스트 구호를 외치며 동시대 사람들을 고무했다. 지독한 성고문을 당했던 알제리의 자밀라 부파샤와 쿠바의 아이데 산타마리아는 전 세계의 양심을 일깨웠다. 그리고 '테우라이 로파(넘치는 혈기)'라 불리던 조이스 은홍고(Joyce Nhongo)는 딸을 낳기 이틀 전에 선전용으로 그녀를 생포하려 한 로디지아역9)의 공격에 맞서 싸워 그들을 물리쳤다.

대가는 엄청났지만 그만큼 소득도 컸다. 혁명 전의 중국에서는 매일 자기 아내를 때리라는 아버지의 명령을 거역하는 남자는 누구든 그 지역 고관이나 지주의 지하감옥에 갇힐 수 있었다. 혁명은 그런 습관적 구타를 금지했고, 여성들은 그 즉시 5,000년간 지속된 고통에서 벗어날 기회를 잡았다. 물론 남편들은 기분이 상해서 불평했다.

내 친구들은 모두 자기 아내를 때렸다. 그래서 나도 그런 관습을 지켰을 뿐이다. 최근 들어 아내를 때리지 않았다는 사실 외에 달리

역8) 혁명파에 대한 반혁명파의 보복.
역9) 아프리카 짐바브웨의 옛 이름.

그녀를 때려야 할 이유를 찾을 수 없을 때도 가끔 있었다. …… 하지만 해방 직후부터는 그녀를 때리기 힘들어졌다. 가끔 내가 울화통을 터트리면서 아내를 때리려고 팔을 쳐들기라도 하면 그녀와 아이들이 나를 말리면서 마오 주석이 그런 짓을 허용하지 않음을 상기시켰다. 그래서 나는 꾹 참았다. …… 이제 그들은 반항심을 키웠기에 만일 우리가 아내를 학대하면 모두가 들고일어날 것이다. 참을 수 없는 일이다.[10]

남성들에게는 그랬을 것이다. 하지만 여성들에게 그것은 진정한 혁명이었다. 그리고 이 혁명이 전적으로 마오 주석 덕분은 아니었다. 비록 중국공산당 중앙위원회의 아내 구타 금지령이 결정적인 역할을 하기는 했지만, 그 성공을 보장해준 것은 중국여성연맹의 힘이었다. 1960년대 말의 여성운동으로 등장한 '의식 함양' 그룹의 선구적인 중국 여성들은 함께 모여 '고통을 공유'하면서 용기를 얻었다. 그럼으로써 남편들의 폭력에 맞서고, 낡은 악습을 포기하지 않으려 드는 남자들에게 (물리적 처벌까지도 불사하며) 도전할 힘을 얻었다. 한 체제를 타도하고 다른 체제로 넘어가는 일이 항상 여성들에게 그렇게 분명하고 즉각적인 이득을 주지는 못했다. 특히 시골 여성이나 도시 빈민층 여성의 삶은 끝없이 반복되는 출산과 생존을 위한 몸부림에서 한 발짝도 벗어나지 못했다.

여성의 삶을 진정 변화시킬 사건이 처음에는 막연하거나 무의미해 보이는 경우도 종종 있었다. 1955년 매사추세츠 주 우스터 생화학연구소의 한 미국인 연구원이 프로게스테론 타입의 스테로이드$^{역10)}$를 분리하는 데 성공했다고 발표했다. 일반 여성들은 그 사실을 알지도 못했고 신경 쓰지도 않았다. 그러나 그레고리 핀커스가 발견한 것은 사실상 유전과학의 '현자의 돌', 수세기 동안 꿈꾸어오던 소망을 현실로 바꿔놓을 힘을 가진 것이었다. 핀커스가 발견한 프로게스테론 활성 호르몬을 복용하면 배란이 억제되었다. 이처럼 자연스럽게 등장한 화학성분들을 손쉽게 조합하여 마침내 아무런 축포도 없이 '경구 피임약'이 등장하였다. 하지만 그 효과는 당대의 다른 혁명들만큼 많은 생명에 영향을 미쳤다.

1955년 도쿄에서 열린 실험 연구자들의 학회에서 핀커스는 자신이 발견한 것을 발표했다. 그 자체가 의미심장한 변화의 순간이었다. 거기에 또 하나의 전혀 예기치 못한 성과가 가세했다. 자궁 내 피임장치가 새롭게 재등장한 것이다. 처음에 이 기구는 1920~1930년대까지 진행된 독일과 이스라엘의 실험을 통해 개발되었다. 이 실험은 훨씬 더 오래된 의료지식에 기반을 둔 것이었다. 인도에서는 아무리 무식한 노파도 콩껍질이나 바닐라 넝쿨이나 말린 감초 뿌리를 질 속으로 집어넣어 자궁 안에 밀어 넣을 수만 있다면 임신하지 않는다는 사실을 알고 있었다. 그러나 초기 도구들의 효과는 실망스러웠고 피해도 막심했다. 그런데 과학기술은 그런 도구를 안전하게 자궁 안으로 집어넣게 했을 뿐 아니라, 골반염증으로 자궁을 손상시키지 않는 물질도 개발해냈다. 바로

역10) 호르몬성 화학물질.

그 직전에 혁신적인 무선장치를 개발하는 데 성공한 일본인들이 피임법을 트랜지스터화하는 데도 성공한 것이다. 이제 흔히 '코일[역11]'이라 불리는 장치, 영구적인 소형 플라스틱 장치를 자궁에 삽입하기만 하면 확실하게 임신을 피할 수 있게 되었다.

15년 사이에 2천만 명 이상의 여성들이 경구 피임약을 사용하게 되었고, 1천만 명 이상의 여성들이 코일을 사용하게 되었다.[11] 왜 여성들이 이런 새로운 피임법을 그토록 많이, 그토록 급속하게 받아들였는지는 쉽게 이해할 수 있다. 이가 처음으로 날 때 경험하는 정도의 성가심을 겪긴 하겠지만, 둘 다 기존 기구들과 비교할 때 어마어마하게 높은 성공률을 보인 것이다. 게다가 성기를 덮는 방식과 달리 여성이 전적으로 혼자 통제할 수 있다는 장점도 있었다. 이제 아내들은 남편이 **혹시** '그의 쾌락을 망쳐놓을' '그런 것'을 받아들이지 않을까 봐 눈치를 볼 필요도 없게 되었고, **혹시** 그가 그것을 제대로 착용할 수 있을지 궁금해 하면서 누워 있을 필요도 없게 되었다.

고무 피임구와 달리 경구 피임약과 자궁 내 피임장치에는 또 다른 장점이 있었다. 그것은 하루 24시간, 1년 내내 유효하다는 점이었다. 고무 피임구는 정자를 죽이는 젤리를 바르는 추가 노력이 필요하기도 했고, 무엇보다 섹스를 미리 예측하거나 계획해야 했기에 불편한 감정을 일으켰다. 하지만 이제는 자연스러운 열정이라는 낭만적 신화에 사로잡혀서든, 가부장제의 이중 규범에 의해 생겨나는 위선적인 욕구 때문

역11) IUD, 즉 자궁 내 피임장치를 흔히 코일이나 루프라고 부른다.

이든, 여성들은 직접 피임도구를 건드리지 않을 수 있게 되었다. 피임기구가 생식 기능에서 섹스를 분리했다면, 이제 새로운 과학기술은 섹스에서 피임기구를 분리하였다.

이로써 유사 이래 항상 인류와 함께해온 문제가 다시 대두되었다. 남성과 여성 사이의 길고 긴 전쟁을 야기한 문제, 심지어 부부 사이에도 성 전쟁을 일으킨 문제, 즉 '누가 여자의 몸을 통제할 것인가?' 하는 문제였다. 서구사회는 역사상 유례를 찾을 수 없는 상황, 예전에는 상상도 할 수 없었을 신성모독 상황에 직면해 있었다. 이제 여자들도 정확히 남자들이 늘 해오던 바로 그 방식으로, 다시 말해 아무 생각 없이, 마음대로, 사전계획 없이, (아마도 모든 것 중 가장 나쁜 상황인데) **그에 뒤따르는 결과를 걱정할 필요도 없이** 섹스를 즐길 수 있게 된 것이다. 그리하여 1960년대에는 낙태를 규제하는 서구 법률의 제약에서 벗어나고자 하는 새로운 국면에 접어들었다.

낙태의 역사는 그 자체로 여성의 몸에 대한 사회적·법적 통제가 아주 최근까지도 여성들의 필요보다 가부장제의 요구와 편집증을 **항상** 반영해왔음을 집약적으로 보여준다. 영국에서는 1939년까지도 버켓 경이 의장직을 맡았던 정부위원회에서 출산율을 높이기 위해 여성들의 출산을 관리하는 것이 국가의 권리임을 새삼 강조했다. 따라서 개인의 자율성이 **법적인** 권리로 인정되면서 국가가 **정치적 이해관계**에 따라 행사하던 통제권을 상실하자 서구사회는 큰 변화를 겪게 되었다.

로마 가톨릭의 전통이 강한 국가에서는 낙태가 불법일 뿐 아니라 상상할 수도 없는 문제였기에 극심한 갈등을 겪었고, 분쟁과 적대행위가 끝도 없이 이어졌다. 그럼에도 성공할 수 있었던 것은 다른 경우와 마찬가지로 페미니스트들의 굳게 결속된 행동 덕분이었다. 아일랜드에서는 많은 여성들이 피임기구를 사기 위해 더블린에서 벨파스트(아일랜드 북부에 있지만 영국의 일부로 영국법의 적용을 받는 곳이었다)까지 단체로 여행했다. 그들이 탄 '피임열차'가 더블린으로 돌아오자 군중들이 지지의 환호를 보냈고, 세관 직원들도 불법 수입품을 못 본 체했다. 프랑스에서는 시몬 드 보부아르같이 널리 알려진 여성인사들까지 합세하여 서명한 〈343인의 선언〉을 유포하였다. 서명에 참가한 여성들이 모두 불법 낙태수술을 받은 적이 있음을 인정하면서, 낙태를 불법으로 기소하는 당국에 이의를 제기하는 문서였다. 곧 이어서 낙태를 지지하는 단체 '슈아지르(선택하다)'가 등장했다. 알제리의 반체제운동가 자밀라 부파샤가 부당하게 고문당하자, 이를 항의하는 캠페인을 펼친 변호사 지젤 알리미가 설립한 단체였다. 1974년 시몬 베이유는 슈아지르의 캠페인을 피임과 낙태에 관한 획기적인 법안으로 발전시켰고, 프랑스 의회에 상정하여 통과되었다.

1970년대 말에는 대서양 양쪽에서 핵심적인 법적 결정이 내려졌고, 사태는 유럽과 미국의 여성들에게 유리한 방향으로 역전되었다. 1973년 미연방 최고법원은 "사생활을 가질 개인의 권리에 낙태를 결정할 권리도 포함한다."라고 선언했고, 후에 획기적인 판결문을 통해 이런 입장을 재확인했다.

육체적으로 아이를 임신하는 것은 여성이고, 여성이 임신으로 더

직접적이고 즉각적인 영향을 받는 만큼, 두 사람(부친과 모친) 중
에서 여성의 의견 쪽에 더 비중을 둔다.[12]

영국에서도 1981년에 유사한 판결이 내려졌고 유럽재판소에 상고하
여 재차 확인되었다. 이 판결문에서 영국 법정은 한 걸음 더 나아가 영
국의 법이 "임신 중절과 관련해서 아버지 쪽에는 의견을 제시할 권리
를 주지 않는다."라고 선언했다.

아버지에게는 권리를 주지 않는다고? 여성들은 '내 몸은 나의 것'이
라고 외쳤고 이제 법정의 지지를 얻게 되었다. 어떻게 이런 일이 가능
했을까? 그것은 여성들이 거의 20년 동안 유례없이 격렬하게 페미니즘
운동에 투신한 덕분이었다. 산업사회의 여전사들은 참정권 운동에 성
공했다고 하늘 같은 주인님에게 감사하는 마음으로 꾸벅거리며 슬그
머니 가정으로 돌아가지 않았다. 평생을 행동주의자로 활동한 도라 러
셀(Dora Russell)은 데일 스펜더에게 "이 세기에는 여성운동이 그치지 않
았다!"라고 말했다. 또한 두 번의 세계대전 사이에 지극히 중요한 페미
니즘 문헌이 출간되었다. 그것은 여성을 억압하는 함정들을 눈부시게
분석한 시몬 드 보부아르의 『제2의 성』(1949)이다.

여성은 역사책에서도, 당대의 경험을 기록한 문헌들에서도 늘 부재
했다. 남자들은 직업이나 공식적인 활동을 통해 서로 활발하게 접촉하
고 자신을 발전시킬 계기를 얻을 수 있었지만 여자들은 그런 기회에서
도 배제되었다. 전통적으로 여성의 가시적이고 지속적인 정치활동이
받아들여진 적도 없었다. 단지 끊임없이 새로운 모습으로 위장하지만

변함없이 남성의 권력과 특권을 유지해온 가부장들은 필연적인 결점 탓에 다음 세대의 반항을 양산할 수밖에 없었고, 바로 그때 여성들은 과거를 돌아보면서 자신들의 결속된 힘과 그들 나름의 정치적 역사를 발견했다. 하지만 그때마다 모든 것이 다시 발견되고 다시 만들어져야 했다. 여자들이 결코 성공할 수 없으리라는 남자들의 뻔뻔한 확신에 맞서야 하는 상황 역시 언제나 같았다. 여성 억압의 현실 자체가 너무나 강력하게 부정되어 그런 억압에서 비롯되었을 게 분명한 부정적인 감정이 각각의 여성들에게 '이름 없는 문제'[역12]가 되어버릴 정도였다.

현대 페미니즘의 어머니 베티 프리단은 1963년에 『여성의 신비』를 출간했다. 그 책은 참정권 투쟁 이후 힘겨운 국면에 접어든 여성운동의 상황을 보여주는 유명한 단락으로 시작한다.

> 20세기 중반 미국 여성들은 기이한 동요와 불만, 안타까운 열망을 경험하고 있었다. 교외에 사는 부유한 주부들은 제각기 나름으로 이 문제와 싸웠다. 침대를 정돈할 때, 시장을 볼 때, 소파 덮개를 고를 때, 아이들과 땅콩버터 샌드위치를 먹을 때, 아이들을 차에 태워 소년단이나 소녀단 모임에 데려다 줄 때, 밤에 남편 옆에 누웠을 때, 소리도 없이 저절로 일어나는 "이게 전부란 말인가?" 하는 질문을 자신에게조차 하기를 두려워했다.[13]

역12) 1950~1960년대 미국 여성들이 느끼던, 몰려드는 불안을 지칭하기 위해 베티 프리단이 사용한 용어.

베티 프리단의 업적은 행복한 가정주부의 신화를 단숨에 산산조각 내어버린 데 있다. 그 덕분에 여성들은 자신을 '가정세계'에 감금하는 사탕 철창을 부수고 나와 좌절감과 분노를 공유하게 되었다. 같은 시기에 또 다른 이유로 강력한 분노가 솟아오르고 있었다. 1960년대에 급진적이고 정치의식이 확고한 젊은 여성들은 인종차별과 베트남 전쟁에 반대하는 투쟁에 뛰어들었다. 하지만 그들은 '혁명적' 운동권 내부에서도 '남자들이 행진을 이끌고 연설하는 동안, 여성 동지들은 봉투에 풀칠하면서 귀를 기울이기를 바란다'는 사실을 깨달았다. 흑인 지도자 스토클리 카마이클은 학생운동에서 여성의 유일한 역할은 '남자를 위해 눕는 일'이라고까지 했다. 이 말을 들은 여성 활동가들은 점령된 베트남인들보다 더 해방이 필요하며 흑인들보다 더 억압받는 종속계급이 있음을 깨달았다. 그 계급은 바로 그들 자신이었다. 여성들의 분노가 폭발했고 행동으로 이어졌다.

1966년 프리단을 회장으로 전미여성기구 결성.

1969년 '오랜 세월 망각과 신비에 싸여 있던 클리토리스를 드러냈으며, 이후 여성의 성욕을 제대로 알리는 함성으로 활용된 (앤) 코트의 획기적인 논문 「질 오르가슴의 신화」 발표.[14]

1970년 케이트 밀렛『성의 정치학』, 저메인 그리어『여자환관』, 슐라미스 파이어스톤『성의 변증법: 여성해방혁명의 경우』 출간.

영국에서 전영여성해방회의 첫 개최.

1971년 전미여성정치간부회의 결성.

1973년 국제 페미니스트 의회 소집.

1975년 국제연합의 여성권리 10년.

1960~1980년대 법률 개혁, 평등한 기회를 보장하는 법안 제정, 산업사
회 전반에서의 적극적인 활동 등을 위한 다양한 프로그램.

새로운 여성운동은 혼란스럽고 불확실한 상황에서 출발했지만, 여
성들만이 아니라 개별 남성들과 정부 차원의 지지를 받아 정치적으로
강력한 힘을 행사할 수 있었다. 항의할 때의 태도가 달라지고 새로운
차원에서 문제를 해석함으로써 여성운동은 권위와 진정성을 획득했
고, 단순히 주목해달라고 요청하는 데 머물지 않고 명령할 수 있게 되
었다.

> 여성은 억압받는 계급이다. …… 우리는 성적 대상으로, 번식의 도
> 구로, 가정의 노예로, 값싼 노동자로 착취되고 있다. …… 우리의
> 행동은 물리적 폭력의 위협으로 더욱더 제약받고 있다. **그동안 우
> 리를 억압하는 자들과는 너무 친밀하게, 우리 여성들끼리는 너무
> 동떨어져서 살아온 탓에 우리의 개인적인 고통을 정치적 상황으
> 로 파악할 수 없었기 때문이다.** [15]

이제 뛰어난 통찰력으로, 독창적이면서도 이해하고 나면 부인할 수
없는 진실을 간파하게 되었다. 바로 이 진실에서 **개인적인 것은 정치적
인 것**이라는, 새로운 여성운동의 최강 구호가 등장한다. 많은 여성이

처음으로 그들의 적은 교회 · 국가 · 법률 · 정부가 아니라 달리 있었다는 생각을 하게 되었다. 그 적은 이 모든 것의 발단이 되는 주체이자 대표인 자, 함께 침대에 드는 남자, 바로 그 또는 '그들'이었다.

수백만의 여성이 이것을 자기들이 평생 기다려온 주장으로 받아들였다. 사회현실에 대한 설명은 결국 그들의 개인적인 경험을 설명해주는 것이기도 했다. 어떤 여성들에게는 미래의 진행 상황이 명백해 보였다. 만일 페미니즘의 구호를 전면에 내세울 수 있고 개인적인 문제를 정치적인 것으로 만들 수 있다면, 여성들은 최소한 과거에 여성에게 불리했던 형세의 일부라도 되돌릴 수 있을 것이었다. 세계적으로 여성들이 정치와 권력 무대에 등장하는 일은 산발적이고 느렸다. 1960년에 스리랑카에서 시리마보 반다라나이케가 세계 최초의 여성 총리가 되었을 때만 해도 그 일이 앞으로 일어날 놀라운 전조로 보이지 않았다. 그러나 그녀의 총리 임관은 여성 정치가라는 새로운 인종이 등장할 조짐이었다. 그들은 강인하고 유능하고 공직을 열망하는 여성들이며, 무엇보다 "평생 무대 뒤에서만 춤춰야 하는 사람은 없다."라는 미국인 질 존스턴의 명언을 온몸으로 입증하는 존재다.

전적으로 남성들의 활동영역이던 정치권력의 무대에서 여성이 춤추는 일은 그 자체만으로도 재치 있는 발놀림과 감정적 · 육체적으로 어마어마한 지구력이 필요하다. 천년이라는 영국 의회 역사상 최초로 여성 하원의원으로 선출된 낸시 애스터는 그 후 6개월간의 생활을 '생지옥'이라고 표현했다. 심지어 대부분의 나라에서는 선거에 입후보할 권리를 얻는 일만으로도 지옥을 겪어야 했다. 1849년 프랑스의 사회주의자 잔 데루앙은 국민의회 선거에 최초의 여성 후보자로 입후보했다. 프랑스에서 여성에게 허용되는 공직이 우체국장과 학교 선생님 자리밖에 없던 시절이었다. 결국 그녀는 온갖 비웃음과 박해를 받았다. 하지만 여성들은 자신에게 가해지는 제약을 꿋꿋하게 거부하면서 끈질기게 입후보를 시도했다. 빅토리아 클라플린 우두헐은 1872년에 미국 역사상 최초로 대통령 선거에 출마했다. 여동생과 함께 미국 최초로 여성 전문가로 구성된 주식 중개업소를 열기도 한 다재다능한 우드헐은 시대를 너무 앞서가서 전국적인 스캔들과 비웃음거리가 되었다.

그러나 우드헐의 대담한 도전이 있은 후 한 세기도 지나기 전에 아주 보수적인 나라에서도 매년 '최초의' 여성이 등장했다. 전에는 남자들만 차지하던 지위를 여자들이 차지하기 시작한 것이다. 1966년 인디라 간디가 인도 최초의 여성 총리가 되었다. 1969년에는 골다 메이어가 가부장들의 본거지 이스라엘에서 승리를 거두었다. 1974년 엘리너 그라소는 미국 최초의 여성 주지사가 되었고, 같은 해 프랑스에서는 새로 보건부 장관에 임명된 시몬 베이유가 낙태 개혁 법안을 의회에서 통과시키는 데 성공했다. 1979년에는 파키스탄의 베나지르 부토, 중국의 하오젠슈, 영국의 마거릿 대처가 권력을 쥐었다. 1980년에는 비그디스 핀보가도티르가 아이슬란드 최초의 여성 대통령이 되었다. 1984년에는 뉴욕의 제럴딘 페라로가 미국 부대통령 후보가 되었다. 만일 선거에서 이겼다면 그녀는 서구에서 가장 강력한 권력을 행사할 수 있는 지위에서 한 걸음밖에 떨어지지 않은 자리에 올랐을 것이다. 여성들의 이러한 성공은 전 세계적으로 지방정부나 중앙정부의 공직이나 내각 차원에서 계속되었다. "거대한 함성과 함께 여성들이 몰려오고 있다!"라고 한 미국 여성 사업가의 말을 실감하게 된다.

여성들은 남성들의 권력구조 안으로 확실하게 침투하는 데 성공했다. 하지만 모든 페미니스트가 이런 성공을 환영한 것은 아니었다. 분리주의자들은 남성들의 조직이 본질적으로 아무런 변화도 없이 수월하게 여성들을 흡수하는 것에 문제를 제기했다. 미국의 흑인 시인 오드리 로드(Audre Lorde)의 표현대로 "주인의 도구는 결코 주인의 집을 부수지 않을 것"이기 때문이다. 남성과 여성은 서로 다를 뿐 아니라 **대립되는** 정치적 요구와 필요가 있다는 신념이 증대하면서 여성들로만 구성된 정당이나 집단이 불에 기름을 부은 것처럼 증가하였다. 그들은 여성과 관련된 문제를 다루고 투쟁운동을 펼쳤다. 근대 페미니즘이 1960년대에 다시 태어난 이후 수십 년 동안, 오래되었지만 정체가 불분명한 사회문제들(종종 그것은 여성들의 문제였기 때문에 불분명한 상태로 남았다)에 대한 급진적이고 새로운 접근이 시도되었다. 여성보호센터나 강간구조센터의 설립은 그런 맥락에서 이해할 수 있다.

자원보호나 '녹색' 문제 역시 여성들의 정치활동에서 중요한 비중을 차지하는 안건이다. 역사학자 아모리 드 리앙쿠르가 기록했듯, "이 세상의 보금자리를 더럽힌 서양 남자들은 이제 어머니 대지의 분노한 영혼과 싸워야 한다. 어머니 대지는 천의 얼굴을 가진 여신 칼리처럼 안정된 문명을 낳는 자인 동시에 경우에 따라서는 격분하여 대변혁을 부르는 자이기도 하다."[16] 영국 남부의 그리넘 커먼에 있는 여성평화 캠프는 세계에서 가장 오래 지속된 평화운동 캠프다. 이 캠프의 모태는

'대지에서 살아 있는 여성' 행진의 감동적인 정신이었다. 여성들의 캠프는 핵미사일 기지의 미국 점령군들, 영국 법원, 지역경찰, 난폭한 폭력배들, 영국 타블로이드판 언론의 폭로 등 지속적인 공격을 받았지만, 10년이 넘도록 계속 유지되면서 여성평화운동의 살아 있는 화신으로 남았다.

오, 자매들이여, 와서 당신이 가진 모든 것을 위해 노래하라.
팔은 서로 팔짱을 끼라고 만들어진 것,
자매여, 대지를 위해 싸우자.

대지는 여전히 지켜져야 하기 때문이다. 여성에 대한 더 심각한 불공평은 대부분 제거된 상황이어서 남아 있는 문제에 관심을 집중할 수 있게 되었다. 하지만 20세기 후반의 페미니즘이 한 줌도 채 안 될 최초의 눈부신 승리에 도취한 것도 잠시, 그들은 아무리 모든 전투에서 승리한다 해도 적들이 다른 곳에서 다시 뭉친다는 사실을 깨달았다. 새로운 억압이 등장한 것이다. 그것은 이전의 억압들과 마찬가지로 뿌리가 너무 깊어 제거하기 힘들 뿐만 아니라 그 존재를 파악하는 일조차 힘든 종류였다. 어찌 보면 이전의 억압은 더 근본적인 불평등의 징후이자 표현에 불과했는지도 모른다. 반복된 실망으로 예민해진 역사 감각을 갖게 된 여성들은 자기들의 투쟁에 본질적으로 반복적인 성격이 있음을 알게 되었다. 또한 그들이 권리와 자유를 얻어낼 수 있게 해준 **바로 그 환경**이 그토록 고통스럽게 얻어낸 권리와 자유를 훼손할 수 있다는 사실도 이해하게 되었다.

여성들이 진보를 이룬 시기는 사회적 변화기였다. 오랫동안 안정적으로 확립되어 있던 권력구조가 방향을 전환하고 균열을 보이던 시기였기에, 여성들이 (그리고 전에는 소외되었던 다른 계층도) 전에는 그들을 거부하던 체제 안으로 침투할 수 있었다. 따라서 여성이 공직이나 직업 세계에 대거 진출하는 일은 격변의 시대에 일어났다. 최전방의 여성들은 총을 쏘며 싸우고, 이주하여 정착한 여성들은 사업을 하고 도시에 직장을 얻거나 노동조합에 뛰어들었다. 1960년대 이후의 해방운동은 여성의 노동참여 인구를 증가시켰던(영국에서 여성의 노동참여율은 47%에 달했다) 세계적인 경기침체가 낳은 또 하나의 산물이었다. 많은 여성들이 1차 세계대전 때 그랬듯이 먼지떨이를 내던지고서 다시는 '집안일'로 돌아가지 않겠다고 맹세했다.

하지만 그들은 되돌아갔다. 집안일은 곧 다른 이름으로 불렸고, 양차 세계대전으로 기술자나 숙련된 일꾼으로 부상했던 여성들은 모두 가정으로 돌려보내졌다. **당시에는** 여성이 일을 하고 차를 몰고 아이들을 탁아소와 보육원에 맡기는 것이 극히 중요하게 여겨졌다. 하지만 이런 해방의 기세는 곧 위기 상황에서 어쩔 수 없는 조치로 간주되었다. 게다가 당시에 만연하던 불안, 불만족, 공포의 분위기는 사실 더 큰 위기에서 비롯된 것이었음에도 여성이 직업을 가지거나 가정에 머물지 않게 된 상황을 탓하기 시작했다. 변화 앞에서 느끼는 위기의 감정이 여성들과 결부되다 보니 결국 여성들이 그 위기의 **원인**이라는 인식이 생긴 것이다. 남성들만이 아니라 여성들조차 이런 긴장과 불만, 그런 감정의 원인이라는 책임감이 새로운 자유를 위한 대가로는 너무 크다는 생각을 하게 되었다.

여성이 자유를 얻고 진보하는 것에 대한 불만은 사실상 수백 년이 넘도록 늘 존재해온 뿌리 깊은 것이다.

· 남자들은 일자리를 구하지 못하는데 여자들이 일을 하고 있다 ('남자들의 일자리를 뺏는다').
· 여자들이 가정에 고립되어 있던 상황에서 벗어나 공장이나 다른 집단 속에서 다른 여성들과 연대감을 키우고 있다.
· 여자들이 수중에 돈을 갖기 시작하면서 독립심이 생겼다.
· 여자들이 전에 누리던 가정 내의 특권 대신 공적인 권리를 갖게 되었다.
· 여자들이 (승마를 하고 사격을 하고 사업을 경영하는 등) '남자들의' 기술을 익힘으로써 남자들의 능력에 더는 존경심을 갖지 않게 되었고, 선두에서 이끌 남성의 절대적인 권리에 도전한다.
· 여자들이 '가정의 수호신' 역할을 던지고 다른 일을 하는 탓에 집안일이 엉망이 된다.

이런 생각의 배후에는 지극히 인간적인 욕구라 할 수 있는 과거로 되돌아가고 싶은 향수가 숨어 있다. "다시 정상적인 상황이 되면 모든 것이 좋아지겠지.", "이 추악한 전쟁만 끝나면……." 하는 식으로 말이다. 그러니 그동안 여성들이 애써 거둔 성과를 계속 유지할 수 없었던 까닭을 쉽게 이해할 수 있다. 가부장이 거의 비가시적이고 은밀하게 복권되고 있었던 것이다. 여성이 참정권 운동에서 승리한 지 50년이 지난 후, 그 운동에 참여했던 사람 하나가 탄식을 했다. "우리는 당신이 투표권을 가졌는데도 그로 인해 온전한 시민이 되지 못했다는 놀라운 사실을 깨달았다. 그건 소름끼치는 깨달음이었다."[17]

그것은 계속해서 반복되어야 하는 깨달음이기도 했다. 여성들은 항상 고통 속에서 저항하는 와중에 자유가 저절로 주어지지 않는다는 사실을 깨달아야 했다. 19세기에는 선거권과 교육, 여성들의 직업 참여에 거는 기대가 컸다. 1907년 국제사회주의여성동맹을 결성한 클라라 체트킨은 유럽의 혁명적인 투쟁에서 이 모든 문제를 중요하게 다루었고, 뛰어난 비판적 분석과 폭넓은 식견 덕분에 국제적으로 두각을 드러냈다.

체트킨은 모든 여성이 직업을 가지고 완전한 법적 평등을 이루기만 하면 자동적으로 정치적·사회적 여성해방이 이루어진다고 확신했다. 그녀 이전이나 이후에도 많은 여성이 그렇게 믿었다. 그러나 그들의 투쟁이 극에 달했을 때 여성 사회주의자들의 이상을 벽으로 몰아가는 비통한 사건이 발생했다. 체트킨의 친구이자 동지인 로자 룩셈부르크가 히파티아처럼 적대자들에게 붙잡혀 맞아 죽은 것이다. 체트킨도 룩셈부르크도 마르크스가 남자들을 위한 혁명에 쏟은 것과 같은 열정으로 여자들의 미래를 변화시켜주리라 믿지는 않았다. 게다가 러시아 여성들은 낙태와 이혼이 확대되면서 오히려 전보다 더 나쁜 상황에 처하게 되었다. 이제 그들은 남편의 성적 도구일 뿐 아니라 체제에 봉사하는 경제적 도구가 되었다. 온종일 노동을 강요당했고 **그에 더해** 밤에 '여가' 시간을 내서 자녀양육과 가사노동의 부담도 혼자서 짊어져야 했다.

생물학적으로 여자들이 더 장수하는 경향이 있음은 널리 알려진 사실이다. 하지만 19세기 말에서 20세기로 넘어갈 때 러시아 여성의 평균수명은 남성보다 2년 짧았다. 1960년대 초기에는 격차가 더 커져서 여성의 평균수명이 남성의 평균수명보다 **8년**이나 짧았다.[18] 그런 상황에서는 피할 수 없는 결과이기는 하다. 당의 정책은 새로 등장한 가부장들이 짜낼 수 있는 것 중에서 가장 케케묵은 성역할 개념을 채택하는 것이었고, 그 덕분에 이처럼 명백하게 부당한 노동분리 구조를 계속 유지할 수 있었다.

> 소년들은 학교에 다닐 때부터 적군에 복무할 준비를 해야 한다. 그들은 엄격한 군생활을 위해 몸을 단련하고 특별 군사훈련을 받는다. …… 소녀들은 어떻게 하느냐고? 그들은 커서 어머니가 될 사람들이다. 학교에서는 소녀들에게 인체와 생리학, 심리학, 교육학, 위생학 같은 특수한 지식을 가르쳐야 한다.[19]

이런 편향적인 성차별은 모든 사회구조에 깊이 뿌리 박혀 있다. 그것이 인간정신의 가장 깊숙한 곳에서 계속해서 자라고 있기 때문이다. 여성은 살아가면서 (전반적으로 사회가 제시하는) 두 가지 불행 중 하나를 선택할 수밖에 없는 입장에 놓인다. 즉 노동자/아내/어머니라는 가중

된 역할 속에서 이중 노동의 부담을 지고 살아가거나, 전업주부가 되어 인생의 절반을 상실감과 절망에 사로잡혀 살아가거나 둘 중 한쪽이다. 사실 두 대안 중에 선택의 여지는 별로 없다. 전업주부의 역할을 택하는 것이 산업사회 조직의 일원이자 월급노예가 되어 살아가는 것보다 자기 생활을 통제할 여지가 더 많아 한결 수월하게 보일 수도 있다. 하지만 이것은 환상이다. 집안일은 깨어 있는 시간을 모두 투자해도 끝나지 않는 특성이 있으며, 집안일을 하는 사람이 그 일에 대해 통제력을 갖는 경우도 거의 없거나 전혀 없다. 더구나 집안일의 가장 큰 특징이 '결코 일한 표시가 나지 않는' 데 있다.

샬럿 퍼킨스 길먼은 "가정에 남편이 필요한 것 이상으로 아내가 필요하지는 않다."라고 강하게 못 박았다. 그 후 많은 시간이 흘렀지만, 여성의 가사노동은 전혀 감소될 기미를 보이지 않았다. 19세기 중반부터 '후버 전기청소기', 세탁기, 냉장고, 식기세척기, 식품가공기구, 전자레인지 등이 실험실과 공장에서 속속 쏟아져 나왔다(가스레인지는 1841년에 영국에서 개발되었고, 전기는 1881년에 보급되었으며, 최초의 진공청소기는 1908년에 특허권을 얻었다). 하지만 이런 기계들은 **여자들이 요리하고 청소하고 가족을 돌보기 위해 들이는 시간에 아무 영향도 미치지 않았다.** 가사노동 자체가 더 복잡하고 많은 노력을 요하는 것으로 변해갔기 때문이다. 한쪽에서 절약된 시간은 다른 일을 하는 데 사용될 뿐이었고, 여자들은 멋진 신기술이 양산한 개선된 서비스에 대한 더 높은 기대치에 맞추기 위해 더 열심히 일해야 했다.

이론적인 측면에서 가사노동을 줄이거나 재규정하려는 제안들도 비슷한 실패에 봉착했다. 사회적 불평등이 가정에서 시작된다는 사실을 인식한 샬럿 퍼킨스 길먼은 가사노동 철폐를 제안했다. 그녀는 요리, 청소, 자녀양육 같은 노동이 사회 공동의 것이 되어야 하며, 가정은 휴식과 기분전환의 공간으로 남겨두고 가사노동은 다른 일들과 마찬가지로 남성과 여성이 함께 수행해야 한다고 주장했다. 하지만 남성들은 성별 분업을 종식하는 데 전혀 열의를 보이지 않았고, 그저 가사노동 기계를 더 많이 만들어내는 데만 노력을 기울였다. 하지만 그런 기계들은 여성들에게 추가 노동을 부가할 뿐이었고 제조업자들에게만 이득이 되었다.

게다가 20세기 후반에 가사노동을 돕는 기계들이 급속히 확산되면서 가사노동은 고립되고 기계적이며 소외된 활동이 되고 말았다. 그러자 가사노동의 덕을 보는 사람들은 물론이고 그것을 행하는 사람들의 눈에도 가사노동이 어찌할 수 없을 정도로 질 낮은 노동으로 비치게 되었다(1960년대 이후 주부들은 "난 가정주부에 불과해." 하는 식으로 자기를 비하하곤 했다). 월급도 받지 않고 집안일을 하는 노예가 된 '가정주부'는 과소평가되고, (광고주의 눈을 제외하고는) 잘 보이지도 않고 소외되고 멸시되었다. 서양에서 여성의 알코올 중독과 신경안정제 소비가 증가하고 있다는 지적에서도 알 수 있듯이 주부들이 자신을 계속 지탱하기 위해 약물에 의존하는 경우도 많아졌다.

한편, 마치 '가정주부'들이 하는 것은 일이 **아닌** 것처럼 이른바 '일하는 여성'이라 불리는 쪽은 직업적인 노동에 더해서 이 모든 무보수 노동을 수행한다. 게다가 직업적인 노동의 대가로 그들은 기껏해야 같은 일을 하는 남자들이 받는 임금의 4분의 3만 받는다. 세계 많은 곳에서 동등한 임금을 강제하는 법률이 제정되었지만 가장 군건하고 요지부동인 불공평에 극미한 효과를 주었을 뿐이다. 여성은 전 세계 공식 노동인구의 3분의 1을 차지한다. 하지만 그들이 받는 대가는 세계 수입의 10%에 불과하다. 여성은 세계 총자산의 1퍼센트에도 못 미치는 재산을 소유하고 있다.[20] 게다가 직장에서도 항상 낮은 직위에 머물며, 승진이나 높은 지위와 보상을 보장하는 업무를 맡을 통로도 거의 조직적으로 차단되어 있다. 대부분의 사회에서 많은 여성이 특정 직업에 종사한다는 사실만으로도 그 직업을 '여자들이 할 일'로 치부하면서 보수가 낮은 열악한 직종으로 간주한다. 바로 이런 다양한 요인 때문에 여자들은 상황을 개선하고 가족과 공동체 내에서 더 큰 영향력을 행사할 수 있는 결정적인 원천에서 배제된다.

하지만 서구 산업사회의 여성들은 직장에서 아주 훌륭하게 일을 해내고 있으며 앞으로 더 잘하고 싶다는 욕망이 있다. 그런 사실만으로도 상황이 상당히 향상되었음을 알 수 있다. 과거에는 최고 직종에서 여성을 배제하는 일이 전혀 문제가 되지 않았다. 그러나 이제는 자각하고 분노한 여성들이 권력의 회랑에 몰려들기 시작했고, 앞을 가로막는 장벽의 존재를 파악했을 뿐 아니라 그것을 깨부수는 작업을 하기 시작했다. 그런데 1970년대로 접어들면서 이러한 성과들이 주로 중산층 백인 여성에 의해, 그리고 그들을 위해 획득되었음이 점점 더 분명하게 드러나기 시작했다. 백인 페미니스트들이 유색 인종 여성들의 요구에 귀를 기울이려 했을 때조차, 흑인 여성들에게는 그들의 제의가 부적절하고 오만한 인종차별적인 선심으로 비치곤 했다. 흑인들은 오랜 억압의 역사 때문에 아무리 미묘한 억압의 뉘앙스라도 모두 예민하게 감지할 수 있었다. 흑인 여성들은 자기들을 해방운동에 참여시키려는 백인들의 시도에서 케케묵은 식민지 시대의 불쾌한 흔적을 보았다. 1971년 토니 모리슨이 발표한 논문 「흑인 여성들은 여성해방을 어떻게 생각하는가」는 이런 생각을 잘 요약해준다. "너무도 많은 운동이나 단체가 흑인들을 회원으로 끌어들이기 위해 부단히 노력해왔다. 그렇지만 결국 그들은 흑인 여성들을 이용했을 뿐이다. 흑인 여성들은 누군가 권력을 얻을 수 있도록, 그것도 교묘하게 흑인 여성들의 수중에 들어가지 않도록 만들어진 권력을 얻을 수 있도록 손을 내밀어 도와주는 일을 이제 사양한다."[21]

일부 흑인 여성 운동가들에게 페미니즘은 지엽적인 문제였다. 진짜 전쟁, 진짜 적인 인종차별주의에서 곁길로 나간 싸움에 불과하다는 것이다. 한편 벨 훅스처럼 다른 의견을 가진 여성들도 있었다. 그들은 서로 다른 다양한 형태의 억압들이 맞물린 상황을 포괄적으로 이해해야 한다고 주장했다. 백인 남성의 발아래에서 지배당하며 벌레 같은 처지에 놓인 모든 사람들이 서로 대립할 것이 아니라, 공동의 적에 대항해서 힘을 합해 함께 투쟁해야 한다는 것이다. 흑인 여성들의 주장은 아주 분명하다. 모든 여성이 여성 공동의 억압을 받고 있긴 하지만, 그 억압의 내용이 모두 동일하지는 않다는 것이다. 게다가 한 여성이 한 남성에게 귀속되거나 불평등한 생활방식에 매이는 관계나 상황, 감정적 고리들은 거미줄처럼 복잡하게 얽혀 있어서, 그 사회 외부에 있는 사람이 이를 파악하기란 불가능하진 않더라도 몹시 어려운 일이라는 것이다. 예를 들어, 미국에서 태어난 라코타족 여성이나 수족 여성들에게는 무인(武人) 사회의 **블로카**(남성 지배)에 복종하는 것이 가장 오랜 전통이다. 만일 그들이 미국 백인 여성들처럼 남성들에 대항하여 싸운다면, 이것은 그들의 통합된 자아를 손상하는 일이 된다. '미국 여성'이 되기 위해 '라코타 여성'이라는 '타고난 본질'의 일부를 거부해야 하기 때문이다.

인종차별주의가 성차별주의와 교차하는 곳에 위치하는 피해 여성들은 항상 이런 분열을 경험해야 했다. 미국 남부에서 신사는 늘 숙녀에게 자리를 양보했다. 하지만 '깜둥이'는 숙녀가 될 수 없었다(남부의 신사들은 흑인 여성이 온전한 여성이 아니라 '고등동물'의 한 종이라는 사실을 입증하는 다른 신사 과학자들의 책을 잔뜩 품고 있었다). 그런데 버스에서 흑인 여성이 백인 남성을 위해 자리를 포기하고 일어난다면,[역13] 그녀는 자신의 본질 절반을 부정하는 셈이다. 결국 한 여성이 그런 지나친 일은 받아들일 수 없다고 거부했다. 1955년 앨라배마 주 몽고메리에서 버스를 타고 있던 로자 파크스는 한 백인 남성이 자리를 비워달라고 요구했을 때 이를 거절했다. 그녀의 행동은 미국 남부에 흑인들의 버스 보이콧 운동이 확산되는 계기가 되었고, 그렇게 하여 흑인들의 시민권 운동이 시작되었다. 마틴 루터 킹 주니어는 심리적 노예근성을 벗어 던지기 시작했다고 격찬하면서 '기적이 일어났다'고 말했다. 이런 심리적

역13) 당시 미국 남부에서는 버스에 앉아 있던 흑인 여성이 백인 남성에게 자리를 양보해야 했다.

노예근성은 미처 깨닫기도 전에 공인된 종속관계를 유지시키던 물리적 속박을 대신하고 있었다.

다른 나라로 이주해서 살아가는 소수민족 집단들이 그곳에서는 문제가 되지만 '자기네 나라로 돌아가면 더 잘살 수 있을 것'이라는 생각은 인종차별주의의 고전적인 주장이다. 하지만 많은 여성들이 고국에서 경험한 내용은 이와 달랐다. 이란 여성들은 설령 고국에 자유가 찾아온다 해도 '지금 이곳의 우리를 위한 것은 아니'라고 했다. 강제적인 서구화를 시도하던 이란의 샤^{역14)}는 아야톨라 호메이니가 이끄는 이슬람 근본주의자들에게 밀려났다. 하지만 이런 변화 속에서도 여성에 대한 압제는 조금도 줄어들거나 멈추지 않았다. 오히려 종교적·정치적으로 서로 모순되는 것이 이란 여성들에게 강요되었다.

> 1978~1979년에 교육받은 여성들은 샤에 대한 저항의 표시로 차도르^{역15)}를 둘렀고, 아야톨라 호메이니는 국왕이 여성들에게 보인 태도를 비난했다. …… "국왕은 여성들이 성적 관심의 대상일 뿐이라고 선언한 셈이다. 이런 생각은 여성들을 매춘으로 이끌고 그들을 성의 도구로 전락시킨다."
> 이제 머리를 너무 많이 노출한 여성들은 '도덕심 보강을 위한 재교육'을 받기 위해 수용소로 보내진다. 샤는 자기 집안의 권력을

역14) 이란 왕의 칭호.

역15) 이슬람교 여성이 외출할 때 얼굴을 가리기 위해 착용하는, 전신을 덮는 망토 형태의 대형 천.

강화하기 위해 서구적 가치를 이용했을 뿐이며, 베일은 이에 대한 독립의 상징으로 간주된다. '헤잡(종교적으로 올바른 복장)'을 올바르게 착용하지 않는 일은 반혁명적이다.[22]

'이슬람교의 낭만적인 주장'을 공격하는 위의 글은 서구 남성이 쓴 것이지만, 이를 뒷받침할 만한 이란 여성들의 증언은 무수히 많다. 작가 마시드 아미르 샤히(Mashid Amir Shahi)는 여성이 "남성과 동등하지 않으면 생물학적·선천적·지적으로 열등하다."라는 호메이니의 계율을 공개적으로 공격했다. 그런 계율이 실생활에 어떻게 적용되었는지는 다음 증언으로 확인할 수 있다.

모든 여성에게 결혼식이 강요되었다. 정치활동을 하는 여성들은 고문과 강간을 당한 후에야 처형된다. 특히 젊은 여성들은 반드시 그랬다. 그들은 감옥에서 아홉 살 된 소녀들을 강간한다. 처녀를 처형하는 일은 신성모독이기 때문이다. 여성이 얼굴이나 머리를 제대로 덮지 않으면, 얼굴에 산(酸) 용액을 끼얹거나 머리카락을 불태우는 등 다양하고 끔찍한 폭행을 당했다. 이란에서는 여성이라는 사실만으로도 정치적인 범죄자에 해당한다.[23]

첩첩산중이다. …… 역사 속에서 여성이라는 사실은 자연에 위배되는 죄악이었고, 신을 모독하는 범죄행위였다. 이제는 거기에 더해 이데올로기적 일탈이 되었다. 이런 체제 아래에서 이데올로기의 규범에 감히 문제를 제기하는 여성은 '악마의 딸'에 속하는 것으로 간주되었다. 악마의 딸이란 신이 만든 남자들, 또는 남자들이 만든 신이 꼭 무찌르겠다고 결의한 적이다. 자기주장을 내세우고, 문제를 제기하고, 도전하는 여성들은 여성이 아니었다. 원래 여성은 남자를 즐겁게 하고 돕기 위해, 자신의 신과 주인을 사랑하고 섬기기 위해 만들어졌기 때문이다. 결국 여성이 그 외에 달리 어디 소용이 있겠는가?

여성을 이런 식으로 규정하는 밑바닥에는 여성다움에 대한 영원한 신화와 자기기만적인 남성의 영원히 충족될 수 없는 환상이 숨어 있다. 남자들에게는 모든 것이 지극히 간단했다. 여자는 남자를 위한 것이고, 여자들은 그 사실에 감사해야 한다는 것이다. 이런 터무니없는 요구가 제일 두드러지게 표현되고 제일 광범위하게 조성되는 곳, 그것은 20세기 꿈의 공장인 할리우드 영화산업이다. 할리우드는 특유의 악덕과 과도한 강박관념, 여성을 성적 대상으로만 간주하는 태도 덕분에 상업적 성공을 거둘 수 있었다. 물론 이제는 다른 대중매체에서도 그런 특성을 발견할 수 있다. 게다가 요즘은 광고가 서구 산업사회에서 성에 대한 상투적인 통념을 만들어내고 유지하는 데 최고로 기여하는 부문으로 올라섰다. 어쨌든 그 길을 개척한 것은 할리우드다. 아마 전후 세대가 남성과 여성, 사랑과 일에 대해 품은 생각 대부분이 할리우드판 꿈의 세계에서 비롯되었을 것이다.

불멸하는 은막의 마법을 통해 할리우드는 이 숨 막히는 세계에 무슨 말을 했을까? **이브에 관한 모든 것**을 알고 있던 남자들의 메시지는 무엇이었을까? 여자들은 어떻게 **오명**을 쓰게 되었고, **사이코**를 두려워하면서 얼마나 **킹콩**을 간절히 기다렸던가? 나쁜 여자와 착한 여자, 그냥 건드려보는 여자와 결혼할 여자, 하찮은 여자와 훌륭한 아내가 있을 뿐이었다. 국가를 탄생시킨 것도 남자다(여자들은 물이나 많이 끓여줘야 할 테지).[역16] 자매들이여, **신사는 금발을 좋아한다**는 걸 꼭 기억하라. 그리고 마침내 할리우드는 미국의 교회가 되었고, 그 영화 하나하나가 새로운 약속이 되었다. 어떻게 그런 일이 가능했는지는 알 수 없지만, 할리우드만큼 종교를 존중하기도 쉽지 않았을 것이다(**나사렛의 예수, 박스오피스가 되기 위해 태어난 남자**). 모든 할리우드 영화는 하나의 줄거리를 반복하고 있다. 그것은 이제껏 전해지던 것 중 가장 위대하고 가장 오래되었으며 가장 잔인하고 가장 바보 같은 이야기다. 바로 남자는 남자가 되기 위해 태어났다는 이야기다.

가장 미국적인 놀이터 할리우드에서는 남자가 항상 남자라는 사실을 다른 무엇도 흉내 낼 수 없는 방식으로 들려준다. 할리우드 영화 1세대 개척자들은 마지막 한 명까지 빠짐없이 철저한 가부장이었다. 그들의 정밀감시 속에서 돌려진 필름들이 하나씩 카메라를 떠날 때마다, 아버지 신들은 기쁨에 넘쳐 서로 얼싸안았을 것이다. 이제 여성을 열등한 '영역'에 붙잡아두기 위해 굳이 육체적으로 구속할 필요도, 잔혹한 법률을 만들 필요도, 교육과 직장과 사회 전반으로부터 배제할 필요도 없었기 때문이다. 생각해보라. 영화 한 편만 보여주면 그 모든 일을 잘

역16) 영화 「국가의 탄생」을 빗대서 하는 말이다.

해낼 수 있게 된 것이다. **그뿐인가.** 이제 여성들은 추방되면서도 행복해할 것이다.

20세기의 대중매체가 지배와 구속의 도구가 되어 여성의 예속을 영속적으로 유지하려는 가부장의 작업에 얼만큼 이바지했는가는 아직 충분히 인정되지 못했다. 그러나 할리우드 시나리오가 여자의 몸을 더듬고 훔쳐보는 관음증, 여성을 어머니/처녀/창녀로 분류하는, 정말 지치지도 않고 꾸준히 반복되는 케케묵은 여성관, '몸을 망친 소녀'에 대한 위협적인 경고의 힘을 빌어 아야톨라 호메이니의 '도덕경찰'에 버금가는 자랑스러운 위치를 차지하고 있음은 틀림없는 사실이다. 할리우드의 이상적인 시나리오는 여성들이 일렬종대를 이루어 정상적인 남자들이 아내 또는 자기 아이의 어머니에게 희망하는 모든 품성을 갖추도록 훈련한다.

현대적이라고 위장하는 대중매체 산업들은 사실 생식기를 이용해서 우리를 미래에서 뒷걸음질 치게 만들고 있다. 바로 이곳이 우리의 새로운 전쟁터다. 여성의 자유와 평등을 위한 투쟁이 벌어질 새로운 활동무대인 것이다. 수천 년간 이어진 인류문명은 자연, 생물학, 종교, 심리학, 두뇌의 크기, 여성의 정신능력에 기반을 두고 여성의 열등함을 주장해왔다. 하지만 여성들은 읽고, 돈을 소유하고, 투표권을 가질 권리를 위해 저항해왔고, 억압들이 하나씩 제거되기 시작했다. 그 덕분에 아직 남아 있는 억압들 역시 '천부적'이고 필연적인 것은 아니라는 인식이 확산되었다. 그런데 가장 밑바닥에 깔린 근원적인 억압의 양식도 조금씩 변화하였다. 지금까지의 투쟁으로 얻은 성과를 축소하기 위해 이런 말을 하는 것이 결코 아니다. 단지 전 세계의 페미니스트들은 이제 더 근원적인 투쟁에 당면하고 있으며, 세계를 변화시키는 일은 생각보다 더 많은 시간이 걸린다는 사실을 강조하려는 것이다.

어쩌면 그것은 현대사회 전체를 개조하는 어마어마한 일이 될 수도 있다. **지금까지 진행된 민주주의적인 시도나 혁명, 평등을 외치는 요구는 모두 남녀평등을 이루기 전에 중단되고 말았다.** 모든 사회는 나름대로 자부하는 구조 안에서 치밀하게 상호 작용하는 지배 규범을 갖추고 있다. 그런데 시대와 장소를 불문하고 이 지배 규범들은 항상 남성을 여성보다 더 높게 평가해왔다. 성별 분업은 오랜 역사를 가지고 있으며, 그 덕분에 사회는 만만치 않은 이득과 권력을 얻었다. 성별 노동 분업 없이도 성공적으로 운영해나갈 수 있는 사회는 세상에 없다. 마찬가지로 여성이 남성과 똑같은 권리나 특권, 기회와 여가시간을 누리는 곳도 세상에 없다. 세계 곳곳에서 남성은 여전히 여성이 권력과 정부, 자유, 심지어 다른 여성들에게 접근할 통로까지 가로막고 있다.

이런 상황은 끝이 없으며 그 자체로 여성들의 역사를 구성한다. 만들어내는 데 그토록 오랜 시간이 걸렸지만, 어떤 의미에서는 지금 막 시작되었다 해도 과언이 아니다. 여성은 단순히 생존을 위해서만이 아니라 투쟁의 의미를 얻기 위해서도 항상 싸워왔다. 그리고 이제, 그들은 단순히 새로운 정의(定義)를 얻기 위해서만이 아니라 **정의할 권리** 자체를 갖기 위해 조직적으로 단결하고, 집단을 형성하고, 앞으로 나아간다. 거다 러너는 "지배조직이 제거되고 남성과 여성이 평등하게 정의를 공유하게 될 때" 역사가 어떻게 기록될 것인지를 알고 싶어 했다. 그녀가 그리는 미래상에 따르면 "우리는 툭 트인 하늘 아래에서 그저 걸음을 재촉"하지 않을까 싶다.

이제 우리는 남성이 인간의 척도가 아니라 남성과 여성이 다 같이 그러하다는 사실을 안다. 남자들이 세계의 중심이 아니라 남성과 여성이 중심이다. 이런 깨달음은, 지구가 우주의 중심이 아니라는 코페르니쿠스의 발견만큼이나 결정적으로 의식을 변화시킬 것이다.[24]

문제는 새로운 여성에게는 새로운 남성이 필요하다는 데 있다. 그녀는 과거에 그토록 많은 여성들이 범한 오류, 즉 그만을 믿고 자신의 자유와 미래를 모두 내맡기는 오류를 결코 반복하지 않을 것이다. 자기발견과 자신감에 도달한 여성들의 새로운 기상은 페미니즘 이론만이 아니라 대중음악을 포함한 모든 부문에 스며들어 있다. 헬렌 레디(Helen Reddy)의 노랫말에서도 그 사실을 엿볼 수 있다.

나는 여자다, 내 함성을 들어라.
무시할 수 없을 정도로 크게 울려 퍼지는 함성,
이제 나는 너무 많은 것을 알게 되어 예전처럼 흉내만 낼 순 없다.
오래전부터 그 함성을 들어왔지.
나는 맨 밑바닥까지 내려갔다.
아무도 결코 다시는 나를 억누를 수 없으리…….

나는 여자다, 내가 자라는 모습을 보아라.

내가 발끝으로 서는 것을 보아라.

나는 아름다운 양팔로 대지를 감싼다.

그러나 내 형제에게 깨달음을 줄 때까지는

나는 여전히 어린아이에 불과하다.

앞으로 가야 할 길이 아주 많이 남은……

내가 해야 하는 일이라면 뭐든지 할 수 있다.

나는 강하다.

나는 천하무적이다.

난 여자다!

여성은 가장 오래된 진실을 분명하고 확고하게 인식함으로써 새로운 힘을 얻었다. 그 진실은 젊은 흑인 페미니스트들이 정확하게 지적한다. "우리의 상황을 염려하여 지속적으로 우리의 해방을 위해 노력할 사람은 우리 자신밖에 없다. 우리의 정책은 자기 자신과 자매들, 우리의 공동체에 대한 건강한 사랑에서 출발한다. 이 사랑이야말로 우리의 투쟁과 노력을 지속되게 하는 힘이다."[25] 사랑, 투쟁, 일, 이것이야말로 세계 여성들의 과거와 미래, 즉 역사다. 지금 상황에서 미래에 대해 가장 확실하게 단언할 수 있는 게 있다면, 그건 바로 그 같은 사랑과 투쟁과 일이 계속될 것이라는 사실이다. 알프레드 아들러(Alfred Adler)는 이것이야말로 유일하며 불가피한 의무라고 보았다.

이 위대한 운동노선은 어떤 이름으로 불리든 간에 인간이 존재하는 한 늘 계속될 것이다. 그것은 열등한 지위에서 좀 더 나은 지위로, 패배에서 승리로, 아래쪽에서 위쪽으로 오르기 위한 투쟁이다.

옮긴이의 글

나는 인류에게 역사가 필요하다고 믿는다.
개인에게 꿈이 중요하듯, 역사는 사회에서 없어서는 안 될 존재다.
꿈을 꾸지 않는다면 아마 우리는 미치고 말 것이다.
꿈은 정신을 맑게 하며, 비밀을 가르쳐주고,
우리에게 자신이 누구인지 가르쳐준다.
이야기와 역사는 집단적 차원에서 꿈과 동일한 효과를 지닌다.
— 이사벨 아옌데

　나는 역사가 싫었다. 아니, 정확하게 말해서 '역사책'이 싫었다. 내가 알고 있는 역사는 남자들이 시작하고 이끌어온 역사, 여자들은 들러리 역할도 제대로 허용받지 못하고 밀려나는 역사였기 때문이다. 아옌데의 말처럼 역사는 집단 차원에서 자신이 누구인지, 자신의 자리가 어떤 것인지 가르쳐주는 역할을 한다. 그런데 기존 역사책에서 얻을 수 있는 것이 패배감과 소외감 섞인 자기확인밖에 없다면 차라리 더는 역사책을 읽지 않는 게 낫겠다고 생각한 적도 있다. 하지만 인간이 꿈을 꾸지 않고 살 수 없는 것처럼 역사를 부정하고 살아갈 수는 없는 노릇이다.

　여성을 중심으로 세계사를 다시 기술한 『세계 여성의 역사』를 처음 접했을 때 몹시 반가운 마음으로 손에 든 까닭도 그래서였다. 하지만 막상 책을 앞에 두고도 책장을 넘기기가 두려워 한참을 망설인 기억이 난다. 여성을 중심으로 본 세계사라니 그렇지 않겠는가. 내가 아는 한 그것은 배신과 전락, 수난과 고통의 역사일 수밖에 없었다. 그러나 한 장 한 장 책을 읽어가면서 여성의 역사가 반드시 피해자의 역사일 필요는 없음을 알게 되었다. 이 책은 시종일관 '인류 역사의 중심에 여성도 있었다' 라는 사실을 정말이지 집요할 정도로 강조하기 때문이다. 이 당연하고도 단순한 진실을 전하기 위해 저자는 선사시대에서 현대에 이르기까지 우리에게 알려진 역사적 사건의 이면을 들추어내고, 편파적이고 편협한 관점을 바로잡고, 그동안 의식적·무의식적으로 무시되고 삭제된 사료를 역사의 장으로 다시 불러들이는 방대한 작업을 하고 있다.

비록 모든 점에서 균등하고 보편적인 '여성집단' 은 존재하지 않을지라도(사실 이건 '인류' 나 '인간' 의 경우도 마찬가지다), 우리가 개인적으로 갖는 경험들을 '여성' 이라는 더 커다란 맥락에서 바라보는 일은 꼭 필요하다. 기존 역사서나 사전에서 쉽게 찾기 힘든 사건들, 인물들, 낯선 지명들로 힘겨워하면서도 이 책을 번역하는 일이 커다란 기쁨이자 자부심이 될 수 있었던 것도 그런 믿음 덕분이었다.

물론 아쉬움도 남는다. 이제껏 역사가 소외시켜온 집단이 여성만은 아니었다. 몇몇 강대국의 그늘에 가려진 집단, 제3세계 국가들의 제각기 다른 역사들도 마찬가지였다. 작업하는 내내 또 다른 꿈을 꾸었다. 우리 딸들에게 좀 더 구체적인 역사를 들려주고 싶다는 꿈, 『세계 여성의 역사』 저자인 로잘린드 마일스가 '세계 여성' 에게 잃어버린 역사를 되찾아주고자 했다면, 아시아 여성, 한국 여성의 역사를 복원하는 일은 분명 우리의 몫이리라.

작업하는 내내 정신적·물리적으로 버팀목이 되어 준 세 여자, 나의 어머니와 동생 성용, 딸 다빈에게 깊은 감사와 사랑을 전하고 싶다.

주

1. 최초의 여성

1. Elizabech Gould Davis, *The First Sex*(1971), pp. 34-35. 남성 유전자 'Y'가 '불완전한 X'에 불과하다는 논의는 오랜 역사를 가졌다. 이 문제는 Francis Swiney, *Women and Natural Law*(1912)를 참조해라. 현대에 와서는 Valerie Solanas in *The SCUM Manifesto*(New York, 1968)에서 활발한 논의가 진척되었다. 또한 Gould Davis는 "이 조그맣고 비틀린 Y염색체는 유전상의 오류······ 최초의 남성은 유전자에 생긴 손상 때문에 만들어진 변종이었다."라고 주장한다.

2. Amaury de Riencourt, *Women and Power in History*(1974, 영국 초판은 1983년), p. 52.

3. Nigel Calder, *Timescale*(1984), p. 10.

4. '유전자 원천으로서의 어머니'에 대한 논의는 *Listener*, 1986년 2월 27일자와 *Guardian* 1986년 3월 3일자에서 볼 수 있다.

5. 초기 인류의 짧은 수명에 대해서는 Marian Lowe & Ruth Hubbard(eds.), *Woman's Nature: Rationalizations of Inequality*(New York and Oxford, 1983), p. 131을 참조해라.

6. George P. Murdock, *Our Primitive Contemporaries*(New York, 1934); *Social Structure*(New York, 1949); "World Ethnographic Sample", *American Anthropologist*(1957); "Ethnographic Atlas: A Summary", *Ethnology*6(No. 2, 109-236). Murdock의 작업은 Jo Freeman(ed.), *Women: A Feminist Perspective*(Palo Alto, California, 1979), p. 94에서 논의되었다. 또한 R. B. Lee & Irven De Vore(eds.), *Man the Hunter*(1968)에서 Richard Lee의 작업을 참조해라. Lee에 따르면 보츠와나의 쿵 부시먼들은 사냥에 실패했을 때도 3, 4주에 일주일 이상 사냥하러 다니지는 않았다. 사냥의 성공 여부는 그들의 통제력에서 벗어난 마술적인 힘에 달려 있어서 자기들 쪽에서 아무리 노력을 기울여도 불운의 흐름을 뒤집어놓을 수 없다고 믿었기 때문이다. 남성들이 사냥을 하지 않고 지내는 기간은 한 달 또는 그 이상 계속되는 경우도 많았다. 그러는 동안에는 방문하고, 즐기고, 특히 춤추는 일이 남성들의 주요 활동이었고, 부족의 생계는 여성들의 채집만으로 유지되었다.

7. 여성들의 채집기술에 대한 설명은 Elaine Morgan *The Descent of Woman*(1972), p. 184에서 볼 수 있다. 또한 선사시대의 매장풍습 중 가장 널리 알려져 있는 '샤니다르 동굴의 꽃으로 덮인 남자'의 묘지에서 드러나는 식물학과 생태학적 지식에 대한 설명을 위해서는 Calder, p. 156을 참조해라. 이 메소포타미아인은 약 6만 년 전에 솜방망이류와 접시꽃 등의 꽃들로 장식된 침상에 누워서 매장되었다. 그 꽃들은 모두 치료 성분을 가진 것으로 유명하여 오늘날까지도 여성들의 민간치료법에 사용되고 있다. 물론 그 꽃을 채집한 것은 남자들일 수도 있다. 그러나 만일 선사시대 샤니다르의 남성이 벌판에 만발한 꽃들 중에서 접시꽃을 가려낼 줄 알았다면, 결국 그는 자신의 기술을 다른 남성 후손들에게 전수하는 데 실패했다는 말이 된다.

8. 도구 제작에 대한 논의는 다음 책들을 참조해라. Kenneth Oakley, *Man the Tool-Maker*(1947); R. Leakey & R. Lewin, *Origins*(New York, 1977); G. Isaac and R. Leakey, *Human Ancestors*(1979);

B. M. Fagan, *People of the Earth: An Introduction to World Pre-History*(1980).

9. Elise Boulding은 *The Underside of History*(Colorado, 1976), p. 78에서 여성들이 도구를 불에 그을려 단단하게 만드는 기술을 발견했다고 하면서, 그 덕분에 여성들이 다른 부족원들에게 동물을 찌를 수 있는 날카로운 무기들을 제공하여 사냥법을 개발하게 했음을 시사한다.

10. Sally Slocum, "Woman the Gatherer: Male Bias in Anthropology"를 참조해라. 이 획기적인 논문은 Rayna Reiter(ed.), *Towards an Anthropology of Women*(New York, 1975)과 Mary Evans(ed.), *The Woman Question: Readings in the Subordination of Women*(1982)에 실려 있다. 보따리의 중요성에 대해서는 Sheila Lewenhak, *Women and Work*(1980), pp. 20-21에서 다루었다.

11. 같은 책.

12. 사냥하는 남성에 대한 이야기는 성인이나 아동을 대상으로 한 학술서든 대중서든 도처에서 찾아볼 수 있다. 앞에서 언급한 Lee & De Vore의 책을 참조해라. 또한 S. Washbum & C. S. Lancaster, "The Evolution of Hunting" in Lee & De Vore(eds.), *Kalahari Hunter-Gatherers* (Harvard, 1976); Sol Tax(ed.), *Evolution After Darwin*, Vol. II: *The Evolution of Man*(Chicago, 1960); Josef Wolf & Zdenek Burian, *The Dawn of Man*(London and Prague, 1978); Robert Ardrey, *African Genesis*(1961) & *The Hunting Hypothesis*(1976) 외에도 아주 많은 책이 있다.

13. Ardrey(1976), pp. 91-92.

14. W. I. Thomas, *Sex and Society: Studies in the Psychology of Sex*(1907), p. 228.

15. Calder, pp. 142-143.

16. Morgan, pp. 58-63. 또한 인간 남성의 거대한 음경에 대해서는 Desmond Morris, *The Naked Ape*(1967), p. 65, p. 75에서 상세하게 검토하였다.

17. Boulding, p. 83.

18. 본다 매킨타이어의 논의는 Joanna Russ, *How to Suppress Women's Writing*(Texas, 1983), pp. 51-52에서 볼 수 있다.

19. Elaine Morgan, p. 116에서 원숭이 암컷들이 일상적으로 위생을 관리하는 방식을 다루고 있다. Sheila Lewenhak, p. 20, pp. 23-24는 석기시대 멜빵 제작자들에 대해 설명하고 있으며, Paula Weideger, *History's Mistress*(1985), pp. 133-134에서는 일종의 탐폰을 만들어 사용하고자 했던 시도에 대해 다룬다.

20. Donald C. Johanson & Maitland A. Edey, *Lucy: The Beginnings of Humankind*(London and New York, 1981), p. 340.

21. H. G. Wells, *The Outline of History*(1920), p. 94, p. 118.

22. Ardrey(1976), p. 83.

23. Morris, p. 65, p.75.

24. Ardrey(1976), p. 100.

25. Charles Darwin, *On the Origin of Species by Means of Natural Selection*(1859), *The Descent of Man*(1871); Thomas Huxley, *Ethics and Evolution*(1893); Herbert Spencer, *Principles of*

Biology(1864-1867); Carveth Read, *Origins of Man*(1925); Raymond Dart, "The Predatory Transition from Ape to Man", *International Anthropological and Linguistic Review* V. i., n.4(1953).

26. Robert Ardrey(1961), p. 316; Konrad Lorenz, *On Aggression*(1966), Anthony Storr, *Human Aggression*(1968), p. i.

27. Wells, pp. 77-78; Ardrey(1978), p. 91.

28. Washburn & Lancaster, p. 303; Johanson, p. 65; John Nicholson, *Men and Women: How Different Are They?*(Oxford, 1984), p. 5.

29. De Riencourt, p. 6.

30. Myra Shackley, *Neanderthal Man*(1980), p. 68.

31. Peter Farb, *Man's Rise to Civilization as Shown by the Indians of North America from Primeval Times to the Coming of the Industrial State*(1968), pp. 36-37.

32. Shackley, p. 68.

33. J. Constable, *The Neanderthals*(1973).

34. Shackley, p. 206.

35. 같은 책, p. 94.

36. Lowe & Hubbard, pp. 114-115.

37. Shackley, pp. 107-108.

38. Robert Graves, *The New Larousse Encyclopaedia of Mythology*(1959), p. 6. 또한 G-H. Luquet, *The Art and Religion of Fossil Man*(Oxford, 1930)을 참조해라.

39. Lewenhak, pp. 19-36.

40. Graves, *Larousse*, p. 7.

2. 위대한 여신

1. 최고 신이 여성이었던 역사적 시기에 대한 상세한 고찰은 Merlin Stone, *The Paradise Papers: The Suppression of Women's Rites*(1976)와 *Ancient Mirrors of womanhood*(1979)에서 볼 수 있다. 또한 앞에서 언급한 Elizabeth Gould Davis의 책과, Elizabeth Fisher, *Woman's Creation: Sexual Evolution and the Shaping of Society*(New York, 1979)를 참조해라. 그러나 이런 생각은 수년간 다음 학자들의 작업을 통해 확립되어온 것이다. Erich Neumann, *The Great Mother: An Analysis of the Archetype*(New York and London, 1955); E. O. James, *The Cult of the Mother Goddess: An Archaeological and Documentary Study*(1959); Robert Graves, *The White Goddess: A Historical Grammer of Poetic Myth*(1948); C. Kerényi, *Eleusis: Archetypal Image of Mother and Daughter*(New York and London, 1967) 외에도 많이 있다.

2. 이난나와 이 여신을 섬겼던 시인이자 사제인 엔헤두안나에 대한 논의는 Paul Friedrich, *The Meaning of Aphrodite*(Chicago and London 1978), pp. 13-15를 참조해라.

3. L. 아풀레이우스의 환상은 *The Golden Ass*, translated by Robert Graves, Penguin, 1950, pp. 228-229에서 볼 수 있다. 이 책에서 아풀레이우스가 주장하는 대로, 이런 여신들은 지역마다 다

른 이름과 지위를 가졌고 다른 의식을 통해 숭배되었다. 그녀는 이시스, 이슈타르, 아스도렛, 아스타르테, 아타르, 아프로디테, 이난나, 키벨레, 데메테르, 오세트, 알라트 외에도 수백 수천의 이름으로 불렸던 하나의 신이며, 플루타르크의 표현에 따르면 '수만 개의 이름을 가진 여신'이다. 그들의 지위 역시 이름만큼이나 다양하였고, 종종 기묘하게도 친숙한 경우가 많다. 예를 들면 우리의 여신, 천국의 여왕, 신성한 한 분, 신성한 통치자, 높은 곳의 여신, 신들의 암사자, 숙녀, 하얀 숙녀, 대모신, 신성한 어머니 등을 들 수 있다.

4. Sir Arthur Evans, *The Palace of Minos at Knossos*(4 vols, 1921-1935), passim; de Riencourt, pp. 26-27, p. 30.

5. Neumann, p. 94.

6. 여성들의 신성한 지위와 이를 지지하는 인류학자, 고고학적 증거들은 James(1959), Neumann, Wolf and Burian(앞에 언급), *Stone*(1976), 특히 pp. 19, 34, 46, 172, 그리고 많은 다른 자료들에서 볼 수 있다.

7. "여성 고고학자들에 따르면, 구석기시대 동굴예술에서 여성들의 허벅다리와 외음부를 표현한 사례는 이제껏 보고된 것보다 훨씬 더 많았다. 이런 작품을 출판하는 데 지극히 중요한 역할을 했던 브뢰이 신부뿐만 아니라 이 분야에 대한 많은 초기 연구가들이 가톨릭 성직자의 일원이었고, 그들은 위험한 여성을 연상시키는 이 불안한 사례들을 무시하는 경향이 있었다."(Fisher, p. 143) 그런 경향에 대한 존경할 만한 예외가 André Leroi-Gourhan의 *The Art of Prehistoric Man in Western Europe*(1967)이다. 앙글 쉬르 랑글랭의 벽화는 John Coles, *The Archaeology of Early Man*(1969), p. 248에서 다루어졌다.

8. 선사시대 문화권에서 출산의 신비와 재생산에서 남성이 갖는 역할에 대한 완전한 무지를 보여주는 상세한 자료들은 다음과 같다. Sir James Frazer, *The Golden Bough*(1922); Margaret Mead, *Male and Female: A Study of the Sexes in a Changing World*(1949); Jacquetta Hawkes, *Dawn of the Gods*(1958), *Prehistory*(New York, 1965), *The First Great Civilizations*(1975); S. G. F. Brandon, *Creation Legends of the Ancient Near East*(1963) 외에도 많다.

9. James(1959), pp. 42-43; Graves(1960); Frazer; Brian Branston, *The Lost Gods of England*(1974)를 참조해라.

10. Allen Edwardes, *The Jewel in the Lotus: A Historical Survey of the Sexual Culture of the East*(1965), pp. 58-59.

11. Penelope Shuttle & Peter Redgrove, *The Wise Wound: Menstruation and Everywoman*(1978), p. 178.

12. Graves, *Larousse*, p. 58.

13. Friedrich, p. 31.

14. Graves, *Larousse*, p. 60.

15. *The Epic of Gilgamesh*, trans. by N. K. Sandars(London, 1960).

16. Helen Diner, *Mothers and Amazons: The First Feminine History of Culture*(1932), p. 15.

17. M. Esther Harding, *Women's Mysteries, Ancient & Modern: A Psychological Interpretation of*

the *Feminene Principle as Portrayed in Myth, Story and Dreams*(New York, 1955; English edition, 1971), p. 138.

18. Diner, p. 174; Frazer, p. 267, p. 270; James(1959), p. 101; Harding, p. 128을 참조해라.

19. Shuttle & Redgrove, p. 182.

20. 모권사회에 대한 최초의 중대한 연구는 스위스 학자 J. J. Bachofen의 *Das Mutterrecht*(어머니의 권리, 1861)에서 행해졌다. 이 책의 영문판 *Myth, Religion and Mother-Right*(Princeton, 1967)를 보아라. '가부장적 혁명'이 발생하기 전에 전 세계적으로 모권사회가 존재했다는 이론은 다음 책들도 인정한다. Engels, *The Origin of the Family*(1884); Mathilde & Mathias Vaerting, *The Dominant Sex: A Study in the Sociology of Sex Differences*(English translation, 1923). 이에 대한 초기 논의로는, Matilda Joslyn Gage, *Women, Church and State*(1893); Robert Briffault, *The Mothers*(1927); Helen Diner(앞에 언급) 등이 있다. 후기 논의로는 Evelyn Reed, *Woman's Evolution*(New York, 1975); Fisher & Gould Davis(앞에 언급)를 들 수 있다. 또한 Paula Webster, "Matriarchy: A Vision of Power" in *Reiter*를 참조해라. 그 글은 관련된 문헌들에 대한 요긴한 리뷰도 포함하고 있다.

21. *The Second Sex*(English edition, 1953), p. 96. 그러나 "그렇게 위대한 어머니는 폐위되었다." (p. 101)와 11장, 12장에 있는 유사한 언급을 보아라. 이 글들은 그 문제를 다루지 않겠다던 드 보부아르 자신의 결정에 위배되는 부분이다. 하지만 그녀의 입장은 지금까지도 현대 페미니스트들의 기본적인 시각을 대변하는 것으로 남아 있다. Mary Lefkowitz, *Women in Greek Myth*(1987)를 참조해라.

22. Diner, p. 169.

23. 같은 책.

24. Melanie Kaye, "Some Notes on Jewish Lesbian Identity", in *Nice Jewish Girls*, ed. Evelyn Torton Beck(Mass., 1982), pp. 28-44.

25. John Ferguson, *The Religions of the Roman Empire*(1970), p. 14.

26. Charles A. Seltman, *Women in Antiquity*(1956), p. 82; C. Gascoigne Hartley, *The Position of Women in Primitive Society*(1914), pp. 206-207 ; Boulding, p. 186.

27. Diner, p. 170.

28. 같은 책.

29. *The Oxford Classical Dictionary*(Oxford, 1970), p. 254.

30. 타미리스에 대해서는 *The Macmillan Dictionary of Women's Biography*(ed. Jennifer S. Uglow, 1982, p. 147); Eilean Ní Chuilleanáin(ed.), *Irish Women: Image and Achievement-Women in Irish Culture from Earliest Times*(1985), p. 14를 참조해라.

31. Ní Chuilleanáin, p. 14.

32. Nora Chadwick. *The Celts*(1970), p. 50.

33. 예를 들어 Boedromion의 아테네 페스티벌은 테세우스가 아마존들을 격퇴한 것을 기념하기 위해 개최되었다. Panopsion에서 죽은 자들에게 경의를 표하는 종교의식은 패배한 아마존들을

기리기 위한 것으로 믿어져왔다. 역사적 사실과 어긋나는 해석들에 대해서는 G. D. Rothery, *The Amazons*(1910)를 참조해라.

34. *Macmillan Dictionary of Biography*, pp. 459-460; *Oxford Classical Dictionary*, p. 1041.

35. Diner, p. 172.

36. Chadwick, p. 55.

37. Boulding, p. 318.

38. 코굴 인물화들에 대해서는 James(1959), p. 21에서 볼 수 있고, 고대 브리튼의 여성들에 대해서는 Seltman, p. 37에서 다루고 있다.

39. Harding, p. 135.

40. Stone, pp. 168-178.

41. Hilary Evans, *The Oldest Profession: An Illustrated History of Prostitution*(1979), p. 33.

42. John Langdon-Davies, *A Short History of Women*(1928), p. 141.

3. 남근의 도전

1. Robert Graves, *The Greek Myths*(2 vols, 1960), Ⅰ, p. 28; Marilyn French, *Beyond Power: Men, Women, and Morals*(1985), p. 49 이후를 참조해라. Gerda Lemer는 *The Creation of Patriarchy*(New York and Oxford, 1986), p. 146에서 3만 개가 넘는 어머니-여신의 입상이 유럽 남동부에서만 3,000여 곳의 유적지에서 발견되었다고 보고한다. 위니파고스에 대해서는 Harding, p. 117을 참조해라.

2. Shuttle & Redgrove, p. 66; de Riencourt, p. 30.

3. Shuttle & Redgrove, p. 139; E. O. James, *Sacrifice and Sacrament*(1962), passim.

4. Farb, p. 72. '요도 절개'에 대해서는 Freud와 Bettleheim이 다루었다.

5. Ian D. Suttie, *The Origins of Love and Hate*(1960), p. 87.

6. Margaret Mead, *Male and Female: A Study of the Sexes in a Changing World*(New York, 1949), p. 98.

7. Joseph Campbell(ed.), *Papers from the Eranos Year Books*, Vol. Ⅴ, *Man and Transformation*(1964), p. 12.

8. Jean Markdale, *Women of the Celts*(Paris, New York and London, 1982), p. 14.

9. Lee Alexander Stone, *The Story of Phallicism*(first published 1879; Chicago, 1927 edition), pp. 12-13; G. R. Scott, *Phallic Worship: A History of Sex and Sex Rites in Relation to the Religion of All Races form Antiquity to the Present Day*(New Delhi, 1975).

10. Gould Davis, p. 98. 인도에 많이 남아 있었던 다양한 남근숭배 의식에 대한 더 자세한 자료는 Edwardes, pp. 55-94를 참조해라.

11. Edwardes, pp. 72-75.

12. Gould Davis, p. 99.

13. Lee Alexander Stone, p. 75.

14. 위대한 여신이 물러나는 시기는 Joseph Campbell in *The Masks of God: Occidental Mythology*(New York, 1970)에서 다루었다.

15. Graves(1960), pp. 58-60.

16. Ní Chuilleanáin, p. 16 ; James(1959), p. 53.

17. Calder, p. 160.

18. 농업혁명과 기원전 3000년경에 시작된 세계 전역의 대대적인 인구 이동의 시기에 일어난 주요한 역사적 사건들에 대한 더 폭넓은 논의에 대해서는 *The Times Atlas of World History*(revised edition, 1986); J. M. Roberts, *The Hutchinson History of the World*(1976)를 참조해라.

19. Fisher, p. 122.

20. Geoffrey Parrinder, *Sex in the World's Religions*(1980), pp. 105-106.

21. De Riencourt, p. 35, p. viii.

22. *Macmillan Dictionary of Biography*, p. 54. 일부 자료에 따르면(후기 그레코로만 역사학자들인 알렉산드리아 출신의 아피아노스와 포르피리오스), 프톨레마이오스는 기원전 81년에 베레니케와 결혼하는 데 성공했고 결혼식을 올린 지 19일 만에 그녀를 살해했다.

23. Fisher, pp. 206-207.

24. Boulding, p. 20.

25. Julia O' Faolain & Laura Martines, *Not in God's Image: Women in History*(1973), p. 57. 또한 Livy, *History*, Book 34를 참조해라.

26. Plutarch, *Dialogue on Love*.

27. Farb, p. 42.

28. O' Faolain & Martines, p. 62.

29. *The Illustrated Origin of Species*, ed. Richard A. Leakey(1979), p. 58.

30. 논문 "Kingsworthy : A Victim of Rape"는 잉글랜드의 햄프셔 주, 킹스워시에 있는 워시파크의 유적 발굴에 대해 다루고 있는데, 옥스퍼드대학의 Sonia Chadwick Hawkes와 Calvin Wells 박사가 환경국을 위해 준비한 것으로 *Antiquity*와 *The Times* 1975년 7월 23일자에 실렸다.

31. James(1962), pp. 80-81.

32. C. P. Fitzgerald, *China: A Short Cultural History*(1961), p. 52.

33. Lynn Thorndike, *A Short History of Civilization*(1927), 148.

34. 아그노디케에 대해서는 *Macmillan Dictionary of Biography*, p. 7을 참조해라.

35. Mead, p. 206.

36. *Macmillan Dictionary of Biography*, p. 464.

37. 파비올라가 이름이 알려진 최초의 여의사였다는 사실을 강조해두는 것이 그녀보다 앞서 개업하여 의료활동을 했던 알려지지 않은 여성 의료인들에게 공정할 것이다. 여성들은 이집트에서 기원전 3000년 이전부터 의료활동을 해왔고, 멤피스 북쪽에 있는 사이스 신전의 의료학교에 있는 비문에는 다음과 같은 기록이 남아 있다. "나는 헬리오폴리스에 있는 의료학교를 나왔고, 사이스에 있는 여학교에서 공부했다. 그곳에서는 신성한 어머니들이 질병을 치료하는 법을 가

르쳐주었다." 게다가 기원전 2500년경의 쿤 의료기록 파피루스를 보면 이집트 여성 전문가들이 임신을 진단했고 불임을 치료했으며 모든 종류의 부인과 치료를 수행했음을 알 수 있다. 또한 여성 외과의사들은 제왕절개 수술을 집행했고, 유방암 절제 수술을 단행했으며, 부러진 사지를 수술했다. 이에 대해서는 Margaret Alic, *Hypatia's Heritage: A History of Women in Science from Antiquity to the Late Nineteenth Century*(1986)를 참조해라.

38. Wu Chao(ed.), *Women in Chinese Folklore*, Women of China Special Series(Beijing, China, 1983), p. 91, pp. 45-60.

39. Joe Orton, *The Guardian* 1987년 4월 18일자.

40. Marcel Durry(ed.), *Eloge Funèbre d'une Matrone Romaine. Eloge dit de Turia*(Collection des Universités de France, 1950), p. 8ff.

41. 히파티아의 업적과 죽음에 대해서는 Alic, pp. 41-47을 참조해라. 또한 *The Water Babies*(1863)의 저자로 더 많이 알려진 찰스 킹슬리의 소설 역시 참조해라. 그의 *Hypatia*(1853)는 여주인공의 불가사의하고 인도주의적인 지성을 초기 기독교 교부들의 편협한 신앙에 대비시키면서 그녀에 대한 호의적인 초상을 제시한다.

4. 하나님 아버지

1. 기독교의 반페미니즘에 대한 상세한 연구를 위해서는 Mary Daly, *The Church and the Second Sex*(1968)와 *Beyond God the Father: Towards a Philosophy of Women's Liberation*(1973)을 참조해라.

2. 펠리키타스의 이야기는 Herbert Musurillo(ed.), *The Acts of the Christian Martyrs*(1972), pp. 106-131에서 볼 수 있다.

3. Karen Armstrong, *The Gospel According to Woman*(1986), p. 256.

4. 「예레미아서」7 : 17-18.

5. 고대 중국에서 어머니 대지에서 남근을 거쳐 추상적인 남성권력으로 권력이 이양되는 과정에 대해서는 C. P. Fitzgerald, *China: A Short Cultural History*(1961), p. 44, pp. 47-48을 참조해라. 여신숭배의 전 세계적인 몰락 과정에 대해서는 Raphael Patai, *The Hebrew Goddess*(New York, 1967)와 Merlin Stone(q. v.), John O'Neill, *The Night of the Gods*(2 vols, 1893)를 보아라. 페르시아의 초승달에서 로마 가톨릭의 마리아 숭배에 이르기까지 '우리의 여신'과 '하늘의 여왕'으로 불리던 위대한 여신의 상징은 계속 존재해왔다.

6. R. F. Burton, *Personal Narrative of a Pilgrimage to Al-Madinah and Meccah*(2 vols, 1885-1886), II, p. 161.

7. 메카의 카바 신전에 대한 자세한 이야기는 Harding p. 41과 O'Neill, I. p. 117을 보아라.

8. Bertrand Russell, *History of Western Philosophy, and Its Connection with Political and Social Circumstances from the Earliest Times to the Present Day*(1946), p. 336.

9. 초기 교회에서 여성들이 가졌던 지위에 대해서는 *The Times* 1986년 11월 1일자에 실린 런던 대학 교회사학과 교수의 논의를 보아라. 또한 Boulding, p. 360과 J. Morris, *The Lady Was a*

Bishop(New York, 1973)을 참조해라.

10. Julia Leslie, "Essence and Existence : Women and Religion in Ancient Indian Texts" in Holden(q. v.), pp. 89-112.

11. Nawal El Saadawi, "Women in Islam", in Azizah Al-Hibri, *Women and Islam*(1982), pp. 193-206.

12. Azizah Al-Hibri, "A Study of Islamic Herstory, or, How Did We Ever Get into This Mess?" in Al-Hibri, (1982), pp. 207-219.

13. El Saadawi, p. 197.

14. Fatnah A. Sabbah(pseud.), *Woman in the Muslim Unconscious*(London and New York, 1984), pp. 104-106.

15. 「역대기」 하 15 : 16-17.

16. E. L. Ranelagh, *Men on Women*(1985), p. 49.

17. 「민수기」 5 : 14-31.

18. Sabbah, p. 108.

19. Edwardes, p. 32.

20. Gabriel Mandel, *The Poem of the Pillow: The Japanese Methods*(Fribourg, 1984), pp. 17-18.

21. Mendel, p. 77, p. 78.

22. Edwardes, p. 50.

23. Armstrong, p. 43, p. 23.

24. Fitzgerald, pp. 48-49.

25. De Riencourt, p. 82; Sara Maitland, *A Map of the New Country: Women and Christianity*(1983)를 참조해라. 거기서 Maitland는 기독교 신앙이 피조물을 '선한 쪽(영혼)'과 '악한 쪽(육신)'이라는 이원적 대립으로 나누고 있으며, 그러한 이원론적 분리는 성차별주의뿐만 아니라 인종차별주의, 계급주의, 생태학적 파괴의 근본 원인이 된다고 주장한다.

26. Ní Chuilleanáin, p. 14.

27. Sabbah, p. 5, p. 110.

28. 같은 책, p. 13.

5. 어머니의 죄

1. D. Martin Luther, *Kritische Gesamtausgabe* Vol. III, *Briefweschsel*(Weimar, 1933), pp. 327-328.

2. O' Faolain, p. 134.

3. Mead(1949), p. 343.

4. Chaim Bermant는 *The Walled Garden: The Saga of Jewish Family Life and Tradition*(1974), p. 60에서 『탈무드』의 가르침에 대해 논의했다. 사도 바울로에 대해서는 「고린도서」 상 11 : 5를 보아라.

5. Armstrong, p. 56. 이런 새로운 엄격한 규준들은 기독교시대 이래로 여성들에게 점점 더 많이

부과되었는데, 이런 규준들을 가부장적인 종교들이 새로 만들어낸 것은 아니었음을 기록할 필요가 있을 것 같다. 이미 기원전 42년에 C. 술피키우스 갈루스라는 로마 남성이 아내가 얼굴을 베일로 가리지 않고 바깥에 모습을 드러냈다는 이유로 그녀와 이혼했다. 그러나 이런 조치는 당대에도 '가혹하고 매정한' 것으로 비난받았다(발레리우스 막시무스의 『기억할 만한 공적과 격언에 관한 책(Facta et Dicta Memorabilia)』을 보아라). 또한 우리는 다른 자료들을 통해서 로마 여성들 대다수가 그런 제약을 받지 않았음을 알고 있다.

6. Renée Hirschon의 "Open Body/Closed Space: The Transformation of Female Sexuality"는 그리스 여성들에 대해, Caroline Humphrey의 "Women, Taboo, and the Suppression of Attention"은 몽골 여성들에 대해 다룬다. 두 논문 모두 Shirley Ardener, *Defining Females: The Nature of Women in Society*(1978)에 실려 있다.

7. Christopher Hibbert, *The Roots of Evil: A Social History of Crime and Punishment*(Penguin, 1966), p. 45.

8. Gallichan, p. 42.

9. Sabbah, p. 36.

10. 인용된 글은 모두 Shaykh Nefwazi, *The Perfumed Garden*(trans. by Sir Richard Burton, orginally published 1876, this edition 1963), p. 201, p. 191, p. 72에서 따온 것이다.

11. Jacob Sprenger, *Malleus Maleficarum*(The Hammer of Witches)(1484); Armstrong, p. 100.

12. Gladys Reichard, *Navajo Religion: A Study of Symbolism*(New York, 1950), p. 31.

13. 근본적으로 남성들이 여성들의 성기에 접근하지 않거나 그것을 떠올리지 않을 때 더 잘살 수 있다는 생각은 이슬람의 가르침에서 분명하게 드러난다. 그에 따르면 알라가 천국을 만들고 천국의 미녀들이 충실하고 모범적인 신도들의 시중을 들도록 명했을 때, 그는 그 여자들에게 질을 만들지 않았다. 여성들이 남성들의 성적 배출을 이용해서 그들의 힘을 훔쳐 갈지도 모른다는 두려움을 표현하는 의식이 많은 문화권에 있다. 이것은 중요하거나 성스러운 과업을 수행하기 전에 성교를 금기시하는 형식으로 드러난다. 이런 습성은 20세기의 운동선수들이나 젊은이들이 쓰는 속어에서도 볼 수 있다. 예를 들어, 현대 오스트레일리아의 운동선수들은 시합 전에 이런 식으로 말한다. "얘들아, 오늘 밤은 엄마한테 가서 자라!"

14. Edwardes, p. 23.

15. 이보다 훨씬 더 끔찍하고 고통스럽고 위험한 월경 금기의 범위에 대해서는 Frazer, pp. 595-607에서 볼 수 있다. 아메리카 원주민의 관습에 대해서는 Lowe & Hubbard, p. 68을 참조해라.

16. Bermant, p. 129.

17. Edwardes, p. 24.

18. 같은 책.

19. 신부의 처녀성을 제거하는 위험한 일을 더 나이 든 남자에게 맡기는 관행은 영주의 초야권 관습의 기원이다. 하지만 이 관습은 흔히 믿는 것처럼 영주가 여성 농노들에 대한 소유권을 행사하기 위해 누린 것이 아니다. 그런 입장은 시간이 흐르면서 그런 관행을 제대로 설명할 수 없게 되었을 때 공인된 '설명'으로 채택되었고, 그 후 사회적인 기정사실로 뒤바뀌어 통용되었으

며, 심지어 어떤 나라에서는 법으로 정해지기까지 했다. '레저와이트(말 그대로 '눕기 위한 지불'이라는 뜻)' 라 불리던 앵글로색슨족의 세금을 그 예로 들 수 있다. 그것은 잉글랜드 가장 초기부터 중세까지 모든 신부가 영주에게 지불해야 하는 것이었다. 사실 그것은 그녀가 처녀성을 상실하는 것을 다른 식으로 그에게 보상해주기 위한 것이었다.(Katherine O' Donovan, *Sexual Divisions in Law*, 1985, p. 34) 하지만 초기에는 영주가 이득을 얻는 쪽이 아니라 주는 쪽이었다 (Langdon-Davies, p. 99, p. 118). 터키와 아랍의 잔인한 관행과 초야권에 대해서는 Edwardes, pp. 38-39를 참조해라.

20. *The Confessions of Lady Nijō*, trans. by Karen Brazell(1975), p. 9.

21. Angela M. Lucas, *Women in the Middle Ages: Religion, Marriage and Letters*(1983), p. 101; Katharine Simms, "Women in Norman Ireland", in Margaret MacCurtain & Donncha O' Corrain(eds.), *Women in Irish Society: the Historical Dimention*, pp. 14-25.

22. 어린 신부에 대한 영국군 측의 보고에 대해서는 Katherine Mayo, *Mother India*(1927), p. 61을 참조해라. 또한 다음 자료도 있다. Pramatha Nath Bose, *A History of Hindu Civilization During British Rule*(3 vols, 1894), Ⅰ, pp. 66-67; H. H. Dodwell(ed.), *The Cambridge History of India*(6 vols, Cambridge and New York, 1932), Ⅵ, pp. 128-131.

23. Joseph and Frances Gies, *Life in a Medieval Castle*(New York, 1974), p. 77.

24. Pierre de Bourdeille, Abbé de Brantôe, *Les Vies des Dames Galantes*(1961), p. 86. 또한 Gould Davis, pp. 165-167 ; Eric Dingwall, *The Girdle of Ghastity*(1931)를 보아라.

25. Edwardes, pp. 186-187.

26. Scilla McLean, "Female Circumcision, Excision and Infibulation: The Facts and Proposals for Change", *Minority Rights Group Report* No. 47(December, 1980). 또한 Fran Hosken, *The Hosken Report-Genital and Sexual Mutilation of Females*(Women' s International Network News, Autumn, 1979)를 참조해라. 이런 관행이 오늘날까지 지속되고 있음을 강조하고 싶다. 35년 전에 그것을 금지하는 법이 제정되었는데도 90%가 넘는 수단 여성들이 아직도 절제술을 받고 있다. 여성의 성기 절제술은 실제로 세계화의 흐름 속에서 서양에 보급되었고, 유럽의 주요 도시들은 이제 모두 이민 온 부모들의 요구에 따라 이 수술을 집행할 외과의사를 보유하고 있다. 1986년, 영국 의회는 영국 내 이런 관행을 금지하는 법안의 통과를 거부했다. 부모들의 권리에 개입해서 제한하지 않겠다는 게 이유였다.

27. Jacques Lantier, *La Cité Magique*(Paris, 1972), McLean, p. 5에서 재인용.

28. 중국의 영유아 살해 관행에 대해서는 Lisa Leghorn & Katherine Parker, *Woman' Worth: Sexual Economics and the World of Women*(1981), p. 163과 de Riencourt, p. 171을 참조해라. 인도의 관행에 대해서는 Bose, Vol. Ⅲ와 Dodwell Ⅵ, pp. 130-131을 보아라. 심지어 오늘날에도, 바바라 버크의 주장에 따르면, 전 세계적으로 "여아의 영양 섭취나 일반적인 보살핌은 상대적으로 등한시되고 있으며, 이것이 방글라데시, 미얀마, 요르단, 파키스탄, 스리랑카, 태국, 레바논, 시리아 등지에서 출생할 때 남아보다 실제로 더 강하게 태어나는 여아의 사망률이 남아의 사망률보다 높은 까닭이다. 남아메리카 일부에서는 어머니들이 남아보다 여아의 경우 더 일찍

젖을 뗀다. 이것은 여아에게 너무 오래 수유할 경우 그들이 여자답지 않게 될까 봐 두려워서라고 한다. 이로 인해 영양 섭취를 불충분하게 한 여아들은 치명적인 질병에 걸려 사망하는 경향이 높다." Barbara Burke, "Infanticide", *Science* 84, 5:4(May 1984), pp. 26-31.

29. Koran LXXX I 1, 8-9, 14.

30. Lesley Blanch, *Pavilions of the Heart: The Four Walks of Love*(1974), p. 102.

31. Geoffrey of Tours, *Historia Francorum Libri Decem*, BK. 6, Chapter 36. 이 여성에게 쏟아진 분노는 부분적으로 그녀가 남자 복장을 했다는 사실 때문일 가능성이 크다. 그것은 서유럽에서 수 세기 동안 교회나 속인들 모두가 특히 혐오했던 행위다. 17세기에도 앤 머로라는 여인이 다른 여성을 유혹하여 결혼하려고 남자 옷을 입었다는 이유로 형틀을 쓰고 대중 앞에서 구경거리가 된 적이 있었는데, 이때 그녀는 유난스럽게 악의를 보인 한 군중이 던진 돌에 맞아 눈이 멀었다.(Hibbert, pp. 44-45) 그녀의 죄가 남자의 옷을 입었다는 데 있었다는 점에서 1428년 잔 다르크가 범한 죄와 동일하다는 사실에 주목해라. 물론 잔 다르크의 경우는 위장 결혼을 하기 위한 것은 아니었지만 말이다.

32. *Cambridge History*, VI, p. 132. 이런 관행들은 흔히 그 배후에 숨겨진 가증스러운 잔혹성과 가학적인 만행을 덮어버리기 위해 잘 이해되지 않는 라틴어를 사용하여 은폐, 위장하거나 완곡하게 표현하곤 한다. 그 예로 아내를 산 채로 화장하는 풍습은 흔히 '자발적인 희생'으로 묘사되었다. 그래서 전혀 고통을 느끼지 않는다는 식으로 말이다.

33. *Cambridge History*, VI, p. 134.

34. 이런 관행과 관련된 영국 법률의 세부적인 내용에 대해서는 E. J. Burford, *Bawds and Lodgings: A History of the English Bankside Brothels c. 100-1675*(1976), p. 26, p. 56, p. 73에서 인용하였다.

35. Master Franz Schmidt, *A Hangman's Diary*, ed. A. Keller, trans. C. Calvert & Calvert & A. W. Gruner(1928), passim.

36. Susan Rennie & Kirsten Grimstad. *The New Woman's Survival Sourcebook*(New York, 1975), p. 223.

37. Hibbert, p. 45.

6. 보잘것없는 지식

1. Armstrong, p. 82.

2. Joseph Campbell, pp. 22-23.

3. Diane Bell, "Desert Politics" in *Women and Colonization: Anthropological Perspectives*, (eds.) Mona Etienne & Eleanor Leacock(New York, 1980).

4. Lewenhak, p. 32.

5. Basil Davidson, Africa in History: Themes and Outlines(1968), p. 119.

6. 이런 종교들의 여성 신도들에 대해서는 Julia Leslie(q. v.)의 작업이 설명하고 있다. 불교에서는, 비록 붓다가 여성들이 남성들과 어울리는 일은 비난했지만, 『마흐중 니카야(Mahjung

Nikaya)』에서 여성들도 수양을 통해 열반에 이를 수 있다고 분명하게 가르친다. Anne-Marie Schimmel에 따르면, 이슬람교에서 여성 종교인의 지위는 훨씬 더 흥미롭다. "역사는 정기적으로 돈이나 식량을 기증했던 수피 기도원의 여성 후원자들에 대해 기록하고 있다. …… 그런 활동은 특정 국가에만 제한된 것이 아니었다. 인도, 이란, 터키, 북아프리카에서도 수피교의 여성 후원자들을 발견할 수 있다." 중세 이집트에서는 (아마 다른 지역에서도) 여성이 개인 기도원을 세우고 그곳에서 평생 또는 인생의 한 시기를 보내는 일도 있었다. 또한 이슬람교에서는 여성들이 남성을 포함하고 있거나 전적으로 남성들로만 구성된 종교집단을 이끄는 일도 드물지 않았다. "우리는 중세 이집트에서 종교 지도자로 활동했던 여성들에 대해 알고 있다. 또한 한 아나톨리아 여성이…… 탁발승 테케(이슬람의 수도원 단지. '자위야'라고도 하며, 대개 수피 형제단의 거주지이거나 소규모의 개인 기도원 형태다. - 옮긴이)의 우두머리가 되어 남성들을 이끈 사실도 알고 있다." ("Women in Mystical Islam" in Al-Hibri((q. v.), p. 146, p. 148)

7. Diner, p. 6; Gould Davis, p. 140; Boulding, pp. 193-194.

8. 이런 여성들이 요구할 수 있었던 특권들이 얼마나 광범위한 것이었는지에 대해서는 Julia Leslie in Holden(q. v.), pp. 91-93을 보아라.

9. Leghorn & Parker, pp. 204-205.

10. Armstrong, p. 122.

11. MacCurtain & O' Corrain, pp. 10-11.

12. Anne J. Lane(ed.), *Mary Ritter Beard: a Sourcebook*(New York, 1977), p. 223.

13. Russell, p. 362.

14. Judith C. Brown, *Immodest Acts: The Life of a Lesbian Nun in Renaissance Italy*(Oxford, 1986).

15. Angela M. Lucas, *Women in the Middle Ages: Religion, Marriage and Letters*(1983), pp. 38-42.

16. Lucas, p. 141.

17. De Riencourt, p. 167.

18. The Lawes Resolution of Women' s Rights(1632), written by the anonymous, "T. E.", p. 141.

19. Paradise Lost, Book IV, pp. 635-638.

20. Pennethorne Hughes, Witchcraft(1965), p. 54.

21. Jean Bodin, De la Demonomanie Des Sorciers(Paris, 1580), p. 225.

22. Reginald Scot, The Discoverie of Witchcraft, ed. B. Nicholson(1886), p. 227.

23. O' Faolain, pp. 220-221, p. 224.

24. Antonia Fraser, The Weaker Vessel: Woman' s Lot in Seventeenth-Century England(1984), p. 143, p. 53. 이 매혹적이고 관대한 인물에 대해서는 pp. 51-55를 참조하라.

25. Hughes, p. 94.

26. Margaret Wade Labarge, *Women in Medieval Life*(1986), pp. 3-4.

27. Raymond Hill & Thomas G. Burgin(eds.), *An Anthology of the Provencal Troubadours*(1941), p. 96.

28. Denis de Rougemont, *Passion and Society*(1956), p. 96. 여성들의 사랑이 남성들의 사랑만큼

강한 것은 물론이고, 더 강한 경우도 많다는 기사도적 사랑에 대한 급진적인 주장은 19세기에도 여전히 활발한 논쟁의 대상이었다. 제인 오스틴의 『설득』(1818)의 절정에 해당하는 23장과 헨리 제임스의 『어느 부인의 초상』(1881)에 등장하는 워버튼 경의 말, "그건 평생을 위한 것이오. 아처 양, 평생을 위한 것이라고!"를 참조해라.

29. Viola Klein, *The Feminine Character: History of an Ideology*(1946), p. 91.

30. O' Faolain, p. 202.

31. 첫 번째 인용문은 엘리젠 드 크렌이 쓴 글이다. 그녀는 1538년에 나온 프랑스 최초의 심리소설 *Les Angoysses qui procèdent d' Amour, contenant trois parties composées pardame Hélisenne de Crenne laquelle exhorte toutes personnes a ne pas suivre folle amour*(사랑으로 인한 힘겨운 시련, 사람들에게 사랑의 광기를 쫓지 말라고 타이르기 위해 엘리젠 드 크렌 부인이 쓴 세 이야기)의 저자다. 두 번째 글은 1541년에 '사랑에 빠진 고상한 숙녀들'을 위해 잔 드 플로르(필명은 잔 갈리아르드)가 쓴 *Contes Amoureux, touchant la punition que fait Vénus de ceux qui condamment et mésprisent le vray amour*(사랑 이야기들, 진정한 사랑을 헐뜯고 경멸한 사람들이 비너스에 의해 처벌되는 이야기)에서 인용했다. 세 번째는 루이스 라베의 *Débat de Folie et d' Amour*(광기와 사랑에 관한 논쟁)에서 인용한 글이다. 세 글 모두 *Women on Love: Eight Centuries of Feminine Writing*(1980), pp. 92-93의 Evelyne Sullerot의 글에서 다루어졌다.

32. Christine de Pisan, *Treasure of the City of Ladies*, trans. B. Anslay(London, 1985), Bk. I, Ch II.

33. 이런 견해나 이와 유사한 많은 견해들은 에라스무스의 글에서 안트로니우스 대수도원장의 입을 빌려 표현되었다. 에라스무스의 글은 연극처럼 담화문 형태를 띠는데, 여성들의 교육에 대한 보수적인 입장과 진보적인 입장을 다루고 있다. *Colloquies of Erasmus*, trans. N. Bailey(3 vols, 1900), II, pp. 114-119를 참조해라.

34. Agrippa d' Aubigné, *Œuvres Complètes*, E. Réaume & F. de Caussade(Paris, 1873), I, 445.

35. Joseph Besse, *A Collection of the Sufferings of the People Called Quakers*(2 vols, 1753), I, 84ff.

7. 여성의 일

1. 잔 다르크에 대해서는 Marina Warner의 명저 *Joan of Arc: The Image of Female Heroism*(1982)을 보아라. 다른 사건들은 *The Times Atlas of World History*를 참조했다.

2. 파넬에 대해서는 Burford p. 74를 보아라. 물론 파넬이라는 이름은 가명이다. '파넬'이라는 이름은 흔히 매춘부들이 갖는 이름이었고, '포트주아(Portjoie)'는 '쾌락을 주는' 그녀의 직업적 능력을 자랑하는 의미가 있다. 에바에 대해서는 MacCurtain & O' Corrain, p. 22를 보아라.

3. W. I. Thomas, p. 124.

4. 그리스의 일하는 여성들에 대해서는 호메로스, 아리스토텔레스, 플라톤, 데모스테네스, 크세노폰, 그 외에도 많은 사람들이 언급했다. 로마의 일하는 여성들에 대해서는 오비디우스, 호라티우스, 플라우투스, 마르티알리스 등이 언급하였다. 원자료의 목록과 유용한 요약은 *Oxford Classical Dictionary*, pp. 1139-1140을 보아라. 고대 그리스의 여성 음악가들에 대한 흥미로운 검토는 Yves Bessières' s & Patricia Niedzwicki' s, *Women and Music, Women of Europe*,

Supplement No. 22(Commission of the European Communities, October 1985)에서 볼 수 있다. 인물들은 p. 9 참조.

5. Lewenhak, p. 33.

6. 짐을 나르는 에피소드를 포함해서 여성들의 과중한 노동에 대해서는 Lewenhak, pp. 49, 77, 88, 122-123을 보아라.

7. Erasmus, *Christiani Matrimonii Institutio*(1526); O' Faolain, p. 194.

8. Lewenhak, p. 111.

9. O' Faolain, p. 272.

10. Jean de la Bruyère, *Œuvres Complètes*, ed. J. Benda(1951), p. 333.

11. Klein, p. 9.

12. Jacques de Cambry, *Voyage dans la Finistère*(1799); O' Faolain, p. 272. 그리고 노동자 임금의 통계는 같은 책, pp. 266-267을 보아라.

13. 여성들의 훨씬 낮은 임금에 대해서는 A. Abram, *Social England in the Fifteenth Century* (1909), p. 131과 Alice Clark의 공정한 연구서 *The Working Life of Women in the Seventeenth Century*(1919), pp. 65-66을 보아라.

14. J. W. Willis Bund, *Worcester County Records*(Worcester, England, 1900), Ⅰ, p. 337.

15. O' Faolain, p. 273.

16. M. Phillips & W. S. Tomkinson, *English Women in Life and Letters*(Oxford, 1927), p. 76.

17. Lewenhak, pp. 42-43.

18. 「잠언」 31 : 31-27.

19. O' Faolain, pp. 265-266.

20. *Libro di Buoni Costumi*(훌륭한 관습에 관한 책), ed. A. Schiaffini(Florence, 1956), pp. 126-128.

21. Gies, p. 60; Patricia Franks, *Grandma Was a Pioneer*(Canada, 1977), p. 25.

22. Le Grand Aussy, *Voyage d' Auvergne*(Paris, 1788), p. 281.

23. Edwardes, p. 250.

24. Lewenhak, p. 124.

25. *Le Livre de la Bourgeoisie de la Ville de Strasbourg 1440-1530*, ed. C. Wittmer & C. J. Meyer(3 vols, Strasbourg and Zurich, 1948-1961), Ⅰ, pp. 443, 399, 504, 822, 857, 862, 1071.

26. 아주 드문 예가 있다. 잉글랜드 북부 출신의 마리오나 켄트는 1474-1475년에 요크 상인회 (York Merchant Adventurers)라는 한 길드 위원회의 일원이 될 정도로 성공을 거두었다. 다른 길드들에서도 여성들은 이따금 죽은 남편에게 회원 자격을 물려받을 수 있었고, 심지어 흥미롭게도, 이 갈망하던 회원 자격을 두 번째 남편한테 양도할 수도 있었다. 그러나 여성들이 그런 회원 자격을 가질 수 있었다고 해도 다른 남성 회원들이 누리는 권리와 특권을 온전히 나눠 가질 수 있었던 것은 아니다. 프랑스와 이탈리아에는 여성들로만 이루어진 수공업 길드도 몇몇 있었지만 그 영향력은 지극히 제한되어 있었다.

27. Diane Hutton, "Women in Fourteenth-Century Shrewsbury" in Lindsay Charles & Lorna

Duffin, *Women and Work in Pre-Industrial England*(1985).

28. Margaret Alic, *Hypatia's Heritage: A History of Women in Science from Antiquity to the Late Nineteenth Century*(1986), pp. 54-57.

29. J. Q. Adams, *The Dramatic Records of Sir Henry Herbert*(New Haven, Oxford and London, 1971), 69.

30. 학계, 특히 매춘에 대한 책을 쓰는 쪽에서는 매춘을 여성들의 '가장 오래된 직업'이라 불러야 한다고 주장한다. Lujo Basserman, *The Oldest Profession: A History of Prostitution*, 1967; Hilary Evans, *The Oldest Profession: An Illustrated History of Prostitution*, 1979, 그 외에도 다른 많은 책들을 참조해라. 하지만 이것은 여성들의 지위를 하락시키는 완벽한 패러다임이며, 사실은 그 반대가 참이었다. 여성들의 가장 오래된 직업은 사제직이다. 여사제들은 위대한 여신을 섬겼고, 그 후에는 여신의 자리를 대신하게 된 남근 대치물을 섬겼다. 반대로 매춘은 도시가 형성되기 전까지는 크게 발달하지 않았다. 어쨌든 여성들이 가졌던 최초의 진짜 일자리가 남자들의 필요를 충족시키는 것이었다는 생각은 더할 나위 없이 만족스러운 역사적 허구였음이 틀림없다.

31. Hilary Evans, p. 73.

32. Burford, p. 115.

8. 혁명, 거대한 동력

1. Roger Thomson, *Women in Stuart England and America: A Comparative Study*(1974), p. 106.

2. Charles Royster, *A Revolutionary People at War: The Continental Army and the American Character 1775-1883*(Chapel Hill, North Carolina, 1979), pp. 30-31, pp. 35-36.

3. 사라의 신랄하고 의미심장한 편지들은 Robert Middlekauf, *The Glorious Cause: The American Revolution 1763-1789*(New and Oxford, 1982), p. 537에서 다루어졌다. 사라는 다른 여성들보다 운이 좋은 쪽이었다. 그녀가 몹시 '마음을 졸이며 그리워하던' 남편이 결국 그녀와 그들의 아이가 있는 집으로 무사히 돌아온 것이다.

4. Royster, pp. 296-297.

5. 같은 책, p. 166.

6. 여성들의 활동에 대한 기록이나 더 심도 있는 논의는 William P. Cumming & Hugh Rankin, *The Fate of the Nation: The American Revolution Through Contemporary Eyes*(1975), pp. 28-29를 보아라.

7. 해리엇 애클랜드에 대해서는 Mark M. Boatner, *Encyclopedia of the American Revolution*(New York, 1973), p. 4를 보아라. 리드셀 남작부인은 자신의 경험을 기록으로 남겼는데, 그것이 *The Voyage of Discovery to America*(1800)라는 아주 귀중한 자료집이 되었다. '물주전자를 든 몰리'라 불리던 헤이스에 대해서는 Cumming & Rankin, p. 215에서 다루었다.

8. B. Whitelock, *Memorials of English Affairs*(1732), p. 398. 그 여성들의 청원서는 1649년 5월 5일에 마침내 하원에 제출되었다. 그것은 법률과 자연의 법칙 양쪽에 근거해서 여성들의 권리를 강력하게 주장하는 훌륭하고 품위 있는 문서로서, 여성들의 권리는 사회의 모든 구성원이 응당 누

려야 할 인간의 권리라는, 이후에 등장한 페미니스트들의 주장을 예견할 수 있게 해준다.

9. Lady F. P. Verney, *Memoirs of the Verney Family During the Civil War*(2 vols, 1892), II, p. 240.

10. Antonia Fraser, pp. 192-197.

11. James Strong, *Joanereidos: or, Feminine Valour Eminently Discovered in Westerne Women* (1645).

12. John Vicars, *Gods Ark Overtopping the Worlds Waves, or, the Third Part of the Parliamentary Chronicle*(1646), p. 259.

13. Edwardes Bulwer-Lytton, *The Parisians*(1873), Book 5, Chapter 7.

14. Christopher Hibbert, *The French Revolution*(1980), pp. 96-105.

15. 같은 책, p. 99.

16. Basserman, p. 213.

17. Edmund Burke, "Letter to the Hon. C. J. Fox", October 8, 1777.

18. Basserman, p. 215.

19. Hibbert, p. 139.

20. A. Le Faure, *Le Socialisme Pendant la Révolution Français*(Paris, 1863), pp. 120ff.

21. Marie-Jean de Caritat, Marquis de Condorcet, *Essai sur l' Admission des Femmes au Droit de la Cité*(Paris, 1790).

22. Olympe de Gouges, *Déclaration des Droits de la Femme et la Citoyenne*(1791).

23. 미라보의 의도가 전적으로 남성 중심적인 것이었음은 1789년 6월에 발표한 다음과 같은 주장에서도 분명하게 드러난다. "역사가 그저 야생동물에 불과했던 사람들의 행동을 열거하는 데 그치는 일이 너무 많았다. 그런 야생동물 중에서 진짜 영웅은 아주 드물게 골라낼 수 있을 뿐이다." (Hibbert, p. 63).

24. C. Beard, *The Industrial Revolution*(1901), p. 23.

25. Anne Oakley, *Housewife*(1974), p. 14.

26. 이러한 설명들은 노동환경에 대한 공장 책임자들의 보고와 그에 따라 의회에서 토의된 내용을 기록한 국회의사록에서 인용한 것이다. Ivy Pinchbeck의 선구적인 연구서 *Women Workers and the Industrial Revolution 1750-1850*(1930), p. 94를 보아라.

27. Pinchbeck, pp. 195, 190, 188, 189.

28. J. L. Hammond & Barbara Hammond, *The Rise of Modern Industry*(1939), p. 209.

29. E. Royston Pike, *Human Documents of the Industrial Revolution in Britain*(1966), pp. 60-61, pp. 192-193, p. 194.

30. Pike, p. 80, p. 133.

31. 산업혁명기에 영국 여성들이 탄광에서 수행했던 끔찍한 노동에 대해서는 아주 많은 자료가 남아 있다. 여기 언급된 세부적인 일들에 대해서는 Pinchbeck, pp. 240-281과 Pike, pp. 245-278 을 참조해라.

32. Pike, pp. 257-258.

33. 의회 위원들의 보고. 8세 된 사라 구더의 증언도 참조해라. "나는 고버 탄갱에서 통풍구를 여닫는 일을 한다. 조명도 없이 통풍구를 지켜야 하는데, 몹시 겁이 난다. …… 탄갱에 들어가는 건 정말 싫다. 학교에 더 오래 다닐 수 있으면 좋겠다." (Pinchbeck, p. 248).

34. Pike, p. 124.

35. 같은 책, pp. 129-130.

36. T. S. Ashton, *The Industrial Revolution 1760-1830*(1948), p. 161.

37. Pinchbeck, pp. 2-3.

9. 제국의 위세

1. A. James Hammerton, *Emigrant Gentlewomen*(1979), p. 54, p. 57.

2. Kay Daniels & Mary Numane, *Uphill All the Way: A Documentary History of Women in Australia*(Queensland, 1980), pp. 117-118.

3. James Morris, *Pax Britannica*(1969), p. 74.

4. Anne Summers, *Damned Whores and God's Police: The Colonization of Women in Australia*(Ringwood, Vic., 1975), p. 12.

5. Dee Brown, *The Gentle Tamers: Women of the Old Wild West*(New York, 1958), p. 81.

6. Thompson, p. 84, p. 88.

7. C. M. H. Clark, *Select Documents in Australian History 1788-1850*(Sydney, 1965), p. 48.

8. Frederick C, Folkhard, *The Rare Sex*(Murray, Sydney, 1965), p. 69.

9. Michael Cannon, *Who' Master? Who' Man?*(Melbourne, 1971), p. 55. 그리고 *Report of the Select Committee on Transportation*(1837)에서 James Mudie의 증언.

10. T. W. Plummer to Colonel Macquarie, May 4, 1809, *Historical Records of New South Wales*, VII, p. 120.

11. Brian Fitzpatrick, *The Australian People 1788-1945*(Melbourne, 1946), p. 108.

12. 혹서의 '고문'으로 고통스러워한 사람은 말콤 달링 경이었다. Malcolm Darling, *Apprentice to Power: India 1904-1908*(1966), p. 26. 또한 인도에 체재한 영국 여성은 아네트 비버리지로, 그녀의 아들 윌리엄 비버리지(William Beveridge)가 쓴 *India Called Them*(1941), p. 201에 그녀에 대해 언급되어 있다.

13. Iris Butler, *The Viceroy's Wife*(1969), p. 164.

14. Eve Merriam, *Growing Up Female in America: Ten Lives*(New York, 1971), pp. 179-181.

15. Dee Brown, pp. 41-42.

16. Merriam, p. 195.

17. Dee Brown, pp. 51-52.

18. Butler, p. 101.

19. 같은 책, p. 111 ; Darling, p. 129.

20. Edna Healey, *Wives of Fame: Mary Livingstone, Jenny Marx, Emma Darwin*(1986), p. 14.

21. Beveridge, p. 60.

22. M. M. Kaye(ed.), *The Golden Calm: An English Lady's Life in Moghul Delhi, Reminiscences by Emily, Lady Clive Bayley, and by Her Father, Sir Thomas Metcalfe*(Exeter, 1980), p. 213.

23. 인용된 글은 세실 스프링라이스의 유명한 찬가 〈조국이여, 너의 이름을 걸고 맹세하노라〉에서 인용한 것이다. 이 노래는 대영제국 시대와 1차 세계대전 동안 청년들이 목숨 바쳐 자원하도록 유도하는 데 어마어마한 기여를 했다. 이 노래의 두 번째 절은 후에 영화 〈또 다른 나라 (Another Country)〉의 제목이 되었다.

24. Healey, p. 24. 메리 리빙스턴이 항상 남편에게 순종하지는 않았음을 기록할 필요가 있다. 그가 강가에서 태어난 아들의 이름을 그 강의 이름을 따서 '주가(Zouga)'라고 부르고 싶어했을 때 메리는 이를 딱 잘라 거절했다.

25. Kaye, p. 215.

26. 같은 책, p. 49 ; Beveridge, p. 240.

27. Joanna Trollope, *Britannia's Daughters: Women of British Empire*(1983), p. 148. 또한 D. Middleton, *Victorian Lady Travellers*(1965)도 참조해라.

28. Ziggi Alexander & Audrey Dewjee(ed.), *The Wonderful Adventures of Mrs. Seacole in Many Lands*(1984), p. 15.

29. *The Insight Guide to Southern California*(1984), p. 243.

30. William Bronson, *The Last Grand Adventure*(New York, 1977), p. 166.

31. James(1962), p. 85.

32. 라 말린친에 대한 논의나 그녀의 신화를 페미니즘적으로 재조명한 작업은 Cheris Kramarae & Paula A. Treichler, *A Feminist Dictionary*(1985), p. 245를 보아라.

33. Trollope p. 52.

34. Mayo, pp. 103-104.

35. Healey, p. 8.

36. F. Ekejiuba, "Omu Okwei: A Biographical Sketch", *Journal of the Historical Society of Nigeria*(1967), p. iii.

37. R. Miles, *Women and Power*(1985), p. 82; Susan Raven & Alison Weir, *Women in History: Thirty-Five Centuries of Feminine Achievement*(1981), p. 14.

38. Ronald Hyam, *Britain's Imperial Century, 1815-1914: A Study of Empire and Expansion*(1976), pp. 224-225.

10. 여성의 권리

1. 세실리아 코크런의 소송사건에 대해서는 A. Dowling, *Reports of Cases Argued and Determined in the Queen's Bench Practice Courts*(1841), VIII, p. 630 이후를 참조해라. 도슨, 애디슨, 테우시에 대해서는 O' Faolain, p. 333을 보아라.

2. De Cambry, II, p. 57.

3. Louise Michele Newman(ed.), *Men's Ideas, Women's Realities: Popular Science, 1870-1915*(New York and London, 1985), pp. 192-193.

4. Klein, p. 24.

5. 빅토리아 여왕이 대신에게 내린 지시는 Trollope, p. 29에서 볼 수 있다.

6. Beatrice Webb, *My Apprenticeship*(1926), p. 92.

7. Olive Schreiner, *Woman and Labour*(1911), p. 50.

8. Hubbard & Lowe, p. 48. 그리고 '지난 100년간 가장 집요하게 유지되어온 생각 중 하나'인 백인 남성의 지배가 지적인 우월성에 기반을 두고 있으므로 정당하다는 생각에 대한 전면적인 검토를 위해서는 같은 책 4장 '생리학과 문화의 변증법(The Dialectic of Biology and Culture)'을 참조해라.

9. 다윈이 나눈 지적 능력의 등급에 대해서는 *The Descent of Man, and Selection in Relation to Sex*(1871)에서 상세하게 다루고 있다. 그의 주장에 대한 상세한 비판과 그런 생각들이 현대 페미니즘과 갖는 관계에 대해서는 Rosalind Rosenberg의 작업, 특히 "In Search of Woman's Nature, 1850-1920", *Feminist Studies* 3(Fall 1975), pp. 141-153과 *Beyond Separate Spheres: Intellectual Roots of Modern Feminism*(New Haven, 1982)을 참조해라.

10. George J. Engelmann, "The American Girl of Today", the President's Address, *American Gynecology Society*(1900).

11. Herbert Spencer, *Education: Intellectual, Moral, and Physical*(1861). 더 상세한 논의를 위해서는 Newman, pp. 6-7, p. 12를 참조해라.

12. 상원에서 벌어졌던 이 논쟁의 첫 번째 발언자는 할스테드 경이었다. Hansard(국회의사록), Vol. 175, 4th Ser.(1907), col. 1355를 참조해라. 두 번째 화자는 히어포드의 제임스 경이다. Hansard(위와 같음), col. 1362.

13. J. Christopher Herold, *The Horizon Book of the Age of Napoleon*(New York, 1963), pp. 134-137. 엄밀하게 말해서, 간통을 범한 남성 역시 처벌을 받기는 했다. 그의 정부와 결혼하는 일을 금하는 것이었다. 그런데 이 처벌 내용은 오히려 많은 남성들을 안심시키는 역할을 했음이 분명하다. 여성에 대한 다른 구체적인 법률적 제약에 대해서는, 특히 213조, 214조, 217조, 267조, 298조를 보아라.

14. De Riencourt, p. x, p. 306.

15. Edwin A. Pratt, *Pioneer Women in Victoria's Reign*(1897), p. 123.

16. "The Emigration of Educated Women", Social Science Congress in Dublin, 1861, Klein, p. 22 참조.

17. "Votes for Women"(1912), April, p. 737.

18. 터브먼 '장군'은 1863년 6월 2일 사우스캐롤라이나 주의 포트로열 지역에서 활동을 시작했다. Kramarae & Treichler, p. 31; E. Conrad, *Harriet Tubman*(1943).

19. Kate Millet, *Sexual Politics*(1969), Chapter 3, "The Sexual Revolution, First Phase". 또한 H. Pauli, *Her Name Was Sojourner Truth*(1962)를 참조해라.

20. Roger Fulford, *Votes for Women: The Story of a Struggle*(1958), p. 16.

21. 여기 글들은 1929년판 *Vindication*(ed. by Ernest Rhys), pp. 21-23에서 인용한 것이다.

22. Flora Tristan, *L' Union Ouvrièr*(Paris, 1843), p. 108.

23. Fulford, p. 24.

24. A. Angiulli, *La Pedagogia, lo Stato e la Famiglia*(Naples, 1876), pp. 84ff.

25. Phillips & Tomkinson, p. 184.

26. Thomas Huxley, *Life and Letters of Thomas Huxley*(2 vols, New York, 1901), I, p. 228.

27. Raven & Weir, p. 218.

28. 같은 책, p. 73, p. 86.

29. Anne B. Hamman, "Professor Beyer and the Woman Question", *Educational Review* 47 (March 1914), p. 296.

11. 몸의 정치학

1. Newman, p. 105.

2. J. M. Allan, "On the Differences in the Minds of Men and Women", *Journal of the Anthropological Society of London* 7(1869), pp. cxcvi-cxcviii.

3. Dr. Mary Schalieb, *The Seven Ages of Woman*(1915), pp. 11-12, p. 51. 이 책은 '어머니가 되는 일'의 기쁨을 격찬하고 있다. Allan(앞의 책)은 여성적 특질이 질병이라고 주장한다. 그리고 Dr. Howard A. Kelly는 *Medical Gynecology*(1909), pp. 73-74에서 '골반 기관'의 위험을 경고했다.

4. 현대여성들의 외음부를 절제했던 불쾌한 사례들에 대한 더 풍부한 고찰을 위해서는 G. Barker-Benfield, "Sexual Surgery in Late Nineteenth-Century America", in C. Dreifus(ed.), *Seizing Our Bodies*(New York, 1978)를 참조해라. 영국에서의 절제술을 다룬 현대자료들의 유용한 발췌문은 Pat Jalland & John Hooper(eds.), *Women from Birth to Death: The Female Life Cycle in Britain 1830-1914*(1986), pp. 250-265에서 볼 수 있다.

5. 일본의 비책과 장애물을 이용한 방법들은 Mandel, pp. 44-45에서 인용했다. 이집트에 대한 언급은 Elizabeth Draper, *Birth Control in the Modern World*(1965), p. 75에서 인용한 것이다. 카사노바의 비결에 대해서는 같은 책, pp. 77-78에서 인용했다.

6. Burford, p. 34.

7. Soranus, *Gynaecology*(trans. Owsie Temkins, Johns Hopkins), pp. 62-67.

8. Burford, p. 173.

9. Draper, p. 69.

10. De Riencourt, p. 281.

11. Jalland & Jooper, p. 276.

12. G. Bruckner(ed.), *Two Memoirs of Renaissance Florence*(trans. J. Martines, New York, 1968), oo. 112ff.

13. Madame de Sèvigné, *Lettres de Marie de Rabutin-Chantal, Marquise de Sèvigné, à sa fille et*

ses amis(Paris, 1861), I , pp. 417ff, and II, pp. 17ff.

14. Herbert R. Spencer, *The History of British Midwifery form 1650 to 1800*(1929), p. 43, p. 51. 이 주제에 대한 더 자세한 논의는 Anne Oakley, *The Captured Womb: A history of the Medical Caree of Pregnant Women*(Oxford, 1985).

15. Jalland & Hoper, p. 121. 클로로포름 논쟁은 pp. 165-186.

16. Mayo, pp. 97-98.

17. F. Engels, *Condition of the Working Classes in England*(1892), pp. 148ff.

18. Christabel Pankhurst, *Plain Facts About a Great Evil: The Great Scourge, and How th End It* (Women's Social and Political Union, 1913), p. 20.

19. A. Sinclair, *The Emancipation of American Woman*(New York, 1966), p. 72.

20. Francis (sic) Swiney, *Women and Natural Law*(The League of Isis, 1912), p. 44와 *The Bar of Isis*(1907), p. 38. 흥미롭게도 스위니는 무방비 상태의 성교와 자궁경부암의 관련을 예견했다.

21. L. Fiaux, *La Police et Les Moeurs en France*(Paris, 1888), p. 129.

22. Sheila Jeffreys, *The Spinster and Her Enemies: Feminism and Sexuality 1880-1930*(1985), p. 88.

23. Lillian Faderman & Brigitte Eriksson(trans. and ed.), *Lesbian Feminism in Turn-of-the-Century Germany*(Weatherby Lake, Missouri, 1980), pp. 23-32. 또한 Faderman의 빼어난 책 *Surpassing the Love of Men: Romantic Friendship and Love between Women from the Renaissandce to the Present*(1981)도 참조해라.

24. *The Well of Loneliness*, chapter 56, section 3.

25. C. H. F. Routh, *The Moral and Physical Evils Likely to Follow Practices Intended as Checks to Population*(1879), pp. 9-17. 이런 질병들 중 많은 수가 고등교육을 받은 여성들에게 더 많이 발견된다고 주장했다. 프랜시스 플레이스에 대해서는 Derek Llewellyn Jones, *Human Reproduction and Society*(1974), p. 228을 보아라.

26. Eva Figes, *Patriarchal Attitudes: Women in Society*(1970), pp. 27-28.

27. Bleier, pp. 170-171.

28. Juliet Mitchell, *Woman's Estate*(1971), p. 164.

12. 시대의 딸

1. M. N. Duffy, *The Twentieth Century*(Oxford, 1964), pp. 1-2.

2. 마타 하리에게 내려진 유죄 판결은 계속 논란의 대상이 되어왔다. 그녀 자신은 끝까지 자신이 프랑스를 위해 활동한 이중 첩자였다고 주장했다. 그녀의 진짜 죄목은, 증오하던 독일인들과 관계한 데 있었는지도 모른다. S. Wagenaar, *The Merder of Mata Hari*(1964)를 참조해라.

3. 인용문과 괴벨스의 발언은 Richard Grunberger, *A Social History of the Third Reich*(1971), pp. 322-323.

4. Vela Laska, *Women in the Resistance and the Holocaust*(Connecticut, 1983), p. 181.

5. Edward Crankshaw, *Gestapo*(1956), p. 19.

6. J. Henderson & L. Henderson, *Ten Notable Latin Amercan Women*(Chicago, 1978), p. ⅹⅴ.

7. Macksey, pp. 56-57.

8. M. Bochkareva & I. D. Levine, *My Life as a Peasant Officer and Exile*(1929)을 참조해라.

9. V. Figner, *Memoirs of a Revolutionist*(1927); V. Liubatovich, *Memoirs*(1906); B. Engel & C. Rosenthal, *Five Sisters: Women against the Tsar*(1975).

10. Leghorn & Parker, p. 83.

11. Llewellyn Jones, pp. 239-240.

12. *Planned Parenthood of Missouri v. Danforth*(1976), 428 US 52;49 L, ED 788, rocords the U. S. 1973 decision. 영국의 판례에 대해서는 Paton v. *Trusteer of BPAS*[1978] 2 All ER 987 at 991을 보아라. 이 문제나 낙태에 대한 법의 입장의 아주 흥미로운 변천사를 보려면 O' Donovan, pp. 87-92를 참조해라.

13. Betty Friedan, *The Feminine Mystique*(1963), p. 15.

14. Bleer, p. 167. 많은 논란을 일으킨 코트의 논문은 그것이 프로이트의 핵심 개념에 정면으로 도전했다는 점에서 커다란 의미를 갖는다. 프로이트는, 여성은 클리토리스 오르가슴과 질 오르가슴이라는 두 오르가슴을 느끼는데, 전자는 '성숙한' 것이고 후자는 '미성숙한' 단계라고 주장했다. 이 논문은 그러한 주장에 정면으로 도전한 것이다. 또한 여성들이 가진다고 가정되던 '불감증'을 '치료한다'는 프로이트의 이론이 사실 여성들로 하여금 오르가슴에 가장 도달하기 힘든 방식으로 섹스를 하도록 요구함으로써 오히려 오르가슴을 느끼지 못하도록 한다고 주장했다. 여성의 성욕에 대한 이런 논쟁은 여성들이 자신들의 생활을 직접 관리해야 하며, 더 이상은 자신들의 몸에 대해 남성 '전문가들'이 설명하게끔 허용해서는 안 된다는 당위의 상징이자 증거가 되었다.

15. 이 인용문은 여성해방운동의 가장 초기 선언문에서 발췌한 것이다. 그 선언문은 스스로를 레드 스타킹스라 불렀던 뉴욕의 여성 집단이 작성하였다. Anna Coote & Beatrix Campbell, *Sweet Freedom: The Struggle for Women's Libberation*(1982), p. 15를 참조해라.

16. De Riencourt, p. 339.

17. *International Herald Tribune*, 24 August 1970.

18. *Kommunist*, Moscow, November 1963.

19. R. Fuelop-Miller, *The Mind and Face of Bolshevism*(New York, 1965), p. 173.

20. Leghorn & Park, p. 14.

21. Tuttle, *Encyclopedia of Feminism*(London, 1986), p. 42 ; bell hooks, *Feminist Theory: From Margin to Center*(Boston, 1984) 참조.

22. Tim Hodlin, "Veil of Tears", *the Listener*, 12 June 1986.

23. Selma James(ed.), *Strangers and Sisters: Women, Race and Immigration*(1985), p. 85.

24. Lerner, p. 13.

25. Tuttle, p. 42.

참고문헌

Abram, A., *Social England in the Fifteenth Century* (London, 1909)

Adams, J. Q., *The Dramatic Records of Sir Henry Herbert* (New Haven, Oxford & London, 1917)

Alexander, William, *The History of Women* (2 vols, London, 1782)

Alexander, Ziggi, and Audrey Dewjee, (eds.), *The Wonderful Adventures of Mrs. Seacole in Many Lands* (London, 1984)

Al-Hibri, Azizah, *Women and Islam* (London, 1982)

Alic, Margaret, *Hypatia's Heritage: A History of Women in Science from Antiquity to the Late Nineteenth Century* (London, 1986)

Allan, J. M., "On the Differences in the Minds of Men and Women", *Journal of the Anthropological Society of London 7* (London, 1869)

Angiulli, A., *La Pedagogia, lo Stato e la Famiglia* (Naples, 1876)

Apuleius, Lucius, *The Golden Ass*: see Graves, Rovert (trans.)

Ardener, Shirley (ed.), *Defining Females: The Nature of Women in Society* (London, 1978)

Ardrey, Robert, *African Genesis: A Personal Investigation into the Animal Origins and Nature of Man* (London, 1961); *The Hunting Hypothesis: A Personal Conclusion Concerning the Evolutionary Nature of Man* (London, 1976)

Armstrong, Karen, *The Gospel According to Woman*(London, 1986)

Ashton, T. S., *The Industrial Revolution 1760-1830*(London, 1948)

Bachofen, Johann Jakob, *Das Mutterrecht* [The Mother-Right] (London, 1861) ; *Myth, Religion and Mother-Right* (Princeton, 1967)

Baker, Michael, *Our Three Selves: A Life of Radclyffe Hall* (London, 1985)

Bassermann, Lujo, *The Oldest Profession: A History of Prostitution* (London, 1967)

Beale, Dorothea, *A Report on the Education of girls* (London, 1869)

Beard, C., *The Industrial Revolution* (London, 1901)

Bermant, Chaim, *The Walled Garden: The Saga of Jewish Family Life and Tradition* (London, 1974)

Berryman, John, *Homage to Mistress Bradstreet* (London, 1956)

Besse, Joseph, *A Collection of the Sufferings of the People Called Quakers*(London, 1753)

Beveridge, William, *India Called Them* (1941)

Bickley, F. B., (ed.), *The Little Red Book of Bristol* (Bristol, 1900)

Blanch, Lesley, *Pavilions of the Heart: The Four Walls of Love* (London, 1974)

Bleier, Ruth, *Science and Gender - A Critique of Biology and Its Theories on Women* (New York & Oxford, 1984)

Boatner, Mark M., *Encyclopedia of the American Revolution* (New York, 1973)

Bochkareva, M., and I. D. Levine, *My Life as a Peasant Officer and Exile* (London, 1929)

Bodin, Jean, *De la Démonomanie des Sorciers* (Paris, 1580)

Bose, Pramatha Nath, *A History of Hindu Civilization During British Rule* (London, 1894)

Boulding, Elise, *The Underside of History: A View of Women Through Time* (Colorado, 1976)

Box, Christine, and Erik Arnold, *Smothered by Invention* (London, 1985)

Brandon, S. G. F., *Creation Legends of the Ancient Near East* (London, 1963)

Branston, Brian, *The Lost Gods of England* (London, 1974)

Brazell, Karen (trans.), *The Confessions of Lady Nijō* (London, 1975)

Briffault, Robert, *The Mothers* (3 vols., New York, 1927)

Brink, L., (ed.), *Female Scholars* (London, 1980)

Bronson, William, *The Last Grand Adventure* (New York, 1977)

Brown, Dee, *The Gentle Tamers: Women of the Old Wild West* (New York, 1958)

Brown, J. C., *Immodest Acts: The Life of a Lesbian Nun in Renaissance Italy* (Oxford, 1986)

Bruckner, G., (ed.), *Two Memoirs of Renaissance Florence*, trans. J. Martines (New York, 1968)

Burford, E. J., *Bawds and Lodgings: A History of the London Bankside Brothels c. 100-1675* (London, 1976)

Burke, Barbara, "Infanticide", from *Science 84*, 5:4 (May), 26-31 (London, 1984)

Burton, R. F. (Sir Richard), *Personal Narrative of a Pilgrimage to Al-Madinah and Meccah* (2 vols., London, 1855-1856)

Butler, Iris, *The Viceroy's Wife* (London, 1969)

Butterfield, Herbert, *Man on His Past* (London, 1955)

Calder, Nigel, *Timescale* (London, 1984)

Camhi, Jane Jerome, *Women Against Women: American Anti-Suffragism 1880-1920*, Ph. D. Dissertation, Tufts University (London, 1973)

Campbell, Joseph (ed.), *The Masks of God: Occidental Mytholgy* (New York, 1970); *Man and Transformation: Papers from the Eranos Yearbooks* (Vol. V, 1964)

Cannon, Michael, *Who's Master? Who's Man* (Melbourne, 1971)

Carpenter, Edward, *Love's Coming of Age* (Manchester, 1896)

Carr, E. H., *What Is History?* (London, 1961)

Carter, Jan, *Nothing to Spare: Recollections of Australian Pioneering Women* (Victoria, 1981)

Chadwick, Nora, *The Celts* (London, 1970)

Charles, Lindsey, and Lorna Duffin, *Women and Work in Pre-Industrial England* (London, 1985)

Clark, Alice, *The Working Life of Women in the Seventeenth Century* (London, 1919: reissued 1982)

Clark, C. M. H., *Select Documents in Australian History 1788-1850* (Sydney, 1965)

Coles, John, *The Archaeology of Early Man* (London, 1969)

Collier, Mary, *The Woman's Labor: An Epistle to Mr. Stephen Duck: In Answer to His Late Poem Called the Thresher's Labour* (London, 1739)

Conrad, E., *Harriet Tubman* (London, 1943)

Constable, J., *The Neanderthals* (London, 1973)

Coote, Anna, and Beatrix Campbell, *Sweet Freedom: The Struggle for Women's Liberation* (London, 1982)

Cumming, William P., and Hugh Rankin, *The Fate of a Nation: The American Revolution Through Contemporary Eyes* (London, 1975)

Daly, Mary, *The Church and the Second Sex* (London, 1968); *Beyond God the Father: Towards a Philosophy of Women's Liberation* (London, 1973)

Daniels, Kay, and Mary Murnane, *Uphill All the Way: A Documentary History of Women in Australia* (Queensland, 1980)

Darling, Sir Malcolm, *Apprentice to Power: India 1904-1908* (London, 1966)

Dart, Raymond, "The Predatory Transition from Ape to Man", *International Anthropological and Linguistic Review*, Vol. 1, No. 4, (London, 1953)

Darwin, Charles, *On the Origin of Species by Means of Nathral Selection* (London, 1859); *The Descent of Man* (London, 1871)

Davidson, Basil, *Africa in History: Themes and Outlines* (London, 1968)

Davis, Elizabeth Gould, *The First Sex* (London, 1971)

d' Aubigne, Agrippa, *Œuvres Complètes* (Paris, 1873)

d' Aussy, Le Grand, *Voyage d' Auvergne* (Paris, 1788)

de Beauvoir, Simone, *The Second Sex*(London, 1949, first English edition, 1953)

de Bourdeille, Pierre, and Abbé de Brantome, *Les Vies des Dames Galantes* (London, 1961)

de la Bruyère, Jean, *Œuvres Complètes* (London, 1951) ed. J. Benda

de Cambry, Jacques, *Voyage dans la Finistère* (London, 1799)

de Caritat, Marie-Jean, *Essai sur l' Admission des Femmes au Droit de Cité* (Paris, 1790)

de Crenne, Hélisenne , *Les Angoysses qui procèdent d' Amour contenant trois parties composées par dame Hélisenne de Crenne laquelle exhorte toutes personnes a ne pas suivre folle amour* (London, 1538)

de Flore, Jeanne (pseud. J. Galliarde), *Contes Amoureux, touchant la punition que fait Vénus dee ceux qui condamnent et mésprisent le vray amour*

de Gouges, Olympe (pseud.), *Déclaration des Droits de la Femme et de la Citoyenne* (London, 1791)

de Gournay, Marie Le Jars, *Egalité des hommes et des femmes* (London, 1622); *Grief des Dames* (London, 1626) de Pisan, Christine, *Cité de Dames* (1394)

de Riencourt, Amaury, *Women and Power in History* (London, 1983)

de Rougemont, Denis, *Passion and Society* (London, 1956)

de Sèvigné, Madame, *Lettres de Marie de Rabutin-Chantal, Marquise de Sèvigné, à sa fille et ses amis* (Paris, 1861)

Diner, Helen (pseud. Bertha Eckstein-Diener), *Mothers and Amazons: The First Feminine History of Culture* (London, 1932)

Dingwall, Eric John, *The Girdle of Chastity* (London, 1931)

Dodwell, H. H., *The Cambridge History of India*, 7 vols., (Cambridge & New York, 1932)

Dowling, A., *Reports of Cases Argued and Determined in the Queen' Bench Practice Courts* (1841)

Draper, Elizabeth, *Birth Control in the Modern World* (London, 1965)

Dreifus, C. (ed.), *Seizing Our Bodies* (New York, 1978)

Duffy, M. N., *The Twentieth Century* (Oxford, 1964)

Durry, Marcel (ed.), *Eloge Funèbre d' une Matrone Romaine. Eloge dit de Turia*(Collection des Universités de France, 1950)

Edwardes, Allen, *The Jewel in the Lotus: a Historical Survey of the Sexual Culture of the East* (London, 1965)

Ekejiuba, F., "Omu Okwei: A Biographical Sketch", *Journal of the Historical Society of Nigeria* (London, 1967)

El Saadawi, Nawal, "Women in Islam", in Alhbri (London, 1982), q. v., pp. 193-206

Engel, B., and C. Rosenthal, *Five Sisters: Women Against the Tsar* (London, 1975)

Engelmann, Geoge J., *The President' s Address, American Gynecology Society* (London, 1900)

Engels, F., *Condition of the Working Classes in England* (London, 1892)

Engels, F., *The Origin of the Family, Private Property and the State in the Light of the Researches of Lewis H. Morgan* (London, 1884; 1st English edition 1942)

Erasmus, Desiderius, *Christian Matrimonii Institutio* (London, 1526)

Etienne, Mora, and Eleanor Leacock, (eds.), *Women and Colonization* (London, 1980)

Evans, Sir Arthur, *The Palace of Minos at Knossos* (4 vols., London, 1921-1935)

Evans, Hilary, *The Oldest Profession: An Illustrated History of Prostitution* (London, 1979)

Evans, Jean, *Index th the Palace of Minos* (London, 1936)

Evans, Mary (ed.), *The Woman Question: Readings on the Subordination of Women* (London, 1982)

Evans, Richard L., (ed.) *Dialogue with Erik Erikson* (New York, 1967)

Faderman, Lillian, *Surpassing the Love of Men: Romantic Friendship and Love Between Women from the Renaissance to the Present* (London, 1981)

Faderman, Lillian, and Brigitte Eriksson (trans. & ed.), *Lesbian Feminism in Turn-of-the-Century Germany* (Weatherby Lake, Missouri, 1980)

Fagan, B. M., *People of the Earth: An Introduction to World Pre-History* (London, 1980)

Fagniez, G., *Documents Relatifs à l' Histoire de l' Indusre et de Commerce en France* (Paris, 1899-1900)

Farb, Peter, *Man's Rise to Civilization as Shown by the Indians of North America, from Primeval Times to the Coming of the Industrial State* (London), 1968)

Le Faure, A., *Le Socialisme Pendant la Révolution Français* (Paris, 1863)

Ferguson, John, *The Religions of the Roman Empire* (London, 1970)

Fiaux, L., *La Police des Moeurs en France* (Paris, 1888)

Figes, Eva, *Patriarchal Attitudes: Women in Society* (London, 1970)

Figner, V., *Memoirs of a Revolutionist* (London, 1927)

Firestone, Shulamith, *The Dialectic of Sex: The Case for Feminist Revolution* (London, 1970)

First, R., and A. Scott, *Olive Schreiner* (London, 1980)

Fisher, Elizabeth, *Woman's Creation: Sexual Evolution and the Shaping of Society* (New York, 1979)

Fitzgerald, C. P., *China: A Short Cultural History* (London, 1961)

Fitzpatrick, Brian, *The Australian People 1788-1945* (Melbourne, 1946)

Folkhard, Frederick C., *The Rare Sex* (Murray, Sydney, 1965)

Franks, Paticia, *Grandma Was a Pioneer* (Canada, 1977)

Fraser, Antonia, *The Weaker Vessel: Woman's Lot in Seventeenth Century England* (London, 1984)

Frazer, Sir James, *The Golden Bough* (London, 1922)

Freeman, Jo (ed.) *Women: A Feminist Perspective* (Palo Alto, California, 1979)

French, Marilyn, *Beyond Power: Men, Women and Morals* (London, 1985)

Friedan, Betty, *The Feminine Mystique* (London, 1963)

Friedrich, Paul, *The Meaning of Aphrodite* (Chicago & London, 1978)

Fuelop-Miller, R., *The Mind and Face of Bolshevism* (New York, 1965)

Fulford, Roger, *Votes for Women: The Story of a Struggle* (London, 1958)

Gage, Matilda Joslyn, *Woman, Church and State: The Original Exposé of Male Collaboration Against the Female Sex* (London, 1893)

Gallichan, Walter, M., *Women Under Polygamy* (London, 1914)

Gattey, C. N., *Gauguins's Astonishing Grandmother* (London, 1970)

Geoffrey of Tours, *Historia Francorum Libri Deum* (1120)

Gies, Joseph, and Frances Gies, *Life in a Medieval Castle* (New York, 1974): *Women in the Middle Ages* (New York, 1978)

Gilman, Charlotte Perkins, *Women and Economics* (London, 1898)

Gorean, A., *Reconstructing Aphra* (London, 1980)

Grant, M., *Elizabeth Blackwell* (London, 1974)

Graves, Robert, *The White Goddess* (London, 1948); *The Greek Myths* (London, 1960); (ed.), *The New Larousse Encyclopaedia of Mythology* (London, 1959); (trans.) *Apuleius; The Golden Ass* (London, 1950)

Greene, Graham, *Lord Rochester's Monkey: Being the Life of John Wolmot, Second Earl of Rochester* (London, 1976)

Greer, Germaine, *The Female Eunuch* (London, 1970); *The Obstacle Race: The Fortunes of Women Painters and Their Work* (London, 1979)

Griffiths Elisabeth, *In Her Own Right: The Life of Elisabeth Cady Stanton* (Oxford & New York, 1986)

Grunberger, Richard, *A Social History of the Third Reich* (London, 1971)

Haggard, Sir Henry Rider, *King Solomon's Mines* (London, 1886)

Hall, Radclyffe, *The Well of Loneliness* (London, 1928)

Hamer, F., *Théroigne de Méricourt: A Woman of the Revolution* (London, 1911)

Hamman, Anne B., "Professor Beyer and the Woman Question", *Educational Review 47*, (March 1914)

Hammerton, A. James, *Emigrant Gentlewomen* (London, 1979)

Hammond, J. L., and Barbara Hammond, *The Rise of Modern Industry* (London, 1939)

Harding, M. Esther, *Woman's Mysteries, Ancient & Modern, A Psychological Interpretation of the Feminine Principle as Portrayed in Myth, Story and Dreams* (New York, 1955)

Hartley, C. Gascoigne, *The Position of Women in Primitive Society* (London, 1914)

Hawkes, Jacquetta, *Dawn of the Gods* (London, 1958); *Prehistory* (New York, 1965); *The First Great Civilizations* (London, 1975)

Healey, Edna, *Wives of Fame: Mary Livingstone, Jenn Marx, Emma Darwin* (London, 1986)

Henderson, L. & J., *Ten Notable Latin American Woman* (Chicago, 1978)

Herold, J. Christopher, *The Horizon Book of the age of Napoleon* (New York, 1963)

Hibbert, Christopher, *The Roots of Evil: A Social History of Crime and Punishment* (London, 1966); *The French Revolution* (London, 1980)

Hill, Raymond, and Thomas G. Burgin (eds.), *Anthology of the Provencal Troubadours* (London, 1941)

Holden, Pat, *Women's Religious Experience* (London, 1983)

Hooks, Bell, *Ain't I a Woman: Black Women and Feminism* (Boston, 1981), *Feminist Theory: From Margin to Center* (Boston, 1984)

Horney, Karen, *Feminine Psychology*, ed. Harold Kelman (New York, 1967)

Hosken, Fran, *The Hosken Report-Genital and Sexual Mutilation of Females* (Autumn 1979, Women's International Network News, 187 Grant St., Lexington, Mass. 02173, USA)

Hughes, Pennethorne, *Witchcraft* (London, 1965)

Humphreys, M. E., Gregor Hugh Beggs and Darlow Humphreys, *The Industrial Revolution* (London, 1976)

Hurt-Mead, Kate C., "Trotula", *Isis*, 14 (London, 1930), pp. 349-369

Hutton, Diane, "Women in Fourteenth-Century Shrewsbury", in Charles L., and Duffin L., q. v.

Huxley, Thomas, *Ethics and Evolution* (London, 1893); *Life and Letters of Thomas Huxley* (2 voll., New York, 1901)

Hyam, Ronald, *Britain's Imperial Century 1815-1914: A Study of Empire and Expansion* (London, 1976)

Isaac, G., and R. Leakey, *Human Ancestors* (London, 1979)

Jalland, Pat, and John Hooer (eds.), *Women from Birth to death: The Female Life Cycle in Britain 1830-1914* (London, 1986)

James, E. O., *The Cult of the Mother Goddess: An Archaeological and Documentary Study* (London, 1959); *Sacrifice and Sacrament* (London, 1962)

Jeffreys, Sheila, *The Spinster and Her Enemies: Feminism and Sexuality 1880-1930* (London, 1985)

Johanson, Donald C., and Maitland A. Edey, *Lucy: The Beginnings of Humankind, The Dramatic Discovery of Our Oldest Human Ancestor* (London & New York, 1981)

Jones, Derek Llewellyn, *Human Reproduction and Society* (London, 1974)

Kaye, M. M., *The Golden Calm: An English Lady's Life in Moghul Delhi, Reminiscences by Emily, Lady Clive Bayley, and Her Father, Sir Thomas Metcalfe* (Exeter, 1980)

Kaye, Melanie, *Nice Jewish Girls* (ed.), Evelyn Torton Beck (Mass., 1982)

Kelly, Dr. Howard A., *Medical Gynaecology* (London, 1909)

Kerenyi, C., *Eleusis: Archetypal Image of Mother and Daughter* (New York & London, 1967)

Klein, Viola, *The Feminine Character: History of an Ideology* (London, 1946)

Koedt, Anne, *The Myth of the Vaginal Orgasm* (New York, 1969)

Kramarae, Cheris, and Paula A. Treichler, *A Feminist Dictionary* (London, 1985)

Labarge, Margaret Wade, *Women in Medieval Life* (London, 1986)

Labé, Louise, *Débat de Folie et d'Amour* (London, 1595)

Ladurie, Emmanuel Le Roy, *The French Peasantry 1450-1660*, trans, Alan Sheridan (London, 1986)

Lane, Anne S. (ed.), *Mary Ritter Beard: A Sourcebook* (New York, 1977)

Langdon-Davies, John, *A Short History of Women* (London, 1928)

Lantier, Jacques, *La Cité Magique* (Paris, 1972)

Laska, Vera, *Women in the Resistance and in the Holocaust* (Connecticut, 1983)

Leakey, R., and R. Lewin, *Origins* (New York, 1977): *The Illustrated Origin of Species*, ed. R, A.

Leakey (1979)

Lee, R. B., and Irven De Vore, *Man the Hunter* (London, 1968); (eds.) *Kalahari Hunter-Gatherers* (Harvard University Press, 1976)

Lefkowitz, Mary R., *Women in Greek Myth* (London, 1986)

Leghorn, Lisa, and Katherine Parker, *Woman's Worth: Sexual Economics and the World of Women* (1981)

Leroi-Gourhan, André, *The Art of Prehistoric Man in Western Europe* (London, 1969)

Leslie, Julia, "Essence and Existence: Women and Religion in Ancient Indian Texts", in Holden (London, 1983) q. v., pp. 89-112

Lewenhak, Sheila, *Women and Work* (London, 1980)

Liubatovich, V., *Memoirs* (London, 1906)

Livingstone, W. P., *Mary Slessor of Calabar: Pioneer Missionary* (London, 1916)

Lorenz, Konrad, *On Aggression* (London, 1966)

Lowe, Marian, and Ruth Hubbard, *Woman's Nature: Rationalizations of Inequality* (New York & Oxford, 1983)

Lucas, Angela M., *Women in the Middle Ages: Religion, Marriage & Letters* (London, 1983)

Luquet, G.-H., *The Art and Religion of Fossil Man* (Oxford, 1930)

Luther, D. Martin, *Kritische Gesamtausgabe*, Vol. III, *Briefwechsel* (Weimar, 1933)

Lyell, Charles, *Principles of Geology* (London, 1830)

Lytton, Edward Bulwer-Lytton, *The Parisians* (London, 1873)

MacCurtain, Margaret, and Donn O' Corrain (eds.), *Women in Irish Society: The Historical Dimension* (1986)

Macksey, Joan, *The Guinness Guide to Feminine Achievement* (London, 1975)

McLean, Scilla, *Female Circumcision, Excision and Infibulation: The Facts and Proposals for Change* (Minority Rights Groups Report No. 47, December 1980)

Maitland, Sara, *A Map of the New Country: Women and Christianity* (London, 1983)

Mandel, Gabriel, *A Poem of the Pillow: The Japanese Methods* (Fribourg, 1984)

Markdale, Jean, *Women of the Celts* (Paris, New York, London 1982)

Mayo, Katherine, *Mother India* (London, 1927)

Mead, Margaret, *Male and Female: A Study of the Sexes in a Changing World* (New York, 1949)

Mernissi, Fatima, *Beyond the Veil: Male-Female Dynamics in a Modern Muslim Society* (New York, 1975)

Merriam, Eve (ed.), *Growing Up Female in America: Ten Lives* (New York, 1971)

Middlekauf, Robert, *The Glorious Cause: The American Revolution 1763-1789* (New York & Oxford, 1982)

Middleton, D., *Victorian Lady Travellers* (London, 1965)

Miles, R., *Women and Power* (London, 1985)

Millett, Kate, *Sexual Politics* (London, 1970)

Mitchell, Juliet, *Women's Estate* (London, 1971)

Morgan, Elaine, *The Descent of Woman* (London, 1972)

Morris, Desmond, *The Naked Ape* (London, 1967)

Morris, James, *Pax Britannica* (London, 1969)

Morris, J., *The Lady Was a Bishop* (New York, 1973)

Murdock, George P., *Our Primitive Contemporaries* (New York, 1934); *Social Structure* (New York, 1949); "World Ethnographic Sample", *American Anthropologist* (London, 1957); "Ethnographic Atlas: A Summary", *Ethnology 6*, No. 2, pp. 109-236

Murray, Margaret, *The Witch-Culture in Western Europe* (Oxford, 1921)

Musurillo, Herbert, *The Acts of the Christian Martyrs* (London, 1972)

Nefwazi, Shaykh, *The Perfumed Garden*, trans. Sir Richard Burton (London, 1963)

Neumann, Erich, *The Great Mother: An Analsis of the Archetype* (New York & London, 1955)

Newman, Louise Michele, *Men's Ideas: Women's Realities: Popular Science 1870-1915* (New York& London, 1985)

Nicholson, John, *Men and Women: How Different Are They?* (Oxford, 1984)

Ní Chuilleanáin, Eilean (ed.), *Irish Women: Image and Achievement-Women in Irish Culture from Earliest Times* (London, 1985)

Niedzwiecki, Patricia, *Women and Music, Women of Europe,* Supplement No. 22, (Commission of the Europen Communities, October 1985)

Nijō, Lady, *Confessions–see Brazell*, Karen

Oakley, A., *The Captured Womb: A History of the Medical Care of Prengant Women* (Oxford, 1985; *Housewife* (Lon, 1974); *Subject Women* (Glasgow, 1982)

Oakley, Kenneth, *Man the Tool-Maker* (London, 1947)

O'Donovan, Katherine, *Sexual Divisions in Law* (London, 1985)

O'Faolain, Julia, and Lauro Martines, *Not in God's Image: Woman in History* (London, 1973)

O'Neill, John, *The Night of the Gods* (2 vols., London, 1893)

O'Neill, Lois Decker (ed.), *The Woman's Book of World Records and Achievements* (New York, 1979)

Pankhurst, Christabel, *Plain Facts About a Great Evil-The Great Scourge and How to End It* (Women's Social and Political Union, London, 1913)

Parent-Duchatelet, A. J. B., *De la Prostitution dans la Ville de Paris* (2 vols., Paris, 1857)

Parker, Rozsika, and Griselda Pollock, *Old Mistresses: Women, Art and Ideology* (London, 1981)

Parrinder, Geoffrey, *Sex in the World's Religions* (London, 1980)

Patai, Raphael, *The Hebrew Goddess* (New York, 1967)

Pauli, H., *Her Name Was Sojourner Truth* (London, 1962)

Petrie, Gren, *A Singular Iniquity: The Campaigns of Josephine Butler* (London, 1971)

Phillips, M., and W. S. Tomkinson, *English Women in Life and Letters* (Oxford, 1927)

Pike, E. Royston, *Human Documents of the Industrial Revolution in Britain* (London, 1966)

Pinchbeck, Ivy, *Women Workers and the Industrial Revolution 1750-1850* (London, 1930 ; reprinted 1969)

Pratt, Edwin A., *Pioneer Women in Victoria's Reign* (London, 1897)

Rae, I., *The Strange Story of Dr. James Batty* (London, 1958)

Ranelagh, E. L., *Men On Women* (London, 1985)

Raven, Susan, and Alison Weir, *Women in History: Thirty-Five Centuries of Feminine Achievement* (London, 1981)

Read, Carveth, *Origins of Man* (London, 1925)

Reed, Evelyn, *Woman's Evolution: From Matriarchal Clan to Patriarchal Family* (New York, 1975)

Reichard, Gladys, *Navajo Religion: A Study of Symvolism* (New York, 1950)

Reiter, Rayma (ed.), *Towards an Anthropology of Women* (London, 1975)

Rennie, Susan, and Kirsten Grimstad, *The New Woman's Survival Catalog* (New York, 1973)

Riedesel, Baroness, *The Voyage of Discovery to America* (London, 1800)

Roberts, J. M., *The Hutchinson History of the World* (London, 1076)

Robinson, Victor, *Pionners of Birth Control in England and Amerca* (New York, Voluntary Parenthood League, 1919)

Rosenberg, Rosalind, *Beyond Separate Spheres: Intellectual Roots of Modern Feminism* (New Haven, 1982) ; Feminist Studies 3 (Fall 1970)

Rothery, G. D., *The Amazons* (London, 1910)

Routh, C. H. F., *The Moral and Physical Evils Likely to Follow Practices Intended as Checks to Population* (London, 1879)

Royster, Charles, *A Revolutionary People at War: The Continental Army, the American Character 1775-1783* (Chapel Hill, North Carolina, 1979)

Rugg, W. F., *Unafraid: A Life of Anne Hutchinson* (London, 1930)

Rule, Jane, *Lesbian Images* (New York, 1982)

Russell, Bertrand, *History of Western Philosophy, and Its Connection with Political and Social Circumstances from the Earliest Times to the Present Day* (London, 1946)

Sabbah, Fatna A. (pseud.), *Wonan in the Muslim Uncomscious* (London & New York, 1984)

Sandars, N. K. (trans.), *The Epic of Gilgamesh* (London, 1960)

Scharlieb, Mary, *The Seven Ages of Woman* (London, 1915)

Schiaffini, A. (ed.), *Libro di Buoni Costumi* (Florence, 1956)

Schimmel, Annemarie, "Women in Mystical Islam", in Al-Hibri (q. v.)

Schmidt, Master Franz, *A Hangman's Diary* (London, 1928)

Schneider, J. A., *Flora Tristan* (London, 1980)

Schreiner, Olive, *The Story of an African Farm* (London, 1884); *Woman and Labour* (London, 1911)

Scot, Reginald, *The Discovery of Witchcraft*, (ed.), B. Nicholson, (London, 1886)

Scott, G. R., *Phallic Worship: A History of Sex Rites in Relation to the Religion of All Races from Antiquity to the Present Day* (New Delhi, 1975)

Seltman, Charles A., *Women in Antiquity* (London, 1956)

Shackley, Myra Lesley, *Neanderthal Man* (London, 1980)

Shuttle, Penelope, and Peter Redgrove, *The Wise Wound: Menstruation and Everywoman* (London, 1978)

Sinclair, A., *The Emancipation of the American Woman* (New York, 1966)

Slocum, Sally, "Woman the Gatherer: Male Bias in Anthropology", (London, 1971), *in Reiter* (q. v.) and Evans (q. v.)

Smith, F. M., *Mary Astell* (London, 1916)

Solanas, Valerie, *S. C. U. M. Manifesto* (New York, 1968)

Soranus, *Gynaecology*, trans. Owsie Temkins, (Johns Hopkins, 1956)

Spencer, Herbert, *Education: Intellectual, Moral and Physical (London, 1861); Principles of Biology* (London, 1864-1867)

Spencer, Herbert R., *The History of British Midwifery from 1650 to 1800* (London, 1929)

Sprenger, Jacob, *Malleus Maleficarum* (1484)

Stanton, Elizabeth Cady, Susan B. Anthony, and Matilda Joslyn Gage, *The History of Woman Suffrage* (New York, 1876-1885); *Eighty Years and More: Reminiscences 1815-1897* (New York, 1898)

Stone, Lee Alexander, *The Story of Phallicism* (Chicago, 1927)

Stone, Merlin, *The Paradise Papers* (London, 1976); *Ancient Mirrors of Womanhood* (London, 1979)

Storr, Anthony, *Human Aggression* (London, 1968)

Strong, James, *Joanereidos: of Feminine Valour Eminently Discovered in Westerne Women* (London, 1645)

Summers, Anne, *Damned Whores and God's Police: The Colonization of Women in Australia* (Ringwood, Vic., 1975)

Suttie,, Ian D., *The Origins of Love and Hate* (London, 1960)

Swiney, Francis, *Women and Natural Law* (League of Isis, 1912); *The Bar of Isis* (London, 1907)

Tax, Sol (ed.), *The Evolution of Man, Evolution After Darwin*, Vol II (University of Chicago, 1960)

"T. E." (anon), *The Lawes Resolution of Women's Right* (London, 1632)

Thomas, W. I., *Sex and Society: Studies in the Psychology of Sex* (London, 1907)

Thompson, Roger, *Women in Stuart England and America: a Comparative Study* (London, 1974)

Thorndike, Lynn, *A Short History of Civilization* (London, 1927)

Tomalin, Claire, *The Life and Death of Mary Wollstonecraft* (London, 1978)

Tristan, Flora, *Pérégrinations d'une Paria* (London, 1838); *L'Union Ouvrièr* (Pariw, 1843)

Trollope, Joanna, *Britannia's Daughters: Women to the British Empire* (London, 1983)

Tuttle, Lisa, *Encyclopedia of Feminism* (London, 1986)

Uglow, Jennifer S. (ed.), *The Macmillan Dictionary of Women's Biography* (London, 1982)

Vaerting, Mathilde, and Mathias Vaerting, *The Dominant Sex; A Study in the Sociology of Sex Differences* (London, 1923)

Verney, Lady F. P. (ed.), *Memoirs of the Verney Family During the Civil War* (2 vol., 1892)

Vicars, John, *God's Arke Overtopping the World's Waves, or the Third Party of the Paliamentary Chronicle* (London, 1646)

Wagenaar, S., *The Murder of Mata Hari* (London, 1964)

Warner, Marina, *Joan of Arc: The Image of Female Heroism* (New York, 1982)

Washburn, S., and C. S. Lancaster, "The Evolution of Hunting", in Lee & De Vor (q. v.)

Webb, Beatrice, *My Apprenticeship* (London, 1926)

Webster, Paula, "Matriarchy : A Vision of Power", *in Reiter* (q. v.)

Weideger, Paula, *History's Mistress* (London, 1985)

Wells, H. G., *The Outline of History* (London, 1930)

Whitelock, B., *Memorials of English Affairs* (London, 1732)

Wittmer, C., C. J. Meyer (eds.), *Le Livre de la Bourgeoisie de la Ville de Strasbourg 1440-1530* (Strasbourg & Zurich, 1948-1961)

Wolf, Josef, and Zdenek Burian, *The Dawn of Man* (London, 1978)

Wollstonecraft, Mary, *A Vindication of the Rights of Women* (London, 1792)

Woolley, Hannah, *The Ladies' Directory (London, 1661); The Gentlewoman's Companion* (London, 1675)

Wu Chao (ed.), *Women in Chinese Folklore*, Women of China Special Series (Beijing, China, 1983)

세계
여성의
역사

지은이 _ 로잘린드 마일스
옮긴이 _ 신성림
펴낸이 _ 강인수
펴낸곳 _ 도서출판 **퍼피에**

초판 1쇄 발행 _ 2020년 3월 2일

등록 _ 2001년 6월 25일 (제2012-000021호)
주소 _ 서울시 마포구 서교동 487 (209호)
전화 _ 02-733-8668
팩스 _ 02-732-8260
이메일 _ papier-pub@hanmail.net

ISBN 978-89-85901-90-1 03900

· 잘못 만들어진 책은 바꾸어 드립니다.
· 값은 뒤표지에 있습니다.